고대 그리스인의 생각과 힘

고대 그리스인의
생각과 힘

이디스 해밀턴

이지은 옮김

까치

THE GREEK WAY

by Edith Hamilton

역자 이지은(李芝恩)
이화여자대학교 사학과를 졸업했으며, 동대학원에서 서양사 전공으로 석사학위를 받았다. 영국 옥스퍼드 대학교에서 고대 로마사 전공으로 석사학위와 박사학위를 받았다. 이화여자대학교와 공주대학교에 출강했다.

고대 그리스인의 생각과 힘

저자 / 이디스 해밀턴
역자 / 이지은
발행처 / 까치글방
발행인 / 박후영
주소 / 서울시 용산구 서빙고로 67, 파크타워 103동 1003호
전화 / 02 · 735 · 8998, 736 · 7768
팩시밀리 / 02 · 723 · 4591
홈페이지 / www.kachibooks.co.kr
전자우편 / kachibooks@gmail.com
등록번호 / 1-528
등록일 / 1977. 8. 5
초판 1쇄 발행일 / 2009. 3. 2
2판 1쇄 발행일 / 2020. 5. 11

값 / 뒤표지에 쓰여 있음
ISBN 978-89-7291-690-1 03920

이 도서의 국립중앙도서관 출판예정도서목록(CIP)은 서지정보유통지원시스템 홈페이지(http://seoji.nl.go.kr)와 국가자료종합목록 구축시스템(http://kolis-net.nl.go.kr)에서 이용하실 수 있습니다.(CIP제어번호 : CIP2019023392)

도리스 필닝 리드에게

친구가 가진 것은 공동의 재산이다
- *Κοινὰ τὰ τῶν φίλων*

일러두기

1. 이 책은 Edith Hamilton, *The Greek Way*(W. W. Norton & Company)의 1993년 판(版)을 옮긴 것이다.

2. 원문에는 고유명사와 전문용어의 음역, 고대문헌이나 문학작품의 제목이 영어식으로 표기되어 있지만, 역서에서는 되도록 해당 언어로 음역하고, 작품 제목의 경우 원어의 제목을 함께 표기하는 것을 원칙으로 삼았다. 예를 들면, Pindar는 핀다로스라고 음역했고, 아리스토파네스의 「구름」은 영어 제목(Clouds) 대신에 그리스어 제목(Nephelai)으로 표기했다. 그러나 영어식 지명이나 인명이 우리에게 더 익숙한 경우에는 이 원칙을 따르지 않았다.

3. 각주의 경우, 원문에는 본문 뒤에 "참고(References)"로 따로 편집되어 있는 것을 독자들의 편의를 위하여 본문에 삽입한 것이다. 역자는 저자의 "참고"에 거의 수정을 가하지 않고 그대로 전달하려고 노력했다. 그러나 저자가 인용한 문헌과 번역문의 제목이나 출처가 불분명한 경우에는 각주에 싣지 않았고, 인용되고 있는 구절의 문헌상의 위치가 정확하지 않은 경우에는 수정을 했다. 그러나 그러한 경우는 극히 적은 수에 불과하며 역서의 각주는 원문을 충실히 따르고 있다.

4. 저자는 고대 그리스 문학작품을 영어로 번역하면서 그리스어의 운율을 재현했다고 밝히고 있다. 그러나 우리말로 번역하면서 그리스어나 영어의 운율을 살리는 것은 거의 불가능하고, 또한 그러한 작업을 하기에는 역자의 역량이 부족하다고 판단하여 역서에서는 아쉽게도 운율의 묘미를 전달하지 못하게 되었음을 밝혀둔다. 그러나 원문을 참고하고자 하는 독자들을 위하여 저자가 운율을 재현했다고 밝힌 곳은 그대로 표기해두었다.

차례

머리말

「고대 그리스인의 생각과 힘(*The Greek Way*)」의 초판은 미완성 작품이었다. 그리스의 위대한 시대(기원전 5세기를 말함/역주)에 속하는 작가들 가운데 몇 명이 초판에서 논의되기는 했지만, 그들만큼이나 유명하고 중요한 다른 작가들은 생략되었다. 그 결과 초판은 가장 탁월한 사상과 예술의 일부가 제외된 전성기의 그리스 사상과 예술의 해석이 되었다. 예를 들면, 그리스인들이 아이스킬로스만큼 훌륭하다고 생각했던 시인 핀다로스와 세계의 역사가들 가운데 여전히 최고로 꼽히는 헤로도토스와 투키디데스가 빠져 있었다. 실로 예리한 호기심과 따뜻한 인간애를 지닌 헤로도토스와 투키디데스의 사상의 심오함과 엄숙한 장대함에 대해서는 알지 못하고서는 기원전 5세기 아테네의 지적 활동의 넓이와 깊이, 탁월함을 진정으로 이해할 수 없다.

본 판은 이전에 생략된 부분을 보충했다. 페리클레스 시대의 모든 작가들이 검토되었다.

필자는 새로운 장들을 서술하면서 분쟁의 현재를 살고 있는 우리에게 과거가 위안과 힘이 될 수 있다는 것을 새로이 실감했다. "우리의 고요한 성전들을 간직하자. 그 안에 영원불멸의 통찰력들이 보존되어 있으므로"라고 세낭쿠르는 서술했다. 종교는 영원불멸한 것에 대한 침착한 통찰을 위한 훌륭한 요새이다. 그러나 다른 요새들도 존재한다. 개인적인 것으로부터 우리 자신을 자유롭게 하고, 우리의 불안하고 혼란스러운 마음을 극복하고, 애써서 얻은 영원한 인간성의 소유물이기 때문에 어떠한 이기적이고 소심한 편견도 동요시킬 수 없는 안정적인 가치 기준들을 발견하게 하는 숨 쉴 공간을 찾을 수 있는 여러 개의 고요한 성전들을 우리는 가지고 있다. "탁월함(excellence)은 인류가 매우 애써 노력을 기울인 것"이라고 아리스토텔레스는 말했다.

　세상이 폭풍에 휩싸여 있고, 현재 일어나고 있는 불운과 임박해 있는 더 가혹한 재앙이 너무나 절박하여 시야로부터 다른 모든 것을 차단해버릴 때, 우리는 인류가 여러 시대에 걸쳐 이룩해온 정신의 강력한 요새들을 모두 알아야 할 필요가 있다. 우리가 그러한 요새들을 도로 찾지 않으면 영원불멸의 통찰력은 희미해져버리고 당면한 문제에 관해서 우리는 잘못된 판단을 내릴 것이다. 죽음을 앞둔 소크라테스가 마지막 담화에서 말했듯이, "영혼이 들어갈 때 어지럽혀지거나 방해받지 않고, 그러나 참된 것과 신성한 것(판단의 대상이 아닌)을 바라보며 방황을 멈추는 곳인 순수하고 영원하며 변하지 않는 상태로 있

는 곳을 우리가 추구할 때"에만 우리는 그 요새들을 다시 찾을
수 있다.

19세기의 한 뛰어난 프랑스 학자는 스당 전투와 프로이센 군
대의 성공적인 파리 점령 직후에 콜레주 드 프랑스(Collège de
France)에서 강의 시간에 다음과 같이 말했다.

여러분, 우리가 오늘 이 자리에 모여 있는 동안 우리는 자유로운
국가, 어떠한 민족적 경계선도 없으며, 프랑스인도 독일인도 존재
하지 않으며, 어떠한 편견이나 불관용도 알지 못하며, 오직 한 가지,
즉 모든 면에서 진리만이 존중되는 학문의 국가 안에 있습니다. 나
는 올해 여러분과 함께 위대한 시인이며 사상가인 괴테의 작품을
공부하려고 합니다.

얼마나 고결하며 평화로운가. 영원불멸의 통찰력이 명확하
고 고요하게 펼쳐진다. 불관용, 증오는 얼마나 그릇되고 하찮
아 보이는가.

"세상의 마지막 봉우리와 모든 바다 너머에" 플라톤이 "이성
의 아름답고 영원한 소산"이라고 부른 평온한 국가가 서 있다.
우리는 오늘날 그 고요한 성전을 찾아야만 한다. 그 속에 다른
곳들보다 훨씬 더 뛰어난 사상의 건전함과 균형으로 잘 알려진
장소가 한 곳 있다. 고대 그리스의 문학이 바로 그곳이다.

그리스와 그 주춧돌은

사상과 그 영원함의

투명한 바다에 기반을 두고

전쟁의 물결 아래에 세워져 있다.

1
–
동(東)과 서(西)

기원전 500년, 인류가 정착해서 문명을 이룬 세계의 서쪽 저편 경계에 있는 한 작은 도시에서 낯설고 새로운 힘이 활동하고 있었다. 몇 세기에 걸친 긴 세월의 더딘 흐름과 세월이 가져온 파괴적인 변화가 그 영향의 깊은 흔적을 닳아 없어지게 하지 못할 만큼 세상에 영향을 끼친 그 무엇이 그곳 사람들의 이성과 정신 속에서 눈을 떴다. 아테네는 오늘날 우리의 것과는 다른 이성과 정신의 세계를 그렇게 형성한, 짧지만 찬란한 천재성의 개화기로 들어섰다. 2,400년 전, 그리스의 한 작은 도시가 한두 세기 사이에 창조해낸 것 때문에 우리는 다르게 생각하고 느낀다. 그 당시의 예술과 사상이 이룩한 성과는 이후 한번도 능가된 적이 없고, 그에 필적할 만한 것은 아주 드물었으며, 그 성과는 서구세계의 모든 예술과 사상에 새겨져 있다. 그러나 고대세계의 위대한 문명들은 사라졌고, "노력하지 않는 야만"

의 그림자가 이 세상에 어둠을 드리우고 있을 때에 이러한 탁월함이 한껏 성장하고 있었다. 그렇게 암담하고 광포한 세계 속에서 치열한 정신적 활력의 한 작은 중심지가 활동하고 있었다. 하나의 새로운 문명이 아테네에서 생겨나고 있었으며, 이미 지나간 그 모든 것들과는 사뭇 달랐다.

이와 같은 새로운 발전을 일으킨 것, 그리스인들이 행했던 그 모든 것을 성취할 수 있었던 방법은 오늘날의 우리에게 중요한 의미가 있다. 그리스가 우리의 관심을 요구할 권리가 있는 것은 단지 정신적이고 지적인 유산으로 말미암아 우리가 어느 정도는 그리스적이며, 이성의 빛과 아름다움의 은총으로 미개한 북쪽의 야만인들을 감동시키면서 몇 세기에 걸쳐 강력하게 작용했던 그 심오한 영향력에서 우리가 벗어나려고 해도 벗어날 수 없기 때문만은 아니다. 그리스는 우리를 위해서 직접적인 공헌을 하기도 했다. 현존하는 그리스 유물은 매우 적은 데다 멀리 떨어져 있으며, 공간과 생소하고 어려운 언어 탓에 우리와 분리되어 있어서 여행객들과 학자들에게나 어울리는 관심사일 뿐이라고 여겨진다. 그러나 사실 그리스인들이 발견한 것은, 더 정확히 말하면 그리스인들이 어떻게 그러한 발견을 했는지, 그리고 무너져가는 낡은 세계의 어두운 혼란들로부터 어떻게 새로운 세계를 탄생시켰는지는 10-20년 사이에 과거의 세계가 모조리 쓸려가버리는 것을 목격해온 현재의 우리에게 충분히 의미가 있다. 현재의 혼란과 당혹 속에서 그리스인들이 사상의 명확성과 예술적 확신에 이르게 된 방식은 고려해볼 만한 가치가 있다. 그리스인들은 우리가 당면한 것과는 매우 다른 삶의 조건에 직면하고 있었다. 그러나 인간 삶의 겉모습은 많이 변하지만 내면은 거의 변하지 않으며, 우리가 졸업할 수 없는 교과서는 인간의 경험이라는 점을 명심해야 한다. 과거든 현재든 위대한 문학은 인간의 마음에 관한 심오한 지식의 표현이며, 위대한 예술은 외부세계와 내면세계의 요구 사이에서 일어나는 갈등해소의 표현이다. 그리고 둘 중 어느 한쪽에 대한 지식도 별로 진보하지 않은 듯하다.

우리는 그리스인들이 이룬 모든 것들 중에서 아주 작은 부분만을 물려받았고, 그중에서 우리가 가지고 있는 것이 가장 좋은 것인지도 알 방법이 없다. 만약 최상의 것을 가지고 있다면 그도 이상할 것이다. 먼 옛날 그 세계의 격변 속에서 예술에 적자생존을 보장하는 법칙은 존재하지 않았다. 그러나 우연에 의해서 보존된 소량의 유물은 그리스인들이 첫발을 내디딘 사상과 아름다움의 모든 영역이 최고의 수준에 이르렀음을 보여준다. 어느 조각품도 그리스 조각품에 견줄 만한 것이 없고, 어느 건축물도 그리스 건축물보다 더 아름답지 못하며, 어느 문학작품도 그리스 문학작품보다 더 우수한 것이 없다. 그리스인들은 항상 뒤늦게 발전하는 산문에 대해서 간단히 언급할 정도의 시간밖에 없었지만 걸작을 남겼다. 역사학은 투키디데스보다 더 위대한 대표자를 아직 찾아내야만 하고, 성서를 제외하고 플라톤의 작품과 어깨를 나란히 할 수 있는 시적 산문은 없다. 시에서 그리스인들은 거의 최고이며, 호메로스와 함께 언급될 수 있는 서사시는 없고, 어느 송시(訟詩)도 핀다로스의 시와 견줄 수 없으며, 비극 무대의 거장들 네 명 가운데 세 명이 그리스인이다. 이 모든 위대한 예술의 보고(寶庫) 가운데 적은 양만이 남아 있다. 닳아 없어지고 산산이 깨진 조각상들은 부서져 가루가 되었고, 건축물들은 무너졌으며, 회화작품은 영원히 사라져버렸고, 문학작품은 아주 적은 양만을 제외하고는 모두 없어졌다. 우리가 가진 것은 존재했던 것의 잔해일 뿐이며, 세상은 2,000년이 지나도록 그 이상 가져본 적이 없다. 그러나 이처럼 얼마 안 되는 그 위대한 구조의 유물은 그때 이래로 인간에게 도전과 자극이 되어왔고, 오늘날 우리가 가장 소중하게 여기는 소유물에 속한다. 이제 그리스의 천재성을 세상이 전적으로 인정하지 않을 위험은 없다. 그리스의 업적은 보편적으로 인정되는 사실이다.

그러나 이러한 업적을 가능하게 한 원인은 널리 알려져 있지 않다. 오히려 요즈음에는 그리스의 기적에 대해서 이야기하고, 그리스 천재성의 찬란한 꽃은 우리가 설명할 수 있는 어떠한 토양에도 그 뿌리를 두고 있지 않다고 여기는 것이 일반적이다. 인류학자들은 매우 분주하고, 모든 인간적인 것과 그리스적인 것이 시작된 곳인 야만의 숲으로 우리를 다시 데려갈 준비가 되어 있다. 그러나 씨앗은 결코 꽃을 설명해주지 않는다. 인류학자들이 저 멀고 먼 시대에 대한 희미한 회상을 통해서 우리에게 가르쳐주는 낯선 의례들과 그리스 비극 사이에는 인류학자들의 도움으로도 우리가 넘을 수 없는 틈새가 놓여 있다. 손쉬운 탈출구는 그 틈새를 메우려고 하지 않고 비극작품을 기적이라고 불러서 설명할 필요가 없게 만드는 것이다. 그러나 사실 그 틈새를 가로지르는 길은 건널 수 없는 길이 아니며, 아테네에서 그 몇 년 동안을 역사상 다른 어느 시대보다도 더 풍요롭게 만든 정신적이고 영적인 활동에 관한 몇 가지 이유들이 분명해지고 있다.

그리스인들이 고대세계에 속한다는 데에는 이의가 없다. 역사가가 고대세계와 근대세계 사이 어디에 선을 긋든지 간에 그리스인의 위치는 의문의 여지없이 고대세계에 속한다. 그러나 그리스인은 단지 시간상으로만 고대세계에 속해 있었다. 그리스인은 고대세계의 한 지점에 이름을 지어줄 만한 눈에 띄는 특징들을 가지고 있지 않다. 고대세계는 우리가 재구성할 수 있는 한 모든 곳에서 동일한 특징을 지니고 있다. 이집트에서, 크레타 섬에서, 메소포타미아에서, 역사의 일부라도 읽을 수 있는 곳이라면 어디서든지 우리는 동일한 조건들을 발견한다. 전제군주가 왕좌에 앉아 있었고, 군주의 변덕과 격정이 국가에서 결정적인 요소였으며, 민중은 비참한데다 예속되어 있고, 지식인의 영역을 넘겨받은 거대한 사제 조직이 있었다. 이것을 오늘날 우리는 동양 국가라고 알고 있다. 이는 고대세계로부터 수천 년에 걸쳐 본질은 전혀 변하지 않은 채 존속되어왔다. 겨우 지난 100년—그보다 더 짧은 시간—동안에 변화하는 것 같은 모습을 보이고 있으며, 표면적으로 근대세계의 요구에 일치하는 모습을 취한다. 그러나 그 체제를 특징짓는 정신은 결코 변하지 않는 동양의 정신이다. 동양의 정신은 고대세계 이래로 줄곧 변함이 없으며, 모든 근대적인 것에서 영원히 멀리 떨어져 있다. 이러한 국가와 정신은 그리스인에게 이질적인 것이었다. 그리스인들보다 먼저 일어났고, 그들을 둘러싸고 있던 위대한 문명 중에서 그리스인들에게 본보기를 제공한 문명은 없었다. 그리스인과 함께 전혀 새로운 무엇인가가 세상에 출현했다. 그리스인은 최초의 서양인이었다. 서양의 정신, 즉 근대 정신은 그리스의 발견이며, 그리스인이 있어야 할 자리는 근대 세계에 속한다.

로마에 관해서는 이와 동일한 주장을 할 수 없다. 로마의 많은 문물은 로마 이전의 세계와 멀리 동방을 가리키고 있었다. 황제는 신이었으며 잔인하게 폭행을 당한 자들을 공포로 가득 채우는 것을 가장 애착을 가지는 오락으로 즐겼고, 그 황제들과 함께 고대국가와 동양 국가가 사실상 부활했다. 로마의 정신이 동양의 특징을 지니고 있지는 않았다. 동양의 현자들의 명상을 헛되고 무의미하다고 여기던 상식이 있는 실무 행정관들이 로마의 소산이었다. "진리란 무엇인가?" 하고 빌라도는 비웃으며 말했다. 그러나 동시에 로마의 정신은 그리스의 정신에서도 멀리 떨어져 있었다. 그리스의 사상, 과학, 수학, 철학, 그리고 그리스를 특징짓는 세계의 본성과 세상의 풍습에 대한 열정적인 탐구는 그리스에서 로마로 주도권이 넘어가면서 수세기 동안에 끝이 났다. 고대세계는 그 세계가 동일한 특성들로 구분지어질 수 있다고 생각하는 한 신화이다. 아테네와 로마 사이에는 거의 공통점이 없었다. 근대세계를 고대세계로부터 구분짓는 것, 서양을 동양으로부터 가르는 것은 인간의 문제들에 관해서 이성이 우위를 점하는 것이며, 이는 그리스에서 탄생했고, 전 고대세계에서 그리스에만 존재했다. 그리스인은 최초의 지식인이었다. 비이성적인 것이 중요한 역할을 하던 세계에서 그리스인들은 이성의 주창자로 나섰다.

우리가 이러한 태도의 참신함과 중요성을 실감하기란 어려운 일이다. 지금 우리가 살고 있는 세상은 우리에게 합리적이고 이해할 수 있는 장소처럼 여겨진다. 우리가 상당히 많은 부분을 알고 있는 명확한 사실들의 세계이다. 우리의 목적을 좀 더 진전시키기 위해서 모호하고 가공할 만한 자연의 힘을 움직이게 할 수 있는 여러 법칙들을 발견했다. 그리고 우리는 세상의 외적 요소에 대한 지배력을 향상시키는 데 가장 큰 노력을 기울이고 있다. 우리는 대체로 설명할 수 있고 우리에게 이로운 방식으로 작동하는 것이 지닌 중요성에 대해서 의문을 제기할 꿈도 꾸지 않는다. 이러한 태도의 원인은 우리가 주어진 모든 능력 가운데서 이성을 주로 이용하고 있기 때문이다. 우리는 상상력의 날개를 달고 세상 위로 높이 비상하거나, 정신의 계몽을 통해서 각자의 내면세계의 깊은 곳을 탐색하지 않는다. 우리는 주변 세상에서 무슨 일이 일어나고 있는지 관찰하고, 그 관찰 결과에 대해서 추론한다. 우리에게 중요하고 특징적인 활동은 이성의 활동이다. 우리가 태어난 사회는 합리적인 것에 관한 인식 위에 세워져 있고, 감정적인 경험과 직관적인 인식은 이치에 맞는 근거가 제시될 때에만 사회 안에 자리를 잡게 된다.

그리스인들 역시 이성을 사용한 결과로서 합리적인 세계 속에 살고 있었다는 것을 발견하게 될 때, 우리는 그리스의 업적을 설명이 필요 없는 자연스러운 것으로 받아들인다. 그러나 사실은, 심지어 오늘날에도 우리의 관점은 엄격하게 제한된 경계선 내에서 통용된다는 것이다. 이것은 동양의 광대한 영토와 무수한 주민들에게 속하지 않는다. 동양에서는 한 인간의 외부에서 무슨 일이 일어나고 있는지는 별로 중요하지 않고, 참으로 현명한 자들의 관심을 받을 만한 가치가 전혀 없다. 서양의 우리가 현실세계의 사실들이라고 부르는 것에 작용하고 있는 날카로운 이성은 동양에서 존중받지 못한다. 인간의 가치에 대한 이와 같은 개념은 고대로부터 전해내려왔다. 그 안에서 그리스가 활기를 띠게 된 세계는 이성이 최소한의 역할밖에 담당하지 않는 세계였다. 그 세계에서 중요한 것은 모두 정신에게만 알려진 보이지 않는 것의 영역에 속해 있었다.

그것은 외적 사실, 즉 눈에 보이고, 감지할 수 있고, 들을 수 있는 세계를 구성하는 모든 것이 단지 간접적인 역할만을 담당하는 영역이다. 정신의 사실들은 보이지도, 만져지지도, 들리지도 않는다. 그것들은 경험을 통해서 얻어진다. 정신의 사실들은 특히 한 인간이 지닌 고유한 것으로 다른 누구와도 공유될 수 없는 그 무엇이다. 예술가는 어느 정도, 기껏해야 부분적으로만 그 사실들을 표현할 수 있다. 정신의 사실들에 가장 정통한 성자와 영웅도 역시 예술가일 때에만 그 실체를 말—또는 그림이나 음악—로 나타낼 수 있다. 가장 뛰어난 지식인도 지성을 통해서 그것을 표현할 수가 없다. 그러나 모든 인간은 정신의 경험에 참여하고 있다.

이성과 정신이 함께 우리를 동물의 세계로부터 구별하는 것, 인간으로 하여금 진리를 알 수 있게 하는 것, 인간이 진리를 위해서 목숨을 바칠 수 있게 하는 것을 구성한다. 이 둘, 즉 이성과 정신은 도저히 엄밀히 구별할 수 없다. 둘 다 플라톤의 표현에 따르면 끊임없이 끌어내리고 있는 것으로부터, 혹은 플라톤이 가장 좋아하는 비유에 따르면 형체가 없는 것에 형체를 주는 것으로부터 우리를 끌어올려주는 우리의 일부에 속해 있다. 그러나 이성과 정신은 서로 다르다. 사도 바울은 그의 유명한 정의에서 눈에 보이는 것은 일시적이고 보이지 않는 것은 영원하다고 말하면서, 보이는 세계로부터 작용하는 이성의 영역과 보이지 않는 것에 의해서 삶을 영위하는 정신의 영역을 정의내리고 있다.

그리스 이전의 고대세계에서는 보이지 않는 것이 점점 더 유일무이한 중요성을 가지게 되었다. 그리스를 특징짓는 이성의 새로운 힘은 정신의 길을 향해 있는 세계 속에서 일어났다. 그리스에서 잠시 동양과 서양이 만났다. 서양을 특징지을 이성적인 것으로 향하는 성향과 동양의 강한 정신적인 유산이 결합되었다. 이러한 만남이 가져온 최고의 성과인 이성의 명확성이 정신적인 힘에 더해질 때 창조활동에 주어지는 무한한 자극은 그리스 이전에 무슨 일이 일어났었는지, 즉 거대한 정신적인 힘이 아직 정지 상태에 있는 이성과 공존할 때 무슨 일이 일어나는지를 주의 깊게 검토함으로써 가장 잘 이해될 수 있다. 이러한 사실은 기록이 가장 풍부하고 고대의 어느 국가보다 훨씬 더 많은 것이 알려져 있는 이집트에서 가장 명백해질 것이다. 그러므로 여기서 잠시 그리스를 떠나서 전 고대세계를 통틀어 가장 위대한 문명이었던 그 국가를 살펴보는 것이 적절할 것이다.

이집트에서는 죽은 자들이 관심의 중심이었다. 세계 통치 권력, 화려한 제국―그리고 죽음이 주요 관심사였다. 셀 수 없이 많은 세기에 걸쳐 셀 수 없이 많은 수의 사람들이 죽음을 인간에게 가장 가까이에 있고 가장 익숙한 것으로 생각했다. 이것은 죽은 자들을 중심으로 하는 이집트 예술의 엄청난 양만큼 대단한 것에 의해서만 믿을 만한 것이 될 수 있는 예외적인 상황이다. 이집트인에게 영구적인 현실의 세계는 일상생활의 길을 따라 걸어들어가는 세계가 아니라, 곧 죽음의 길을 통해서 가야만 하는 세계였다.

이집트에서 이러한 상황을 야기하는 데 작용한 두 가지 원인이 있었다. 첫 번째 원인은 인간의 불행이었다. 고대세계에서 일반 백성의 처지는 틀림없이 극도로 비참했을 것이다. 수천 년의 세월을 지나 지금까지 살아남은 거대한 구조물들은 조금도 가치 있는 희생이라고 생각되지 않았던 인간의 고통과 죽음을 대가로 하여 성취되었다. 오늘날 인도와 중국에서 그보다 더 값싼 것이 없듯이, 이집트와 니네베에서도 인간의 목숨만큼 값싼 것이 없었다. 부자와 귀족, 행정관리조차도 간신히 안전을 확보하며 살고 있었다. 현존하는 한 위대한 이집트 귀족의 비문은 그 귀족이 행정장관 앞에서 매질을 당한 적이 없다는 사실을 들어 그를 칭송한다. 자신이 원하는 것이 유일한 법인 군주의 일시적인 기분에 모든 이들의 삶과 운명이 전적으로 달려 있었다. 고대세계에서 안전은 틀림없이 가장 흔치 않은 소유물이었다는 것을 이해하려면, 타키투스가 로마 제정 초기 황제들의 무책임한 폭정 아래에서 일어난 일에 대해서 기술한 것을 읽어보면 된다.

그러한 상황 속에서, 현세에서 행복에 대한 희망을 거의 보지 못하는 사람들은 본능적으로 다른 세계로부터 위안을 찾으려고 한다. 한 인간이 한평생 걱정함으로써 얻게 될지도 모르는 안전과 평화와 기쁨은 오직 죽은 자들의 세계에서만 찾을 수 있었다. 그와 비교해보면 현세의 삶에 대한 걱정은 그에게 중요하지도, 현실이라고 생각될 수도 없었다. 추리력, 즉 이성을 사용하는 것이 그에게는 거의 아무런 득이 되지 않았다. 그 능력은 앞으로 올 세상에서 그 사람이 차지하게 될 지위라는 매우 중요한 문제에서 그에게 해줄 것이 아무것도 없었다. 인생이 절망적일 때 희망을 줄 수도 없고, 견딜 수 없는 것을 견딜 만한 힘을 줄 수도 없었다. 두려움에 사로잡혀 있고 비참함으로 심한 압박을 당하고 있는 사람들은 이성에 도움을 청하지 않는다. 이렇게 외부의 현실세계로부터 본능적으로 뒷걸음질을 치는 것은 죽음의 편에 서서 이성을 사용하는 데 반대하는 또다른 강력한 영향력인 이집트의 사제 집단에 의해서 매우 강화되었다.

그리스 이전에 지식인의 영역은 사제들에게 속해 있었다. 사제들이 이집트의 지식 계급이었다. 사제들의 권력은 가공할 만했다. 왕들은 사제의 권력에 복종했다. 뛰어난 자들이 그 강력한 조직, 탁월한 이성, 명민한 지성을 이룩했음이 틀림없지만, 그들이 오래된 진리에 관해서 배운 것과 새로운 진리에 대해서 발견한 것은 사제 조직의 위신을 증진시킬 때 존중되었다. 그리고 진리의 여신은 질투심이 많고, 이해관계에 좌우되지 않는 탐구자를 제외하고는 그 누구에게도 자신을 드러내지 않았기 때문에, 사제 집단의 권력이 증대되고 그 권력을 약화시키기 쉬운 사상은 냉담한 반응을 얻게 되면서 사제들은 곧 자신의 이성을 전혀 자유롭게 사용하지 못하면서 예전의 탐구자들이 찾아낸 것만을 수호하는 하찮은 지식인들이 되었음에 틀림없다.

실로 그만큼이나 필연적인 결과가 또 하나 있었다. 사제들이 알고 있는 것은 모두 철저하게 조직 내부에 간직되어야만 했다. 사람들이 스스로 사고하도록 가르치는 것은 자신들이 소유한 권력의 가장 확실한 버팀목을 파괴할 것이었다. 무지하다는 것은 두려워한다는 것이고, 알려지지 않은 것의 어두운 신비 속에서 인간은 혼자서 길을 찾을 수 없기 때문에 사제 자신들을 제외한 그 누구도 지식을 가져서는 안 된다. 인간에게는 권위를 가지고 말해줄 안내자가 있어야만 한다. 무지는 사제의 권력이 기반하고 있는 토대였다. 사실 그 둘은, 즉 신비와 그 신비를 다루는 자들은 각각 서로의 원인과 결과가 되어 서로를 강화시켰다. 사제의 권력은 신비의 어둠에 의존했고, 사제는 그 어둠을 한층 더 짙게 하고, 어둠에 빛을 비추려는 어떠한 시도에도 대항하려고 항상 노력해야만 한다. 고대세계에서 이성이 담당하고 있던 하찮은 역할은 아무런 반대도 없는 권위에 의해서 정해졌다. 그 권위는 전혀 의문이 제기되지 않는 절대성을 가지고 사고의 범위와 예술의 영역 역시 결정했다.

우리는 그러한 절대 권위에 대항했던 한 인물을 알고 있다. 몇 년 동안 그 파라오의 권력은 사제 권력에 맞서서 경쟁했고, 마침내 파라오가 승리했다. 감히 자율적으로 사고했고, 유일신 숭배를 널리 선전할 도시를 건설한 이크나톤에 관한 널리 알려진 이야기는 거대한 사제 집단의 약점을 지적하는 것으로 볼 수 있다. 그러나 실제로는 오히려 그 반대의 사실을 입증한다. 사제들은 인간 본성에 대해서 깊이 배우고 경험한 자들이었다. 사제들은 기다렸다. 독립적인 사고를 하는 그자의 치세는 아주 짧았고—사제들과의 대결이 그를 지치게 하지 않겠는가?—파라오가 죽은 후에 그가 대변해왔던 것 가운데 아무것도 보존하는 것이 허락되지 않았다. 사제들은 파라오의 후계자를 장악했다. 사제들은 기념물들에서 그의 이름을 지워버렸다. 파라오는 사실 사제들의 권력을 전혀 손상시키지 못했다.

그러나 사제들이 전제군주에 대해서 어떠한 태도를 가지고 있었든지 간에, 전제정부는 사제들의 충성을 장악하는 데 실패한 적이 없었다. 사제들은 언제나 군주 위의 권력일 뿐만 아니라 군주의 지지자이기도 했다. 사제들의 본능은 틀림없었다. 백성들의 비참함은 사제들에게 기회였다. 무지한 백성뿐만 아니라 예속되고 비참한 백성은 사제들의 보증서였다. 사람들의 생각이 점점 더 보이지 않는 세계로 향해 가고, 그 보이지 않는 세계로 가는 열쇠가 확실하게 사제들의 수중에 있는 상태에서 그들의 엄청난 권력이 보장되었다.

이집트가 멸망했을 때, 동양은 이집트가 제시했던 방향으로 훨씬 더 멀리 계속해서 나아갔다. 아시아의 불행은 끔찍한 역사의 한 페이지이다. 아시아 사람들은 피할 수 없는 것에 아무런 의미와 중요성을 부여하지 않음으로써 그것을 참고 견뎌낼 수 있는 힘을 찾았다. 죽은 자들이 걸어다니고, 잠을 자고, 축제를 벌이는 이집트의 세계가 그 상징체계 속에 항상 내재되어 있던 것, 즉 정신의 세계로 변했다. 수세기 동안 동양사상의 지도자였던 인도에서는 오래 전에 이성의 세계와 정신의 세계가 분리되었고, 우주는 후자에게 건네어졌다. 현실—우리가 들은 적이 있으며 우리 눈으로 본 적이 있고 우리 손으로 다룬 적이 있는, 삶의 복음에 관한—은 그 복음과 관계없는 허구로서 무시되었다. 보이고 들리고 다루어지는 것은 모두 모호하고 알맹이가 없으며, 언제나 일시적인 꿈의 그림자였다. 정신에 속하는 것만이 진실이었다. 이것은 참고 견디기에 인생의 현실이 너무 가혹하고 암울할 때 늘 인간이 탈출하는 방법이다. 삶이 아무런 현세의 희망을 주지 않는 상황에서 인간은 어딘가에서,

어떻게 해서든 피난처를 찾아야만 한다. 그리고 나서 인간은 외부의 공포로부터 기근, 유행병, 화재, 폭력이 뒤흔들 수 없는 내면의 성채로 도망친다. 괴테가 내적 우주라고 부른 것은 일단 외부세계의 혼란을 현실로 인정하지 않으면 그 자체의 법칙에 의해서 영위될 수 있고, 그 자체의 안전을 창조할 수 있으며, 그 자체로 충분할 수 있다.

그렇게 동양은 참아낼 수 없는 것을 견뎌내는 법을 찾았고, 그 안에 함축되어 있는 의미를 최대한 따라가면서 옆길로 벗어나지 않고 수세기 동안 그 방법을 추구했다. 인도에서 진리의 개념은 외부의 현실로부터 완전히 분리되었다. 외부의 것은 모두 환영(幻影)이고, 진리는 정신적인 기질이었다. 그와 같은 세계에서 날카로운 이성이나 통찰력 있는 시각이 발휘될 여지는 거의 없다. 정신을 제외한 모든 것이 실재하지 않는 곳에서 그림자보다도 못한 외적인 것에 관여하는 것은 분명 어리석은 행동이다.

왜 수학이 이러한 상황에서 유일하게 발전한 지성의 영역이었는지 쉽게 이해할 수 있다. 수학적 상상에 모습을 드러낸 이상의 세계보다 삶에 현실적으로 반응하거나 신학의 영역을 침범할 가능성이 적은 것은 없다. 순수수학은 인간의 불행으로부터 동떨어져 있는 영역으로 날아오르고, 사제 가운데 누구도 수학적 방식에 따른 자유로운 탐구의 결과에 대해서 염려하지 않았다. 거기서 이성은 가고자 하는 곳으로 갈 수 있었다. "이집트인과 비교할 때 우리는 어린아이 같은 수학자이다"라고 플라톤이 말했다.[1] 인도 역시 이 분야에서 주목할 만한 공헌을 했다. 그러나 결국 이성의 활동이 어디선가 제한된다면 자유가 허락된 곳에서조차 이성의 활동은 그 기능을 멈출 것이다. 오늘날 인도에서 이성에 대한 정신의 승리가 완성되었고, 인도 정신의 위대한 소산인 불교가 유행하고 있는 모든 곳에서 현세에 속하는 모든 것은 환영이며, 그 본성에 대한 탐구는 모두 헛되다는 것이 신앙의 중심이다.

이집트에서처럼 사제들은 기회를 보았다. 승려 계급인 브라만과 거대한 불교 승려단의 권력은 참으로 엄청나다. 보이지 않는 것 안에서가 아니면 아무런 희망도 없는 불행한 백성과, 보이는 것은 중요하지 않다는 믿음에 그 권력이 매여 있어서 영원히 그러한 믿음을 신앙의 한 항목으로 유지하고자 끊임없이 노력해야만 하는 성직의 순환은 빈틈이 없다. 그 순환은 또 다른 의미에서도 빈틈이 없다. 즉 버려진 집에서 밤을 피하는 여행자는 비가 새는 지붕을 고칠 걱정을 하지 않고, 현세의 삶에 속하는 현실들이 가지고 있는 중요성을 부정하는 것이 유일한 위안인 그러한 참담한 불행 속에서 살고 있는 사람들은 현실들을 개선시키려고 하지 않을 것이다. 인도는 보이는 것이 보이지 않게 될 때까지 보이지 않는 것의 길을 가고 있다.

---

1) 「법률(*Nomoi*)」 7권, 819에 나오는 플라톤의 비교를 요약한 것. 모든 자유인은 이집트에서 모든 어린이가 알파벳을 배울 때 교육받고 있는 이러한 지식 분야들(즉 수학적 지식)을 배워야만 한다. 산술 놀이는 어린이들이 즐기면서 배우도록 고안되었다.

그것이 오랫동안 옆길로 벗어나지 않고 하나의 행로를 따를 때 일어나는 일이다. 우리는 영혼과 육체, 이성과 정신으로 이루어진 혼합물이다. 인간의 주의력이 다른 것은 등한시하고 한 가지에만 고정될 때 인간은 부분적으로만 발달하게 되고, 인생이 제공하는 것과 위대한 세상이 소유하고 있는 것의 나머지 절반을 보지 못하게 된다. 그러나 이집트와 초기 아시아 문명이라는 고대세계, 즉 진자(振子)가 모든 사실로부터 점점 더 멀어져가고 있는 그 세계에서 무언가 완전히 새로운 일이 일어났다. 그리스인이 출현했고, 우리가 알고 있는 것과 같은 세계가 시작되었다.

2
—
이성과 정신

이집트는 풍부한 강의 토양을 가진 비옥한 계곡이며, 저지대에 위치하고 있으며, 따뜻하고 변화가 없고 천천히 흐르는 강이며, 그 너머에 있는 끝도 없이 펼쳐진 사막이다. 그리스는 생산성이 낮고, 겨울에는 살을 에는 듯 추운데다, 모든 언덕과 산은 날카롭게 깎인 돌로 이루어진 지역으로, 그곳에서는 강건한 사람들이 식량을 얻기 위해서 열심히 노동을 해야만 한다. 그리고 이집트는 굴종하고 고생을 감내하고 죽음으로 향했던 반면, 그리스는 저항하고 즐거워하고 삶을 정면으로 마주했다. 험준한 돌산 가운데 어딘가에서, 큰 언덕이 방어벽이고 사람들이 평화와 행복한 삶을 보호받을 수 있는 감추어진 작은 계곡에서 전혀 새로운 무엇인가가 세상에 출현했다. 삶의 기쁨이 표현되었다. 아마도 삶의 기쁨은 거기서, 들꽃이 언덕 기슭을 찬란하게 수놓은 곳에서 양 떼를 먹이고 있는 목동들 사이에서, 반짝이는 공기 중에 자줏빛을 띤 마법에 걸린 섬들에 철썩이는 사파이어 색 바다 위의 뱃사람들 사이에서 탄생했을 것이다. 여하튼 삶의 기쁨은 고대세계의 다른 어느 곳에도 자취를 남기지 않았다. 그리스에서 이보다 더 자명한 것은 없다. 그리스인은 이 세상에서 최초로, 그리고 대규모로 경기를 했던 사람들이었다. 그리스 전역에 온갖 종류의 경기들이 있었다. 경마, 보트 경주, 달리기, 횃불 계주 같은 경주대회, 한편이 상대편보다 큰 소리로 노래하는 음악경연, 발의 정밀한 기술과 몸의 균형을 보여주기 위해서 이따금 피부에 기름을 바르고 하는 무용경연, 나는 듯이 빠른 전차의 안팎으로 뛰어드는 경기 등, 그 목록을 늘어놓는 것만으로도 녹초가 될 만큼 많은 경기들이 있었다. 그 경기들은 원반 던지는 사람, 전차 모는 사람, 레슬링하는 소년들, 춤추는 피리 연주자같이 모두에게 익숙한 조각상의 형태로 구체적으로 표현되었다. 규모가 큰 경기들—정해진 시기에 열리는 네 가지 경기들이 있었다—은 매우 중요해서, 한 경기가 열릴 때면 그리스 전체가 걱정 없이 무사히 경기에 참가할 수 있도록 신의 휴전이 공포되었다. 그곳에서 "훌륭한 신체를 가진 젊은이"가—이는 경기자의 시인인 핀다로스의 표현[1]—그리스에서 다른 무엇보다도 훨씬 더 선망되는 영예를 위해서 노력했다. 올림픽 경기의 우승자에게 개선장군들이 자리를 내주곤 했다. 우승자를 위한 야생 올리브 관은 비극작

---

[1] 핀다로스, 「네메아 송시(*Nemean Odes*)」, 7편, 6행.

가의 상과 비교되었다. 행렬, 산 제물의 희생, 연회, 가장 탁월한 시인들이 기꺼이 창작한 시가의 화려함이 승자와 함께했다. 간결하고 엄격하며 아테네가 몰락하는 모진 시기를 산 역사가인 투키디데스는 자신의 작품 속에 등장하는 인물들 가운데 한 명이 경기에서 우승했을 때, 그 사실에 최고의 경의를 표하고자 잠시 이야기를 멈춘다.[2] 우리에게 그리스인들이 어떠했는가에 대한 다른 지식이 없었더라도, 그리고 그리스 예술과 문학이 전혀 남아 있지 않았더라도, 그리스인들이 경기를 사랑했고 멋지게 그것을 즐겼다는 사실은 그들의 삶이 어떠했으며, 그들은 삶을 어떻게 바라보았는가에 대한 증거로 충분했을 것이다. 비참한 생활을 하는 사람들, 고통을 겪는 사람들은 경기를 하지 않는다. 그리스의 경기와 같은 것은 이집트나 메소포타미아에서는 생각할 수도 없다. 이집트인의 삶은 사소한 부분까지 상세히 벽화 속에 펼쳐져 있다. 재미와 운동경기가 현실에서 어떠한 역할을 담당했다면 우리가 볼 수 있게 어떠한 모습으로든 그곳에 묘사되었을 것이다. 그러나 이집트인들은 경기를 하지 않았다. "솔론, 솔론, 당신들 그리스인들은 모두 아이들이오"라고 이집트의 사제가 그 위대한 아테네인에게 말했다.[3] 어린아이든 아니든, 하여간 그리스인들은 즐겼다. 그리스인은 신체의 활력, 활기찬 기분과 놀이를 위한 여가도 가지고

---

2) 예를 들면 투키디데스, 「펠로폰네소스 전쟁사(*History of the Peloponnesian War*)」, 1권 126절.

3) 플라톤, 「티마이오스(*Timaios*)」, 22 C.

있었다. 경기들에 대한 증거는 결정적이다. 그리고 그리스가 멸망하고 중대한 수수께끼에 대한 그리스의 지식이 조각상들과 함께 땅속에 묻혀버렸을 때, 경기 역시 세상 밖으로 사라졌다. 잔인하고 유혈이 낭자한 로마의 경기들은 경기의 정신과 상관이 없다.4) 로마의 경기들은 그리스가 아니라 동양의 후손이었다. 경기는 그리스가 몰락했을 때 사라졌고, 오랜 세월이 지나서야 부활했다.

삶을 즐기고 세상은 살아가기에 아름답고 즐겁다는 것을 발견한 것이 이미 지나간 모든 것들로부터 그리스 정신을 구별하는 특징이었다. 이것은 아주 중요한 특징이다. 삶의 기쁨은 그리스인이 남긴 모든 것에 쓰여 있고, 이 점을 고려하지 않는 사람들은 그리스의 업적이 고대세계에서 어떻게 일어나게 되었는지를 이해하는 데 가장 중요한 무엇인가를 헤아려볼 수 없다. 이것은 슬픔이 매우 두드러지게 그리스 문학의 특징을 이

---

4) 로마 시대의 경기들은 로마인의 삶에서 중요한 역할을 담당했으나, 자주 언급되었듯이, 그리스인은 직접 경기를 했고, 로마인은 다른 사람들이 경기하는 모습을 지켜보았다. 플리니우스는 사리분별이 있는 사람이 어떻게 따분한 격투시합을 관람하는 것을 즐길 수 있는지 묻는다. 결과적으로─또는 원인으로서─경기들은 잔인했다. 「아이네이스(Aeneis)」에서 안키세스를 위한 경기에서 도전자는 납과 철로 만들어져 단단하고 피와 뇌수가 튀겨 더러워진 카이스투스(caestus)를 경기장 안으로 던진다. 많은 라틴어로 쓰인 짧은 시들은 잔인한 행동들을 증언한다. 네로 황제의 시대에 쓰인 한 우승자에 대한 시는 다음과 같다.

올리브 관을 쓴 영예로운 이 우승자는
한때 눈과 눈썹, 코, 귀, 치아를 가지고 있었네.
[*Anth. Pal.*(= *Anthologia Palatina*), XI, 75, Gilbert West 번역. Gardner, *The Greek Games*에서 인용.]

루고 있기 때문에 바로 눈에 띄지 않는다. 그리스인들은 인생이 얼마나 달콤한지뿐만 아니라 얼마나 혹독한지도 철저히 알고 있었다. 기쁨과 슬픔, 환희와 비극은 그리스 문학에서 서로 손을 맞잡고 서 있으나, 거기에 모순은 없다. 전자를 모르는 사람들은 후자도 진정으로 알지 못한다. 번민할 수 없는 것처럼 기뻐할 수도 없는 자들이 바로 우울하고 어두운 마음을 가진 사람들이다. 그리스인들은 우울증의 희생자들이 아니었다. 그리스 문학은 회색이나 침울한 색조로 장식되어 있지 않다. 그리스 문학은 칠흑같이 검거나 눈부시게 희거나, 검고 진한 붉은색이거나 황금색이다. 그리스인들은 삶의 불확실함과 죽음의 절박함을 예민하게, 그리고 지독하게 깨닫고 있었다. 몇 번이고 되풀이하여 그리스인들은 인간의 갖은 노력의 덧없음과 실패, 그리고 아름답고 기쁜 것은 모두 재빨리 지나가버린다는 것을 강조한다. 핀다로스에게 인생은 경기에서 우승한 자를 칭송할 때조차도 "그림자의 꿈"일 뿐이다.5) 그러나 그리스인은 가장 암울한 순간에도 결코 삶에 대한 취미를 잃지 않는다. 삶은 늘 놀랍고 신기하며 기쁨을 주고, 세상은 아름다운 곳이며, 그리스인들은 그 속에서 살아 있음을 기뻐한다.

이와 같은 태도를 보여주는 인용문들은 너무 많아서 고르기가 쉽지 않다. 현존하는 그리스의 시를, 심지어는 그 시가 비극일지라도 모두 인용할 수 있을지도 모른다. 시 한편 한편이 모

---

5) 핀다로스, 「피티아 송시(*Pythian Odes*)」, 8편, 135행.

두 활활 타고 있는 삶의 불꽃을 보여준다. 그 불꽃에 두 손을 쬐어 따뜻하게 하지 않은 그리스 시인은 한 명도 없었다. 가끔은 비극작품의 한가운데서 갑자기 기쁨의 합창곡이 시작된다. 그렇게 세 명의 비극작가들 중에서 가장 진지하고 엄숙한 소포클레스가 「안티고네(*Antigonē*)」에서 술의 신에 대해서 "별들이 움직일 때 그와 함께 즐거워하고, 별들의 숨결은 불꽃이네"라고 노래한다.6) 혹은 「아이아스(*Aias*)」에서 소포클레스는 "환희로 떨리고, 갑작스러운 기쁨의 날개를 달고 솟아오르며, 판(Pan : 목신[牧神]/역주)이시여, 오, 판이시여, 바다의 유랑자여, 눈이 몰아치는 험한 바위산에서 내려오라. 신들이 좋아하는 춤의 신이여, 오시오. 이제 나 역시 춤을 출 것이니. 오, 기쁘도다!" 하고 큰 소리로 부른다.7) 또는 「콜로노스의 오이디푸스(*Oidipous epi Kolōnō*)」에서 나이팅게일의 맑게 지저귀는 노랫소리와 맑은 바다의 티끌 한 점 없는 물결, 수선화의 아름다움, 밝게 빛나는 크로커스가 있고, "무사(Mousa) 여신들의 합창단과 금빛 고삐를 쥐고 있는 아프로디테가 사랑하는"8) 문 밖 세상을 향한 그 시인의 사랑으로 갑자기 비극은 잠시 잊혀진다. 비극의 암울한 장막을 충만한 삶의 기쁨으로 끌어올리는 이와 같은 구절들이 반복해서 나온다. 이러한 표현들은 대조법으로 과장하려는 교

---

6) 소포클레스, 「안티고네」, 1142행. (번역자의 이름이 언급되지 않은 곳은 저자에게 번역의 책임이 있다.)

7) 소포클레스, 「아이아스」, 692행.

8) 소포클레스, 「콜로노스의 오이디푸스」, 670행.

묘한 솜씨나 재주가 아니다. 이 구절들은 비극작가이기 전에 그리스인인 이들에게 자연스러운 표현이며, 인생의 경이로움과 아름다움을 매우 강렬하게 자각하고 있는 이들은 그러한 표현에 자리를 내어줄 수밖에 없었다.

일상생활이 주는 사소한 즐거움도 그렇게 강렬한 기쁨으로 느껴졌다. "연회, 하프, 춤, 옷 갈아입기, 따뜻한 목욕, 사랑과 잠은 언제나 우리에게 소중하다"고 호메로스는 말했다.9) 초기 그리스의 서정시에서만큼 먹고 마시는 것이 즐거웠던 적이 없는 것 같다. 친구들과의 만남도, 겨울밤의 따스한 불도―"폭풍이 몰아치는 겨울, 저녁 식사 후 난롯가의 안락한 침상, 그대의 잔 속에 꿀처럼 달콤한 포도주와 그대의 곁에 놓인 견과와 콩"10)― 그리고 "플라타너스와 느릅나무가 서로 속삭일 때 인동덩굴의 향기와 여유로움과 백양나무가 한창인" 봄날의 달리기도,11) "향연에 참석한 자들 사이를 돌아다니면서, 젊어지기 위해서 영혼을 포기하면서, 소리가 맑은 하프를 가지고 다니면서 현명한 시민들 사이에서 평화롭게 하프를 연주하는" 만찬의 시간도 그랬다. 희극, 즉 고희극(古喜劇)의 격렬하고 쾌활하

---

9) 이 대사는 한 파에아키아인의 입을 통해서 말해지고 있으나「오디세이아 (Odysseia)」8권, 245행), 그렇기 때문에 그 대사가 그리스적 감정을 표현하지 않는다고 주장하는 것은 필요 이상으로 자세히 구별짓는 것이다. 파에아키아인들은 시바리스의 주민이 아니라 뛰어난 운동선수와 노련한 뱃사람으로 그려지고 있다.

10) 크세노파네스, ap. Athen., 54행.

11) 아리스토파네스, 「구름(Nephelai)」, 1007행.

고 거침없는 재미, 그 안의 열정, 생명력, 원기왕성하고 넘쳐흐르는 삶의 활기가 그리스인의 창안물인 것은 당연하다. 이집트에는 무덤이, 그리스에는 극장이 있다. 후자는 전자만큼이나 자연스럽게 마음속에 떠오른다. 기원전 5세기가 아테네에서 시작될 때까지 그렇게 세상은 변하고 있었다.

"그들에게 여유를 주는 생활 속에서 탁월함을 따르는 생명력의 활동"이 그리스의 오래된 행복에 관한 정의이다. 이 정의는 삶의 에너지가 충만한 개념이다. 전 그리스의 역사를 통해서 줄곧 그런 풍부한 삶의 정신이 활동한다. 이 정신은 아직 시험해보지 않은 수많은 길을 따라 앞장서 나아갔다. 독재주의와 복종은 그러한 정신이 제시한 방향이 아니었다. 육체의 활력으로 충만한 기개 있는 자들은 쉽게 복종하지 않고, 오히려 산의 강한 공기는 사실 독재군주에게 전혀 도움이 되지 않았다. 절대 군주-복종하는 노예라는 인생의 이론은 반역자에게 은신처를 제공할 언덕과 인간에게 위험을 무릅쓰며 살도록 요구하는 높은 산이 없는 곳에서 가장 번성한다. 그리스에서 역사가 시작되었을 때 고대국가의 흔적은 없었다. 그곳 어디에도 수천 년 동안 아무도 문제삼지 않았던 절대권력을 가지고 있으며, 두려움을 느끼게 하고, 근접할 수 없는 신성한 군주인 이집트의 파라오와 메소포타미아의 사제-군주는 없다. 그리스에는 절대군주와 조금이라도 닮은 것이 전혀 없다. 그리스 역사에서 참주의 시대에 관해서 우리가 알고 있는 것, 적어도 우리가 가장 확실히 알고 있는 것은 그 시대가 중지되었다는 것이다. 왕들이 생겨난 이래로 고대세계에서 삶의 법칙이었으며, 그 뒤 몇 세기 동안 아시아에서 삶의 법칙이 되어온 군주의 권력에 대한 비참한 복종은 그리스인들에 의해서 그렇게 쉽고 가볍게 버려졌으며, 겨우 그 투쟁의 메아리만이 우리에게 전해올 뿐이다.

살라미스에서 페르시아인을 패배시킨 것을 축하하기 위해서 쓴 작품인 아이스킬로스의 「페르시아 사람들(Persai)」에는 그리스의 방식과 동양의 방식 사이의 차이점을 보여주는 여러 가지 은유들이 등장한다. 그리스인들은 소중한 것을 방어하기 위해서 자유인으로서 싸움에 임했다는 사실이 페르시아 여왕에게 전해진다. "그들에게는 왕이 없는가?" 하고 여왕이 묻는다. "없습니다"라는 대답을 듣는다. 아무도 그리스인을 노예나 가신이라고 부르지 않는다. 헤로도토스는 자신의 이야기 속에서 "그리스인들은 오직 법률에만 복종한다"고 덧붙인다.[12) 여기에 아주 새로운 무엇인가가 있다. 자유라는 개념이 탄생했다. 가장 초기의 부족사회 시대 이래로 줄곧 지속되어왔으며, 전 고대세계에서 보편적으로 옳다고 여겨지던 국가에 비해 개인은 전혀 중요하지 않다는 관념은 그리스에서 개인의 자유의지로 방어하는 국가 속에 개인의 자유라는 관념에 자리를 내주었다. 그것은 활기와 충만한 생기만으로 성취된 변화가 아니다. 그리스에서 그 이상의 무언가가 작용하고 있었다. 사람들이 스스로 생각하고 있었다.

---

12) 아이스킬로스, 「페르시아 사람들」, 241행. 헤로도토스, 「역사(Historiai)」, 7권, 104절.

초기 그리스 철학의 격언 가운데 하나인 아낙사고라스의 격언은 다음과 같다. "이성이 일어나서 질서를 만들었을 때 모든 것은 혼돈 속에 있었다." 인간이 이해하려고 노력해서는 안 되는 것에 의해서 전적으로 좌우되고 있는 곳, 불합리함과 무서운 미지의 힘들에 의해서 지배되고 있는 고대세계에 그리스인들이 나타났고, 이성의 지배가 시작되었다. 그리스인에 관한 가장 중요한 사실은, 그리스인은 이성을 사용해야만 했다는 것이다. 고대의 사제들은 "여기까지, 그리고 이제 그만. 우리가 생각에 한계를 정한다"고 말했다. 그리스인은 "모든 사물은 엄밀하게 검토되고 의문이 제기되어야 한다. 생각에 정해진 한계는 없다"고 말했다. 우리가 실제 문서에 기록된 그리스인에 대한 지식을 가지게 될 때까지 고대세계에서 매우 결정적인 역할을 한 사제들이 이성을 지배한 아무런 흔적도 찾을 수 없었다는 것은 매우 놀라운 일이다. 그리스의 역사나 문학에서 사제는 아무런 실질적인 역할을 맡고 있지 않다. 「일리아스(*Ilias*)」에서 사제는 신의 노여움을 가라앉히고 전염병이 멎도록 포로 한 명을 되돌려주라는 명령을 내리고, 전염병 때문에 그의 명령은 마지못해 수행된다. 그러나 그것이 그 장면에 등장하는 유일한 사제의 모습이다. 트로이 전쟁은 매개자 없이 신들과 인간들에 의해서 끝까지 치러진다. 한두 명의 예언자가 비극작품에 등장하지만 선보다는 악을 위해서 더 자주 등장한다. 플라톤보다 100년 앞선 아이스킬로스의 「아가멤논(*Agamemnōn*)」에는 사제들이 사용하는 음흉한 능력들에 관해서 문제의 핵심을 정확하게 찌르는 비판이 언급되고 있다.

> 진실로 선한 것을
> 예언자들이 인간들에게 가져다준 적이 있습니까?
> 말을 많이 늘어놓는 기교는
> 오직 악을 통해서만
> 당신의 신탁을 말해줄 뿐입니다.
> 예언자들은 인간들이
> 두려움에 떨도록 항상
> 공포를 가져다줍니다.[13]

실제로 그 당시 사제와 예언자가 그런 종류의 능력을 사용했다는 결론을 위의 구절에서 이끌어낼 수 있을지도 모른다. 그러나 정말 확실한 것은 극장의 앞좌석에 가장 중요한 사제들이 앉아 있는데, 대규모의 청중에게 그러한 이야기를 한 시인은 비난이 아니라 민중이 줄 수 있는 최고의 지지를 받았다는 점이다. 그리스인들이 사제의 권력에 정해놓은 엄격한 한계보다 더 분명하고 놀라운 것은 없다. 사제들은 제단과 사원의 수만큼 있었고, 사회가 위험에 처했을 때 종교의례에 대해서 불경스러운 태도를 보이면 아테네에서조차 미신과 사람들의 격렬한 분노를 불러일으켰다. 그러나 그리스에서 사제의 자리는 눈

---

13) 아이스킬로스, 「아가멤논」, 1132행. (저자는 여기서 원작의 운율을 재현했고, 「아가멤논」의 합창단에서 인용한 모든 부분에서도 재현했다.)

에 띄지 않는 배후에 있었다. 사제의 몫은 신전과 신전에서 행해지는 의례 외에는 아무것도 없었다.

그리스인은 형식적인 종교를 한편에 두고, 정말 중요한 것은 모두 다른 편에 두었다. 그리스인은 지침이나 조언을 구하러 사제에게 가지 않았다. 자녀를 어떻게 키워야 하는지, 진리가 무엇인지 알고 싶을 때 그리스인은 소크라테스나 위대한 소피스트 프로타고라스나 박식한 문법학자에게 갔다. 그리스인은 사제에게 조언을 청할 생각은 하지 않았을 것이다. 사제들은 제물을 희생하기에 적합한 때와 형식을 말해줄 수 있었다. 그것이 사제의 임무였고, 그것뿐이었다. 플라톤은 대체로 그 이전에 자신이 가지고 있던 반항적 태도에 대한 반작용으로 노년기에 서술한 「법률(Nomoi)」에서 종교라는 주제 전체를 논하면서 사제는 한번도 언급하지 않는다. 「법률」은 이상적인 국가, 즉 「국가(Politeia)」의 천상의 원형에 대해서 쓴 것이 아니라, 그 당시 그리스인들의 생각과 감정을 다루고 있는 작품이라는 점이 아마도 지적되어야 할 것이다. 주요 화자인 아테네인은 새로운 제도를 제안할 때 대화에 등장하는 다른 두 인물들로부터 종종 비판을 받는다. 그러나 두 등장인물은 신과 제물의 희생과 신탁에 대해서 제멋대로 말하는 자들은 의회의원들로부터 경고를 받아야만 한다는 주장을 한마디의 놀라움이나 반대도 없이 받아들인다! 이것은 "그들 영혼의 건강 증진에 관하여 그들과 대화를 나누는 것이다."14)

---

14) 플라톤, 「법률」, 10권 908.

그 세 사람 중에서 아무도 사제가 여기에 쓸모 있을지도 모른다고 제안하지 않는다. 무엇보다도 "어떠한 사람을 불경스러운 행위로 기소하기 이전에 법률의 수호자들은 그 행위가 진심에서 비롯되었는지, 혹은 단지 어린아이 같은 경박함에서 나온 것인지를 결정해야 할 것이다." 확실히 이것은 그리스 시민의 삶과 자유에 관련된 문제에서 사제가 목소리를 내야만 한다는 견해는 아니었다. 논쟁의 끝 부분에 사제에게 적합한 영역이 간단히 언급되고 있다. "누군가 희생물을 바칠 때 그로 하여금 그 제물들을 신성한 예식을 감독하는 사제와 여사제의 손에 맡기도록 하라." 그것이 그 대화에 참여하는 등장인물들이 종교에서 사제의 몫이라고 생각하는 것의 전부이며, 사제는 종교를 제외하고는 어느 곳에서도 아무런 역할을 담당하지 않는다. 그리스의 관점을 보여주는 것으로 훨씬 더 주목할 만한 것은 아테네인들이 "희생과 기도로 죽은 자를 불러내고 신을 매수할 수 있다고 말하는" 자들 — 바꾸어 말하면, 주술을 사용하고 오늘날 가장 문명화된 국가에서도 잘 알려진 행위들로 하늘의 호의를 얻으려고 하는 자들을 "극악무도한 인간"으로 간주한다는 것이다.[15]

---

[15] 플라톤, 「법률」, 10권, 909.
「프로메테우스(*Promētheus Desmōtēs*)」에 새가 날아가는 모습이나 짐승의 창자 등으로 길흉을 예측하는 "사악하고 수수께끼 같은 기술"(「프로메테우스」, 497행)인 점술과 관련된 긴 구절이 있다. 그러나 호메로스 시대에 이미 특징적인 그리스의 태도는 "최선의 전조는 우리의 조국을 위해서 싸우는 것이다"라는 헥토르의 말로 표현된다(「일리아스」, 12권 243행).

의심할 여지없이 신탁, 특히 델포이의 신탁은 그리스에서 중요한 역할을 담당했다. 그러나 우리에게 전해내려온 신탁들 가운데 어느 것도 익숙한 사제의 특징을 지니고 있지 않다. 페르시아가 침략했을 때 델포이의 여사제로부터 지침을 구한 아테네는 신에게 황소 100마리를 희생물로 바치고 신탁소에 진귀한 보물을 바치라는 명령이 아니라, 적어도 테미스토클레스의 해석에 따르면, 명민한 세속의 지혜인 나무로 만든 벽으로 도시를 보호하라는 신탁을 들었을 뿐이다. 부유한 리디아의 왕인 크로이소스가 페르시아와의 전쟁에서 승리할 것인지를 알고자 델포이로 사신을 보내고 엄청난 선물로 자신의 행로를 뒤덮었을 때, 그리스인들을 제외한 세상의 모든 사제들은 제물이 값비쌀수록 성공은 더 확실하다고 넌지시 비추어 자신들의 신전을 위한 이익을 꾀하려고 했을 것이다. 그러나 그리스에서 가장 신성한 신탁소가 리디아의 왕에게 내린 유일한 대답은 전쟁을 하면 리디아의 왕은 거대한 제국을 파괴하게 될 것이라는 답이었다.[16] 사실 그 제국이란 리디아의 왕 자신의 것이었다. 그러나 여사제가 지적했듯이, 왕의 기지가 부족한 것에 대해서 여사제는 책임이 없었고, 만약 왕이 더 많은 재물을 바쳤더라도 상황이 나아졌으리라는 암시도 없었다. 델포이의 신전에 새겨져 있다고 플라톤이 전하는 문장들[17]은 전혀 그리스 밖의 신성한 장소에서 발견되는 문장들과 같지 않다. 너 자신을 알라가

---

16) 헤로도토스, 「역사」, 1권, 53절.
17) 플라톤, 「카르미데스(Charmidēs)」, 164 D.

첫 번째 문장이며, 너무 지나치지 말라가 두 번째 문장이다. 이 두 문장에는 세계 도처에서 발견되는 전형적인 성직자다운 어조가 전혀 없다는 것이 두드러진 특징이다.

뭔가 새로운 것이 세상에서 움직이고 있었으며, 거기에는 매우 혼란스럽게 하는 힘이 있다. "신이 생각하는 자를 이 세상에 풀어주자 모든 것들이 다투게 되었다." 그리스에서 생각하는 자들이 자유로워졌다. 그리스인은 지성인이었다. 그리스인은 이성을 사용하는 데 열심이었다. 그러한 사실은 심지어 그리스인들의 언어 사용에서도 눈에 띈다. 학교를 뜻하는 영어 단어(school)는 여가를 뜻하는 그리스어(scholē/역주)에서 유래했다. 물론, 그리스인은 한가한 시간이 주어지면 인간은 그 틈을 사물에 대해서 생각하고 발견하는 데 사용할 것이라고 생각했다. 그리스인에게는 여가와 지식의 추구를 연결짓는 것이 당연했다. 우리 귀에 철학(Philosophy)이라는 말은 지루하지는 않을지라도 엄격하게 들린다. 그 단어는 그리스어로 본래 그러한 어감을 가지고 있지 않았다. 그리스인이 철학이라는 단어로 존재하는 모든 것을 이해하려는 노력을 뜻했고, 그리스인은 그것을 자신들이 그렇다고 느낀 것, 즉 지식에 대한 사랑이라고 불렀다.

성스러운 철학은 얼마나 아름다운가ㅡ.

고대세계에서 치료술을 행하는 자들은 주술사와 특별한 주술적 의식에 통달한 사제들이었다. 그리스인들은 치료사를 자연의 원리에 정통한 사람(physician : 그리스어 physikos에서 유래/역주)이라고 불렀다. 여기에 간단하게 고대에서 벗어나 근대성으로 움직여가는 그리스 이성 전체의 방향이 예시되어 있다. 자연의 원리에 정통하다는 것은 한 인간이 외부의 사실들을 관찰하고, 그것에 대해서 추론한다는 것을 의미한다. 그는 그와 같은 능력을 세상에서 탈출하기 위해서가 아니라 그 속으로 좀더 깊이 생각하기 위해서 사용했다. 그리스인에게 외부세계는 현실적인, 그리고 그 이상의 무엇이었고, 흥미로웠다. 그리스인은 외부세계를 주의 깊게 바라보았고, 그들의 이성이 그들이 본 것에 작용했다. 이것은 본질적으로 과학적인 방법이다. 그리스인들은 최초의 과학자였고, 모든 과학은 그리스인들에게로 거슬러올라간다.

거의 모든 사상의 분야에서 "그리스인들이 반드시 필요한 첫걸음을 내디뎠다." 이 말은 겉으로 드러나는 것 이상의 뜻을 가지고 있다. 고대가 과학을 출현시키지 못한 이유는 단지 사실이 점점 더 비현실적이고 중요하지 않게 되는 경향이 있었기 때문만은 아니다. 훨씬 더 설득력 있는 원인이 있었다. 즉 고대세계는 공포의 장소였다. 주술의 힘이 이곳을 지배했고, 주술은 전혀 헤아릴 수 없기 때문에 정말로 공포심을 불러일으킨다. 과학자가 되었을지도 모르는 사람들의 이성이 그러한 공포의 감옥에 꽁꽁 묶여 있었다. 그리스인들이 행한 모든 일들 가운데 공포를 정면으로 바라보고 그에 대해서 이성을 사용한 대담

함보다 더 놀라운 것은 없다. 다른 곳에서는 전부 그대로 믿어지고 있는 무시무시한 힘에 그리스인은 이성의 빛을 비추고, 지성을 사용해서 그 무시무시한 힘을 몰아낼 용기를 가지고 있었다. 갈릴레이와 르네상스 시대의 인문주의자들은 영혼을 영원히 파멸시킬 수 있는 힘이 정해놓은 한계를 과감히 넘어서서 우주가 어떤 것인지 스스로 알아내려고 한 그 용기 때문에 칭송을 받는다. 의심할 것 없이 르네상스 시대 인문주의자들의 용기는 위대하고 감탄할 만한 것이었으나, 전혀 그리스인들이 보여준 용기에 미치지 못한다. 인문주의자들은 안내를 받으며 자유로운 생각이라는 무서운 바다에 과감하게 도전했다. 그리스인들은 거기서 인문주의자들보다 앞서갔다. 그리스인은 그 위대한 모험을 혼자의 힘으로 감행했다.

고매한 정신과 강한 생명력은 그리스인들 안에서 전제군주의 지배에 맞서 자신들의 권리를 주장하고 사제들의 지배에 복종하기를 거부하는 데 작용했다. 그리스인에게는 명령을 내리는 사람이 없었고, 지배자에게 얽매이지 않은 그리스인들은 자유를 사고(思考)하는 데 사용했다. 세상에서 처음으로 이성이 자유로워졌고, 그만한 자유로움은 오늘날에도 좀처럼 존재하지 않는다. 국가와 종교 둘 다 아테네인이 원하는 대로 사고하도록 자유로이 내버려두었다.

제1차 세계대전 동안 퍼싱 장군을 겁쟁이로 묘사하고, 연합군의 주장을 조롱하고, 샘 아저씨를 호통치며 약한 사람을 못살게 구는 자로 소개하고, 평화당을 칭송했던 한 연극은 이곳에서 주목을 받지 못했을 것이다.[18] 그러나 아테네가 생존을 위해서 싸우고 있을 때 아리스토파네스는 이 모든 것과 아주 똑같은 일을 여러 번에 걸쳐서 했고, 아테네인들은 전쟁에 찬성하든지 반대하든지 상관없이 모두 극장으로 모여들었다. 자기 마음대로 말할 권리는 아테네에서 필수적인 것이었다. "노예는 자기 생각을 말할 수 없는 자이다"라고 에우리피데스가 말했다. 새로운 신들을 소개하고 젊은이들을 타락시킨 죄목으로 감옥에서 독약을 마신 소크라테스는 단지 그 법칙을 증명하는 예외일 뿐이다. 소크라테스는 노인이었고, 평생 동안 자신이 하려고 한 것을 말했다. 아테네는 궤멸적인 패배와 정부의 급격한 변화, 총체적인 관리경영의 실수로 가혹한 시간을 방금 겪었다. 사람들이 안전에 대한 두려움에 사로잡히고 잔인하게 변했을 때, 모든 국가들이 경험하는 갑작스러운 공황상태 속에서 소크라테스에게 유죄가 선고되었다고 추측하는 것은 타당하다. 그럼에도 불구하고 소크라테스는 아주 근소한 차로 유죄 선고를 받았고, 소크라테스의 제자 플라톤은 전혀 그 명예가 실추되지 않았으며, 여전히 요청되고 있는 소크라테스의 이름으로 계속해서 가르쳤다. 소크라테스는 아테네에서 자신의 견해 때문에 처형을 당한 유일한 인물이었다. 다른 세 사람은 아테네에서 추방당했다.[19] 그것이 명단의 전부이며, 지난 500년 동안 유럽

---

18) 이러한 비교는 R. W. Livingstone의 *The Greek Genius and Its Meaning to Us*에서 제시된 것을 각색한 것이다.

19) 소크라테스는 처형당했고, 아낙사고라스는 추방했으며, 프로타고라스와

에서 고문당하고 사형당한 자들의 끝없이 긴 명단과 이를 비교하면 아테네의 자유가 무엇이었는지 확실히 이해할 수 있다.

그리스의 이성은 세상에 관해서 마음대로 자유롭게 생각하고, 전통적인 설명들을 모두 거부하고, 사제들이 가르친 것을 모두 무시하고, 어떠한 외부의 권위에 의해서도 방해받지 않고 진실에 대해서 연구할 수 있었다. 그리스인들은 자신들의 과학적인 재능을 위한 자유로운 활동영역을 가지고 있었고, 오늘날 우리의 과학을 위해서 토대를 마련했다.

빛 속에서 죽을지라도 더 많은 빛을 애걸하는 호메로스의 영웅은 진정한 그리스인이었다. 그리스인들은 결코 어떠한 것도 뚜렷하고 분명하지 않은 상태로 둘 수 없었다. 그리스인들은 어느 것도 연결짓지 않은 채 놓아둘 수도 없었다. 제도, 질서, 관계가 바로 그리스인들이 탐구해야만 했던 것이다. 분석되지 않은 전체는 그리스인들에게 불가능한 개념이었다. 그리스인의 시는 계획과 논리적인 전후 관계를 가진 관념의 명료함을 바탕으로 해서 만들어진다. 그리스인은 위대한 예술가였지만, 아름다움을 표현하려는 노력뿐만 아니라 이해하려는 노력도 결코 포기하지 않았다. 플라톤이 선하고 아름다운 일들을 하게 하는 직관적인 통찰력과 영감을 가진 사람들이 있다고 말할 때, 그는 전형적인 그리스인으로서 이야기하는 것이다.[20] 그 사람들은 자신들이 왜 그렇게 하는지 스스로 알지 못하고, 그렇기

멜로스의 디아고라스는 할 수 없이 도망쳐야 했다.

20) 플라톤, 「메논(Menon)」, 99-100.

때문에 다른 사람들에게 설명해줄 수가 없다. 그것은 시인들에게, 어떤 면에서 모든 선한 사람들에게 해당된다. 그러나 만약 옳은 것과 아름다운 것에 대한 자신의 본능에 올바름 또는 아름다움의 이유에 관한 뚜렷한 개념을 더할 수 있는 자가 발견된다면, 그 사람은 살아 있는 사람이 스쳐 지나가는 영혼들의 생명 없는 세상에 존재하는 것과 같은 의미를 사람들 사이에서 가지게 될 것이다. 이러한 진술은 그 가치 기준의 개념에서 철저하게 그리스적이다. 아름다움에 대해서 깊이 생각하는 것을 이성의 휴식으로 보는 관념에서 그들보다 더 멀리 떨어져 있는 사람들은 없었다. 그리스인들은 어떠한 것에서 이성을 위한 안식처를 찾고자 세상에 존재하지 않았다. 그들은 모든 것을 분석하고 곰곰이 생각해야 했다. 그들은 자신들이 사용하고 있는 모든 일반 용어를 정밀하게 이해해야만 하고, 모든 철학의 언어는 그들의 창조물이다.

그러나 그리스인의 지성을 여기에 두고 가는 것은 그림의 절반만을 보여주는 일이 될 것이다. 그리스에서조차 과학과 철학은 진지한 모습을 지니고 있었다. 그러나 그리스인은 지성을 사용하는 것에 대해서 심각하게 생각하지 않았다. 한 그리스 작가가 이름을 지었듯이 "이성의 아름답고 영원히 죽지 않는 자식들인 생각과 개념"은 그리스인들에게 기쁨이었다. 배움은 르네상스 시대의 가장 빛나는 시기에도 아테네 제국 시대의 활기찬 젊은이들에게 그랬던 것만큼 찬란한 빛으로 나타난 적이 없었다. 이른 새벽에 대문을 계속적으로 두드리는 소리에 금방 잠을 깬 소크라테스에게 이야기하고 있는 자들 가운데 한 사람의 말을 들어보라. "여기 누구 있소?" 소크라테스는 아직 반쯤 잠에 취해서 소리 지른다. "소크라테스님." 그 목소리는 소크라테스가 잘 알고 있는 한 젊은이의 것이다. "좋은 소식이에요, 좋은 소식!" "이렇게 터무니없는 시간에 날 깨우는 것이니 좋은 소식이어야만 하네. 자, 말해보게." 그 젊은이는 이제 집안에 있다. "소크라테스님, 프로타고라스님이 오셨어요. 저는 그 소식을 어제 저녁에 듣고 즉시 당신께로 오려고 했는데, 시간이 너무 늦어서 —." "이게 다 무슨 말이지. 프로타고라스? 그자가 자네에게서 뭘 훔쳐갔는가?" 젊은이는 웃음을 터뜨린다. "예, 예, 정말 그래요. 그분이 제게서 지혜를 훔쳐가고 있어요. 프로타고라스님은 지혜를 가지고 계시지요. 그리고 그분은 제게 그 지혜를 줄 수 있어요. 아, 이리 오셔서 저와 함께 그분에게 가시죠. 지금 가시자고요."[21] 배움과 사랑에 빠진 이 열성적이고 아주 유쾌한 젊은이는 플라톤의 거의 모든 대화에서 되풀이될 수 있다. 소크라테스가 체육장으로 들어가기만 하면 된다. 그러면 체력 단련과 경기는 잊혀진다. 열렬한 젊은이들이 무리지어 소크라테스를 둘러싼다. 이것에 대해서 우리에게 말해주십시오, 저것에 대해서 우리에게 가르쳐주십시오, 하고 젊은이들이 외친다. 우정이란 무엇입니까? 정의란 무엇입니까? 저희는 당신을 놓아드리지 않을 것입니다, 소크라테스님. 진리, 저희는 진리를 원합니다. "지혜

---

21) 플라톤, 「프로타고라스(*Protagoras*)」, 310 이하(요약).

로운 자들이 이야기하는 것을 듣는 것은 얼마나 기쁜 일인가!" 하고 젊은이들은 서로에게 말한다. 플라톤은 국가들이 어떻게 다른가에 대한 논의에서 "이집트와 페니키아는 금전을 좋아하고", "우리가 살고 있는 곳의 특성은 지식에 대한 사랑이다"고 말한다.[22] "아테네인들과 그곳에 체류하는 외국인들은 뭔가 새로운 것에 대해서 말하거나 듣는 것 이외에 다른 것에는 시간을 소비하지 않는다"고 성 루카가 말했다. 외국인들조차 그 열정에 사로잡혔다. 앎을 향한 강렬한 욕망, 세상의 모든 것에 대한 불타는 호기심―그들은 그것과 매일 접할 수 없었고, 불타오를 수도 없었다. 소아시아의 해안 지역을 오르내리며 사도 바울은 습격당하고, 감금당하고, 매질을 당했다. 아테네에서 "아테네인들은 '이 새로운 가르침이 무엇인지 우리가 알 수 있겠습니까?' 하고 말하면서 바울을 아레오파고스로 데리고 갔다."

전형적인 과학자이며 냉철한 머리, 편견과 치우침이 없고 개인적인 감정을 싣지 않는 관찰력을 가진 아리스토텔레스도 이성에 대한 고찰에서는 어떠한 감정에도 치우치지 않는 냉담함을 보이지 않는다. 아리스토텔레스는 이성을 무척 사랑하고 그 속에서 큰 기쁨을 느끼기 때문에 이성이 대화의 주제가 될 때 과학 정신의 엄격한 한계를 넘지 않을 수 없다. 아리스토텔레스의 말을 인용할 필요가 있으며, 그의 말은 무척 그리스적인 특징을 가지고 있다.

---

22) 플라톤, 「국가」, 4권, 435 E.

인간의 본성 전체와 견주어볼 때 이성은 신적인 것이므로 이성에 의한 삶은 (평범한) 인간적인 삶과 비교하면 신적인 삶이 틀림없다. 그러나 우리가 인간이기 때문에 인간적인 일들을 생각하고 죽어야 할 운명에서 눈을 떼지 말아야 한다고 설득하는 자들에게 주의를 기울이지 말아야 한다. 오히려 할 수 있는 데까지 우리 안에 있는 영원히 죽지 않는 것으로 오르기 위해서 애써야만 하고, 최선의 것에 순응하며 살아야만 한다. 즉 무엇이든지 그 본성 특유의 것이 그것에 가장 좋고, 가장 큰 기쁨을 준다. 인간에게 그와 같은 것이 바로 이성에 의한 삶이다. 왜냐하면 그것이 바로 인간을 인간답게 하는 것이기 때문이다.[23]

이성과 삶을 향한 사랑, 이성과 신체를 사용하는 기쁨이 그리스의 방식을 특징지었다. 이집트의 방식과 동방의 방식은 고통을 통해서, 그리고 지성을 포기함으로써 정신의 우위로 인도했다. 그 목표는 그리스인들이 결코 가까이 갈 수 없는 것이었다. 그리스인들의 기질과 삶의 조건이 모두 그리스인들을 그 목표로부터 가로막았지만, 그리스인들도 정신의 방식을 그들만큼 알고 있었다. 정신의 세계가 그리스인의 천재성의 불꽃이 가장 활활 타오르는 곳이었다는 것을 완벽하게 증명하는 것이 그리스 예술이다. 사실 그리스인의 지성은 엄밀히 말하면, 그 탁월한 업적 덕분에 우리에게 모호한 것이 되었다. 그리스는 우리에

---

23) 아리스토텔레스, 「니코마코스 윤리학(*Ta Ethika*)」, 1177b. 27.

게 그리스 예술을 의미하며, 그것은 이성이 지배하지 않는 영역이다. 그리스 예술로 귀착되는 인간 정신의 탁월한 개화는 그리스에 정신의 힘이 존재했음을 보여준다. 그리스인들을 이집트와 인도로부터 구분짓는 것은 정신성의 열등함이 아니라 지성의 우월함이다. 위대한 이성과 위대한 정신이 그리스인들 안에서 결합했다. 정신적 세계는 그리스인에게 자연적 세계와 분리되는 또다른 세계가 아니었다. 정신적 세계는 이성에게 알려진 세계와 동일했다. 아름다움과 합리성은 둘 다 그 속에서 드러났다. 그리스인은 정신으로 도달한 결론과 이성으로 도달한 결론을 서로 대립하는 것으로 보지 않았다. 이성과 감정은 양립할 수 없는 것이 아니었다. 시의 진리와 과학의 진리는 모두 참이었다.

현실에 대한 이러한 개념을 고립된 인용구를 통해서 보여주는 것은 어려운 일이지만, 그리스의 과학자들 가운데 가장 위대한 과학자의 태도가 하나의 예로 제시될 수 있다. 아리스토텔레스는 아주 뛰어난 관찰력과 자료에 대한 사고력을 타고났으며, 자신이 볼 수 있는 것과 알 수 있는 것에 온 정신을 기울였던 전형적인 과학자였다. 다른 어느 곳에서도, 다른 어떤 시대에도 아리스토텔레스는 이성이 내린 결론 말고 다른 방법으로 도달한 결론에 대해서 경멸은 아닐지라도 내려다보는 태도를 취하는 순수이성을 옹호하는 사람이었을 것이다. 그러나 그리스인인 아리스토텔레스에게 정신의 방식 또한 중요했고, 과학적 방법은 가끔 시적 방법을 위해서 포기되었다. 우리에게도 잘 알려진 「시학(*Peri Poiētikēs*)」의 한 구절에서 아리스토텔레스가 시는 보편적으로 적용될 수 있는 진실을 표현하지만, 역사의 진실은 부분적이고 제한된 것을 표현하기 때문에 시가 역사보다 한층 더 높은 진리를 가지고 있다고 주장했을 때, 그는 과학자로서 이야기하고 있지 않으며, 그 주장은 그리스 밖의 과학자들의 관심을 끌지도 못할 것이었다. 아리스토텔레스가 일생을 바친 작업인 모든 살아 있는 것의 본질에 관한 연구의 이유를 제시한 유명한 구절 속에서도 그가 과학자로서 가지고 있던 견해의 흔적을 찾을 수 없다.

천체의 아름다움은 의심할 여지없이 이러한 비천한 것들에 대해서 깊이 생각하는 것보다 훨씬 더 우리를 기쁘게 한다. 그러나 천체는 높고 멀리 떨어져 있으며, 우리의 감각이 제공하는 천체에 관한 지식은 빈약하고 희미하다. 반대로 살아 있는 생물은 우리 근처에 있으며, 만약 그러기를 원한다면 우리는 그 생물 하나하나와 그 전체에 대해서 완전하고 확실한 지식을 얻을 수 있을 것이다. 우리는 조각품의 아름다움에서 즐거움을 얻는다. 그렇다면 살아 있는 것도 우리를 즐겁게 하지 않겠는가? 그리고 만약 지식을 사랑하는 정신 속에서 우리가 원인을 살피고 의미의 증거를 밝힌다면 더더욱 그렇지 않겠는가? 그러면 자연의 목적과 그 깊은 곳에 있는 법칙이 자연의 거대한 작업에서 아름다운 것들의 이러저러한 형태에 이바지하는 모든 것들 속에서 드러날 것이다.[24]

---

24) D'A. W. Thompson의 *The Legacy of Greece*에서 인용.

그리스 밖에서 과학자가 과학 연구의 목적에 대해서 이런 식으로 진술한 적이 있었던가? 그리스인인 아리스토텔레스에게 그 고매한 계획의 최고의 목적은 시의 방식을 제외한 다른 방식으로는 표현될 수 없다는 것이 너무나 분명했고, 그리스인이었으므로 그는 그 목적을 그렇게 표현할 수 있었다.

정신성은 당연히 우리에게 종교를 생각나게 한다. 그리스의 종교는 주로 혹은 항상 교훈적이지마는 않은 옛날이야기의 모음으로 우리에게 알려져 있다. 이것은 영적인 것에 대해서 그리스인들이 가지고 있던 엄청난 이해력을 잘못 전하는 것이다. 그리스인들이 호메로스의 신과 여신들에 대해서 이성을 이용하지 않는 것이 불가능해 보이는 것처럼, 그리스 예술과 시를 만들어낸 국가가 종교에 대해서도 영원히 피상적인 시각을 가지고 있었을 리가 없을 것이다. 이제는 영원히 사라져버린 자연에 대해서 사람들이 직접적인 지식을 가지고 있던 때부터 전해내려온 아름다운 이야기들이 책, 종(鐘), 그리고 공개적으로 신앙을 부정하는 것과 함께 저주받고 추방당한 적이 없었음은 사실이다. 그것은 그리스의 방식이 아니었다. 그리스인은 그 이야기들을 사랑했고, 그 이야기들과 함께 그들의 상상력을 발휘했다. 그러나 그리스인은 그 이야기들을 통해서 동양이나 서양의 모든 종교의 바탕을 이루고 있는 것에 도달하는 독자적인 방법을 찾아냈다. 아이스킬로스는 이스라엘의 예언자처럼 이야기할 것이고, 그가 칭송한 제우스를 이사야는 이해했을 것이다.

아버지, 창조자, 위대한 신,

위대한 장인(匠人)이신 그는 자신의 손으로 인간을 만드셨다.

예로부터 지혜로우시며, 만물을 통해서 행사하시며,

마침내 모두를 안전한 항구로 이끄시는……

그의 마음의 심원한 계획 속에 그려져 있는

모든 목표들을 신속하게 실행하고자

그와 함께 행동과 말이 하나가 된다.[25]

"아테네 사람들이여, 모든 사물에 관해서 당신들은 너무나 미신적이라고 생각하오"하고 사도 바울이 아레오파고스에서 말했다. 그렇게 성서의 번역판에 쓰여 있다. 그러나 그 문장의 마지막 단어인 "미신적인(superstitious)"은 사도 바울이 그 단어를 쓴 이유로 제시한 바에 따르면, "신의 권능에 대한 두려움에 싸인"이라고 꽤 정확하게 번역될 수 있다. "내가 지나면서 당신들의 기도들을 보다가 알려지지 않은 신에게라는 글이 새겨진 한 제단을 발견했소." 이 이야기는 우리를 명랑한 올림포스의 열두 신에게서 멀리 데려간다. 이 말들은 "빽빽하고 어두운 숲을 통해서 우리의 능력으로는 찾아낼 수 없는 그 너머로 그가 목적한 길들이 뻗어 있다"라고 쓴 시인에게로 거슬러올라간다.[26] 우리의 능력으로 찾아낼 수 없는 알려지지 않은 신에게 바쳐진 제단은 편안한 정설과 손쉬운 확신이라는 쾌적한 겉모

---

25) 아이스킬로스, 「탄원하는 여인들(*Hiketides*)」, 592행.
26) 아이스킬로스, 「탄원하는 여인들」, 93행.

습의 이면을 보려고 하는 사람들에 의해서만 세워질 수 있었다. 소크라테스가 죽음을 선고받았을 때 한 말은 그리스인이 종교에 대해서 어떻게 자신의 이성을 이용할 수 있는지를 보여준다. 그리고 정신적 통찰력에 합쳐진 인간의 지혜를 사용하여 그리스인은 모든 피상적인 것을 깨끗이 몰아내고 종교에서 궁극적인 것을 꿰뚫어볼 수 있었다. "이 한 가지만은 확실하다고 생각하라. 선한 사람에게는 살아서나 죽어서나 아무런 나쁜 일도 일어날 수 없다."[27] 이 말은 신앙의 궁극적인 표현이다.

그리스인이 가지고 있는 이성을 통한 감정의 통제와 정신과 이성 사이의 균형을 아주 충실하게 보여주는 한 구절이 죽음을 맞기 전에 친구들과 나눈 소크라테스의 마지막 대화 속에 있다. 소크라테스 삶의 마지막 시간이다. 마지막까지 그와 함께 있기 위해서 온 친구들은 영혼의 불멸에 대해서 대화를 나누게 되었다. 이와 같은 순간에는 오직 위로와 도움만을 구하고 침착한 판단과 냉정한 이성은 느슨해지는 것이 당연할 것이다. 소크라테스 안의 그리스인은 그럴 수 없었다. 그는 다음과 같이 말한다.

지금 이 순간 내가 지식을 추구하는 자의 기질을 가지고 있지 않고, 아주 비천한 사람처럼 편파적인 사람일 뿐이라는 사실을 의식하고 있네. 편파적인 사람은 논쟁을 하게 되면 그 문제의 진실이 무엇인지에는 전혀 관심을 두지 않고, 오직 듣고 있는 자들을 납득시키는

---

27) 플라톤, 「소크라테스의 변명(*Apologia Sōkratous*)」, 41 C.

데만 신경을 쓰기 때문이네. 그리고 지금 이 순간에 그러한 자와 나 사이의 차이는 오직 이것뿐이네. 그러한 자는 자기가 하는 말이 진실이라는 것을 듣는 이들에게 확신시키려고 하는 반면에 나는 나 자신을 납득시키려고 하며, 내 말을 듣는 이들을 설득하는 것은 내게 부차적인 문제일세. 그리고 이렇게 해서 내가 얼마나 많은 이익을 얻는지 잘 보게. 만약 내가 말하는 것이 참이라면, 그땐 내가 그걸 믿은 것은 잘한 일이지. 그리고 만약 죽음 뒤에 아무것도 없다면, 어쨌든 나는 내게 남겨진 짧은 시간 동안 나의 친구들이 슬퍼하는 것을 면하게 할 것이고, 내 무지는 내게 아무런 해도 끼치지 않을 테지. 이것이 바로 내가 그 논의에 접근하는 마음의 상태일세. 그리고 나는 자네들에게 소크라테스에 대해서가 아니라 진리에 대해서 생각하라고 요구할 걸세. 자네들 생각에 내가 진실을 말하고 있는 것 같으면 내 의견에 동의하게. 만약 그렇지 않다면 있는 힘껏 내게 저항해서, 내 욕망으로 인해서 나 자신뿐만 아니라 자네들을 속이는 일이 없도록, 그리고 내가 죽기 전에 꿀벌처럼 자네들에게 내 침을 쏘아놓고서 가버리지 않도록 하게. 그러면 이제 진행해보세.[28]

그렇게 그리스에서 이성과 정신은 대등하게 만났다.

---

28) 플라톤, 「파이드로스(*Phaidros*)」, 91 이하.

3

—

예술에서 동서양의 방식

한 국가가 나아가는 방식은 그것이 이성의 방식이든, 정신의 방식이든 예술에 결정적인 영향을 미친다. 간략한 검토는 그것이 틀림없는 사실임을 보여줄 것이다. 정신은 본질적으로 정신의 외부에 있는 것과 관계가 없다. 현실을 파악하는 것은 바로 이성이다. 정신의 방식은 사물의 세계로부터 내면세계에 대한 관조로 물러나는 것이고, 거기서는 외부에서 진행되고 있는 일과 내부에서 진행되고 있는 일 사이의 조화를 필요로 하지 않는다. 이성이 아니라 정신이 그것의 고유한 장소이고, 천국을 지옥으로, 지옥을 천국으로 만들 수 있다. 이성이 자기 안으로 움츠러들어 사실들을 배제할 때 단지 혼돈을 초래할 뿐이다.

영국의 왕정복고 초기에 왕이 참석한 자리에서 지식인들 사이에 중대한 토론이 벌어졌다. 만약 살아 있는 물고기를 물이 가득 찬 통에 넣으면 물이 넘치지 않을 것인가, 만약 물고기가 죽으면 물이 넘칠 것인가에 관한 토론이었다. 왕이 그와 같은 두 개의 물동이를 가져오게 하여 자신의 눈앞에서 물고기를 그 속에 넣도록 명할 때까지 이렇게 영적으로 암시하는 바가 많은 물 또는 물고기의 속성에 관해서 삶과 죽음의 내적 중요성과 관련된 많은 고상한 이유들이 제시되었다. 물고기의 생사 여부와 상관없이 물이 똑같이 반응하는 것으로 밝혀졌을 때, 과학자들은 이성이 정신의 전철을 밟아 자유롭고 방해받지 않는 순수이성을 사용하기 위해서 자기 안으로 물러나는 것이 아니라 철저하게 외부세계의 한계 속에 머무르는 것의 타당함에 관해서 광범위한 영향을 미치는 교훈을 얻었다. 사실을 고수하라는 것이 이성의 금언이고, 사실에 대한 지각이 이성의 두드러진 특성이다.

정신의 지배력이 점점 더 커지는 것에 비례하여 이러한 지각 능력은 사라진다. 그래서 서양이 점점 더 정신의 방식을 향해 가던 중세시대에 뛰어난 지식인들은 얼마나 많은 수의 천사들이 한 개의 바늘 끝에 서 있을 수 있는지와 같은 질문을 하는 데에 자신들의 뛰어난 능력을 사용할 수 있었다. 이러한 태도를 몇 걸음 더 사실의 세계로 가져가보면, 그 결과는 제단 앞에서 몸을 흔들흔들하며 제단과 아미타불, 자기 자신에 대한 의식을 모두 잃을 때까지 아미타불을 수천 번 되풀이하여 외고 있는 불교 신자이다. 이성의 활동은 휴식을 취하도록 잠시 중단되고, 정신은 열중하여 자기 내부에서 진리를 찾는다. 위대한 브라만의 문서인 「우파니샤드(*Upanisad*)」는 "인간으로 하여금 옴(Om)이라는 음절에 명상하게 하라. 이것은 불멸의 음절이며, 이것을 알고 그 음절을 크게 소리내어 되풀이하는 자는 그 속에 들어가서 불멸하게 된다"고 말한다. "신은 모든 이에게 진실과 평정 사이에서 마음대로 고르게 한다. 어느 것이든 당신이 마음에 드는 것을 택하라. 당신은 결코 두 가지 모두를 소유할 수 없다"고 랠프 월도 에머슨은 말한다. 그것이 서양에서 말하고 있는 것이며, 이성의 방식이다. 이러한 관점에 따르면, 진리는 사물들의 참모습을 알아내는 것을 의미하는 매우 능동적인 활동이다.

그 차이의 실제적인 결과는 물론 지성의 영역에서 곧바로 알수 있다. "쇠퇴의 이러한 진흙투성이 옷"에서 완전히 독립하는 것이 목적인 사람들은 과학자나 고고학자가 되거나, 혹은 과거나 현재의 사실들과 관련된 일을 하지 않는다. 예술에서 그 결과는 곧바로 알 수 없지만 그만큼 결정적이다. 정신의 지배력이 더 커지는 것에 비례해서 사물들의 실제 형체와 모습은 대수롭지 않은 것이 되어가고, 정신이 최고가 되면 그러한 형체와 모습은 아무런 중요성도 지니지 않게 된다.

이미 말했듯이, 이집트에서는 눈에 보이지 않는 세계의 현실이 눈에 보이는 세계를 천천히 가려버렸다. 그러나 비록 그 세계는 눈에 보이지 않지만 실재하고 있었다. 죽은 자들의 시신이 흙으로 돌아가는 것을 막아야 한다. 시신은 훼손될 염려가 없는 지하요새인 무덤에 안치되어야 한다. 살아 있는 동안 사용했던 모든 가구와 비품들로 시신을 둘러싸야만 한다. 신체는 아주 중요했고, 사람이 소유하고 있는 넘칠 만큼 많은 물건들은 영원히 중요하지 않다는 생각 역시 존재하지 않았다. 이러한 사람들의 예술은 현실을 꼭 붙잡고 있었다. 피라미드는 언덕만큼이나 실재한다. 피라미드는 사람의 손으로 만들어진 것이 아니라, 땅의 기본 구조의 일부처럼 보인다. 바람이 모래를 거대한 기하학적 형태—바라보고 있으면 곡선이 되었다가 다시 끝이 뾰족한 선들로 쪼개지는 삼각형, 전혀 변하지 않는 사막의 광대함에 대비되는 별들의 움직임처럼 고정된 끊임없는 변화의 순환—로 들어올리는 곳에서 변하지 않고 움직이지 않는 피라미드는 화강암에 싸인 사막의 정신이다. 엄청난 이집트의 조각예술은 모두 어느 정도 물질세계와 이러한 조화를 이루고 있다. 거대한 조각상들은 방금 언덕의 바위에서 출현했다. 조각상들은 배경으로부터 형체를 만들어낸 예술가의 연장 자국만큼이나 확실하게 그 근원의 표시를 지니고 있다.

현실에 대한 이러한 이해는 이성으로 파악되는 것과는 완전히 다른 무엇이다. 이성의 작용과는 전혀 관계가 없다. 아직 자연의 방식으로부터 그 둘을 구분하는 의식이 없었던 사람들에게 이것은 심원한 직관력이다. 이러한 직관적인 느낌은 삶과 죽음이 거의 구별되지 않는 이집트의 무덤이 불멸의 희망 속에서 진리가 무엇인지 생각해내려고 한 소크라테스가 앉아 있던 그 감옥과 다른 것만큼이나 이성이 도달하는 현실에 대한 개념과 다르다.

만약 이집트 예술이 자유로이 발전하게 되었다면 어떠한 결과를 낳았을까 하는 물음은 세상이 엄청난 손실을 입었다는 것을 깨닫게 되면서 영원히 관심을 두는 질문들 가운데 하나이다. 그러나 사제들이 개입했고, 정신의 경험으로 점점 더 명확해지고 있던 자연에 대한 직접적인 경험은 어느 순간 억제되고 완전히 정지했다. 사제들은 모두가 순응해야만 하는 고정된 예술 양식을 정했다. 이성은 그럴 수 없지만 예술은 오랜 시간 동안 사슬에 묶인 채 활동할 수 있고, 사제의 독단적인 주장에 의해서 예술가의 정신이 통제된 결과가 완전히 드러날 때까지는 몇 세기가 걸렸다. 그러나 그 결과가 명백해질 즈음 이집트 예술은 종말을 고했다. 플라톤의 논평은 어느 면으로 보나 이집트 예술의 장례 연설이다.

이집트에서 탁월함의 형식들은 오랫동안 고정되어 있었고, 그 형식들의 원형들은 사원에 전시되었다. 어떠한 화가도 예술가도 전통적인 형식을 혁신하거나 새로운 형식을 창조하도록 허락되지 않는다. 오늘날까지 어떠한 변화도 허용되지 않는다. 전혀 아무것도. 이집트인들의 예술작품은 1만 년 전과 동일한 형식으로 그려지거나 만들어진다.[1]

그러나 동양에서 억제된 발전은 없었다. 그곳에서 정신은—

---

1) 플라톤, 「법률」, 2권, 656-657.

오직 정신만이 자유로웠다 — 방해받지 않고 자유로이 작용했다. 힌두 예술은 아주 어릴 때부터 외부의 것은 모두 환영이라고 생각하도록 훈련된 사람들이 만들어냈다. 감각들이 일으키는 견고하고 지속되는 것에 대한 믿음은 인간이 자기 안에서 제거해야만 하는 근본적인 오류였다. 견고하고 지속되는 것처럼 보이는 것은 단지 끊임없이 변하는 겉모습, 즉 각각의 모양이 끊임없이 흩어져 다른 모양이 되고, 그 모두가 어린아이를 위한 구경거리에 불과한 항상 변하는 만화경(萬華鏡)일 뿐이다. 현실, 영속성, 중요성은 진리가 경험을 통해서 터득되기 때문에 명확하게 알려져 있고, 의지가 있는 사람은 완전한 지배력을 획득할 수 있는 곳인 내면의 세계에 속할 뿐이다. 이것이 「우파니샤드」의 기본적인 교리이다.

무한한 것은 자아이다. 이를 깨닫는 자는 온 세상의 군주이며 주인이다. 공기, 불, 물, 음식, 나타남, 사라짐은 모두 자아로부터 생겨난다. 이것을 보는 자는 모든 것을 보고 모든 것을 얻는다.

우리가 이러한 관념을 예술작품과 연관시키기는 어렵다. 서양의 우리에게 예술은 외면의 것과 내면의 것을 통합하는 것이다. 예술은 내면세계만큼 외면세계에도 똑같이 확고하게 뿌리를 내리고 있다. 그리고 철저한 신비주의자는, 만약 그러한 사람이 있을 수 있다면, 지복직관(至福直觀 : 천사 및 천상에서 여러 성도가 하느님의 모습을 접하는 일, 즉 완전한 행복을 누리는 것/역주)을 구체적인 형상으로 전혀 바꾸고 싶어하지 않을 것이라는 점은 사실이다. 철저한 신비주의자는 아무것도 원하지 않으면서 완벽한 평정의 상태에 있을 것이다.

이해하는 자에게 자아가 전부가 되었을 때, 일단 그 조화를 목격한 사람에게 어떤 슬픔이, 어떤 추구가 있을 수 있겠는가?

그러나 동양에서조차 신비적 경험에 의한 황홀경은 소수를 위한 것이다. 나머지 모든 사람들에게 현실은 그것이 얼마나 환영에 불과한 것으로 인식되든 고려해보아야 할 것으로 남아 있다. 위대한 힌두 예술가는 모든 예술가가 영원히 그러하듯이, 현실을 통해서 자신을 표현하는 것에 방해받지 않았다.[2] 그러나 그 예술가의 현실에 대한 개념이 그의 예술의 틀을 구체화했다. 작품을 시작하기 전에 불교 예술가 앞에 놓인 과정은 그것이 목표로 하는 것에서 모든 힌두 예술에도 적용될 수 있다. 불교 예술가는 고독의 장소로 나아갈 것이었다. 거기서 그는 먼저 "일곱 부분으로 된 기도의식"을 행하고, 여러 명의 부처들에게 "진짜 혹은 상상의 꽃"을 바치면서 자신을 준비해야만 한다(전자가 후자보다 우월하지 않다는 것은 분명하다). 다음으로 그는 "네 가지 영원한 마음의 상태"를 깨달아야만 하고, "혼돈이라는 관념의 불꽃으로" 자신에 대한 모든 의식을 잃고 묘사

---

2) Foucher, *Iconographie Bouddique*, II, 8–11(Ananda Coomaraswamy, *The Dance of Siva*에서 인용).

하고자 하는 신과 자신을 동일시할 수 있을 때까지 텅 비어 있음과 모든 사물의 존재하지 않음에 대해서 명상해야만 한다. 그러고 나서 마지막으로 신에게 청하여 신의 모습을 볼 것이다. 신의 모습이 "선명한 영상처럼" 예술가의 모델이 될 수 있도록 그에게 뚜렷하게 다가올 것이다. 우리는 그 신의 모습이 인간의 모습으로 나타나지는 않을 것이라고 확신할 것이다. 모든 과정은 그것이 불가능하도록 고안되었다. 예술의 진실은 모든 현실을 초월하고 현실에서 동떨어져 있다는 확신이 예술가 안에 자라났다. 예술가는 고독한 관찰 속에서 예술의 진실을 육신과 관련된 모든 것으로부터 정화시키고, 속세의 기억들을 쫓아버리고, 깨끗한 정신을 통해서 영원한 것의 표현을 찾으려고 노력했다. 조각상의 필수 조건은 거기에 인간다움이 없다는 것이다. 밝은 푸른색을 띤 소용돌이 모양의 머리카락, 수많은 머리나 팔, 또는 짓밟혀 난도질당한 몸에서 떨어져나온 인간의 머리를 휘두르는 여성으로 표현되는 초인적인 힘의 느낌은 틀림없이 그 조각상을 한낱 인간으로부터 구별시킨다.

폴리그노토스가 트로이의 헬레네를 그리고자 했을 때, 그는 여성들의 미모로 명성이 자자한 크로토나에 가서 가장 아름답다고 생각되는 여성들을 모두 보기를 청했다고 전해진다. 그는 그림을 그리기 전에 오랫동안 이 여성들을 연구했으나, 작품이 완성되었을 때 그것은 그가 본 사랑스러운 얼굴들 가운데 누구의 모습도 아니었고, 그 모든 여성들 가운데 가장 아름다운 여성보다 훨씬 더 아름다웠다. 그리스 예술가는 사진작가가 아니었고, 불교 예술가보다 더 낫지도 않았다는 것을 그 이야기가 우리에게 말해준다. 그 역시 결국 자신 앞에 있는 눈에 보이는 여성들의 형태로부터 물러나서 자신의 내면에서 자신만의 고유한 아름다움의 형태를 창조했다. 그러나 그 이야기는 둘 사이의 차이점도 보여준다. 그리스인의 작업장은 명상을 하는 외로운 동굴이 아니라 움직이는 삶의 세계였다. 그리스인의 그림은 그가 연구했던 여성들의 모습에 근거하고 있었다. 그의 작품은 여성들의 실제 체형에 의해서 제약되었고, 초개인적이기는 했으나 초자연적이지는 않았다.

힌두 예술가는 아무런 조건에도 구속되지 않았다. 모든 예술가 중에서 가장 자유로웠다. 이집트인은 자연의 방식과 사제의 교리에 복종했다. 그리스인은 그로 하여금 눈에 보이는 사물들을 시야에서 놓치지 않게 하는 이성의 제약을 받았다. 힌두인은 작업하는 재료 말고는 외부의 어떠한 것에 의해서도 방해받지 않았고, 심지어 거기서도 종종 한계를 인정하려고 하지 않았다. 인도 예술과 인도 예술의 영향을 받은 모든 동양 국가들의 예술은 대리석으로부터 자유로워지려고 애쓰는 것 같은 느낌이 드는 조각술을 되풀이하여 보여준다. 어떤 예술가도 이들이 했던 것처럼 청동과 돌을 움직이게 만든 적이 없다. 그들에게 고정되고 경직된 것은 아무것도 없었다. 정신의 세계에는 고정되고 경직된 것이 아무것도 없다. 힌두 예술은 예술가가 자신에게 부과하고자 했던 것 말고는 어떠한 제한에 의해서도 억제되지 않는 충만함, 제한 없는 정신적인 힘의 결과이다.

그러나 눈에 보이는 세계는 예술가의 의식적인 주의에 아무런 영향력도 가지고 있지 않았지만, 예술가는 사실과 전혀 상관이 없는 것이나 자신이 보았던 그 무엇과도 닮지 않은 것을 순전히 정신의 심연으로부터 창조할 수는 없었다. 물론 어떠한 인간도 그렇게 할 수 없다. 그의 예술적인 상상력은 관찰할 수 있는 사물의 형상들에 의해서 제한되지만, 예술가의 목적은 그런 현실들로부터 자신을 분리하는 것이기 때문에 그러한 제한은 간접적일 뿐이다. 현실과 있음직함은 이성에게만 호소하며, 예술가는 그러한 호소에 전혀 무관심했다. 그는 정신의 중요성에 집중했다. 몽환의 경지에 있는 예술가 앞에 나타났던 신이 가지고 있는 여러 개의 손과 팔은 상징적이었다. 여러 개의 손과 팔은 정신의 진리를 의미하며 한 예술가가 표현할 만한 가치가 있는 유일한 종류의 현실을 나타냈다.

눈에 보이는 세계는 전혀 중요하지 않다고 가정해보라. 그러면 거기에 예술가를 위한 유일한 출구인 상징주의의 길이 있다. 예술가는 모든 인간 중에서 완벽한 추상화(抽象化)에 가장 무능하다. 수학자와 철학자는 순수개념을 다룰 수 있다. 추상적인 개념의 세계는 예술가에게 아무것도 제공하지 않는다. 상징주의에서 예술가는 심지어 실재적인 것은 감각들이 지각하는 것과 전혀 관계가 없다는 것을 확인하는 동안에도 확실하게 믿을 수 있고, 구체적인 무엇인가를 고수할 수 있다. 상징은 늘 비현실에 싸인 현실적인 것이었다. 상징은 어렴풋하게라도 우리가 직접 볼 수 있는 거울 속에 비친 영상이다. 상징주의에서는 현실적 모습들이 중요하다. 비록 그들의 유일한 중요성은 그 본연의 실체가 아닌 다른 무엇인가를 나타내는 것에 불과할 지라도, 신비주의적 예술가는 자신이 원하는 대로 자유롭게 현실을 사용하고 배제할 수 있다. 그 예술가는 다양한 권력을 표현하는 수많은 팔들, 정신적인 자양물을 보여주는 여러 개의 가슴들, 승화된 그림 문자 등 가장 단순한 것일 수 있는 자신만의 상징주의를 자유롭게 즉흥적으로 만든다. 예술가에게 가해진 유일한 제약은 자신의 내부에서 기인한다. 그러나 외부세계를 경멸하고, 현실의 사물을 아름다운 것으로 보는 데에 반대하는 경향이 있으며, 다른 어딘가에서 정신적인 중요성을 찾아야만 하는 그 사람 안의 예술가는 상징화할 수 있고, 그래서 중요한 것으로 만들 수 있는 유형(類型)을 향해 불가항력적으로 나아가게 된다.

신비주의적 예술가는 항상 유형들을 본다. 한번도 완전히 실재였던 적이 없는 상징은 점점 덜 현실주의적으로 표현되는 경향이 있고, 현실이 추상화되면서 유형이 나오게 된다.

영국의 시인이며 화가인 블레이크의 그림 속 천사들이 가진 날개는 진짜 날개처럼 보이지 않으며, 날개가 천사에게 속하기 때문에 거기에 있는 것도 아니다. 그 날개들은 그림의 구성양식상 요구되는 끝이 뾰족한 곡선의 구도를 제공하기 위해서 평면화되고 양식화되었다. 힌두 예술과 그 분파 내에서 유형화는 절정에 이른다. 인간의 모습은 하나의 유형이 되는 단계를 훨씬 넘어서서 양식화되고, 또한 유형, 인체의 도식화된 디자인,

인간다움의 추상개념이 된다. 동양의 양탄자의 경우, 현실과의 유사성을 표현하려는 모든 욕구는 사라져버렸다. 그러한 예술작품은 순수한 장식이다. 이것은 예술가가 눈에 보이는 세계로부터 궁극적으로 철수하는 것을 표현하며, 본질적으로 예술가가 지성을 부인하는 것이다.

현실세계를 깨끗이 잊어버려라. 현실세계를 미움에 차 있고 희망이 없는 곳으로 바라보라. 그러면 예술에 미치는 효과는 근본적으로 그 결과물이 프라 안젤리코의 천사이든 괴물-신이든 동일하다. 황금빛 배경 앞에서 빛나고 있는 날개가 달린 천사들과 수많은 손을 가진 신 모두 세계에 대한 동일한 개념에 속한다. 예술가는 눈에 보이는 것들을 무시했다. 예술가는 이성의 눈을 닫았다. 서양의 예술은 로마가 멸망하고 그리스의 영향이 사라진 뒤 다른 모든 것이 그러했듯이 동양의 길을 밟아갔다. 그림은 점점 더 장식적이 되어갔다. 르네상스 시대에 그리스의 재발견과 함께 눈에 보이는 세계가 다시 발견될 때까지 원시적인 것의 평면적인 비현실성은 양식화된 것의 평면적인 비현실성으로 발전했다. 페이디아스와 프락시텔레스의 황금시대와 제욱시스와 아펠레스의 황금시대 이후 2,000년이 지나서 그들의 조각상은 닳아 없어지고 부서지고 모두 사라져서 되찾을 수 없게 되고, 그들의 회화작품은 모두 영원히 사라졌을 때, 인간의 이성이 돌연 남아 있는 그리스와 로마의 문학작품으로 향했다. 플라톤 시대의 문학과 같은 것을 배우려는 열정이 이탈리아를 휩쓸었다. 그리스 문학을 연구하는 것은 이성의 자유에 대한 개념을 발견하고, 그리스 시대 이래로 사용되지 않았던 이성을 사용하는 것이었다. 다시 한 번 이성적인 힘과 정신적인 힘의 융합이 있었다. 이탈리아의 르네상스 시대에 위대한 예술의 발전이 위대한 지성의 각성과 더불어 일어났다. 그 결과로서 나타난 예술은 본질적으로 그 이전 또는 그 이후의 어떤 것보다도 더 그리스 예술과 비슷하다. 탁월한 화가들이 위대한 이성을 가지고 있던 피렌체에서 현실세계의 아름나움이 발견되었고, 사람들은 눈으로 본 것을 화폭에 담았다. 이탈리아의 화가들은―당연히―원근법을 발견했다. 루카 시뇨렐리가 시모네 마르티니보다 더 뛰어났기 때문이 아니라, 단지 그와 그의 제자들이 천상의 광경이 아니라 실제 사물을 바라보고 현실의 모습을 그리려고 했기 때문이다.

그리스 예술가들이 원근법을 사용했는지의 여부는 전혀 알 수가 없다.[3] 그들의 작품은 흔적조차 남아 있지 않다. 그러나

---

3) 비트루비우스는 훨씬 후대에 살았으며, 페리클레스 시대의 아테네에 관하여 그가 전하는 것은 모두 조건부로 받아들여야만 한다. 그러나 원근법의 사용에 관한 비트루비우스의 진술은 대단히 중요하다. "아테네에서 아이스킬로스가 비극작품을 상연하고 있을 때 맨 먼저 아가타르코스가 한 장면을 그림으로 그리고, 그에 관한 해설을 남겼다. 이 해설은 데모크리토스와 아낙사고라스가 어떻게 중앙을 하나의 정해진 곳에 놓으면 그 선이 자연스럽게 시점과 시감광선의 분기점에 일치해서 이러한 수법으로 건물 모습을 사실 그대로 채색된 무대배경에 묘사할 수 있고, 모두 수직의 평면 위에 그려지지만, 어떤 부분은 배경 속으로 물러나 보이고 다른 부분은 앞으로 튀어나와 보이게 하는지를 보여주는 동일한 주제에 대한 저술의 동기가 되었다."
The Ten Books of Architecture of Vitruvius(M. H. Morgan 번역) VII. Intro. 8. 11. L. B. Campbell, *Scenes and Machines on the English Stage* p.16에서 인용.

사물을 있는 그대로 그리는 것에 관해서 그리스 예술가들이 어떻게 생각했는지는 의심의 여지없이 알 수 있다. 그들의 태도는 수많은 인유(引喩) 속에 드러난다.

한 유명한 그리스 화가가 실물과 아주 똑같은 포도 한 송이를 들고 있는 소년의 그림을 전시했다. 그러자 새들이 그 포도 송이를 쪼아먹기 위해서 날아들었고, 사람들은 그 화가를 거장이라고 칭송했다. "만약 내가 거장이었다면 그 소년이 새들을 접근하지 못하게 했을 텐데"라고 그 예술가는 답했다. 유쾌하게 새들의 영리함을 짐작케 하는 이 짧은 이야기의 밑바탕에 깔려 있는 가정은 완벽하게 그리스적이다. 포도는 포도처럼, 소년은 소년처럼 보이도록 그려야 했는데, 그 이유는 아무것도 현실에 존재하는 것만큼 아름답고 중요한 것으로 상상될 수 없기 때문이다. "누가 저 높은 하늘까지 올라갈까, 누가 저 깊은 땅속까지 내려갈까 걱정하지 말라. 보라. 말씀은 네 바로 곁에 있고 네 입에 있고 네 마음에 있다." 그리스 예술가는 천국에 대해서도, 지옥에 대해서도 생각하지 않았다. 말씀은 바로 그의 곁에 있었다. 예술가는 현실의 세계가 정신의 요구에 아주 충분하다고 느꼈다. 그리스 예술가는 신의 형상을 지상으로부터 멀리 끌어올리기 위해서 낯설고 이 세상의 것이 아닌 상징으로 표시하고자 하지 않았다. 그리스 예술가는 신의 형상을 자신이 본 것 중에서 가장 아름다운 것인 주위에 있는 인간의

중국 예술은 언급되지 않았다. 중국 예술은 중국을 충실하게 따르는 일본을 제외하고 중국 사상처럼 그 자체로 하나의 범주를 이룬다.

모습으로부터 전혀 바꾸고자 하지 않았다.

브라만교의 한 시바 신의 청동상은 저항할 수 없는 움직임 속에 잠시 동안 사로잡혀 춤을 추고 있는 모습으로 서 있다. 몸에서 바깥쪽으로 구부러져 있는 여러 개의 팔과 손은 한없이 율동적인 느낌을 더해준다. 가볍고 날씬한 허리를 가진 몸매는 인간적인 것으로부터 멀어지도록 다듬어진다. 낯선 상징물들이 청동상을 둘러싸고 있으며 감겨 있는 코브라, 해골, 인어, 머리카락과 귀에서부터 물결치듯 길게 늘어뜨린 장식들, 그리고 발밑에서 몸부림치는 괴물로 장식되었다. 그 청동상의 아름다움은 지상에서 본 적이 있는 아름다운 것과는 조금도 닮지 않았다.

올림포스의 신 헤르메스는 완벽하게 아름다운 인간이며, 그이상도 그 이하도 아니다. 헤르메스의 신체의 모든 세밀한 부분이 현실에 존재하는 신체에 대한 완벽한 지식을 바탕으로 형상화되었다. 그의 신성(神性)을 표시하고자 더해진 것은 아무것도 없다. 머리 주위의 후광(後光)도, 신비의 지팡이도, 그가 영혼을 죽음으로 인도한다는 암시도 없다. 그리스 예술가에게 조각상이 갖는 중요성인 신성의 표시는 조각상의 아름다움이었고, 오직 그것뿐이었다. 그의 예술은 길을 걷고 경기를 관람하고 함께 살고 있는 사람들을 끊임없이 주의 깊게 바라보는 동안 그의 내면에서 모습을 갖추어갔다. 예술가에게는 그러한 인간들 사이에서 본 것이 그의 예술 전부를 위해서 충분했다. 그는 무언가 다른 것 또는 자연의 이와 같은 진실보다 더 진실한 무언가를 만들어내려는 욕구를 전혀 가지고 있지 않았다. 그의 눈 속에서 말씀은 육체가 되었다. 그 예술가는 영원한 것의 형상을 인간이 될 수 있는 것으로 표현했다. 날개가 달린 승리의 여신은 후기 그리스의 작품이다. 아크로폴리스의 신전은 날개 없는 승리의 여신을 위해서 지어졌다.

육체와 정신 사이의 끊임없는 갈등은 그리스 예술에서 끝을 찾았다. 그리스 예술가들은 그 점을 스스로 깨닫지 못했다. 그리스 예술가들은 육체의 중요성을 전혀 부정하지 않고, 늘 육체 안에서 정신의 중요성을 보는 정신적인 물질주의자들이었다. 그리스인들은 생각하는 사람들이었기 때문에 대체로 신비주의는 그들과 맞지 않았다. 생각하기와 신비주의는 전혀 어울리지 않고 그리스 예술에는 상징주의가 거의 없다. 아테나 여신은 지혜의 상징이 아니라 지혜의 체현이고, 여신의 조각상들은 아름답고 엄숙한 여성들로서 진지함은 그들의 지혜로움을 드러내었는지 모르지만, 다른 식으로 특징지어지지 않았다. 벨베데레의 아폴로 조각상은 태양의 상징이 아니며, 베르사유의 아르테미스 조각상은 달의 상징이 아니다. 그들의 아름답고 표준적인 인간다움보다 상징주의의 방식과 덜 유사한 것은 있을 수 없다. 장식도 그리스인의 관심을 전혀 끌지 못했다. 모든 예술에서 그리스인은 표현방식이 아니라 자신들이 표현하고자 하는 것 자체에 몰두했다. 그리고 그저 근사한 표현방식에 지나지 않는 아름다운 표현은 그들의 마음에 전혀 와닿지 않았다.

그리스 예술은 지성의 예술로서 뚜렷하고 분명하게 생각하는 사람들의 예술이며, 그렇기 때문에 분명하고 알기 쉬운 예술이다. 세상이 지금까지 본 중 가장 위대한 예술가들이며, 정신의 최고의 선물을 받은 자들은 구름 한 점 없이 맑은 이성이 부여한 단순함과 명료함 속에서 자연스러운 표현법을 찾았다. "너무 지나치지 않게"라는 그리스 예술의 금언은 명료하지 않고 뒤얽혀 있는 남아도는 부분을 모두 털어버리고 표현하고 싶은 것을 분명하고 간결하며 꾸밈없이 보는 사람들의 것이다. 건축물은 특히 예술에서 이성의 영역에 속한다. 그리고 건축학은 특히 그리스적인 것의 특징이었다. 그리스 비극작품에서 3부극이라는 통합된 전체를 만들어내고, 그리스 조각상의 확실하고 정확하고 결정적인 도식을 구상해낸 능력은 그리스 건축에서 가장 두드러지게 표현되었다. 그리스 신전은 균형을 이룬 이성과 정신의 가장 뛰어난 창조물이다.

힌두 사원은 장식의 혼합물이다. 사원 건물의 윤곽은 장식으로 덮여 완전히 가려진다. 조각상과 장식물이 표면을 빽빽이 뒤덮고 있으며, 두껍게 건물에서 돌출되어 있고, 혼란스러운 일련의 불규칙한 층으로 분할되어 있다. 이것은 하나의 통일체가 아니라 화려하고 혼란스러운 수집물이다. 이러한 건물은 계획된 것이 아니라 장식이 필요할 때마다 이런저런 식으로 지어진 것처럼 보인다. 그 밑에 깔린 신념을 이해할 수 있다. 정교하게 세공된 각각의 세부장식은 신비주의적인 의미를 가지고 있으며, 사원의 외곽은 단지 예술가가 그곳에 진리의 상징들을 새겨넣기 위한 수단으로서 중요할 뿐이다. 이것은 장식일 뿐

건축이 아니다.

한편, 마치 지진이 일어날 때 작용하는 힘처럼 강력한 힘만이 만들어낼 수 있는 화강암으로 된 육중하고 엄청나게 큰 공간인 이집트의 거대 사원들은 아름다움으로 균형이 잡힌 기하학의 창조물과는 다른 무엇이다. 과학과 영혼이 그곳에 있지만, 무엇보다도 그곳에 존재하는 것은 힘, 고요하지만 무시무시하고 압도적인 초인적인 힘이다. 이것은 인간에게 속한 모든 것을 무가치한 것으로 격하시킨다. 인간은 무시된다. 이집트의 건축가들은 무섭고 저항할 수 없는 자연(自然) 방식의 지배에 대한 의식에 사로잡혀 있었다. 그들은 인간이라는 아주 작고 중요하지 않은 요소는 조금도 고려하지 않았다.

위대한 시대의 그리스 건축은 무엇보다도 이성에 의해서 눈에 보이는 세상 안에 굳게 갇혀 있는 지적인 예술가이지만, 그 바로 다음으로는 인간세계를 사랑하는 사람들의 표현이다. 그리스 신전은 정신이 밝게 비추고 있는 순수지성의 완벽한 표현이다. 다른 어떤 곳에 있는 위대한 건축물도 이러한 단순함에 근접하지 못한다. 파르테논 신전에서 수직 기둥들은 장식 없는 기둥머리로 올라간다. 박공은 윤곽이 뚜렷한 돋을새김으로 조각되어 있다. 거기에 그 이상 다른 것은 없다. 그러나—여기에 그리스의 기적이 있다—세상의 모든 사원과 성당, 궁전들 가운데 아름다움의 위엄이라는 점에서 이러한 절대적인 구조의 단순함에 필적할 만한 것이 없다. 위엄이 있으나 인간적이며, 진실로 그리스적이다. 이집트에서와 같은 초인간적인 힘도, 인도에서와 같은 낯선 초자연적인 형상도 없다. 파르테논 신전은 편안하고, 고요하고, 질서 잡힌, 그리고 그 자체와 세계에 대해서 확신을 가진 인간성의 본거지이다. 그리스인은 기쁨에 넘치는 활력에 가득 차서 자연에 도전장을 던졌다. 그리스인은 둥근 하늘을 배경으로 윤곽을 드러내고 드넓은 바다를 내려다보고 있는 언덕 꼭대기에 신전을 세웠다. 그리스인은 언덕과 바다와 하늘보다 더 아름답고, 그 전부보다 더 위대한 것을 건설할 것이었다. 신전이 크고 작음은 전혀 문제가 되지 않는다. 아무도 크기에 대해서 생각하지 않는다. 이것이 얼마나 폐허가 되었는지는 정말 중요하지 않다. 파르테논 신전의 거대한 크기가 아테네 주변 바다와 육지의 모든 굴곡을 압도하는 것만큼 확실하게 몇몇 순백의 기둥들이 수니온에서 그 높이를 지배한다. 그리스 건축가에게 인간은 세상의 주인이었다. 인간의 이성이 세상의 법칙을 이해할 수 있었고, 인간의 정신은 그 아름다움을 발견할 수 있었다.

고딕 성당은 전능한 신에 대한 경외와 숭배 속에 세워졌고, 비천한 자의 염원의 표현이었다.

당신을 칭송하는 우리의 능력 속에서가 아니면 아무것도 아닌 우리가 당신을 칭송합니다. 오, 하느님.

파르테논 신전은 의기양양하게 인간의 아름다움과 능력, 찬란함을 표현하고자 세워졌다.

수많은 경이로운 것이 있다— 인간보다 더 경이로운 것은 없다.

인간의 힘은 세찬 비바람에 하얗게 휩쓸려가는 바다를 건너는

그 힘……

인간은 거친 언덕 속에 숨어 있는 야수들의 주인……

말하는 능력과 바람처럼 재빠른 사색이 인간의 것이다 —.[4]

신성이 구현된 것으로 보였다. 완성된 인간을 통해서 인간은
불멸했다.

---

[4] 소포클레스, 「안티고네」, 331행.

4

—

그리스의 글쓰기 방식

그 위대한 시대의 그리스 조각가들의 예술은 오랜 친숙함으로 우리에게 알려져 있다. 그리스 조각상 중 어느 것도 처음 보았을 때 전혀 낯설어 보이지 않는다. 마음과 눈을 적응시키려고 오랫동안 쳐다볼 필요도 없이 그 이전에 우리는 그리스 조각상들을 이해할 수 있다. 우리는 즉시 편안하다고 느낀다. 우리 시대의 조각가들은 그리스 조각으로부터 예술을 배웠고, 그들을 연상시키는 것들로 우리의 전시장을 가득 채웠다. 그리스 예술품과 매우 비슷한 석고 모형은 우리의 어울리지 않는 장식물의 가장 흔한 형태이다. 조각상에 대한 우리의 개념은 그리스 조각상의 혼합물이며, 우리가 조각상들에게 저지른 모든 것에도 불구하고 그들이 살아남았다는 사실보다 진품의 생명력에 대해서 더 많은 것을 말해주는 것은 없다.

그와 같은 사실은 그리스 신전에도 해당한다. 우리에게 그보다 더 친숙한 건축양식은 없다. 세로로 홈이 파인 기둥이 받치고 있는 끝이 뾰족한 박공―우리는 이와 같은 건축양식에 물릴 정도이다. 이러한 양식의 끊임없는 복사물이 모든 도시에서 공공건물을 장식하고 있으며, 어디에서나 그런 양식이 보이면 그 안에는 무엇인가 공적 업무와 관련된 것이 있음을 보증한다. 그리스는 로마 시대 이래로 조각가와 건축업자에 의해서 복제되어왔다.

그리스의 문화예술은 이러한 것들과 완전한 대조를 이루며 따로 고립되어 있다. 그리스인의 사상이 도처에 스며들어 있다. 그러나 그리스인의 문체, 글을 쓰는 방식은 그들에게 유일하게 독자적인 것으로 남아 있다. 그 한 가지 점에서 그리스인들은 모방자도, 추종자도 가지고 있지 않다. 조금도 놀라운 사실이 아니다. 글을 쓰는 방식을 외국어로 바꾸려면 그 언어를 아주 잘 알아야만 한다. 사실 외국인에게는 거의 불가능할 정도로 그 언어의 특징을 완벽하게 이해해야만 한다. 그리고 그리스어는 뜻의 미세한 구분이 가능한, 정교한 수식어로 가득 차 있는 매우 섬세한 언어이다. 심지어 그리스어를 웬만큼 읽으려면 여러 해 동안 공부를 해야 한다. 다른 나라의 작가들이 그리스어를 그냥 내버려두고, 돌을 이용하는 동료 예술가와는 달리 그리스 방식을 전혀 모방하지 않은 것은 그리 놀랄 만한 일이 아니다. 모방되지 않은 유럽 고유의 모든 예술이 그러하듯이, 영시(英詩)는 그리스 시와는 완전히 다른 길로 나아갔다.

이러한 예술, 즉 우리 고유의 예술은 늘 세부묘사가 풍부한 예술이었다. 고딕 성당은 돌로 만들어진 수천 개의 화려하고 섬세한 그물무늬로 정성들여 장식되지 않은 부분이 한 군데도 없다. 한 위대한 르네상스 시대 초상화에는 형태와 색감이 지닌 아주 세밀한 차이들이 세심한 주의와 서리무늬 장식의 레이스, 무늬를 넣어 도드라지게 짠 옷감, 섬세하게 세공된 사슬의 연결 고리들, 보석이 박힌 반지, 머리카락을 휘감은 진주들, 윤기 나는 비단과 공단, 그리고 모피로 테두리를 장식한 벨벳, 호화롭고 세련된 세부장식의 아름다움과 함께 자세히 묘사되어 있다. 그리스의 신전과 조각상이 방금 발견되었다면, 우리는 우리에게 익숙한 아름다움의 정교함이 없음에 당황해하며 그 신전과 조각상들을 바라볼 것이 거의 확실하다. 산마르코 대성당이나 샤르트르 대성당에서 파르테논 신전으로, 또는 티치아노의 작품에서 한번도 본 적이 없는 밀로의 비너스로 주의를 돌리는 것은 의심할 여지없이 끔찍한 경험일 것이다. 수수한 일직선의 주름옷에, 뒤로 단순하게 묶은 머리 모양을 하고, 돋보이게 하는 장식도 없이 르네상스 시대나 다른 시대 유럽의 귀부인 옆에 놓인 밀로의 비너스 상은 매우 강한 대조를 이룬다. 단지 우리가 오랫동안 비너스 상에 익숙해져 있다는 점만이 비너스 상이 너무 엄숙해서 즐겁게 감상할 수 없다고 느끼지 않게 해줄 뿐이다. 비너스 상은 그리스인들이 아름다움에서 원했던 것이 그 이후의 세상이 원했던 것과 얼마나 다른지를 우리에게 보여준다.

그러므로 뛰어난 문학작품을 사랑하는 사람이 그리스의 글쓰기 방식을 아무 준비 없이 접했을 때, 처음에는 오싹함과 거리감을 느낀다. 그리스인은 다른 모든 것을 할 때와 같은 방식으로 글을 썼다. 그리스의 글쓰기 역시 그리스의 조각상이 장식에 의존하는 정도만큼의 장식을 이용한다. 그리스의 글쓰기는 수수하고, 직설적이고, 사실적이다. 직역의 수준으로 번역했을 때 그리스의 글은 종종 빈약해 보이고, 우리에게 익숙한 것과 너무 달라서 반발심이 일게 할 정도이다. 번역을 해보았던 모든 학자들이 이러한 어려움을 느꼈으며, 그들은 그리스어의 방식이 영어의 방식과 너무나 다르다고 여겨질 때 번역이 아니라 다시 쓰기를 통해서 자신들이 사랑하고 아주 위대하다고 생각하는 작품에 독자를 모으기 위해서 노력해왔다. 그들 중 가장 뛰어난 길버트 머리 교수는 이것이 자신의 방법이라고 분명히 진술했다.

나는 종종 에우리피데스가 썼던 것보다 더 상세한 문체를 사용했다. 왜냐하면 그리스어는 매우 간결하고 꾸밈이 없는 언어이며 영어는 문체가 화려한 언어이기 때문에, 직역은 원작과 매우 다른 단조로운 인상을 준다는 것을 깨달았기 때문이다.[1]

의심할 여지없이 어려움은 바로 거기에 있다. 그러나 만약 우리가 직역에서 즐거움을 얻을 수 없다면, 우리는 그리스의 문학작품이 어떤지 전혀 알 수 없을 것이다. 왜냐하면 그리스

---

1) Gilbert Murray, *Euripides* 머리말, X.

어의 방식과 영어의 방식이 서로 매우 다르기 때문이다. 그리스어가 영어식으로 옷을 입었을 때 이것은 더 이상 그리스어가 아니기 때문이다. 친숙함은 우리에게 그리스의 조각상과 신전을 다른 어떤 것도 그보다 더 아름답지 않다고 여길 만큼 아름다운 것으로 만들었다. 번역이라는 불충분한 매개를 통해서도, 만약 머리 교수의 에우리피데스와 같은 번역이 가지는 쉽게 이해할 수 있는 아름다움에 더하여, 우리가 원본만큼이나 간결하고 거의 장식되지 않은 번역에 우리 자신을 익숙해지게 하고, 파르테논 신전과 비너스 상을 만들어낸 예술이 문학에서 생산해낸 것을 발견하려고 노력하면, 우리가 그리스 작품에 대한 감식력을 얻는 것이 가능할지도 모른다. 문학에서 그리스인들로부터 기꺼이 배우고자 하고, 산마르코 대성당의 화려함과 부르주의 솟아오르는 무한함과 더불어 그리스 신전의 간결한 장대함에 감동할 수 있게 되고, 상상력이 이용할 수 있는 모든 장식으로 치장된 진리뿐만 아니라 소박하게 진술된 진리도 사랑하고, 영어식뿐만 아니라 그리스 식의 글쓰기를 좋아할 수 있게 되는 것은 헤아릴 수 없을 만큼 훨씬 더 풍부해지는 것이다. 이는 시에 대한 우리의 개념 전체를 넓히고 정화시키는 것이다.

수수한 글쓰기는 영어의 특성이 아니다. 영시(英詩)는 고딕 성당이며 르네상스 시대의 초상화이다. 영시는 아름다운 세부 묘사가 할 수 있는 모든 것으로 장식된다. 낱말들은 화려한 자수와 같다. 우리의 시인들은 시를 장식하기 위해서 그들이 원하는 것을 사용할 수 있다. 그들은 사실에 얽매이지 않는다. 그리스 시인들은 사실에 얽매였다. "그리스인들은 높이 날아오르지만 그 발은 땅에 두고 있다"고 월터 랜더는 말했다. 그리스인들은 조금밖에 사용하지 않았고, 그에 해당하는 이름도 없었던 시적 파격에 의해서 자유로워진 우리 시인들은 이 세상을 자신들 뒤 저 멀리에 두고 간다. 우리의 마음은 "인간이 헤아릴 수 없는 동굴들, 해가 들지 않는 바다 저 아래", "너무나 향기로워서 그림을 그리는 동안 감각을 잃게 하는 꽃들", "돌 속의 설교, 흐르는 냇물 속의 책들", "위험한 바다의 거품 위에 열린 마법의 창", "빛나는 황금의 광채로 두껍게 아로새겨진 천국의 바다……아이 같은 눈망울을 가진 천동(天童)들에게 여전히 합창하고 있는" 모습으로 가득 차 있다. 호메로스가 "저 밝은 달 주위에 있는 별들이 선명하게 빛나는구나. 바람 한 점 공기를 흩뜨리지 않고 모든 산의 정상과 높은 곳들이 모습을 드러내고 있으므로"라고 썼을 때, 소포클레스가 "하얀 콜로노스, 담쟁이 덩굴이 자라고 햇빛과 바람을 모두 가려주는 초록빛 오솔길 저 깊은 곳에서 나이팅게일이 맑은 음색으로 노래하는 곳"이라고 묘사했을 때, 에우리피데스가 "만조 때 바다는 저 바위 턱 밑에 깊은 물웅덩이를 남긴다고 사람들은 말한다. 그 깨끗한 웅덩이에 여자들은 물동이를 담근다"고 썼을 때, 매우 사실에 충실하고, 진지하고, 어조가 강하지 않은 그 낱말들은 우리가 그 안에서 아름다움을 볼 수 있을 만큼 관심을 거의 끌지 못한다. 우리의 비유적인 표현도 그리스인들의 흥미를 돋우지 못했을 것이다. 사색가의 표어인 진술의 명확함과 단순함은 그리스 시인의 표어이기도 했다. 흩날리는 보잘것없는 꽃들은 그리스인을 눈물짓게 하기에는 너무나 깊숙이 놓여 있는 생각들을 끄집어내지 못했을 것이다. 강가의 앵초는 항상 그냥 앵초였고, 그 이상은 아니었다. 종다리가 이슬의 작은 골짜기 속에 황금색으로 빛나는 개똥벌레의 유충과 같다거나, 생각의 빛 속에 감추어진 시인과 같다는 표현은 그리스인에게 순전히 터무니없는 말처럼 들렸을 것이다. 종다리는 그저 종다리였다. 새는 새일 뿐 다른 그 무엇도 아니었다. 그러나 "근심 없이 거품이 이는 파도 위를 날아다니는, 바다 자줏빛을 띤 봄의 새"는 얼마나 아름다운가!

그리스인은 현실주의자였으나 우리가 사용하는 그 말이 뜻하는 현실주의자는 아니었다. 그리스인은 평범한 것에서 아름다움을 보고 그것에 만족했다.

흠 하나 없는 젖소에서 나온 걸로 마시기에 좋은 흰 우유를 가져오너라. 꿀도 가져오너라. 꿀벌이 꽃으로 뒤덮인 작업장에서 깨끗하게 뽑아낸 그 방울들을. 순결한 샘에서 길어온 더러움을 깨끗이 없애줄 물과 함께 —.

수선화의 낯선 영광은……불사의 신과 죽을 수밖에 없는 인간 모두에게 경이(驚異)이다. 수백 개의 꽃봉오리들이 뿌리에서 자라나오고 향기는 아주 달콤하며, 저 위의 드넓은 모든 창공과 모든 땅과

바다의 짜디짠 파도가 웃었다.[2]

어느 겨울날 눈송이가 펑펑 쏟아질 때면, 높은 언덕 꼭대기도, 아주 멀리 떨어져 있는 곳과 초원의 잔디도, 인간의 풍요로운 경작지도 뒤덮인다. 눈송이는 잿빛 바다의 작은 만(灣)과 해안 위로도 빠르게 쏟아지고 오로지 계속해서 휩쓸고 지나가는 파도만이 그 눈을 피할 수 있다.[3]

이 세 가지 예들은 아이스킬로스의 작품과 「데메테르 여신에게 바치는 찬가(Hymn to Demeter)」와 「일리아스」에서 거의 임의로 선택되었다. 그러한 예들을 발췌할 수 없는 그리스 시는 거의 없다. 그리스인들은 사실을 좋아했다. 그리스인들은 윤색에 전혀 취미가 없었다. 그리고 그들은 과장을 혐오했다.

가끔, 아주 드물게, 아름다움에 관한 그리스의 개념이 영시에서 발견된다. 신기하게도 어떤 시인보다도 풍부한 세부묘사를 즐기는 키츠는 「가을을 위한 송시(Ode to Autumn)」에서 어느 영시 작가보다도 더 그리스인처럼 시를 썼다. 마지막 행은 순수하게 그리스적이다.

그때 작은 각다귀들이 구슬픈 합창으로 한탄하네.
강가 버드나무 사이에서, 산들바람이 불거나

---

2) 「데메테르 여신에게 바치는 찬가(Hymn to Demeter)」, 1편, 10행.
3) 「일리아스」, 12권, 280행.

잦아지면 높이 올라가거나 가라앉아버리며.

그리고 다 자란 양들이 언덕에서 매애 하고 우네.

산울타리 귀뚜라미 노래하고, 이제 높고 부드럽게

작은 정원에서 울새가 휘파람을 부네.

모여든 제비들이 하늘에서 지저귀네.

인간들과 더불어 살고 있는 것들이 이성을 가진 인간이 보고 이해한 대로 적혀 있고, 대충 훑어보거나 얼버무려 넘겨지지 않고, 현실에서 벗어나 이상화되지 않고, 게다가 아름답다고 여겨지는 것, 그것이 그리스 시인이 세상을 보았던 방식이다.

본래의 자리에서 아주 멀리 방랑해야만 하는 상상은 그리스 시에서 대수롭지 않은 역할을 담당했다고 할 수 있다. 그리스 인들은 전혀 "혜성의 머리카락으로 만든 붓으로 10리그(약 30마일/역주)의 캔버스에 물감을 뿌리고" 싶어하지 않았다. 우리 시대의 연애 시인들이 자신의 연인에 대해서 말하지 않은 것이 있는가! 봄날의 대지, 별이 빛나는 하늘, 해와 달, 그리고 새벽과 일몰은 그들에게 충분하지 않았다.

오, 그대는 천 개의 별들의 아름다움으로

뒤덮인 저녁 하늘보다 더 아름답소.

그녀는 눈부시게 아름다운 천사 같았네. 날개 이외에는

천국에 어울리는 새 옷을 입은―.

누구라도 인용문을 제시할 수 있다.

그리스의 연애 시인은 사실에 대한 그리스적 감각을 유지했다. 가끔 시인은 상상의 짧은 일탈을 자신에게 허용하기도 한다. "꽃 중의 꽃, 제노필레가 피어나고 있네. 나의 소녀는 달콤한 향기가 나는 화관보다 더 달콤하네." 그러나 원칙적으로 그리스 시인은 비유적 표현과 형용사에 인색했다. 한 개 혹은 많아야 두 개의 별칭에 만족했다. "황금빛 텔레실라", "헬리오도라, 사랑하는 고운 사람", "아름다운 머릿결을 가진 데모", "순진한 눈망울의 안티클레이아", "짙은 속눈썹을 가진 눈 위의 상아처럼 하얀 이마." 이처럼 수수한 찬사가 그리스의 조각가에게 아름다움으로 영감을 준 소녀가 그리스의 방식으로 훈련된 연인에게서 얻을 수 있는 전부였다.

영시에서 상상은 모든 곳에서 자유롭게 달려가지만, 그리스의 시 속에서 상상은 어디든지 바짝 쥔 고삐에 묶여 여행한다. 바이런은 높은 산을 묘사하고자 할 때 아무런 제약도 사용하지 않는다.

산 중의 왕.
오래 전에 산들은 그에게 왕관을 씌워주었네.
바위 왕좌 위에 구름 예복을 입고,
눈의 왕관을 쓰고.

아이스킬로스가 같은 생각을 하면, 그는 단 한 줄의 글만을 허용할 것이다.

거대한 산 정상, 별들의 이웃.4)

콜리지는 몽블랑 산을 볼 때 눈을 사용하지 않는다.

달콤하고 미혹되게 하는 선율과 같은,
너무 달콤해서 우리가 그 선율에 귀 기울이고 있다는 것도
느끼지 못하네 ―.

핀다로스는 매우 주의 깊게 에트나 산을 관찰하고 있다.

서리처럼 하얀 에트나, 일 년 내내 살을 에는 듯 차가운 눈의 유모.5)

콜리지는 자신의 상상력이 내키는 대로 가게 내버려두었다. 자신이 산 앞에 서 있을 때 우연히 느끼게 된 것에 열중하고 있었다. 분명 콜리지는 그 밖의 무엇이든지 느낄 수 있었을지도 모른다. 그 광경과 그의 반응 사이에는 어떠한 논리적인 연관도 없다. 그리스의 시인은 거대한 눈 덮인 산을 실물 그대로 기술하는 정확한 관찰자였다. 산이 자신에게 제시하는 이러저러한 공상적인 생각이 아니라, 그 산 자체가 중요하다는 것이

---

4) 아이스킬로스, 「프로메테우스」, 721행.
5) 핀다로스, 「피티아 송시」, 1편, 36행.

그의 태도였다. 핀다로스는 사실에 의해서 제약을 받는다고 느꼈다. 영시 작가는 사실에서 완전히 독립했다.

멜레아그로스는 그리스의 연인이 그러하듯이 밤이 오기를 빈다. "샛별이여, 새벽의 전령이여, 저녁별처럼 빨리 와서 그대가 내게서 데려간 그녀를 몰래 다시 데려다주오."[6] 줄리엣의 기도는 영시의 전형을 따른다.

오세요, 온화한 밤이여. 오세요, 사랑스런 검은 눈썹을 가진 밤이여.

나의 로미오님을 데려와주세요. 그리고 그이가 죽으면,

데려가서 작은 별들로 나누어주세요.

그러면 그이가 천상의 얼굴을 아름답게 만들어주겠지요.

그래서 모든 세상이 밤과 사랑을 하겠지요 —.

"회색빛 새벽, 사랑하는 이들을 미워하는 자. 그대는 왜 바로 이 순간 내가 데모 곁에 누워 있는 침대 곁에서 그렇게 빨리 떠오르십니까? 당신의 빠른 말을 뒤로 돌려 저녁이 되지 않으시렵니까? 오, 내게는 너무나 괴로운 달콤한 빛의 사자여" 하고 그리스의 연인이 말한다. 영어를 사용하는 연인은 그렇게 직접적이고 사실에 충실한 방식으로 새벽을 소리쳐 부르지 않는다.

질투심 강한 빛줄기들이

---

6) 멜레아그로스, *Greek Anthology Epigrams*, XX, XXIV. J. W. Mackail 번역.

저 동쪽에서 짙은 구름들을 수놓고 있네.

밤의 촛불들은 타버리고 명랑한 아침 해가

안개 낀 아침의 정상에서 발끝으로 서 있네―.

영어 성서의 영향도 우리가 그리스의 방식을 어렵다고 느끼는 데 한몫을 담당해왔다. 우리에게는 영어 성서의 언어와 문체가 종교적인 표현에 적합한 것이 되었고, 아마 모든 그리스 시 가운데 가장 뛰어난 비극작품의 서정적 요소의 대부분을 구성하는 그리스의 종교시는 전혀 히브리적이지 않다. 히브리어와 그리스어는 양극점을 이룬다. 히브리 시는 직접적으로 감정을 향해 있다. 히브리 시의 목적은 듣는 이가 생각하도록 하는 것이 아니라 감정을 느끼도록 하는 것이다. 그러므로 히브리 시는 반복에 근거하고 있는 시이다. 모든 사람은 아프리카 숲 속의 둥둥 북소리에서부터 "사랑하는 형제들이여, 성서는 우리의 갖은 죄악과 사악함을 인정하고 고백하도록 우리의 마음을 움직인다. 그리고 우리가 함께 모이고 만날 때 없어서는 안 되며 필요한 것들을 청하고자 우리가 그 죄악과 사악함을 감추거나 가리지 않도록 우리의 마음을 움직인다"는 구절의 낭랑한 소리까지 반복이 일으키는 감정적인 효과를 알고 있다. 사색을 위해서는 이 같은 반복으로 얻어지는 것이 아무것도 없다. 그 단어들은 비슷한 말들이다. 그러나 귀를 두드리는 박자는 비판적인 이성을 무디게 하고 감정을 모으는 길을 연다. 그것이 히브리 시의 기본 방법이다.

사람이란 얼씬도 하지 않는 곳, 인종이란 있어 본 적도 없는 광야에
비가 쏟아지도록.

환성을 올려라, 아기를 낳아보지 못한 여인들아! 기뻐 목청껏 소리
쳐라, 산고를 겪어본 적이 없는 여자여 — .

이러한 식의 글쓰기가 그리스인들에게 제공하는 완벽한 대
비는 같은 생각이 표현된 구절 속에서 가장 명확하게 이해될
수 있다. 산상 수훈에 — 신약성서의 문체는 물론 구약성서의
문체를 따른다 — 다음 구절이 나온다.

구하여라, 받을 것이다. 찾아라, 얻을 것이다. 문을 두드려라, 열릴
것이다. 누구든지 구하면 받고, 찾으면 얻고, 문을 두드리면 열릴
것이다.

이러한 생각은 아이스킬로스에 의해서 그리스 방식으로 표
현된다.

사람들은 신을 구하고, 구하면 찾는다.[7]

한마디도 더해지지 않는다. 시인은 그 문장 그대로가 생각을
충분히 표현한다고 느꼈고, 상세히 설명하거나 장식을 덧붙이

---

7) 아이스킬로스, 「아가멤논」, 368행.

려고 하지 않았다.

이 문장이 들어 있는 아이스킬로스의 작품 「아가멤논」에 나오는 합창은 그리스 방식의 간결함과 직설적임을 보여주는 좋은 예이다.

그분께서 원하시는 대로 이루어진다. 사람들이 더럽혀지지 않는 신성한 것들을 짓밟아도 신께서는 개의치 않으신다고 말해왔다. 그러나 그렇게 말하는 자들은 신을 알지 못하는 자들이다. 자만심으로 가득한 자들, 인간의 용기를 넘어서 무모함을 보이는 자들, 집안이 값진 것들로 넘쳐나는 자들이 치러야 하는 값을 우리의 눈으로 보아왔다. 최고의 선은 비참함을 피하기에 충분한 부(富), 그것을 지혜롭게 사용하는 마음씨, 그곳에 있지 않다. 거만한 자에게, 신의 정의라는 위대한 제단을 걷어차버리는 자에게 황금은 피난처가 아니다. 악으로 권유하는 유혹, 저 멀리 보이는 파멸의 감내할 수 없는 소산, 이러한 것들이 강요할 때, 치료할 방법이 없다. 어떠한 은신처도 죄과를 덮을 수는 없다. 죽음의 빛이 늘 활활 타오른다.

이 모든 생각들은 성서에서 반복적으로 발견되고, 잘 알려진 찬송가나 예언자로부터의 수많은 시편을 통해서 친숙하다. 그러나 히브리인들이 쓴 것과 같은 시편은 너무 길어서 여기서 인용할 수 없다.

그러나 한 가지 유사한 예가 고스란히 제시될 필요가 있다. 「욥기」에 나오는 지혜에 관한 묘사는 친숙하며 아주 전형적인 히브리 방식의 예이다.

그러나 지혜는 찾을 길 없고 슬기는 만날 길이 없구나. 만물이 숨을 쉬는 이 땅 위에서 그 길을 찾을 생각일랑 아예 마라. 물속의 용이 외친다. "이 속에는 없다." 바다도 부르짖는다. "나에게도 없다." 순금을 얼마나 주면 얻을 수 있을까! 은을 얼마나 달아주면 살 수 있을까! 오빌의 금 따위는 내놓지도 못하고 값진 루비나 사파이어도 그 곁에 둘 수 없네. 정금이나 유리도 함께 진열할 수 없으며 순금의 세공품으로 바꿀 수도 없네. 산호나 수정 따위는 말도 안 되는데 지혜를 제쳐놓고 진주를 캐겠는가? 에티오피아의 토파즈도 가지런히 놓일 수 없으니 금이 아무리 순수하기로서니 어찌 비길 수 있으랴! 그런 지혜를 어디에 가서 찾겠는가? 그런 슬기를 어디에 가서 만나겠는가? ……"주를 두려워하는 것이 곧 지혜요, 악을 싫어하는 것이 곧 슬기다."

이처럼 낭랑한 문장들 이면에 있는 생각은 간단하다. 지혜는 돈으로 살 수 없고, 지혜는 올바름에 대한 보상이다. 그 말의 효력은 전적으로 반복에 있다. 비유에 약간 변화가 있을 뿐 똑같은 생각이 계속 되풀이되고, 점층적으로 누적되는 효과는 결국 크고 깊은 인상을 남긴다. 마침 아이스킬로스 역시 지혜의 가치에 대한 개념을 지니고 있었기 때문에, 그리스의 방식과 직접적으로 비교할 수도 있다.

신, 그의 법을 배우는 자는 반드시 고난을 겪어야만 하느니. 심지어 우리의 잠 속에서조차 잊을 수 없는 고통이 심장 위로 방울방울 떨어진다. 그리고 우리의 본심은 아니나, 우리의 의지에 반하여 지혜가 생기는 것은 신의 거룩한 은총 때문이다.[8]

이 구절은 「욥기」의 인용문이 매우 히브리 식인 것만큼이나 매우 그리스 식이다. 문장에는 거의 반복이 없고, 더함도 없다. 지혜의 가치는 고통이며, 실상은 신으로부터 선물로 보내졌지만 늘 마지못해 그 값을 치러야만 한다는 생각이 언어로 표현할 수 있는 한 가장 간결하고 담담하게 진술된다. 아이스킬로스는 자신의 생각에 몰두해 있다. 그는 자신의 생각을 감정적으로 다루는 것이 아니라 전달하는 것에 관심이 있다. 아이스킬로스의 아름다움에 대한 감각은 히브리 시인의 감각만큼 틀림이 없지만, 이것은 아름다움에 대한 별개의 감각이다.

그와 같은 두 방식 사이의 차이는 사악한 인간이 귀 기울이지 않으시는 신에게 기도하는 모습으로 등장하는 또다른 비슷한 예에서 드러난다. 성서에 다음 구절이 나온다.

기막히고 답답한 일이 들이닥치면, 그제야 너희들은 나를 부를 것이다. 그러나 나는 대답하지 아니하리라. 또, 나를 애써 찾겠지만 만나지 못할 것이다.

---

8) 아이스킬로스, 「아가멤논」, 176행.

그리스인은 있는 그대로의 생각을 한 단어도 더하거나 빼지
않고 표현한다.

그리고 그는 기도하지만 아무도 듣지 않으신다.9)

소크라테스와 파이드로스가 한번은 둘 중 나이가 어린 파이
드로스를 크게 감탄시켰던 한 작품에 대해서 토론하고 있었다.
파이드로스는 소크라테스도 똑같이 느껴야 한다고 주장했다.
소크라테스는 "글쎄, 감정에 관해서는 자네의 판단을 따르겠
네. 그러나 나는 문체에서 그 작가가 자네의 판단을 정당화할
수 있을지 의구심을 가지게 되네. 내 생각이 틀릴지도 모른다
는 가정하에서 하는 말이지만, 나는 그 작가가 두세 번에 걸쳐
서 한 말을 되풀이하고 있다고 생각했네. 표현할 말이 부족해
서든지, 또는 노력이 부족해서든지. 그리고 내가 보기에 그 작
가는 같은 것을 두세 가지 방식으로 거듭 말할 수 있다는 것을
보여주고 싶어하는 것 같네 ―"하고 말했다.10)
　　우리는 검소함과 더불어 아름다움을 사랑하는 자들이라고 페
리클레스가 말했다.11) 말도 다른 것과 마찬가지로 알뜰하게 사
용되어야만 했다.

---

9) 아이스킬로스, 「아가멤논」, 396행.
10) 플라톤, 「파이드로스」, 234-235.
　　플라톤 작품의 모든 인용문과 같이 여기서도 Jowett의 번역이 사용되었다. 거의
　　모든 경우에 인용된 구절은 요약되었다.
11) 투키디데스, 「펠로폰네소스 전쟁사」, 2권 40절.

투키디데스는 황금 잔에 든 술로 바다에 맹세하고 시칠리아를 정복하고자 출범해서 시라쿠사의 채석장에서 서서히 죽어간 그 뛰어난 젊은이들의 운명을 단 하나의 문장으로 서술한다. "그들은 할 수 있는 만큼 다 했으나, 인간이 겪어야만 하는 고통을 겪었다." 단 하나의 문장으로 그들의 영광과 고통을 서술했다. 클리타임네스트라가 아들이 자신을 살해하기 위해서 찾고 있다는 말을 들었을 때, 자신이 느끼는 모든 것에 대해서 한 말은 "나는 여기 비참함의 절정에 서 있다"가 전부이다.

운명의 위기에서 맥베스는 진정한 영시의 어조로 말한다. 맥베스는 간결하지도 단순하지도 않다.

우리의 어제는 모두 어리석은 자들에게 먼지투성이
죽음으로 가는 길을 밝혀주었네. 꺼져라, 꺼져라, 덧없는 촛불아!
인생은 그저 걸어다니는 그림자일 뿐이네. 불쌍한 배우,
제 시간 동안 무대 위를 뽐내면서 활보하는―.

셰익스피어는 청중 앞에서 그를 통해서가 아니면 결코 보지 못할 최고조의 비극을 표현한다. 셰익스피어는 청중을 위해서 이 모두를 매우 화려한 말과 극도로 통절한 이미지로 표현하므로 청중은 자기 자신을 완전히 초월하는 광경으로 상승시키게 된다. 아이스킬로스는 커튼의 한쪽 귀퉁이만을 들어올릴 뿐이다. 아주 작은 부분밖에 보이지 않지만 이성은 그것을 통해서 그 뒤에 놓여 있는 것을 스스로 보도록 자극받는다. 아이스킬로

스는 가야 할 길을 제시할 뿐이지만, 그는 상상력이 스스로 창조하도록 재촉하는 방식으로 그 길을 제시한다. 핀다로스는 두 연인을 방문 앞까지 데리고 가서는 그들을 퇴장시킨다. "지혜로운 설득이 쥐고 있는 사랑의 신성한 감정에 대한 열쇠는 비밀이다."[12] 이는 로미오와 줄리엣에 대한 셰익스피어의 방식이 아니다. 영어의 방법은 아름다움으로 이성을 가득 채우는 것이다. 그리스의 방법은 이성이 (스스로) 작용하게 만드는 것이었다.

---

12) 핀다로스, 「피티아 송시」, 9편, 66행.

5

—

핀다로스
그리스의 마지막 귀족

"핀다로스는 큰 놀라움을 주지만, 호메로스는 더 오래 지속되는 경험을 가져다준다. 전자가 비범한 상승의 원천이라면, 후자는 행진하는 큰 파도들의 깊이를 헤아릴 수 없는 자줏빛 바다이다"라고 「이기주의자(*The Egoist*)」에서 미들턴 박사는 말한다.

핀다로스에 대해서 서술하는 사람이라면 누구든지 마주치게 되는 문제는 비범한 상승의 원천을 어떻게 말로 표현하는가이다. 호메로스의 깊이를 헤아릴 수 없는 자줏빛 바다는 비교적 묘사하기 쉽다. 호메로스는 거대한 이야기를 쉽고 멋지게 해준다. 호메로스의 위대함, 간결함, 근사함의 일면은 그에 관한 진실한 이야기 속에 틀림없이 배어나온다. 이러한 일면을 완전히 숨기는 것이 어려운 일일 것이다. 이 점은 비극작가에게도 해당된다. 비극작가가 지닌 생각의 고상함과 위엄은 그가 구사한 표현의 아름다움이 얼마나 조금밖에 남지 않게 되든지 간에 우리가 더듬거리며 시도하는 묘사에도 배어나온다. 번역이 반드시 사상과 이야기를 파괴하지는 않는다. 셸리의 시는 전혀 손상되지 않고 다른 언어로 번역될 수 있었다.

사색의 빛 속에
감추어진,
초대받지 않은 찬가를 노래하는,
세상이 관심도 기울이지 않던
희망과 공포로 공감할 때까지 —.

그러나 이러한 종류의 시는 핀다로스의 시와 정반대편에 있다. 핀다로스가 살고 있는 세상이 관심도 기울이지 않는 희망과 공포는 결코 그의 것이 아니었다. 생각의 빛은 그의 이성에 아무런 새로운 계몽의 영광을 비추지 않았다. 핀다로스가 했던 것과 같은 생각은 전통적이고 이미 형성되어 있는 방향을 따라 나아갔고, 그의 시대에 가장 정체된 사고방식을 가진 사람들을 제외하고는 누구의 공감도 얻을 수 없었다. 그럼에도 불구하고 핀다로스는 매우 훌륭한 시인이었다. 핀다로스는 불후의 명성을 가진 자들 가운데 확고한 자리를 차지하고 있다. 그러나 핀다로스에 대해서 알고 있는 사람은 극소수에 불과하다. 진정한 핀다로스의 찬미자들은 소수이며 항상 그래 왔다. 모든 그리스 시인들 중에서 핀다로스가 가장 읽기 어렵고, 존재했던 모든 시인들 중에서 핀다로스를 번역하는 것이 가장 불가능하다. 조지 메러디스는 핀다로스의 비범한 상승의 샘으로 그 이유의 절반을 설명한다. 호레이스도 그랬다. 그는 핀다로스에 대해서 근본적으로 동일한 그림을 그린다.

격노하여 빠르게 몰아쳐 흘러가고,
비로 불어난 물살로 강둑을 범람시키는 산의 계곡물처럼
핀다로스의 노래의 급류는 저항할 수 없게,
낮은 목소리로, 세차게 휩쓸고 지나간다.
혹은 강력한 바람에 그는 하늘로 실려간다.
거대한 구름들이 모여 있는 그곳으로.[1]

핀다로스는 그 모든 것이다. 사람들은 핀다로스의 작품 속에서 "풍부하게 인생"을 느끼고, 무진장한 즉흥성과 힘들이지 않고도 풍부하고 비할 데 없이 생생하고 진귀한 표현들을 만들어 내는 숙련된 기술과 위로 솟아오르고 더할 나위 없이 매혹적이며 자연스럽고, 어떤 말로도 표현할 수 없는 원천을 느낀다. 그러나 핀다로스가 주는 이러한 편하고 자유롭고 힘찬 느낌에도 불구하고 핀다로스는 숙련된 장인으로서 자신의 예술적 기술을 완벽하게 구사하는 능력을 가진 예술가이며, 그러한 사실이

---

1) 호라티우스, 「서정시집(*Carmina*)」, 4권, 2편.

바로 왜 핀다로스가 번역될 수 없는지를 설명해주는 나머지 절반의 이유이다. 핀다로스의 시는 모든 시들 가운데서 가장 음악과 유사하다. 새의 목청에서 넘쳐나오는 음악이 아니라, 구조, 균형과 대칭의 근본적인 법칙들, 그리고 바흐의 푸가나 베토벤의 소나타 또는 교향곡과 같이 주의 깊게 계산된 효과에 바탕을 둔 음악이다. 영어 사본으로 핀다로스의 송시에 대한 감동을 나타내려고 노력하는 것은 교향곡을 말로 표현하려고 노력하는 것과 거의 마찬가지라고 해도 좋다.

우리는 그와 같은 종류의 글쓰기에 대해서 거의 아무것도 모른다. 핀다로스의 시를 영시로 표현하는 것은 불가능하다. 운율은 우리보다 그리스인들에게 훨씬 더 중요하다. 그러한 주장은 생소하게 들릴지도 모른다. 셀 수 없이 많은 영시의 시구들이 가진 운율의 아름다움과 사랑스러운 어감은 우리가 가장 뛰어나다고 생각하는 영시의 특징 가운데 하나이다. 그렇다고 하더라도, 그리스인들이 운율의 완벽함에 대해서 더 깊이 생각했음은 사실이다. 그리스인들은 시에서 선율이 일치하는 운율의 균형을 유지하고, 의미와 장단을 교묘하게 조화시키려고 했다. 그들은 빠르고 힘차지만 동시에 완벽하게 조절된 다채로운 움직임의 아주 세찬 흐름을 사랑했다.

해질 녘 사랑스러운 새들이 노래하던 폐허가 된 합창대

유리같이 매끈하고 차갑고 반투명한 파도 아래서

위의 두 시행에서 그 울림이 아름답다. 그럼에도 불구하고 셰익스피어와 밀턴은 운율의 효과에 정통한 장인들이라기보다는 말로 그림을 그리는 화가들이다. "시는 인생의 참된 모습이다"라고 셸리는 말했다. 바흐가 자신의 음악에 대해서 그랬던 것처럼, 어느 그리스 시인도 자신의 예술을 그렇게 생각하지 않았을 것이다. 영어를 구사하는 사람들은 뛰어나게 음악적이지 않다. 그리스인들은 음악적이었고, 말의 울림은 우리가 인식할 수 있는 것 이상의 무엇인가를 그리스인들에게 의미했다. 청각에 노래의 거대한 흐름의 효과를 주는 핀다로스가 지닌 숙련된 장인으로서의 능력은 영문학으로 필적할 수 없다.

그러나 키플링은 핀다로스와 닮은 무언가를 가지고 있다. 키플링의 몇몇 시 속에서 운율의 빠른 움직임과 강세는 우리가 가지고 있는 다른 어떤 시보다도, 핀다로스와 흡사하지는 않을지라도, 어쨌든 음악적 배치의 복잡함에 익숙하지 않은 영시 독자가 핀다로스로부터 얻을 수 있는 것에 근접해 있다.

그날 밤 우리는 발할라를 습격했다. 100만 년 전에―.

이 구절을 바로 앞에 셰익스피어와 밀턴의 작품에서 인용된 두 시행과 비교해보라. 그러면 키플링 특유의 운율의 빠름과 강음의 세기가 뚜렷해진다. 핀다로스도 이따금 셰익스피어와 밀턴만큼 장중할 수 있었다. 핀다로스는 자신이 선택한 것은 무엇이든지 말로 할 수 있었다. 그러나 핀다로스가 선호했던 운율은 키플링이 빈번하게 보여주는 세찬 흐름과 상승을 지니고 있다.

집시의 흔적을 따라가라.
남쪽의 빛을 향해 방향을 바꾸어라.
바다 밑을 하얗게 쓸어내리는
거친 남풍이 신의 마당비인 그곳.

신은 우리가 무엇을 찾을지 알고 계시네, 사랑하는 소녀여.
그리고 악마는 우리가 무엇을 할지 알고 있다네 ―.
그러나 우리는 예전의 그 길, 우리의 그 길, 바깥 길로 되돌아왔네.
우리는 기나긴 길, 언제나 새로운 그 길 위에 저 아래 멀리 있네.

이러한 시행에서는 리듬이 제일 중요하다. 시행들이 말하고 있는 내용이 특별히 중요한 것이 아니라, 커다란 율동적인 리듬이 주의를 끈다. 그 시행들은 생각이 아니라 음악으로 마음에 남고, 이러한 사실은 핀다로스의 시에서 훨씬 더 그러하다. 핀다로스의 생생하고 아름다운 운율적인 표현의 원천은 키플링의 것보다 훨씬 더 방대하고, 음악의 영역 역시 그러하다. 키플링이 핀다로스에 비추어보고 있는 거울은 아주 작다. 그럼에도 불구하고 우리는 그보다 더 나은 것을 찾지 못할 것이다. 키플링이 스스로 소수의 핀다로스 찬미자들 가운데 한 명이라고 선언한 것은 눈여겨볼 만하다.

가슴에 아무런 불꽃도 타오른 적이 없는 나,

일생 동안, 핀다로스가 지폈던 그 불꽃 말고는.

　만약 모든 것이 검토되고 나서도 핀다로스의 시는 막연하고 그의 생각은 관습적일 뿐이라면, 그에 관해서 서술하는 것은 불필요하다고 여겨질 것이다. 그리스를 이해하고자 하는 사람에게 핀다로스의 시는 바로 그 점을 제외한 모든 것이다. 핀다로스는 그리스 귀족사회의 마지막 대변인이고, 호메로스 다음으로 가장 탁월한 시인이다. 그리스의 천재성을 형성하는 데 큰 영향을 미쳤던 귀족적 이상이 특히 그의 시 속에 제시되어 있다.

　그리스에서 귀족정치가 거의 종말에 이르렀던 기원전 6세기 후반에 태어난 핀다로스는 혈통과 신념에서 귀족이었다. 세계 최초의 민주정치가 아테네에서 태동하고 있었다. 핀다로스는 상당히 낭만적인 연민과 동정을 지닌 인물로 죽어가고 있는 명분의 옹호자였다. 새로운 명분을 위해서 싸우는 자는 그러한 찬사를 받지 못한다. 핀다로스는 항상 새로운 명분이 불러일으키는 완강한 저항의 강력한 힘에 직면하고 있다. 핀다로스는 나팔 소리와 북소리도 없이, 그리고 살아서 승리를 맛볼 수 없을지도 모르는 상황에서 전투를 치러야만 한다. 사실 핀다로스는 승리할 수 있을지 확신할 수 없다. 그럼에도 불구하고 핀다로스는 물살을 되돌리려고 노력하는 사람보다 훨씬 더 선망의 대상이 되어야만 하고, 그리고 그것이 핀다로스가 한 일이다.

핀다로스를 공정하게 평가하려면 그러한 귀족적 신조를 탄생시킨 이상(理想)이 무엇이었는지를 검토해보아야만 한다. 그 이상은 모든 권력이 한 개인의 손 안에 집중된 참주정치 이면에 있는 것과는 완전히 다른 개념을 바탕으로 하여 확립되었다. 참주는 애통하게 여기는 사람 하나 없이 그리스에서 떠나갔고, 그 권력을 원하지 않는다는 조건 아래서만 절대권력이 주어지는(이는 초기 교회에 의해서 규정된 태도와 신기하게도 유사하다) 플라톤적 통치자를 제외하고는 희망 사항으로조차 참주가 부활된 적이 없었다. 주교직에 임명된 사람은 "나는 주교가 되길 원하지 않습니다(Nolo episcopari)"라고 말할 것—아마 여전히 그렇게 말해야만 할 것이다. 형식은 그 안의 정신이 소멸한 후에도 그렇게 오랫동안 살아남는다—이 요구되었다. 플라톤에게 그랬던 것처럼 교회의 교부(敎父)들에게도 권력을 원하는 자는 누구도 그 권력을 지배하기에 적합하지 않았다.

그러나 귀족정치의 경우는 달랐다. 귀족적 신조에서 권력은 한편으로는 강력하게 되고자 분투하는 자를, 다른 한편으로는 살아남기 위해서 분투하는 자를 따라다니는 유혹에 면역이 되어 있는 자에 의해서만 보유되어야 했다. 세상의 진정한 지도자들, 사욕 없이 세상을 이끌 것이라는 믿음을 주는 유일한 사람들은 몇 세대에 걸쳐 자기 본위의 야망이 아니라 출생에 의해서 보통 수준 이상으로 올라선 계급이었다. 훌륭한 전통과 철저한 훈련으로 다른 사람들이 복종하는 이기적인 탐욕과 노예근성의 비굴함에 좌우되지 않는 계급이었다. 계급으로서 귀족은 재산을 가진 자이지만, 그 지위는 재산에 달려 있지 않았다. 가난한 귀족의 혈관에도 부유한 귀족의 것과 똑같은 귀족의 피가 흘렀고, 우월함은 단순히 돈의 문제가 아니었다. 그러므로 틀림없이 확실하고, 안전하며, 일반적으로 사람들을 미혹케 할 것이 염려되는 개인적인 관심사에서 자유로운 귀족은 신분이 낮은 자는 어렴풋하게라도 볼 수 없는 타고난 고귀함에 관해서 명확하게 이해할 수 있었고, 가야 하는 그 길을 따라 인간을 인도할 수 있었다.

그러나 그들만의 방식인 귀족적인 방식도 전혀 평탄한 길은 아니었다. 귀족은 평범한 사람이 접근할 수 없는 규범, 즉 일용할 양식을 얻기 위해서 분투해야만 하는 자에게는 거의 불가능한 규범을 가지고 있었다. 귀족은 거짓말을 하지 않아야 한다(사랑과 전쟁의 경우를 제외하고는). 귀족은 약속을 지켜야만 하고, 다른 사람을 절대로 기만해서는 안 되고, 아주 하찮은 사기를 치기보다는 헐값에 사기를 당해야만 한다. 귀족은 심지어 적에게도 완벽한 용기와 완벽한 예의바름을 보여주어야만 한다. 삶을 살아가는 데서 위엄을 보이고, 재력이 허용하는 한 최대로 베풀 수 있는 너그러운 도량을 보여주어야만 한다. 귀족은 이러한 엄격한 규칙에 따라 살아가는 데서 자부심을 가져야만 한다. 귀족은 전사의 엄격한 규율에 대해서 그러했듯이 신사의 엄격한 규율에 당당하게, 그리고 기꺼이 복종했다. 고귀한 특권이 그의 것이었다. 그러나 이러한 특권은 커다란 책임으로 무게

가 더해졌다. 지도자로서의 부담이 그에게 주어졌다. 귀족은 특권을 가지지 못한 사람을 지도하고 보호해야만 한다. 행실의 고귀함은 탄생의 고귀함 못지않아야 한다.

이것이 귀족정치의 강령이었다. 이론적으로는 결함이 없다. 출생 덕분에 공정하기 쉬운 위치에 놓인 사람이 유년 시절부터 다른 사람들의 더 나은 복지를 위해서 그들을 통치하도록 훈련 받았다. 순전히 이론으로만 볼 때 모든 사람이 공평무사하고, 다른 사람의 지배자가 아니라 각자가 자신의 지배자가 되도록 훈련을 받고, 모두가 상호 의존하며 동등하게 도움을 주고받아야 한다는 이론을 제외하고는 이것과 경쟁할 수 있는 다른 이론은 없다. 지금까지 단지 꿈에 지나지 않는 이러한 유토피아가 가장 훈련이 잘된 자의 손에 권위를 부여한다는 착상을 능가하거나, 그에 뒤지지 않는 유일한 개념이다. 그러나 세상을 위해서는 매우 불행하게도 이러한 이론은 실현되지 않았다. 이를 지지하는 자들에게 결함이 있었을 뿐, 개념 자체에는 아무런 결함이 없었다. 그 개념은 그것을 지지하는 자들 때문에 결코 제대로 실행되지 못했다. 오늘날 우리에게 이것은 이론의 여지가 없다. 우리가 역사에서 그 이론의 모습을 처음 본 순간부터 그것은 실패였다. 계급적 특권은 계급적 차별이 되었다. 상속된 권력은 더 큰 권력을 획득하고자 하는 열망을 일으킨다. 탄생의 고귀함은 정신의 고귀함과 아무런 관계가 없다. 귀족들은 기회가 왔을 때마다 항상 실패했다. 출생으로 세상이 줄 수 있는 최고의 것들—권력, 부, 존경에 찬 경의—을 모두 타고난 가장 최근 형태의 귀족인 영국 상원은 19세기 내내 거의 종교적인 확고함을 가지고 농업 노동자들의 조건, 임금이나 교육을 향상시키려는 모든 시도와 싸웠다.

우리 모두는 지금 그러한 사실을 알고 있지만 핀다로스는 그렇지 못했다. 핀다로스는 훌륭한 사람들이 다른 사람의 이익을 위해서 권력을 보유하고 사용할 것이라고 믿었다. 핀다로스의 시는 완벽하게, 그리고 그리스 문학에서 마지막으로 고대 그리스 귀족의 계급의식과 그들만의 고상한 도덕적이고 종교적인 가치에 대한 신념을 표현한다. 어떠한 것의 완벽한 표현은 바로 그것이 절정에 다다랐으며, 바야흐로 쇠퇴하려는 순간에 이르렀음을 의미한다고 종종 지적되어왔다. 완벽한 명료함은 사상적 권태의 징조가 아닌가? 원반을 던지는 사람의 조각상, 델포이의 전차를 타는 사람, 파르테논 신전 프리즈의 엄숙한 표정을 한 젊은 기수들, 그리고 핀다로스의 시―모두 종말을 고하기 직전 고양된 그리스 귀족정치의 위대한 이상의 절정을 보여준다. 즉 정신의 완벽함을 불가사의하게 자아내는 신체의 완벽함을 보여준다. 핀다로스가 쓴 시는 모두 그러한 결합에 대한 찬사이다. 경기들, 즉 성대한 경연회들은 아주 먼 옛날부터 귀족들에게 속했다. 귀족만이 상으로 주어지는 올리브 관을 목표로 하여 운동선수에게 적합한 강도 높은 훈련을 받을 만한 충분한 재력과 여가를 가지고 있었다. 핀다로스의 당대에 중산계급이 그 경연회에 참가하기 시작했지만, 직업 선수라는 신분은 아직 생겨나지 않았다. 우리가 가지고 있는 거의 모든 핀다로스의 시는 네 개의 주요 경연회인 델포이 근처의 피티아, 코린토스의 이스트미아, 아르고리스의 네메아, 그리고 이들 중에서 가장 영광스러운 올림피아의 올림피아제 중 한 곳에서 당당하게 우승한 귀족 출신의 승리자에게 경의를 표하는 노래들이다. 이와 같이 승리를 축하하는 송시들이 핀다로스 특유의 방식으로 창작되었다. 신체적 업적을 찬송하는 다른 어떤 시도, 전투와 모험 같은 것을 읊은 시도 핀다로스의 시와 전혀 닮은점이 없었다. 그리고 그의 시를 특징짓는 것은 바로 핀다로스가 지니고 있던 귀족으로서의 신념이다. 핀다로스의 작품을 읽어본 적이 없는 사람이라면 그의 노래가 그 시인이 찬양하고있는 시합을 중심에 두고, 경주전차들이 경주 코스를 질주하며달려가는, 혹은 주자의 섬광과 같은 발이 숨을 죽인 관중들을지나 주자들을 데리고 가는, 또는 두 명의 근사한 젊은 신체가레슬링 경기의 긴장 속에서 서로 얽혀 있는 머리카락이 곤두설것같이 흥미진진한 장면을 묘사하리라고 기대할 것이다. 가벼운 문제가 걸린 것이 아니었다. 승리는 일생일대의 영광을 의미했다. 경기 장면의 빼어난 아름다움과 함께 영혼을 뒤흔드는흥분이 시인의 가슴에 이는 열망에 적합한 주제를 제공한다고여겨질지도 모른다. 그러나 핀다로스는 그 모든 것을 염두에두지 않았다. 핀다로스는 시합에 대해서 거의 언급하지 않는다. 핀다로스는 경기에서 일어나고 있는 일을 전혀 묘사하지 않는다. 핀다로스가 경기에 한번도 참석한 적이 없다고 보는 것은꽤 타당한 주장일 수도 있다. 핀다로스는 승자를 칭송하는 노래를 하면서도 그 승리의 세부사항은 묘사하지 않는다. 핀다로스의 관심은 업적이 아니라 그 젊은 영웅에게 쏠려 있었다. 핀다로스는 젊은 영웅을 자기 자신 안에 있는 인간다움의 진정한 이상을 보여주는 귀족의 고귀한 전형으로 간주한다. 핀다로스는 신의 영예를 위해서 열리는 경기에서 신체와 정신의 최고의 노력을 통해서 획득한 승리의 경의를 신에게 바치는 승자를 종교적인 인물로 이해한다. 말이나 인간이 달리는 방식, 또는 그들의 모습, 그들이 싸우는 방식—이러저러한 외부의 사건이 무에 그리 중요하단 말인가? 핀다로스는 세상의 모든 희망이 달려 있던 위대한 과거의 전통을 옹호하는 자에게 영광을 돌렸다.

모든 핀다로스의 송시에는 장엄하게 읊어진 과거 영웅의 이야기가 있다. 현재의 영웅인 승자는 과거로 거슬러올라가서 이전 시대의 사람들이 행했던 것을 알리고, 그것을 통해서 미래의 사람들이 할 수 있는 일이 제시된다. 핀다로스는 고귀한 죽은 자들의 존경받는 집단에 들어가는 데 어울리도록 자신을 단련하고 도야하도록 현재의 영웅에게 모범을 제공한다. 핀다로스 자신의 관점에서 보면, 그는 타고난 능력과 고귀한 혈통이 지닌 뛰어난 자질을 가치 있게 사용해도 좋을 만큼 충분히 고귀한 사명을 세상에 대해서 가지고 있었다. 핀다로스는 과거 황금시대의 영광을 널리 알리고, 고귀한 신분으로 태어나 고귀한 지위를 점하고 있는 모든 사람들이 영광의 빛 속에서 그들의 삶을 영위할 것을 권유하도록 신이 임명하신 전도자이며 교사였다. 이것이 그에게 주어진 중요한 책임이었으며, 세상에서 아무리 강력한 자도 핀다로스로 하여금 열등하다고 생각하게 할 수 없었다. 핀다로스는 일말의 비굴함도 느끼지 않았다. 핀다로스는 자신의 후원자에게 항상 동등한 위치에 서 있는 자로서 이야기했다. 그의 생각에 자신과 후원자는 그렇게 동등했다. 출생으로 보자면, 둘 다 귀족이었다. 업적으로 보자면, 올림피아 경기에서 얻은 승리의 영광은 자신이 창작한 시의 영광보다 우월하지 않았다. 시칠리아에 불려가서 종종 경연회에서 시합을 했던 그곳의 강력한 참주들에게 경의를 표하는 송시를 짓게 되었을 때, 핀다로스는 자신보다 못한 귀족에게 하는 것과 똑같이 참주들을 훈계하거나 열심히 타이르곤 했다. 실제로 시라쿠사의 참주인 위대한 히에론에게 썼던 많은 시 속에서 핀다로스는 다른 곳에서보다 더 솔직하게 말한다. "진정으로 당신 자신이 되십시오"라고 핀다로스는 그 위대한 참주에게 명한다. 핀다로스는 참주에게 그의 본성을 있는 그대로 보여주고 그 아래로 영락하지 않도록 격려할 것이다. 늘 "신과 조화를 이루는" 오래된 귀족적 전통 속에서 "정직하게 말하고, 신이 그대에게 지워준 멍에를 어깨에 짊어지시오."

강력한 지배자와 운동경기에서 우승하여 승리의 관을 쓴 인기 있는 영웅을 칭송하고자 헌정되었으며, 절대로 한마디의 아첨으로 생색을 내지 않으면서 인기 있는 것과는 정반대로 서술된 이러한 엄숙한 훈계의 시만큼 문학에서 독특한 것은 아무것도 없다. "우리는 이렇게 수많은 목격자들에게 둘러싸였다는 것을 알고 있으므로, 우리 앞에 놓인 경주를 인내심을 가지고 달려가자." 핀다로스는 우승한 경기자들에게 그와 비슷한 말을 했고, 모든 계관시인들이 입증하듯이 운동경기나 군사적인, 또는 다른 종류의 공훈을 칭송하기 위해서 서술된 시에서는 한번도 그와 같은 것이 언급된 적이 없었다.

핀다로스는 그들 모두와 다르다. 계관시인의 경우와 마찬가지로, 핀다로스의 주제는 자신을 위해서 선택되었고, 틀림없이 핀다로스도 시에 대한 대가를 받았다. 그러나 이러한 것은 핀다로스에게 중요한 문제가 아니었다. 핀다로스가 항상 정확히 자신이 원하는 대로 쓰고, 쓸 수 있었다는 사실이 중요했다. 핀다로스의 송시는 명령에 따라 창작되었지만, 그것이 서술되는 방식은 그만의 문제였다. 핀다로스는 자기 자신의 위치에 대해서 고고한 확신을 가지고 있었다. 그보다 더 당당하게 자신의 우월함을 의식하고 있는 작가는 없었다. 핀다로스는, 자신은 "태양을 향해 날아오르는 독수리"인 반면, 자신보다 못한 다른 시인들은 "갈까마귀처럼 공허하게 깍깍 울어대거나", "재잘거리는 까마귀처럼 하찮다"고 공언한다.[2] 핀다로스의 송시는 "노래의 찬란한 꽃들", "과녁을 놓치지 않을 칭송의 화살"이며, "횃불, 불꽃, 활활 타는 창", "거품이 이는 와인으로 가득 찬 황금잔"이다.

"나는 나의 활활 타는 노래로 사랑하는 도시에 불을 지필 것

---

2) 핀다로스, 「올림피아 송시(*Olympian Odes*)」, 2편.

이다. 세상의 모든 곳에 훌륭한 말이나 날개를 단 배보다 더 재빠르게 나의 말이 다다를 것이다."3) "아폴로 신의 황금 계곡 안에 나는 노래의 보물창고를 짓는다. 바람의 날개를 달고 바다의 가장 먼 곳까지 휩쓸어버리는 겨울비도, 폭우를 세차게 내리치는 태풍도 그 노래의 보물창고를 무너뜨리지 못하리라. 그러나 순수한 빛 속에서 눈부시게 아름다운 문이 승리를 찬양 하리라."4)

이러한 시가는 시의 숭고한 혈통을 증명한다. 시를 쓰는 힘은 신으로부터 온다고 핀다로스는 많은 송시에서 주장했다. 이것은 미천하게 태어난 자가 고귀한 혈통을 얻지 못하는 것과 마찬가지이다. 탁월함이 배워서 익힐 수 있는 것인가? 후대에 소크라테스가 아테네인들에게 그 질문을 되풀이해서 물어볼 것이었다. 그러나 핀다로스가 처음으로 그 질문을 제기했고, 그의 답은 그럴 수 없다는 것이었다. "타고난 영광을 통해서 한 인간은 진실로 강력해진다. 그러나 가르침을 통해서 배운 사람은 정신적으로 흔들리는 여명기의 인간이다." 그것은 귀족적 신념의 극치이며 그렇게 선언된 신념은 반박될 수 없다. 오늘날 우리에게 귀족정치의 이론은 거의 존재하지 않는다. 귀족이 있다는 사실은 여전하다. 그러나 시를 창작하는 능력이나 다른 능력은 인간이 타고나는 것이다. 그러한 능력은 학교에서 배울 수 없다.

---

3) 핀다로스, 「올림피아 송시」, 9편.
4) 핀다로스, 「피티아 송시」, 6편.

그리스인들은 핀다로스를 아이스킬로스, 그리고 투키디데스와 함께 엄숙하고 꾸밈이 없는 글을 쓰는 "엄격"파에 포함시킨다. 가장 눈에 띄는 핀다로스의 특징 가운데 하나인 풍부하고 생생한 표현력을 고려해보면 이러한 견해는 이상해 보이지만, 그 속에는 상당한 진실이 담겨 있다. 핀다로스는 엄격하다. 광채는 치가울 수 있고, 핀다로스는 빛나지만 결코 마음을 훈훈하게 하지 않는다. 핀다로스는 딱딱하고, 엄숙하고, 열정이 없고, 거리감이 느껴지고, 일종의 오만한 장엄함을 가지고 있다. 핀다로스는 냉담한 고귀함에서 한 발자국도 내려오지 않는다. 귀족은 거짓에 몸을 숙이지 않았고, 핀다로스의 펜은 승리를 칭송할 때 엄격한 진실로부터 절대로 벗어나지 않을 것이었다. 핀다로스는 승리자가 정말로 영광스러운 만큼만 찬미할 뿐, 그 이상 칭송하지 않을 것이었다. 핀다로스 자신이 말했듯이, "진실의 말에 반하는 현혹적인 거짓으로 장식된 이야기"[5]를 하지 않을 것이었다. 핀다로스는 실제로 고결하게 칭찬할 만한 것만 찬양할 것이었다. "이제 나는 호메로스의 달콤한 말들이 오디세우스의 이야기를 사실 이상으로 위대하게 만들고, 호메로스의 날개 달린 기교를 통해서 그러한 거짓 위에 신비로운 마력이 알을 품는다고 믿는다. 그의 예술은 우리를 기만한다……그러나 나는 어떠하냐면, 누가 관찰하든지 내가 사실과 다른 말을 하는지 그렇지 않은지 밝힐 수 있다"고 말한다. 다시 말해서

---

5) 핀다로스, 「올림피아 송시」, 1편.

"한결같은 마음의 길로 나는 일생을 걸을지어다. 겉으론 공정해 보이지만 거짓인 영광을 떠받치지 않고." 그리고 또다른 송시에서 말한다.

진실의 모루 위에 그대의 혀를 연마하라.
그러면 위로 날아가는 것은, 그것이 단지 불똥에 지나지 않을지라도,
무게를 가지리라.[6]

그럼에도 불구하고, 역시 엄격하게 귀족적인 전통 속에서 핀다로스는 만약 그 진실이 추하거나 불쾌하여 예민한 감수성을 거스른다면 언급하지 않을 것이다. "모든 진실이 베일을 벗은 얼굴을 보여주는 것이 더 낫지는 않으리라는 내 말을 믿어라"고 핀다로스는 서술한다. 그리고 덧붙인다.

신의 은총을 받지 못한 것은 저 멀리 침묵 속에 있는 것이 더 낫다.[7]

늘 신분이 높은 사람들의 특징을 나타내는 데 사용되는 표현이 핀다로스가 쓴 모든 시에 새겨져 있다. "고상하고 선한 것을 말하는 것은 사람에게 어울리는 일이다"라고 핀다로스는 쓴다.[8] 그리고 어떤 식으로든 그러한 생각이 송시를 통해서 되풀

---

6) 핀다로스, 「피티아 송시」, 1편.
7) 핀다로스, 「올림피아 송시」, 9편.
8) 핀다로스, 「올림피아 송시」, 1편.

이된다. 본질적으로 그와 같은 감정 때문에 핀다로스는 수많은 뛰어난 작가들이 오래 머무르고 싶어했던 지옥에서 벌을 받은 자들의 고통에 대해서 쓰고 싶어하지 않는다. 구원받은 자들의 기쁨은 쓰고 싶어한다.

> 그들이 받은 혜택은 노고에서 영원히 자유로워진 인생이다.
> 그들의 강한 손으로
> 충분하지 않은 식량을 위해 노동하면서
> 육지나 바닷물을 더 이상 수고롭게 하지 않는.
> 그러나 신들의 은총을 받은 자들과 함께 그들은 살아간다.
> 더 이상 눈물이 없는 인생을.
> 저 축복받은 섬들 주위에서 잔잔한 바닷바람이 숨을 쉬고,
> 황금빛 꽃들이 나무 위에서 빛난다.
> 바다 위에서도.[9]

그러나 지옥에서 벌을 받는 자들에 대해서는 "그들은 눈으로 바라보기에 너무 큰 번민을 지니고 있다"고 쓴다. 신사는 눈에 띄는 군중에 합류하지 않을 것이다. 베르길리우스도, 단테도, 핀다로스가 그들과 동반해서 함께 여행하도록 부추기지 않을 것이었다.

만약 핀다로스가 자신의 모든 신념과 생각에 따라서 자신이

---

9) 핀다로스, 「올림피아 송시」, 2편.

속했던 곳, 즉 기원전 5세기가 아니라 6세기나 7세기에 살았더라면 그는 비범한 재능을 가진 자들 사이에서 당시의 시류와 함께 움직이는 재능 있는 사람이기는 하지만, 그 흐름이 약하고 썰물이 가까이 있다는 것을 지각할 만큼 탁월하지는 못한 꽤 흔한 인물이었을 것이다. 그러나 핀다로스는 그리스 업적의 물결이 만조에 다다랐을 때 살았고, 그 조류를 잘 버텼다. 핀다로스는 마라톤, 테르모필레, 살라미스 전투에 참가하지 않았고, 페르시아의 위력이 무너졌을 때 그리스가 느꼈던 의기양양하고 엄숙한 승리에 참가하지도 않았다. 이러한 영웅적 사건의 메아리는 그의 시 속에 없다. 핀다로스의 도시인 테베는 영광스러운 투쟁에 동참하지 않았다. 테베는 돕기를 거부했고, 테베의 시인은 자신의 도시를 지지했다. 그것이 무엇이든 현재의 상태를 교란시키려고 위협하는 것에 직면했을 때, 귀족이 행동하는 방식으로 핀다로스는 행동했다. 그는 두 행의 유명한 시구로써 그리스의 주된 방어자인 아테네를 마지못해 칭찬했다.

오, 빛나도록 하얗고 노래와 제비꽃 화환으로 명성을 얻은
그리스의 성채, 영광에 넘치는 아테네, 신의 도시.

그러나 그것이 새로운 명분을 위해서 핀다로스가 할 수 있는 최선이었다. 그리스에서 싹트고 있던 것은 앞으로 올 모든 시대를 위해서 세상에 빛을 비춰줄 터였으나, 핀다로스는 그것을 보지 않으려고 했다. 그는 자신의 시야를 과거에 고정시켜놓았

다. 그는 그것을 지지하는 사람들이 하잘것없기 때문에 죽어가고 있는 명분을 수호하는 데 자신의 재능, 엄숙하고 고결한 정신과 도덕적인 열정을 사용했다. 그리고 그의 시를 이해하는 것이 어려워서가 아니라, 사실은 바로 그 점이 왜 핀다로스가 더 많은 것을 의미하지 않게 되었고, 세상에 내용이 없는 이름이 되었는지를 설명해주는 이유이다. 오로지 과거에만 마음을 쏟는 사람이 후대에 올 자들에게 무슨 할 말이 있었을까? 역시 귀족인 아이스킬로스는 귀족적 혈통에 의해서 구분된다는 생각을 버리고, 살라미스 해전 이후 낡은 장애물을 없애버린 새로운 자유의 대변자가 될 수 있었다. 그의 시는 이전에는 알려진 적이 없는 선(善)을 향한 포부와 여태까지 이해되어왔던 것보다 훨씬 더 고매한 인간다움의 가능성에 대한 통찰력을 가지고 퍼져나간다. 아이스킬로스는 아테네를 더 이상 지배하는 자와 지배받는 자로 구분하지 않았으며, 통합된 민중의 공동 소유로 보았다. 이러한 정신을 핀다로스의 정신과 비교하는 것은 왜 핀다로스가 위대한 재능을 가지고도 본질적으로 실패했는가를 이해하는 길이다. 아이스킬로스는 새로운 고지를 향해 가는 지도자가 그래야만 하듯이 굉장히 대담하다. 핀다로스는 방어자가 늘 그래야만 하듯이 신중하고 조심스럽다. 안심할 수 있는 범위 안에서 정도를 벗어나라고 핀다로스는 끊임없이 역설한다. 귀족들은 이미 가진 것을 유지하고 싶다면 그 이상의 것을 시도해서는 안 된다. 핀다로스는 야망뿐만 아니라 포부역시 주의하라고 귀족들에게 엄중하게 경고한다. 그것은 위험하다. 그것은 오래되어 익숙한 길에서 벗어나 알려지지 않은 길로 이탈하도록 사람을 유혹한다. 만족하라고 핀다로스는 경연회의 승리자들에게 말한다. 더 이상의 것을 추구하지 말라. 인간의 능력은 인간의 죽어야 할 운명에 묶여 있다. 그 운명이 극복될 수 있으리라고 생각하는 것은 아주 어리석다. "신이 되려고 애쓰지 말라. 죽어야 할 운명을 지닌 자들의 일은 그러한 운명에 가장 잘 어울린다."[10] 그리고 또, "불사의 존재로 상승하기를 원하지 말라. 그리고 그대가 가진 것과 할 수 있는 것을 양껏 마셔라."[11] "신이시여 내가 내 능력 안에 있는 것을 목표로 하게 하소서"라고 핀다로스는 기도한다.[12] 올림피아 경연회에서의 승리는 인간의 업적 중 최고봉이다. 다른 의미에서는 시라쿠사에 있는 히에론의 궁정과 같은 위대한 군주의 궁전에 속한 모든 세속적인 것에서 나오는 화려함, 기품, 거리감이 그러한 것과 같다. 일단 그 고지에 도달하면 남는 것은 오로지 고지를 수호하고 귀족들과 참주들을 위해서 그것이 영원히 손상되지 않도록 유지하는 것이다.

결과적으로 핀다로스는 종종 슬픔에 잠긴다. 승리에 대한 뛰어난 송시는 그 밑바닥에 낙담이 흐르고 있다. 영원히 방어하는 것은 맥이 빠지는 일이다. 히에론의 축제의 식탁이 펼쳐져 있다. 술은 황금 술잔 안에서 반짝이고, 명문가 사람들이 축하

---

10) 핀다로스, 「올림피아 송시」, 5편.
11) 핀다로스, 「피티아 송시」, 11편.
12) 핀다로스, 「피티아 송시」, 8편.

하려고 모여 있고, 영광스러운 경주에서 승리한 경주마의 기수와 그 말을 칭송한다. 그리고 모든 인간사의 애처로움이 시인의 가슴을 압박한다. 플로베르의 표현에 따르면, "채워진 욕망들"이라고 이름 지어진 인간의 운명에 관한 책 속에서 그 무시무시한 페이지에 이르렀다. 거기에는 기대할 것이 아무것도 없다. 최선의 것이 성취되었고, 그 결과 희망과 노력도 끝나버렸다. 그러고 나서 당신의 시야를 미래로부터 돌려버려라. 미래는 더 좋은 것은 아무것도 가지고 올 수 없다. 더 나쁜 것은 많이 가지고 올지도 모른다. 과거만이 안전하며, 현재의 짧은 순간만이 안전하다. 이러한 견해에는 아무런 특징이 없다. 이는 심오하지도 않고, 심하게 침울하지도 않으며, 통절하게 애처롭지도 않다. "헛되고 헛되니 모든 것이 헛되도다"라는 판단은 그저 불평에 지나지 않는다. "점차 고조되는 인간을 위한 기쁨의 시간은 덧없고, 모진 운명에 흔들려 땅에 떨어진 꽃송이도 덧없다. 일시적인 것들! 우리는 무엇이고 우리는 무엇이 아닌가. 인간은 꿈의 그림자이다." 그것이 인간 삶의 불가사의를 푸는 데 핀다로스가 한 가장 큰 공헌이다.

핀다로스는 그리 중요치 않은 자격으로 그리스 귀족정치의 가장 위대한 순간에 귀족정치의 가장 뛰어난 해설자로서 여전히 세상에 이야기하고 있다. 핀다로스는 진실하고 자주적인 강력한 시인의 입장에서 말하기를 거의 멈추었다. 핀다로스 특유의 언어적 아름다움과 리듬이 영어로는 어떤 수준으로도 옮겨질 수 없다는 것은 우리에게 만회할 수 없는 손실이다. 이 재능 있는 인물이 그 위대한 재능을 과거를 비추는 데에만 사용했고, 앞으로 다가올 온 세상의 미래에 대한 약속으로 가득 차 있는 현재를 외면했다는 것이 우리에게 훨씬 더 돌이킬 수 없는 손실이다.

6

플라톤의 눈에 비친 아테네인들

옛날 옛적에―정확한 날짜는 알 수 없지만 기원전 450년 무렵
이었다―해가 저물 무렵 아테네 함선 한 척이 에게 해의 어느
섬 근처에 닻을 내렸다. 아테네는 에게 해의 여주인이 되어가
고 있었으며, 다음 날 아침에 그 섬에 대한 공격이 시작될 예정
이었다. 그날 저녁 함선의 대장, 다른 사람도 아닌 페리클레스
가 기함(旗艦)에서 함께 저녁 식사를 하자고 부사령관을 초대
했다고 전해진다. 그러므로 거기서 여러분은 이슬을 막기 위해
서 머리 위로 차양이 드리워진 기함의 높은 고물에 앉아 있는
그 두 사람을 볼 수 있을 것이다. 시중을 드는 하인 중에 아름다
운 소년이 한 명 있었는데, 그가 잔을 채울 때 페리클레스는
그 소년을 보고 시인을 생각해낸다. 그리고 아름다운 젊은 볼
에 드리운 "자줏빛"에 관한 시구를 인용한다. 부사령관은 색감
을 표현하는 그 형용사가 적절하지 않은 것 같다고 비평한다.

부사령관은 젊은이의 홍조를 묘사하기 위해서 다른 시인이 장밋빛을 사용한 것을 더 선호했다. 페리클레스는 바로 같은 시인이 다른 곳에서 미소년의 광채에 대하여 이야기하면서 자줏빛을 사용했다며, 부사령관의 견해에 대하여 이의를 제기한다. 그렇게 두 사람의 대화는 각각 상대방의 인용구보다 더 적절한 것을 꺼내놓으며 계속되었다. 저녁 식탁에서의 대화는 전부 문학비평의 미묘하고 기발한 문제들을 다루었다. 그러나 그럼에도 불구하고, 다음 날 전투가 시작되었을 때, 두 사람은 맹렬하게 싸우고 현명하게 지휘하면서 섬에 대한 공격을 감행했다.

나는 이 매력적인 일화가 글자 그대로 사실을 기록하고 있는지 장담할 수 없지만,[1] 그리스를 제외한 다른 나라의 장군들에 대해서는 그 같은 이야기가 우리에게 전해내려오고 있지 않다는 점에 주목해야만 한다. 어떤 상상의 비약도 라인 강을 건너기 전날 밤에 카이사르와 충성스러운 라비에누스 사이에 색깔을 표현하는 형용사들에 대한 토론을 결코 떠올리게 하지 않으며, 미래의 어떤 원대한 상상력도 셔먼 장군과 그런 식으로 기분전환을 하는 그랜트 장군을 묘사하지 못할 것이라고 우리는 확신할 수 있다. 여기서 아리스토텔레스가 역사보다 시가 우위에 있다고 주장하는, 그 한층 더 높은 진리가 완벽하게 예증된다. 그 짧은 이야기는, 전거(典據)가 얼마나 의심스럽든지 간에, 아테네의 위대한 시대에 아테네인들이 어떠한 모습을 하고

---

1) 이 이야기는 기원후 2세기 후반에 살았던 수필가 아울루스 겔리우스에 의해서 전해진다.

있었는지를 사실 그대로 보여준다. 두 교양 있는 신사들은 굉장히 까다롭고, 시인들이 그들의 친한 동료들이며, 전투 전날 밤에는 문학비평의 중요하지 않은 상세한 법칙에 열중할 수 있지만, 이와 더불어 그들은 어느 시대도 능가하기 어려울 만큼 뛰어난 정력적인 활동가, 군인, 선원, 장군, 정치가였다는 점이 우리에게 제시되고 있다. 그러한 결합은 역사의 기록에서 거의 찾아볼 수 없다. 그 결합은 가치 있는 것을 중도에 잃지 않으면서 완벽하게 문명인이 되는 것이다.

굉장히 남용되고 있는 단어인 문명은 전화와 전깃불 말고도 고상한 문제를 의미한다. 명확히 평가할 수 없는 것, 이성에 관계된 것에서 얻는 기쁨, 아름다움에 대한 사랑, 명예, 품위, 예의바름, 섬세한 감정에 관련된 문제이다. 명확히 평가할 수 없는 것을 가장 중요한 문제로 삼는 곳에 문명의 절정이 존재하고, 그와 동시에 행동하는 힘이 약해지지 않을 때, 인간의 삶은 좀처럼 달성하기 쉽지 않고 능가하기는 아주 어려운 수준에 도달한다. 소수의 개인만이 그러한 수준을 성취할 능력을 소유하고 있고, 자신의 시대에 족적을 남긴 그러한 사람들을 다수 배출한 역사상의 시대는 실제로 아주 드물다.

투키디데스에 따르면, 페리클레스는 당대의 아테네를 그런 시대 가운데 하나라고 믿었다. 그가 한 가장 유명한 말은 유약해지지 않은 행동하는 힘으로 이룬 문명의 절정을 간결하지만 완벽하게 제시한다. 아테네인들은 "검소함을 잃지 않으면서 아름다움을 사랑하는 자들이며, 남자다운 활력을 상실하지 않으

면서 지혜를 사랑하는 자들이다"라고 페리클레스는 말한다.[2]

우리는 기원전 5세기의 그리스인들이 남자다운 활력을 잃지 않았다는 것을 증명할 필요가 없다. 마라톤, 테르모필레, 살라미스 전투는 압도적인 수의 적에 대항했던 용맹함으로 영원히 불멸할 이름들이고, 페리클레스가 연설하고 있는 대상인 그 위대한 전사들의 후손들도 치열하고 고된 전쟁에 참가했다. 그러나 명확히 평가할 수 없는 것들이 그리스에서 얼마나 중요했던가를 오늘날 우리가 실감하기는 어려운 일이다. 시인 소포클레스가 말년에 본인의 문제를 직접 다룰 능력이 없다고 고발한 아들 때문에 법정으로 불려나왔다는 이야기가 전해진다. 나이든 비극작가의 유일한 항변은 자신이 근래에 썼던 연극에 나오는 구절을 배심원들에게 암송하는 것이었다. 그 탁월한 구절들은 무시되지 않았다. 그러한 시를 쓸 수 있는 사람을 어떻게 무능하다고 판결할 수 있겠는가? 자신을 그리스인이라고 부르는 자들 가운데서 누가 그렇게 할 수 있는가? 그럴 수 없다. 그 소송사건을 폐기시키고, 고소인에게 벌금을 부과하라. 피고인이 영예롭고 당당하게 떠나게 하라.

다른 한편, 아테네가 멸망하고 스파르타 정복자들이 건물들을 완전히 무너뜨리고 아크로폴리스에 기둥 하나 남겨두지 않고 아테네 시를 초토화하기 전날 성대한 잔치를 열었을 때, 여흥에서 시 부분을 담당한 자들 중에서 한 사람이—심지어 스

---

2) 투키디데스, 「펠로폰네소스 전쟁사」, 2권, 40절.

파르타인들도 연회에 시를 포함했음이 틀림없다―에우리피데스 작품 가운데 나오는 구절을 암송했다. 그리고 연회를 즐기고 있던 자들, 즉 어렵게 얻은 승리의 위대한 순간을 맛보고 있던 엄격한 군인들은 아름답고 처연한 구절을 들으면서 승리와 복수를 잊었고, 그러한 시인이 태어난 도시는 절대로 파괴되지 말아야 한다고 만장일치로 선언했다. 그리스인들에게 명확히 평가할 수 없는 것들은 그렇게 중요했다. 시와 모든 예술은 매우 심각한 문제들이었고, 거기에 한 인간의 자유와 한 도시의 생명이 달려 있음은 매우 이치에 맞는 것으로 여겨졌다.

그리스의 가치들이 오늘날 우리의 것과 달랐음은 명백하다. 사실 우리는 그리스인의 인생관을 하나의 일관된 전체가 되게 할 수 없다. 우리의 관점에서 볼 때 그들의 인생관은 자기모순을 포함하고 있는 것처럼 보인다. 우리는 시에 그렇게 몰두해서 이를 현실적인 중요성을 가진 문제로 삼는 사람들을 현실적으로 무엇이 중요한가에 대한 판단력이 부족하고 인생의 고된 현실에 민감하지 않은 몽상가들이라고 생각한다. 어떤 것도 그보다 더 진실에서 멀 수는 없다. 그리스인들은 굉장한 현실주의자들이었다. 그리스인들이 자신들 주위에 살아 있는 사람들의 조각상을 새기고, 그림을 그리고, 그들의 시를 일어날 수 있는 일의 냉정한 경계 안에 유지하게 하는 이성의 기질이 그리스인들을 일상생활의 세계에서 실리적인 사람들로 만들었다. 그들은 현실을 회피하라는 유혹을 받지 않았다. 감상주의자는 바로 우리 자신이다. 시, 모든 예술을 단순히 삶의 피상적인 장식으로만 여기는 우리가 세상을 감상적으로 다룸으로써 마주 보기조차 너무 힘든 세상으로부터 피난처를 만든다. 그리스인은 세상을 직시했다. 그리스인은 전혀 감상적이지 않았다. 조국을 위해서 죽는 것이 즐겁다고 말한 것은 로마인이었다. 그리스인은 무엇인가를 위해서 죽는 것이 즐겁다고 말한 적이 없다. 그리스인은 생사가 걸린 허언(虛言)은 하지 않는다.

전사자들에 대한 페리클레스의 탁월한 장례 연설은 여태껏 행해진 다른 모든 추모 연설과 구별된다. 그 안에는 의기양양함의 흔적도, 한마디의 영웅적인 열변도 없다. 이 연설은 한 편의 명확한 사고이며, 직설적인 담화이다. 연설자 페리클레스는 청중에게 전사자들이 그랬듯이 전투에서 결코 죽지 않도록 기도하라고 말한다. 페리클레스는 자기 앞에서 슬퍼하고 있는 부모들에게 그들의 아들들이 아테네를 위해서 죽었기 때문에 행복해야 한다고 제안하거나 암시하지 않는다. 페리클레스는 그들이 행복하지 않다는 것을 알고 있으며, 진실 이외의 다른 것을 말해야겠다는 생각은 그에게 떠오르지 않는다. 그가 그들에게 하는 말은 달갑지 않은 위로라고 우리는 말한다.

아직 다른 자식을 낳을 수 있다는 희망을 가진 나이에 계신 분들은 슬픔을 더 잘 견뎌내야만 합니다. 여러분 가운데 나이가 드신 분들에게 저는 말합니다. 여러분이 살아온 날들 중 행복했던 날들이 더 많았음을 기뻐하고, 슬퍼할 날이 얼마 남지 않았음을 기억하고, 먼저 간 사람들의 영광 속에서 위안을 찾으십시오.[3]

그렇다. 그러나 그렇게 불행에 휩쓸린 사람들은 위로될 수 없고, 페리클레스는 자기 앞에 있는 청중을 이해하고 있었다. 그들은 페리클레스와 마찬가지로 사실을 직시하고 있었다. 그 조용하고 엄숙하며 사실에 입각한 말을 읽으면서 도처에 있는 무명용사의 무덤들 앞에서 그와 정반대되는 말로 행해진 모든 연설들을 상기하게 된다.

이러한 정신과 완전히 일치하는 것이 자주 인용되는 테르모 필레에서 전사한 스파르타인들에 대한 비문이다. 그럴 것이라고 이미 알고 있었듯이, 스파르타 군은 모두 전사했다. 스파르타인들은 도움을 받으리라는 희망도 없이 죽을 때까지 싸웠고, 그렇게 죽어감으로써 그리스를 구원했다. 그러나 그들의 묘비에 새겨진 글을 지은 그 위대한 시인이 전몰한 용사들에 대해서 전하기에 적합하다고 생각한 전부는 다음과 같았다.

오, 지나가는 이여, 스파르타인들에게 전하시오.
우리가 그들의 명령에 복종하여 여기에 잠들어 있다고.

우리는 반발한다. 우리는 그보다 더 나은 무엇인가가 그토록

---

3) 투키디데스, 「펠로폰네소스 전쟁사」, 2권, 35절 이하(요약).

영웅적인 행적에 합당하다고 생각한다. 그러나 그리스인들은 그렇지 않았다. 사실은 사실이고 공적(功績)은 자명하다. 공적은 장식을 필요로 하지 않았다.

우리는 보편적인 인간적 동정심이 결핍되어 보이는 표현에 종종 불쾌감을 느낀다. 오이디푸스가 추방되기 전에 마지막으로 등장해서 자신의 비참함에 대해서 말할 때, 그의 친구들이 하는 말은 이것이 전부이다.

이 일들은 당신이 말한 대로였다.[4]

그리고 오이디푸스가 어려서 죽었으면 좋았을 것이라고 말하자, 그들은 이렇게 대답한다.

나 역시 그렇게 되었더라면 한다.

이 같은 태도는 매정해 보이지만, 그리스인들은 현실을 직시했을 뿐만 아니라 그들에게는 그 현실에서 도피하고자 하는 욕구조차 없었다는 것을 항상 기억해야만 한다. 이피게니아가 오레스테스는 반드시 죽어야 하지만 필라데스는 자유의 몸이 될 수 있다고 말할 때, 필라데스는 그 같은 조건으로 자신이 석방되는 것을 거부한다. 그러나 그는 현대인으로서가 아니라 그리

---

4) 소포클레스, 「오이디푸스 왕(*Oidipous Tyrannos*)」, 338행.

스인으로서 거부한 것이었다. 필라데스를 구속한 것에는 친구에 대한 사랑만이 아니라 사람들이 그에 대해서 무엇이라고 말할지에 대한 두려움도 포함되어 있다. 그리고 그는 그것을 알고 직설적으로 말한다. "사람들은 어떻게 내가 친구를 죽게 내버려두었는지에 대해서 수군거릴 것이다. 아니, 나는 너를 사랑하지만 나는 사람들의 경멸도 두렵다." 그것은 솔직한 말이지만, 우리는 더 이상 그만큼 정직할 수 없다. 그것이 우리를 놀라게 한다. 아테네인으로 귀착되는 시와 음악과 미술이 가장 중요하다고 여기는 아름다움을 사랑하는 자들—그리스의 학교에서 소년들이 배우는 두 가지 주요 과목은 음악과 수학이었다—과 동시에 현실에 단단히 묶여 있는 사실을 사랑하는 자들의 결합은 우리를 당황케 한다. 핀다로스는 "신의 도움으로 내가 여전히 아름다운 것을 사랑하고, 도달할 수 있는 것을 위해서 노력하게 하소서"라고 기도한다.[5] "내가 되기를 바라면서도 내가 아닌 것이 나를 위로한다"는 말은 그리스인에게 아무런 호소력도 가지지 못했을 것이었다.

우리에게 너무나 낯선 가치 관념을 가지고 있는 이러한 사람들이 만든 사회는 어느 정도 재구성될 수 있다. 비록 역사 기록은 흔히 그렇듯이 우리가 가장 알고 싶어하는 것에 관해서는 아무것도 전하지 않지만, 그들의 풍습과 생활방식이 어떠했는지에 대한 개념은 어느 정도 재구성될 수 있다. 한두 사람이,

---

5) 핀다로스, 「피티아 송시」, 11편, 75행, Paul Shorey 교수 번역.

즉 페리클레스와 같은 사람이, 소크라테스와 같은 사람이 그러한 생각들을 가지고 있었기 때문에 위에서 제시된 것과 같은 그리스인들에 관한 이야기들이 전해진 것이 아니었다. 한 민족의 빛나는 행적은 그것이 얼마나 신화적이든지 간에 그 민족의 기준과 이상에 명확한 빛을 던져준다. 그 행적은 사람들의 의식과 인간은 어떠해야 한다고 그들이 생각했는가를 오해의 여지없이 드러내 보인다. 그들의 이야기와 극작품은 역사 전체보다도 그 사람들에 관해서 더 많은 것을 말해준다. 중기 빅토리아 시대의 사람들을 이해하기 위해서는 역사가들이 아니라 찰스 디킨스나 앤서니 트롤럽에게 의존해야만 한다. 위대한 시대의 아테네인들을 이해하기 위해서 우리는 역사가였으며 그 도시에 사는 시민들보다는 아테네에 더 관심이 많았던 투키디데스가 아니라, 그들과 함께 살았던 사람들을 이해하고 묘사하는 능력을 제외하고는 모든 점에서 달랐던 두 작가에게 의존해야 한다. 즉 자신이 쓴 모든 극작품 안에서 사람들을 놀려대고 꾸짖고 사람들이 자신들의 모습을 볼 수 있게 했던 아리스토파네스와, 인간 본성의 연구자이며 그 본성을 사랑하는 사람이었고 자신의 임무는 이상적인 것의 본성에 대한 고매한 고찰이라고 여기고 아직도 자신의 저작 속에서 살아 숨쉬는, 너무나 감복할 만하게 그려진 자신의 대화 속의 인물들을 우리에게 남겨준 플라톤에게 의존해야 한다.

플라톤의 저작 속에서 만나는 사람들 가운데 다수는 다른 작가들을 통해서도 우리에게 잘 알려져 있다. 그 시대의 가장 유명한 사람들 가운데 일부가 토론에 참여한다. 모두가 실재했던 인물들인지는 알 수 없지만, 그들 모두 실제 그대로라는 것과 플라톤의 청중에게는 더할 나위 없는 보통 사람들, 즉 상류계급의 아테네인이라면 누구에게나 익숙한 사람들이었다는 것에는 의심의 여지가 없다. 그보다 더 믿을 만한 것은 없다. 플라톤의 이상주의는 그의 작품 속 등장인물들에게까지 연장되었으며, 플라톤이 자신의 신조를 비현실적이고 제자들에게 모순되어 보이는 등장인물들의 입을 빌려 전한다고 추측하는 것은 제자들의 지성과 플라톤의 지성을 모욕하는 일이다. 트롤럽이 영국에 대한 횡단면을 제시하지 않는 것처럼 사실 플라톤도 아테네 사회의 대표적인 면을 제시하지는 않는다. "상류사회에 속하지 않는" 몇몇 사람— 호메로스의 작품을 암송하며 생계를 유지하는 남자, 플라톤에게는 사회적으로 목사에게 시골 춤이 의미하는 것과 같은 수준에 있는 점쟁이— 이 등장하지만, 플라톤이 정말 잘 알고 있는 사람들은 아테네의 명문가 사람들이며, 트롤럽이 목사와 의회 의원을 잘 알고 있는 만큼 플라톤은 아테네 명문가 사람들에 대해서 잘 알고 있다.

플라톤이 우리에게 소개하고 있는 이 사회는 문화적으로 매우 세련되었다. 이성의 사용을 즐기고, 아름다움과 우아함을 사랑하는 사람들의 사회이다. 페리클레스가 장례 연설에서 말하듯이, 그들은 생활의 모든 예의범절에 매우 민감하고 무엇보다도 주제가 얼마나 관념적이고 난해하든지 간에 항상 그에 관해서 이야기할 준비가 되어 있는 사람들이다. "우리가 그 집에

들어갔을 때"6)—화자는 소크라테스이다—"회랑에서 걷고 있는 프로타고라스를 발견했네. 경청자의 행렬이 그와 함께 가고 있었네. 프로타고라스는 오르페우스처럼 목소리로 그들을 매료시켰고, 그들은 뒤따라가고 있었네. 그때, 호메로스가 말했듯이 '내가 눈을 들어 본 사람은' 반대편 회랑에 앉아 있는 엘리스의 히피아스였고, 많은 사람들이 그를 둘러싸고 벤치에 앉아 있었네. 주위에 앉아 있는 이들은 히피아스에게 물리학과 천문학에 대한 질문을 하고 있었고, 히피아스는 그 문제들에 대해서 강론하고 있었다네. 또한 케오스의 프로디코스도 거기에 있었는데, 아직 침대 속에 있었고—날이 막 샐 무렵이었다는 사실에 주목해야 한다—그의 옆 침상에는 여러 명의 젊은이들이 있었네. 프로디코스의 아름답고 깊이 있는 음성이 그 방에 울려퍼졌네." 소크라테스는 프로타고라스에게 그의 가르침에 대해서 이야기해달라고 요청하고, 그 위대한 인물이 동의하자, "프로타고라스가 프로디코스와 히피아스가 있는 자리에서 잠시 동안 실력을 발휘하고 칭송받고 싶어한다는 것을 알아챘기 때문에, 나는 '그런데 저 나머지 사람들도 이야기를 듣도록 불러모아야 하지 않겠습니까?'라고 말했네. 주최자인 칼리아스는 '우리가 선생님께서 앉아서 토론할 수 있는 회의를 열면 어떻겠습니까?'라고 말했지. 이 제안은 동의를 얻었고, 지혜로운 자들의 이야기를 들을 수 있다는 기대에 매우 기뻐했네." 그래서

---

6) 플라톤, 「프로타고라스」, 314 E 이하.

덕과 지식의 본체와 덕을 가르칠 수 있는지에 관하여 논쟁하고 자 모두 즐겁게 자리를 잡는다.

여가 시간이 많은 사회라는 것을 알 수 있다. 소크라테스는 젊은 테아이테토스에게 "자유인들이 항상 자유로이 쓸 수 있는 여유"에 대해서 말한다. "자유인은 안심하고 마음 내키는 대로 한 주제에서 또다른 주제로 옮겨다니면서 자기 이야기를 기탄 없이 할 수 있고, 유일한 목표는 진실에 도달하는 것이다."[7] 그러나 직접적인 증인은 거의 필요 없다. 완벽한 여가의 분위 기는 모든 대화의 배경이며, 그 안으로 몰입하는 것은 아무도 서두르지 않는 세계로, 항상 할애할 시간이 있는 세계로 이끌 려가는 것이다. "나는 어제 피레우스로 글라우콘과 함께 내려 갔다"고 「국가」는 시작된다. "나는 여신에게 제례를 올리고 그 들이 축제를 어떤 방식으로 축하하는지 보려고 갔다. 우리가 일을 마치고 아테네를 향해 되돌아섰을 때, 폴레마르코스와 그 행렬에 있던 몇몇 사람들이 나타났다. '당신은 아테네로 돌아 가시는 길입니까?'라고 폴레마르코스가 물었다. '그런데 우리 가 몇 사람이나 있는지 아시겠지요? 이 사람들 전부를 합친 것 보다 힘이 더 세신가요? 그렇지 않으면 당신은 여기 머무르셔 야 할 것입니다.' '그렇지만, 다른 방도는 없겠소? 우리를 가게 내버려두도록 당신들을 설득할 수는 없겠소?'라고 나는 말했 다. '우리가 듣기를 거부한다면, 당신이 설득하실 수 있겠습니

---

7) 플라톤, 「테아이테토스(*Theaitētos*)」, 173 D.

까? 그리고 당신은 우리가 거절할 것이라고 확신하실 수 있을 겁니다. 남아서 오늘 저녁 말 위에서 횃불을 들고 달리는 경주를 보십시오. 그리고 젊은이들의 모임이 있을 것이고, 유익한 대화를 나누게 되실 겁니다.'"

그러한 식으로 거의 모든 대화가 시작된다. 그들 중 가장 즐겁고 여유로운 것은 아마 「파이드로스(*Phaidros*)」일 것이다.[8] "어디로 가는 중인가?" 하고 소크라테스가 파이드로스에게 묻자, 젊은이는 아침 시간을 한 저명한 웅변가와의 담화로 보낸 후 기분전환을 위해서 성벽 밖으로 산책을 가는 중이라고 대답한다. "만약 소크라테스님이 저와 함께 가신다면 그 담화에 대해서 들을 수 있으실 겁니다." "좋소." 그 담화에 대해서 너무나 듣고 싶었던 소크라테스는 이 기회를 놓치기보다는 메가라까지 쭉 갔다가 돌아올 거라고 말한다. 이 말을 듣자, 파이드로스는 자신이 그 위대한 웅변가의 담화를 잘 전달할 수 있을지 의심하기 시작한다. "소크라테스님, 실은 제가 그분의 말씀 그대로를 다 배우지는 못했습니다. 오, 그렇지 못합니다. 그러나 저는 그분이 하신 말씀의 전반적인 개념을 알고 있고, 그것을 당신께 요약해드릴 수 있습니다." "그러게, 젊은이." 소크라테스는 대답한다. "그런데 자네는 먼저 그 외투 아래에 가지고 있는 것을 보여주어야만 하네. 왜냐하면 내가 보기에 그 두루마리는 실제 강연을 적은 것이라고 짐작되기 때문이네. 그리고

---

8) 플라톤, 「파이드로스」, 227, 228, 230 C.

내가 자네를 몹시 좋아하는 만큼이나 자네가 나를 희생삼아 기억력을 연습하게 하지는 않을 것이네." 파이드로스는 포기하고 그 강연 전부를 읽을 것이다. 그런데 그들은 어디에 앉으려고 할까? 오, 그렇군. "그늘과 산들바람, 그리고 앉거나 누울 수 있는 잔디가 있는 키가 제일 큰 저 플라타너스 아래에 앉지요." "그러지"라고 소크라테스는 대답한다. "쉬기에 좋은 장소로군. 여름의 소리와 향기로 가득하고, 냇물은 발에 상쾌하게 느껴질 정도로 차갑고, 베개처럼 머리로 부드럽게 기울어진 잔디가 있군. 나는 누울 테니 자네는 가장 잘 읽을 수 있게 자리를 잡게. 시작하게." "영혼의 본성―그것의 진정한 형체는 인간의 담화보다 더 광범위하고 더 큰 주제이지만―", "천체의 형태와 그와 함께 빛나고 있는 아름다움"과 "사랑하는 사람을 정숙함과 신성한 두려움으로 따르는 연인의 영혼"과 "우정이라는 천상의 축복"과 "자연의 진리에 관한 심각한 사색을 요구하는 모든 위대한 예술들"과 "그들의 진지한 삶의 추구에 걸맞는 명성이 어울리는" 인물들에 대해서, 그리고 "나는 그 인물들을 지혜롭다고 부를 수 없을 것이네. 왜냐하면 그것은 신에게만 속한 위대한 이름이기 때문이지. 지혜를 사랑하는 자들이 그들에게 알맞은 이름이네"라고 토론하면서 플라타너스 나무 아래서 몇 시간이 흘러갔다. 그것이 두 명의 신사가 플라톤의 아테네에서 여름날 아침을 한가롭게 보내는 방식이다.

좋은 집안 태생에 느긋하고 온화하며 세련된 사람들의 고상한 도시 생활로도 특징지을 수 있는 사회이다. 여태껏 열린 저녁 만찬 중에서 품위 있는 아가톤의 집에서 열렸던 만찬이 가장 유명했다. 그는 손님들이 자리에 앉자 자신은 그 같은 행사에서 결코 하인들에게 명령을 내리지 않는다고 주장했다. "자네들이 이 만찬의 주최자이며, 나와 여기 계신 분들은 자네들의 초대를 받고 온 손님이라고 상상해보게. 우리를 잘 대접하면 자네들은 칭찬을 받을 것이네, 라고 나는 하인들에게 말하지요."[9] 과거의 노련한 사교술의 대가들이 너그럽게 인정한, 이러한 편안하고 격식을 차리지 않는 분위기 속에 초대받지 않은 한 친분이 있는 사람이 실수로 안내된다. 이 이야기 속에서 만찬을 즐기고 있는 사람들보다 교제상의 예의에 관해서 덜 익숙한 사람들에게는 난처할 수 있는 상황이다. 당장에 그 지인은 편하게 느끼고 아주 유쾌한 인사를 받는다. "'오, 환영합니다, 아리스토데모스. 마침 우리와 저녁 식사를 할 수 있게 때를 잘 맞추어 오셨소. 만약 다른 일로 왔더라도 그 일은 잠시 미루고 우리에게 동참하시오. 내가 당신을 만나게 되면 초대하려고 어제 당신을 찾아다녔소' 하고 아가톤이 말한다."

소크라테스는 늦게 도착한다. 그는 오는 도중에 주랑 아래서 명상에 잠겼던 듯하다. 소크라테스가 들어서자, "아가톤은 자기 옆에 앉으라고 요청했다. '제가 선생님의 곁에 앉아 주랑 아래서 선생님께 떠오른 그 지혜로운 생각의 혜택을 볼 수 있도

---

9) 플라톤, 「향연(*Symposion*)」, 175 B 이하.

록 해주십시오.' '얼마나 좋을까.' 요청받은 자리에 앉으면서 소크라테스가 말했다. '지혜란 것이 몸이 닿음으로써 전해질 수 있다면, 만약 그럴 수 있다면 나는 자네 옆에 몸을 기대는 특권을 아주 소중하게 여겨야 할 것이네. 왜냐하면 자네가 풍부하고 멋진 지혜의 물결로 나를 채워줄 것이기 때문이지. 반면에 나 자신의 지혜는 의문으로 가득 차 있지.'" 토론이 시작되고 아가톤이 양보한다. "저로서는 당신을 논박할 수 없습니다. 소크라테스님." "아, 그렇지 않네"라고 소크라테스는 대답한다. "친애하는 아가톤, 오히려 자네는 진리를 논박할 수 없다고 말해야 하네. 왜냐하면 나는 쉽게 논박당할 수 있기 때문이네." 이것은 오랜 훈련 과정을 통해서만 설명될 수 있는 사교의 극치이다. 그러한 종류의 훌륭한 예의범절은 결코 한두 세대 안에 발전하지 않지만, 이 사람들은 마라톤 전투와 살라미스 해전에서 싸웠던 자들의 자손들이었다. 영웅적인 대담무쌍함과 고상한 문명의 헤아릴 수 없는 것들은 이들이 태어나며 물려받은 유산이었다.

「대화편(*Dialogues*)」을 통해서 독특한 철학자이며 그리스 밖에 있던 모든 철학자들과는 다른 소크라테스라는 인물이 활약한다. 다른 철학자들은 일반적으로 아주 이상하고 입이 무거운 존재들이어서 우리는 그들에게 무관심하고, 거리감을 느끼며, 그들을 난해한 사색에 마음을 빼앗긴 채 부분적으로만 인간인 존재라고 인식한다. 철학자에 대한 우리의 생각을 가장 완벽하게 체화(體化)한 사람은 칸트이다. 칸트는 작게 웅크린 어깨에

멍한 상태로 자신의 집과 대학만을 오가고, 쾨니히스베르크의 모든 아낙네들이 그가 아침에 강의실을 향해 길을 지나가는 것을 보고 시계를 맞추는 그런 사람이었다. 소크라테스는 그렇지 않았다. 그리스 사람인 소크라테스는 그럴 수 없었다. 아주 많은 다른 점들이 소크라테스에게 기대되었고, 그는 여러 가지 다른 상황들에 대처할 수 있어야만 했다. 우리는 전문가의 시대를 살고 있는데, 그것은 우리가 안락함을 좋아하는 시대에 속한 결과이다. 오직 한 가지 일만 하는 사람이 더 신속하게 그 일을 할 수 있는 것이 당연하고, 수많은 것들이 요구되는 세상에서 그가 그 일을 하도록 정하는 것이 당연한 결론이다. 신발의 각 부분을 만드는 스무 명의 사람들이 혼자 일하는 구두장수가 만드는 신발 수보다 스무 배 이상 더 많은 신발을 만들어내고, 결과적으로 아무도 맨발로 다니지 않을 것이다. 모든 사람이 필요로 하는 것들이 점점 늘어나는 것으로 우리는 보상을 받는다. 그러나 우리는 노동자 개개인의 발전 가능성에 한계를 가하는 것으로 그 대가를 치른다.

그리스에서는 정반대였다. 그리스인이 필요로 했던 것은 아주 적었으나, 개개인은 여러 가지 다른 자격을 가지고 행동해야만 했다. 아테네 시민 한 사람은 살아 있는 동안 여러 가지 역할을 담당했다. 아이스킬로스는 극작가였을 뿐만 아니라, 연기자, 무대미술가, 의상 담당, 디자이너, 기술자, 연출가로서 극장 일을 모두 감당했다. 아이스킬로스는 또한 군대에서 싸웠던 군인이었고, 아마 공직도 역임했을 것이다. 대부분의 아테네인이 그랬다. 만약 우리가 그의 인생에 대해서 더 많이 안다면, 틀림없이 그가 다른 직업에도 종사했음을 알게 될 것이다. 동료 극작가인 소포클레스는 장군, 외교관, 그리고 사제이기도 했다. 뿐만 아니라 적어도 한 가지 중요한 혁신을 도입한 극장의 실무를 담당한 사람이었다. 그리스에서는 현역 생활에서 물러난 예술가 계급도, 문학 계급도, 지식 계급도 없었다. 그리스의 군인, 선원, 정치가, 관리는 시를 썼고, 조각상을 만들었고, 철학을 했다. "요약하여 말하자면"—페리클레스가 말한다—"아테네 시는 그리스의 학교입니다. 저는 아테네 시민 각자가 뛰어난 다재다능함과 품위를 가지고 아주 다양한 범위의 활동에 적응할 능력이 있다고 봅니다."[10] 그 품위(grace)라는 단어는 극히 그리스적인 표현이다.

그러므로 소크라테스는 우리가 지식인과 철학자는 어떠해야 한다고 기대하는 것을 제외한 그 모든 것이었다. 우선 소크라테스는 매우 사교적이었고, 무엇보다도 회합을 즐겼다. "나는 지식을 사랑하는 사람이오"라고 소크라테스가 자신에 대해서 말한다. "그리고 사람들이 나의 선생님이오." 그렇지만 소크라테스에게 그 사람들은 신사여야만 했을 것이다. 소크라테스는 예의바르게 일을 하도록 가르침을 받은 사람을 좋아했다. 예절에 어긋나는 사람에 대해서는 "편협하고 신랄하고 법률을 존중하지 않는 인간—신사처럼 외투를 입는 법을 알지 못하는 사

---

10) 투키디데스, 「펠로폰네소스 전쟁사」, 2권, 41절.

람"이라며 등한히 한다.[11]

소크라테스는 가끔 우리를 매우 유명한 사람들의 모임으로 데려간다. 한 성대한 공공 장례식이 열리기 직전에 그는 아고라에서 그곳으로 가는 도중에 한 지인을 만난다. 그 지인은 소크라테스에게 위원회가 장례식을 위해서 웅변가를 선택하려고 한다고 전하면서 묻는다.[12] "만약 위원회가 선생님을 선택한다면 직접 연설해주실 수 있습니까?" "내가 알고 있는 아주 많은 훌륭한 연설가들을 배출해낸 화술이 뛰어난 한 여성을 생각해볼 때, 내가 그 연설을 할 수 있다면 그건 별로 놀랄 만한 일이 아닐 것이오. 그중 한 명은 모든 그리스인들 중에서 으뜸인 페리클레스였소"하고 소크라테스가 대답한다. "아스파시아를 말씀하시는 것 같습니다"라고 상대방이 말한다. "그렇소." 소크라테스가 대답한다. "바로 어제 나는 그녀가 바로 그 죽은 이들을 위한 연설을 작성하고 있는 것을 들었소. 당신이 말했듯이 아스파시아는 아테네인들이 연설가를 선택할 예정이라는 소식을 들었고, 그 연설가에게 알맞은 종류의 연설문을 나에게 암송해주었는데, 그 연설의 일부분은 즉석에서 만들어졌고, 부분적으로 페리클레스가 했던 장례 연설의 문장들을 결합했으나 내가 생각하기로는 그녀가 지은 것이었소." "아스파시아가 말했던 것을 기억하실 수 있습니끼?"하고 그 지인은 묻는다. 그리고 "기억할 수 있어야만 하오. 왜냐

11) 플라톤, 「테아이테토스」, 175 D. E.
12) 플라톤, 「메넥세노스(*Menexenos*)」, 235 E 이하.

하면 아스파시아가 가르쳐주었는데, 내가 계속 잊어버려서 그녀가 나를 때릴 태세였기 때문이오"라는 대답을 듣는다. 그러고 나서 그 연설이 암송되었고, 암송이 끝나자 소크라테스는 아스파시아가 자신의 연설을 공개했다고 화를 낼 것이 두렵다고 말하면서 경청하고 있는 지인에게 "그녀에게 나에 대해서 말하지 않도록 조심하시오. 그러면 내가 당신에게 그녀가 지은 수많은 다른 뛰어난 정치 연설을 암송해줄 테니" 하고 경고한다.

탁월함에서 다른 어떤 시대도 쉽게 필적할 수 없는 젊은이들이 모인 아가톤의 집에서 열린 유명한 저녁 만찬에 얼마 전 극작품으로 일등상을 수상한 아가톤과, 희극작가 가운데서 최고인 아리스토파네스와, 뛰어난 자들 사이에서도 항상 가장 빛나는 귀공자 알키비아데스가 참석하고 있었다. 소크라테스가 입장하자, 그는 이들 및 이들과 같은 부류의 사람들로부터 사랑과 존경을 받는 친밀한 친구로서, 그리고 그들 중 최고의 인물로서 대접을 받는다. 참석한 사람들은 소크라테스와 농담을 주고받고, 소크라테스에 대한 애정이 깃든 유쾌함으로 그를 놀린다. 소크라테스는 재미있어하는 아량과 세정에 밝은 사람이 지닌 완벽한 침착함으로 이 모든 것을 받아들인다. "친애하는 아가톤, 소크라테스님에게 대답하지 마시오" 하고 키 큰 플라타너스 나무 아래로 산책을 갔던 파이드로스가 외친다. "만약 소크라테스님이 더불어 말을 할 수 있는 동료를, 특히 잘생긴 동료를 구할 수만 있다면 그는 다른 일에 아무 소용이 없을 것이기 때문이오."13)

이어지는 대화에서 소크라테스는 온 세상 젊은이들이 가장 경탄하는 일들을 모두 할 수 있는 것으로 그려진다. "소크라테스님께서는 어떤 양의 술도 취하지 않고 마실 수 있소" 하고 알키비아데스는 말한다. 알키비아데스가 소크라테스에게 술 반병을 쭉 들이켜 비우도록 졸랐더니, 소크라테스가 아주 태연하게 그렇게 한 뒤에 이 같은 주장이 익살스러운 자포자기의 상태에서 제기된다. "담쟁이덩굴과 제비꽃으로 장식한 화관을 머리에 쓰고" 알키비아데스 본인이 처음 문 앞에 나타났을 때 그는 "여러분은 만취한 사람도 끼워주시렵니까?" 하고 물었다. 그리고 그 회합에 있던 사람들은 이미 모두가 그저께도 술을 너무 많이 마셔서 만취하는 것을 피해야 한다는 아리스토파네스의 의견을 그대로 되풀이하여 대답했다. "소크라테스를 제외하고는. 그는 항상 마실 수도, 마시지 않을 수도 있고, 우리가 마시든지 마시지 않든지 상관하지 않을 것이다."14)

그리고 소크라테스는 고난을 인내하는 능력에서 전형적인 젊은이의 영웅이기도 했다. 알키비아데스와 소크라테스는 함께 출정한 적이 있었다. 그리고 그 젊은이가 전한다. "저는 피로를 견뎌내는 소크라테스님의 비범한 능력을 볼 기회가 있었지요. 우리에게 보급이 중단되었을 때 그가 보여준 인내는 정말 믿기 어려웠어요. 소크라테스님과 비교될 수 있는 자는 아

---

13) 플라톤, 「향연」, 194 D.
14) 플라톤, 「향연」, 214 A., 219 E 이하.

무도 없었지요." 그때는 겨울이고 아주 추웠으며, 다른 사람들은 전부 "엄청난 양의 옷을 껴입고, 펠트와 양모로 발을 감싸고 있었어요." 그러나 소크라테스는 "평소와 같은 옷에 맨발로도 다른 사람보다 더 수월하게 얼음 위를 행군하셨어요." 그러나 그럼에도 불구하고 "만약 우리가 향연을 연다면, 소크라테스님만이 그것을 진정으로 즐길 능력을 지닌 분이었지요."

「향연(*Symposion*)」은 마침내 참석자들 모두가 만취하고, 해설자 자신도 새벽까지 잠이 들었다가 일어났을 때 소크라테스, 아리스토파네스, 아가톤을 제외한 모든 사람들이 자고 있는 것을 발견했다는 해설자의 고백으로 끝난다. 아리스토파네스와 아가톤은 소크라테스가 그들에게 강론하는 동안에도 여전히 술을 마시고 있었다. 소크라테스는 "비극 분야에서 진정한 예술가는 희극 분야에서도 예술가일 것이오" 하고 논하는 중이었다. "다른 두 사람은 꾸벅꾸벅 졸며 그 논쟁을 감당하지 못하고 거기에 동의해야만 했다. 그리고 먼저 아리스토파네스가 잠들었고, 곧 이어 아가톤도 잠들었다. 그 둘을 자게 내버려두고 소크라테스는 자리를 떴다. 리케이온에서 소크라테스는 목욕을 하고 평상시처럼 하루를 보냈다."[15]

소크라테스는 학생들도 똑같이 그를 편안하게 대하도록 할 수 있었다. "그의 친구 메넥세노스가 와서 우리 곁에 앉았고, 리시스가 따라왔다. 나는 '두 사람 중 누가 더 연장자인가?' 하

---

15) 플라톤, 「향연」, 223 C.

고 물었다. 그건 둘 사이에 아직도 논쟁 중인 문제라고 그는 대답했다. '누가 더 잘생겼지?' 두 젊은이들은 웃었다. 나는 '누가 더 부자냐고 묻지는 않겠네' 하고 말했다. '자네들은 친구니까, 그렇지 않은가?' '그렇습니다'라고 두 사람은 대답했다. '그리고 친구들은 모든 것을 공동으로 가지니까, 자네들 중에서 한 명이 다른 한 명보다 더 부유할 수는 없지' 하고 나는 말했다. '정말 그렇습니다'라고 그들은 동의했다."[16]

우정에 대한 담화가 이어지고, 늦었으니 두 소년이 귀가해야 한다는 가정교사에 의해서 대화가 중단되었다. "그러나 나는 그 젊은이들과 헤어질 때 몇 마디를 건넸다. '오, 메넥세노스와 리시스여, 여기 재미난 이야기가 있네. 자네들과 자네들 가운데 하나이기를 간절히 바라는 나이 든 소년인 나는 우리가 친구라고 생각하지만, 우리는 아직 친구가 무엇인지 알아낼 수가 없었네!'"

그와 같은 결론, 더 정확히 말하면 결론의 부재는 세상의 모든 위대한 스승들 중에서 소크라테스 특유의 태도를 예증해준다. 소크라테스는 문제가 작든 크든 간에 자신에게 오는 사람들을 대신해서 생각해주지 않는다. 「크라틸로스(Kratylos)」라는 작품 속에서 한 청년과 그의 친구가 소크라테스에게 언어와 이름이 형성되는 방법에 관한 질문을 가지고 왔다. 그 둘이 얻은 대답은, "만약 내가 가난하지 않았다면 문법과 언어에 대해

---

16) 플라톤, 「리시스(Lysis)」, 207 C. 223.

서 완벽하게 가르쳐줄─이건 프로디코스 자신이 한 말이네─ 위대한 프로디코스의 50드라크마짜리 강좌를 들었을 텐데 말이지. 그리고 그랬다면 자네들의 질문에 즉시 대답해줄 수 있었을 텐데 말이야. 그러나 사실 나는 1드라크마짜리 강좌밖에 못 들었고, 그렇기 때문에 그 문제들에 대한 해답을 모르네. 그러나 자네들을 도와 기꺼이 그 문제들에 대해서 탐구하겠네"가 전부였다.[17] 그러나 그 탐구는 다음과 같이 끝난다. "이것이 진실일 수도 있지, 크라틸로스. 그러나 이는 또한 진실이 아닐 가능성도 매우 크네. 그러므로 나는 그걸로 자네들을 쉽게 설득하지 못할 걸세. 자네들은 젊고 배울 나이이니까 잘 생각해보게. 그리고 자네들이 진실을 찾아냈을 때 내게 와서 말해주게." 그 젊은이는─그는 아주 어렸음이 틀림없다─당신이 말씀하신 대로 그렇게 하겠습니다, 소크라테스님" 하고 대답했다.

이러한 반어적인 결론에 이르지 못함은 소크라테스의 가장 두드러진 특징이다. 소크라테스는 사람들을 위대한 사상과 고상한 소명의 개념으로 이끌 때에─주제넘게 참견하지 않으면서─항상 그러는 것처럼, 주변 사람들이 그리스에서 어두운 범죄인 무지를 저지르고 있다는 것을 입증할 때에도 자신은 듣는 이와 같은 처지 또는 더 나쁜 처지에 있다는 태도를 취한다. 소크라테스가 습관적으로 보이는 태도는 호감이 가는 겸손함이다. "나는 그것이 전부 틀릴지도 모른다는 것을 알고 있다"고

---

17) 플라톤, 「크라틸로스」, 384 B, 440. C.

소크라테스는 말하고 있는 듯하다.[18) 소크라테스는 그저 의문을 품고 제안할 뿐이다. 이것이 지극히 문명화된 사회에서 지적으로 가장 세련된 사람들의 방식이다.

그렇게 종잡을 수 없고 반론을 표명하는 태도의 밑바탕에 깔려 있는 심오한 심각함을 보여주기 위해서는 한 가지 다른 예가 제시되어야만 한다. 파이드로스와 여름 산책을 하는 동안에 오간 대화에서 발췌한 것이다.[19) "아테네로 가는 길은 대화를 나누기에 안성맞춤이지 않은가?" 청년 파이드로스는 북풍의 신 보레아스가 오레이티아를 유괴해갔다고 전해지는 장소가 그 근처에 있지 않은지 묻는다. "저 작은 냇물은 쾌적할 정도로 맑고 투명합니다. 젊은 처자들이 근처에서 놀이를 하고 있을지도 모른다고 저는 상상할 수 있습니다. 말해주십시오, 소크라테스님. 당신은 그 이야기를 믿으십니까?" 소크라테스가 대답한다. "지혜로운 자들은 의심을 품지. 그리고 만약 그들처럼 나 역시 의혹을 품는다면 나 혼자만 그런 것이 아닐 걸세. 나는 북쪽에서 불어오는 돌풍이 바위산들을 넘어 그녀를 데리고 가버렸을 때, 오레이티아가 놀이를 하고 있었고, 그래서 그녀가 북풍의 신 보레아스에게 납치되었다고 전해지는 이야기에 대해서 이성적인 설명을 제시할 수 있을지도 모르네. 자, 나는 이러한 비유적인 설명들이 꽤 훌륭하다는 것을 인정하네. 그러나 그러한 설명들을 만들어내야만 했던 사람은 선망의 대상이 되

---

18) 플라톤, 「향연」, 173 C.
19) 플라톤, 「파이드로스」, 229 B.

지 않네. 많은 노고와 재간이 그에게 요구되었을 것이네. 그자는 계속해야 할 것이고, 끔찍하게 무서운 히포켄타우로스와 키마이라를 복원해야 할 것이네. 고르고들과 날개가 달린 말들이 빠르게 밀려들고, 셀 수 없이 많은 이해할 수 없고 놀라운 자연 현상들이 밀려드네. 그리고 만약 그 사람이 개연성의 법칙으로 그것들을 한징시키려고 한다면, 그것은 아주 많은 시간이 걸릴 걸세. 지금 나는 그러한 탐구를 할 여가가 없네. 왜 그런지 자네에게 말해줄까? 델포이의 비문이 말하듯이, 나는 먼저 나 자신을 알아야만 하네. 내가 나 자신에 대해서 아직도 무지한데 나의 관심사가 아닌 것들에 대해서 호기심을 가지는 것은 터무니없는 짓일 것이네. 그러므로 나는 그러한 종류의 것에게 전부 작별을 고하네. 나는 나 자신에 관해서 알고 싶네. 내가 큰 뱀 티폰보다 더 이해하기 어렵고 격노로 부풀어오른 괴물인지, 아니면 자연이 더 낮고 성스러운 운명을 부여해주신 더 온순하고 소박한 피조물인지?"

스스로 인정한 교사에게 독단주의가 전혀 없다는 것은, 권위적인 말투와 독단적인 언사에 익숙하고 헌신적인 오늘날 대부분의 우리에게 반발심을 일으킬 뿐만 아니라 놀랄 만한 일이다. 그러나 아테네, 즉 플라톤의 아테네에서는 만약 진리를 일부라도 얻으려면 적어도 개개인이 진리를 위한 연구자여야만 한다는 생각이 반발심을 일으키기보다는 매력적이라고 여겨졌다. 플라톤은 그러한 점에서 그리스의 방식에 관한 무엇인가를 알고 있었다고 충분히 인정받을 수 있다. 소크라테스의 사망 후

수년 동안 플라톤은 세계 최초의 아카데미에서 아테네 사람들을 가르쳤으며, 플라톤이 그의 가르침 때문에 인기가 없었다는 암시는 어디에도 없다. 만약 플라톤의 대화들이 다른 결론을 초월하는 어떤 하나의 결론을 가리키고 있다면, 그것은 다른 사람이 대신해서 생각해주는 것을 아테네인들이 원치 않았다는 것이다.

그러므로 어떤 의미에서 소크라테스는 비범한 사람이었지만, 자신의 시대를 그대로 비추어주는 사람이기도 하다. 정말 중요한 문제들은 만지거나 맛을 보거나 손을 댈 수 있는 것이 아니었던 문명화된 시대, 지도자들이 배움과 진리의 추구에 헌신하는 특징을 가졌던 시대, 불과 몇 년 전인 과거의 영웅들의 행적에 접근하는 것이 가능했던 행동하고, 대담하게 도전하고, 참고 견딜 수 있는 시대였다. 균형을 이룬 이성과 정신이 그리스 예술의 독특한 특징이었다. 굉장한 활력으로 균형을 이룬 지성과 세련된 감각은 플라톤이 보았던 대로 그리스인들의 두드러진 특징이었다.

7

아리스토파네스와 고희극(古喜劇)

"진정한 희극은 한 국가의 어리석은 행동과 결점에 관한 생생한 묘사이다"라고 볼테르가 말했다. 볼테르는 아리스토파네스를 염두에 두고 있었다. 그리고 아테네의 고희극(Old Comedy)에 대해서 이보다 더 잘 묘사할 수는 없었다. 아리스토파네스[1])

---

1) 아리스토파네스의 작품에서 인용된 아래 구절들은 모두 요약되었다. 원본의 운율을 재현할 때 「아가멤논」의 합창단 부분의 번역에서 시도했던 것처럼 정확한 음절의 일치를 시도하지 않았고, 단지 운문의 전반적인 효과를 재현하려고 했다. 저자는 아리스토파네스가 가장 즐겨 사용한 7보격의 시행(seven-foot line)에서 끝에 강세를 두었는데, 이는 압운된 번역에서 매우 핵심적이다. 그리고 3보격(trimetre)은 전혀 재현하지 않았다. 그리스 시의 6보격의 시행(six-foot line)의 진정한 영어 번역은 5보격 시행(five-foot line)이라고 생각한다. 영어의 3보격은 빠르고 가볍지 않으며, 느리고 무게감이 있다.

A shielded scutcheon blushed with
blood of queens and kings.

그리스어의 효과는 다음 행과 본질적으로 동일하다.

St. Agnes' Eve ― Ah, bitter chill it was.

를 읽는 것은 아테네의 만평(漫評)을 읽는 것과 어느 정도 비슷하다. 아테네의 모든 삶이 그 안에 있다. 당대의 정치와 정치가, 전쟁을 옹호하는 당과 반대하는 당, 반전론, 여성 투표권, 자유무역, 재정개혁, 불평하는 납세자, 교육 이론, 현행의 종교와 문학에 관련된 화제 등 보통 시민이 관심을 가졌던 모든 것이 그 속에 있다. 모든 것이 아리스토파네스의 조소를 위한 재료였다. 아리스토파네스는 당대의 어리석은 행동과 결점에 대한 생생한 묘사였다.

아리스토파네스가 그 시대를 비추고 있는 거울은 소크라테스가 들고 있는 거울과는 다르다. 플라톤에서 고희극으로 넘어가는 것은 색다른 경험이다. 유쾌한 태도와 예민한 감수성, 까다로운 취향을 가진 예의바른 귀족의 무리는 어찌 되었는가? 매 작품이 그 이전 작품보다 점점 더 음탕하고 분방해지는 아리스토파네스의 시끌벅적한 극작품 속에서 그 귀족 무리의 자취는 발견되지 않는다. 엘리자베스 여왕의 궁정은 페리클레스를 중심으로 하는 집단보다 더 낮은 수준의 문화를 가지고 있었고, 아리스토파네스는 셰익스피어가 꿈도 꾸어보지 못한 수많은 종류의 상스러움과 외설도 불사할 수 있었기 때문에 그 귀족들을 청중 속에 포함시키는 것은 에드먼드 스펜서나 필립 시드니 경이 피스톨과 돌 티어시트(셰익스피어의 「헨리 4세[King Henry IV]」속의 등장인물들/역주)를 들고 있는 걸 상상하는 것보다 훨씬 더 어렵다.

그럼에도 불구하고 아테네의 희극과 16세기 영국의 희극 사이에는 밀접한 관계가 있다. 찬란함과 엄청난 활력을 가진 이 두 시대의 시대정신은 많은 점에서, 그리고 가장 중요한 점에서 비슷하다. 아리스토파네스와 셰익스피어의 몇몇 희극작품들 간에 그러한 유사함이 눈에 띈다. 그들의 시대정신은 그 작품들 속에 있다. 똑같이 굉장한 에너지와 기백, 생명력을 가지고 있다. 활발하고 모험과 스릴에 찬 정신, 원기왕성하고 활기를 띤 언어의 유창함, 쾌활하고 떠들썩한 재미를 똑같이 가지고 있다. 폴스타프(셰익스피어의 「헨리 4세」에 등장하는 인물/역주)는 최대의 능력을 발휘한 아리스토파네스의 작품에서 나온 인물이다. 포인스, 늙은 피스톨, 술집 여주인 퀵클리(셰익스피어의 「헨리 4세」의 등장인물들/역주)도 아리스토파네스의 작품에서 곧장 튀어나온 것 같다.

유사함은 겉모습에만 국한되지 않는다. 두 작가의 희극작품의 본질적인 성격도 비슷했다. 극예술 최고의 시대인 엘리자베스 여왕 시대의 영국과 페리클레스 시대의 아테네에서, 탁월함에서 우스움으로 가는 걸음은 쉽게 내디뎌졌다. 떠들썩한 희극은 장대하고 화려한 비극과 함께 나란히 번성했다. 그리고 그중 하나가 쇠퇴하면서 다른 하나도 쇠퇴했다. 탁월함과 우스움은 서로 관련이 있다. 아리스토파네스의 희극과 특히 셰익스피어의 희극은, 그리고 그들의 희극작품만이 비극과 관련이 있다. "극예술의 법칙은 극예술의 후원자들이 부여한다." 「리어왕(*King Lear*)」과 「오이디푸스 왕(*Oidipous Tyrannos*)」에서 전개되고 있는 고조된 감정을 수용할 수 있는 청중은 폴스타프에서 즐거움을 느끼고, 아리스토파네스의 미친 듯이 터무니없는 생각을 즐기는 청중과 같은 사람들이다. 그리고 지적인 예민함에서 전혀 뒤처지지 않지만 감정적으로 더 삭막한 시대가 뒤를 이었을 때, 위대한 비극뿐만 아니라 위대한 희극도 떠났다.

그리스의 극예술은 절정에 이르렀고, 아리스토파네스가 작품을 쓰기 시작했을 때는 쇠퇴기에 근접하고 있었다. 소위 고희극이라고 불리는 작품들은 우리에게 거의 남아 있지 않다. 아리스토파네스의 성공적인 경쟁자들의 극작품들 중에 남아 있는 것이 없고, 아리스토파네스가 쓴 많은 작품들 중에서 열한 편만이 남아 있다. 그러나 고희극은 그 열한 편의 작품 속에서 명확하게 드러난다. 세 명의 연기자만이 등장한다. 합창 가무단이 노래와 춤으로 줄거리를 나누고(막은 없었다), 그들은 자주 대화에 참여했다. 극이 반쯤 진행되면(아무리 잘 봐주어도 아주 엉성한 주제인) 극의 줄거리는 사실상 끝나고, 합창 가무단은 청중들을 향해 작가의 견해를 떠벌리며 대개는 연극과 아무 상관도 없는 긴 연설을 했다. 그 후에는 어느 정도 연결된 장면들이 이어진다. 이것은 아주 재미있는 현실에 대한 단조로운 묘사였다. 아무도 그리고 아무것도 고희극의 조롱을 피하지 못했다. 신도 그 몫을 담당하기 위해서 등장했고, 아테네인들에게 가장 소중한 제도도 그러했다. 가장 인기가 있고 권력을 가진 개인도 종종 이름으로 등장했다. 언론의 자유는 우리의 개념으로 보아도 경탄스럽다.

다음에 나오는 구절에서는 운율이 희극적 효과의 본질적인 부분이므로 원작의 운율이 재현되었다(우리말로 운율을 재현하기가 어렵기 때문에 아쉽게도 그 운율의 묘미를 완벽하게 살리지 못했다/역주). 「아카르나이 사람들(*Acharneis*)」의 첫머리에서 한 남자가 전쟁이 어떻게 시작되었는지 설명하고 있다.

> 우리 시 사람들이─나는 그 도시라고 말하지 않네.
> 기억하시오─나는 그 도시라고 말하지 않네.
> 어떤 조폐국도 본 적 없는 불량 동전같이
> 하찮은 작자들이 계속해서 메가라 사람들을 헐뜯었기
> 때문이네. 하찮은 일이란 걸 나는 인정하네.
> ─여기 우리 식이지─그러나 곧 술에 취한 젊은이들이
> 메가라에서 바람둥이 처녀 한 명을 훔쳐왔네.
> 그러자 메가라 사람들이 여기 와서 아스파시아네
> 말괄량이 둘을 훔쳐갔네. 그래서 그렇게 행실이
> 좋지 않은 세 여자 때문에 전쟁이 일어났네.
> 그러자 올림포스의 신과 같으신 페리클레스께서 격노해서는
> 벼락을 치고 천둥을 쳐서 그리스를 놀라게 했네.
> 술 마실 때 부르는 노랫소리처럼 들리는
> 메가라 사람들에 반대하는 법을 제정했네.[2]

그러나 유명한 사람들만 불안하게 느낄 이유가 있는 것은 아

---

2) 아리스토파네스, 「아카르나이 사람들」, 515행 이하.

니었다. 누가 언제 이름이 언급되어 조롱당하고 있다는 것을 갑자기 알게 될지 몰랐다. 「말벌들(*Sphēkes*)」은 주인 나리의 아버지에 대해서 논쟁하고 있는 두 명의 노예가 등장하면서 극이 시작된다.

> 첫 번째 노예 : 아버지가 듣도 보도 못한 병에 걸려 있지요.
>
> 　무슨 병인지 아무도 모르지요— 혹시 여러분이 맞혀보시겠어요?
>
> 　(관중들을 보고)
>
> 　저기 있는 프로나포스의 아들 아미니아스가
>
> 　노름 때문에 난 병이라고 하지만, 그건 아미니아스가 틀렸어요.
>
> 두 번째 노예 : 아— 자기 병에 빗대어 진단하고 있는 거지.
>
> 첫 번째 노예 : 그런데 여기 소시아스가 이 앞에서 그건 술병이라는
>
> 　걸 자기가 안다고 주장하는군요.
>
> 두 번째 노예 : 아니— 아니지— 빌어먹을!
>
> 　그건 평판 좋은 신사들이나 걸리는 병이지.[3]

물론 청중들이 바뀌면 그 이름도 바뀌었다. 모두가 서로를 알고 있을 만큼 작은 도시에서 그러한 방법이 제공하는 가능성은 무한했다.

아리스토파네스의 극작품 중에서 가장 잘 알려진 것은 「새들 (*Ornithes*)」이다. 거기서 아테네는 새들이 구름 속에 건설한 유토

---

3) 아리스토파네스, 「말벌들」, 71행 이하.

피아적 도시에 정반대되는 곳으로 나온다. 「개구리들(*Batrachoi*)」
은 인기 있는 작가들의 패러디이다. 「구름(*Nephelai*)」은 지식
계급과 "공기 위를 걸어다니고 태양을 사색하는" 소크라테스
를 조롱한다. 그리고 여성들에 관한 세 편의 작품, 즉 「데메테
르 축제를 축하하는 여인들(*Thesmophoriazousai*)」, 「리시스트라
테(*Lysistratē*)」, 「의회의 여인들(*Ekklēsiazousai*)」에서 여성들은 문
학과 전쟁, 국가를 모두 아주 훌륭하게 개선시켜가며 통치
한다.

등장인물들은 플라톤의 작품에 등장하는 인물들과 거의 공
통점이 없다. 「향연」의 아주 유쾌한 주최자인 예의바르고 재치
가 넘치는 아가톤은 아리스토파네스에 의해서 다른 모습으로
제시된다. 「데메테르 축제를 축하하는 여인들」에서 에우리피
데스와 노인 므네실로코스가 거리를 걷고 있다.

에우리피데스: 저 집이 그 유명한 아가톤, 그 비극작가가 살고 있는
　　집이지요.
므네실로코스: 아가톤? 누군지 모르는데.
에우리피데스: 뭐라구요, 그 아가톤이라구요—.
므네실로코스: (말을 끊으며) 뭐, 덩치 크고 가무잡잡한 사람?
에우리피데스: 아, 아니요, 전혀요. 그분을 본 적이 없어요?
　　한데 옆으로 비켜섭시다. 아가톤의 하인이 오고 있군요.
　　도금양과 숯 한 냄비를 가지고 있군요.
　　그 하인은 글쓰는 데 도움을 청하러 가고 있는 중이지요.

하인: 신성한 침묵이 여기 우리를 지배하게 하소서.

그대들 모두 입술을 꼭 다무시오.

무사 여신들께서 그 안에서 한껏 즐기고 계시니까.

시 쓰기의 여왕들께서.

공기는 고요하고 부는 것을 잊게 해주소서.

그리고 회색 바다 물결이 전혀 소리를 내지 않게 하소서 ─.

므네실로코스: 어처구니없고 터무니없는 소리 ─.

에우리피데스: 조용히 좀 하시겠어요!

하인: (분개해서) 내게 들리는 이 소리는 뭐요?

므네실로코스: 오, 당신이 말한 대로,

부는 것을 잊은 바로 그 공기요.

하인: 그분께서는 희곡을 한 편 쓰고 계시오.

먼저 깔끔하게 연결된 전부 새로운 단어들로

용골(龍骨)을 놓으실 거요.

그 다음엔 바닥을 둥글게 하시고,

소리를 마무르시고,

끈끈한 풀로 시구들을 단단히 붙이실 거요.

격언을 받아오시고,

묘비명을 지으실 거요.

그리고 오래된 것을 새 이름으로 부르실 거요.

그분은 그걸 밀랍처럼 만들어서

갈라진 틈을 메우고,

마지막으로 틀 안에 던져넣으실 것이오.

158

(아가톤이 등장한다. 아가톤은 실크 드레스를 입고 있으며, 그의
머리카락은 망사로 싸여 있다.)

므네실로코스 : 댁은 누구시오? 남자로 태어났소?

아니지, 당신은 여자가 틀림없소.

아가톤 : 이보쇼, 나는 내가 쓰고 있는 글에 어울리는 옷을 선택한다

는 것을 아셔야 하오.

시인은 자신의 시에 자기를 맞추어넣지요.

시인이 여자에 관해서 쓸 때는 여자 옷을 입고

여자의 습관을 따르지요.

그러나 시인이 남자에 대한 시를 노래할 때는

남자다운 행동거지를 하지요. 타고나지 않은 것을

우리는 모방을 통해서 습관이 붙게 하지요.[4]

소크라테스라고 해서 그보다 더 나은 대접을 받지 않는다.
아리스토파네스는 소크라테스가 고상한 담론을 설명하기 위해
서 예로 들기 좋아하는 수수한 비유적 표현들에 주목했다. 「구
름」이라는 작품에서 한 아버지는 아들을 입학시키려고 "사색
하는 학교"에 간다. 그리고 그곳에서 학교를 둘러보다가 신기
한 광경을 본다.

아버지 : 저런, 저 광주리 안에 있는 사람은 대체 누구요?

---

4) 아리스토파네스, 「데메테르 축제를 축하하는 여인들」, 29행 이하. 그리스어에
서 압운을 사용한 흔치 않은 예 가운데 하나가 54–57행에서 발견된다.

제자 : 그분 자신이시오!

아버지 : 그분 자신이 누구요?

제자 : 그야 물론, 소크라테스님이시지요.

아버지 : 이런. 그 소크라테스님 말이오? 오, 저 대신 저분을 좀 불러주시오.

제자 : 정말 그럴 시간이 없소. 당신이 직접 부르시오.

아버지 : 오, 소크라테스님! 오— 친애하고— 친애하는— 소크라테스님!

소크라테스 : 인간이여! 왜 나를 부르느냐?

아버지 : 제발 말씀해주십시오.

　　그 위의 광주리 안에서 뭘 하고 계시는 겁니까?

소크라테스 : 공기 위를 거닐며 태양에 관해서 묵상하고 있느니라.

　　내 예민한 정신이 여기 높은 곳에서

　　같은 종류의 공기와 섞이지 않고서는

　　하늘의 일들을 연구할 수 없다.

　　대지는 고매한 사색에 적합한 곳이 아니니라.

　　땅은 사색의 본질을 자신에게로 강제로 끌어당기니까.

　　물냉이의 경우도 그렇지.

아버지 : 원 이거. 사색이 물냉이 속으로 본질을 끌어들인다고요.[5]

　　위의 두 구절은 그 이상의 문제를 예시한다. 즉 그 구절들은

---

5) 아리스토파네스, 「구름」, 218행 이하.

당대 최고의 사상과 문학에 대단히 익숙한 교양 있는 청중을 필요로 한다. 이것이 모든 극작품의 전제조건이다. 플라톤이 알고 있는 사회의 지적인 면이 계속해서 암시된다. 「개구리들」에서 대부분의 재미는 관중들이 매우 상세하게 알고 있다는 것을 암시하는 아이스킬로스와 에우리피데스의 패러디에 달려 있다. 그리고 아이스킬로스는 아흔 편의 극작품을 썼고, 에우리피데스는 일흔다섯 편의 작품을 썼다고 전해지기 때문에, 관중들이 그 작품들을 숙지하고 있다는 사실은 문화면에서 중요한 무엇인가를 뜻했다. 가끔 우리 역시 예술을 심각하게 받아들이는 사람들의 모습을 멀리서 잠시 만나게 된다. 「구름」에서 아들을 소크라테스의 사색하는 학교에 들여보낸 아버지는 아들이 그 때문에 훨씬 더 나빠졌다는 것을 알게 된다. 그는 불평을 토해낸다.

내가 그 아이에게 가서 하프를 가져와서 훌륭한 시모니데스의 숫양
　　의 노래나
다른 좋은 옛 노래를 불러서 저녁 식사 분위기를 돋우라고 했지요.
그런데 아들 녀석은 식사 시간에 노래하는 건 상스럽고 유행에 뒤
　　처진다고 대답했지요.
그리고 이제 시모니데스는 진부해졌다고, 꽤 오래 전부터 그렇게
　　되었다고 대답했지요.
나는 정말 아들 녀석의 까다롭고 허튼소리에 도저히 참을 수가 없
　　었지요.

그래도 꾹 참고 아들 녀석에게 그러면 아이스킬로스의 작품들 중에서 한 부분을 읊어달라고 했지요.

그런데 아들은 "저는 아이스킬로스가 아주 지겹고 행패부리며 소란을 떠는 것 말고는 아무것도 할 줄 모르는 허풍에 과장이 심하고 수다를 떠는 시인이라고 생각해요"라고 대답했지요.

그 애가 그렇게 말했을 때 내 심장은 엄청 빠르게 울렁거리기 시작했지요.

하지만 나는 마음을 가다듬고 점잖게 말했지요. "그렇다면 우리한테 너희 젊은이들이 좋아하는 최신의 것을 들려다오"라고요. 그러자 그 애는

점잖은 이라면 절대로 읊지 못할 그런 어처구니없는 종류의 에우리피데스가 쓴 창피스러운 시를 읊기 시작했지요.

그러자 나는 더 이상 참을 수가 없었어요. 나는 호통치고 그 아이를 때리기도 했다고 고백합니다.

그러자 그 아이는 아버지인 나에게 대들었어요. 정말 그랬어요. 그리고 나를 시퍼렇게 멍이 들도록 때렸어요.

아들 : 당연하지요. 아버지가 시인들 중에서 가장 현명하신 ―

　　모든 시인들 위에 높이 계신 에우리피데스님을 비난했으니까요.

아버지 : 저 녀석이 정말 어리석다는 것을 내 이제 알겠소.[6]

그러나 이러한 구절들은 어렴풋하게 보이는 모습일 뿐이고,

---

6) 아리스토파네스, 「구름」, 1355행 이하.

매우 드물다. 아리스토파네스의 아테네 도처에는 가장 평판이 나쁜 종류의 사람들이 살고 있었고, 이상적인 것과는 거리가 멀었다. 「플루토스(Ploutos)」라는 작품은 한 장님이 길을 천천히 더듬으면서 걸어가고, 그 뒤를 나이 지긋하고 기품 있어 보이는 한 남자와 그의 노예가 따라가고 있는 장면으로 시작한다. 노예는 주인에게 왜 그 장님을 따라가는지 묻는다.

크레밀로스 : 내가 그 이유를 솔직하게 말해주지. 내 노예들 중에
　　　　　네가 제일 솜씨 좋고 천성이 도둑이라는 걸 내 알고 있지.
　　　　　자―나는 선하고 경건한 사람이지만,
　　　　　늘 가난하고―운이 없지.
노예 : 그래요.
크레밀로스 : 신전 도둑과 정치로 먹고사는 그 도둑들이 부자가 되
　　　　　어가는 동안 말이지.
노예 : 네, 맞아요.
크레밀로스 : 그래서 나는 신에게 여쭤보러 갔지―나를 위해서가
　　　　　아니라,
　　　　　이제 내 화살들은 이미 활시위를 떠나버렸지―.
　　　　　그러나 내 아들, 내 외아들을 위해서 갔지. 나는 아들이 행실을
　　　　　바꿔
　　　　　철저하게 사악하고 부정한 불한당이 되어서
　　　　　그 후로 죽 그렇게 행복하게 살 수 있게 해달라고 기도드렸지.
　　　　　신께서는 처음으로 만나는 사람을 따라가라고 응답해주셨지.

노예 : 네—좋아요. 당연하죠, 장님도 요즘엔 악한 불한당이 되는

것이 더 낫다는 걸 알 수 있지요.[7]

앞에 가는 그 남자는 눈이 멀었기 때문에 자신의 능력을 깨닫지 못하는 부(富)의 신 자신이라는 것이 밝혀진다. 뒤따르던 두 사람은 그에게 그 사실을 가르쳐주려고 앞으로 나아간다.

크레밀로스 : 존재하는 것은 전부 부의 노예일 뿐이지.

오늘날 소녀들이 만약 가난한 남자가 따라오면

그를 쳐다보기나 할 것 같아? 그러나 부자는 바로 따라오게 하고

그 부자는 자기가 원하는 것보다 더 많은 걸 얻을 수 있지.

노예 : 오, 사랑스럽고 착하고 얌전한 소녀들은 안 그래요.

그들은 절대로 남자에게 돈을 요구하지 않을 거예요.

크레밀로스 : 아니라고? 그럼 뭘?

노예 : 선물이죠—값이 많이 나가는 그런 거요. 그게 다예요.

크레밀로스 : 글쎄, 선거는 전부 당연히 부의 신을 위해서 치러지지.

부의 신 당신이 우리 전함에 선원을 배치하지요. 당신이 우리 군대를 소유하고 있지요.

당신이 한편일 때, 그편은 틀림없이 이기지요.

당신을 충분히 가진 사람은 항상 아무도 없지요.

반면에 그 밖에 다른 것들은 너무 넘치게 소유할 수 있지요—

---

7) 아리스토파네스, 「플루토스」, 26행 이하.

사랑도.

노예 : 빵 덩어리도.

크레밀로스 : 문학도.

노예 : 사탕도.

크레밀로스 : 명성도.

노예 : 무화과도.

크레밀로스 : 남자다움도.

노예 : 양고기도.

이러한 종류의 독설은 우리 귀에도 친숙하게 들린다. 자신의 국가와 시대가 사상 최악이라고 생각하는 작가들은 분명히 그 혈통을 몇 세기에 걸쳐 거슬러올라갈 수 있는 것 같다.

아리스토파네스와 가장 비슷한 극작가, 즉 유머 감각이 아리스토파네스에 가장 가까웠던 이 사람은 셰익스피어의 시대가 아리스토파네스의 시대와 비슷했던 것만큼이나 아리스토파네스의 시대와는 다른 시대에 살았다. 고희극을 탄생시켰던 소란스러운 민주정체와 빅토리아 여왕이 주권을 가지고 예절과 관습을 지배했던 영국 사이에는 거의 공통점이 없었다. 그러나 빅토리아 중기 시대의 「군함 피나포어(*H. M. S. Pinafore*)」의 작가인 윌리엄 길버트의 명성은 다른 어느 작가보다도 아리스토파네스의 명성에 대등함을 이루었다. 아리스토파네스와 길버트의 차이는 피상적이다. 그 차이점은 그들이 살고 있던 시대의 차이에서 기인한다. 본질적인 재능에서 그들은 비슷하다.

알려지지 않은 것은 언제나 근사하다. 아리스토파네스는 그리스라는 후광을 입고 있으며, 동시에 몇 세기에 걸쳐 이루어진 학문적 해석의 먼지 때문에 어렴풋하게 흐려져 있다. 그러므로 친숙하고 사랑받는 작가와 한번도 진정으로 깊이 생각된 적이 없는 작가를 비교하는 것은 불경스럽고, 무지해 보이기도 한다. 사랑스럽고 터무니없는 길버트와 시인, 정치개혁가, 사회 향상 운동가, 철학적 사상가이며 수많은 불멸의 호칭을 가진 그 위대한 아리스토파네스를 어떻게 비교할 수 있단 말인가? 진정한 비교를 위한 유일한 근거는 각각의 고유한 탁월함이라고 플라톤은 말한다. 아리스토파네스는 정말 위대한 서정 시인이었는가? 아리스토파네스는 정말로 정치를 개혁하거나 민주주의를 끝내는 것에 열중했는가? 그러한 생각들은 요점에서 벗어나 있다. 만약 햄릿의 독백이 자살에 대한 경고로 이해되었다고 해서, 또는 만약 「페리클레스(Pericles)」라는 작품에서 사회악을 공격하고 있다는 것을 증명할 수 있다고 해서 셰익스피어의 영광이 더 높아지지는 않을 것이다. 희극의 고유한 탁월함은 그 희극의 뛰어난 익살에 있다. 그리고 아리스토파네스가 불멸을 주장할 근거는 오직 한 가지이다. 즉 아리스토파네스는 희극의 대가였고, 멋지게 익살을 부릴 수 있었다는 점이다. 이 점에서 길버트는 아리스토파네스와 어깨를 나란히 하고 있다. 길버트 역시 가장 감탄할 만한 난센스를 쓸 수 있었다. 그의 익살보다 더 나은 작품은 없었고, 그와 비교되는 것이 위대한 아테네인의 명예를 손상시킬 리가 없다.

확연히 눈에 띄는 전반적인 유사점들과 개개의 유사점들은 모두 그러한 비교에서 드러난다. 두 작가는 같은 방식으로 익살을 부렸고, 동일한 시선으로 삶을 바라보았다. 아테네가 아리스토파네스의 작품 속에서 생생하게 살아 있는 것처럼, 빅토리아 시대 영국의 축소판이 길버트의 작품 속에 고스란히 그려져 있다. 사랑스럽고 예쁜 소녀들, 말쑥하고 젊은 기병들, 결혼 중매쟁이들, 작위와 안정된 수입, 그리고 정치적인 연줄의 값어치를 보여주는 유쾌하고 전형적인 인물들, 감정적인 사고와 매우 실용적인 행동 사이의 신기한 결합, 1880년대 영국에 대한 세밀한 풍미—누가 그만큼 완벽하게 그 모든 것을 묘사했겠는가? 길버트는 가장 영리한 풍자예술가들 가운데 한 명이었다. 그러나 아리스토파네스가 향유했던 자유는 길버트의 것이 아니었고, 고위층의 부정직함과 위선과 무지에 관한 길버트의 능숙하고 명쾌한 묘사는 매우 신중한데다 늘 이름을 밝히지 않는다. 그러나 본질적으로 길버트는 그리스인 전임자와 동일한 무기를 가지고 공격한다. 길버트 역시 동포들에게 가장 소중한 것들을 조소한다. 「이올란테(*Iolanthe*)」에서는 귀족을, 「펜잔스의 해적(*The Pirates of Penzance*)」에서는 군대훈련을, 「군함 피나포어」에서는 해군을, 「유토피아 리미티드(*Utopia Limited*)」에서는 영국 사회 등등을 모두 열세 편의 가극 대본을 통해서 조소한다. 아리스토파네스는 가끔 그랬지만 길버트의 이러한 조롱은 전혀 잔인하지 않다. 그러나 이러한 차이는 두 작가가 처한 환경의 커다란 차이에서 오는 필연적인 결과이다. 그 그리스인은 추위와 배고픔, 쓰라린 패배가 아테네를 향해 점점 다가오는 것을 바라보고 있었다. 그 영국인은 지금까지 인류에게 알려진 가장 안전하고 편안한 세상에서 저술했다. 그러나 그러한 차이의 밑바닥에 깔려 있는 두 작가가 지닌 근본적인 관점은 동일했다. 두 작가 모두 당대의 문제에 몰두해 있는, 시사 문제를 다루는 작가들이었다. 그리고 아리스토파네스는 2,000년 동안 여전히 웃음을 주고, 길버트는 그처럼 강렬한 변화의 반세기를 살아남았다. 길버트의 영국은 우리로부터 거의 그만큼 멀리 있는 듯하다. 두 작가는 일시적인 광경의 겉모습, 그 이면을 이해했다. 그들은 완전히 덧없는 존재에 대해서 썼고, 그들의 손에서 그것은 한 시대와 한 국가에만 속하는 "어리석은 행위와 약점"이 아니라 모든 국가와 모든 시대에 존재하고, 인간 본성의 영원한 부분에 속하는 것의 생생한 묘사가 되었다.

두 작가 중에서 아리스토파네스가 더 넓은 캔버스를 가지고 있다. 길버트가 몇 인치짜리 캔버스를 가지고 있다면 아리스토파네스는 몇 마일짜리를 가지고 있다. 그러나 길이를 재는 자는 예술의 척도가 아니다. 그리고 이어지는 구절들은 두 작가의 유머가 질적인 면에서 서로 얼마나 닮았는지를 보여줄 것이다. 아리스토파네스의 작품이 길버트 시대의 청중들보다 지적 수준이 더 높고, 극장이 여태껏 경험했던 가운데 가장 예민한 지성들과 가장 식별력이 있는 비평가들로 이루어져 있는 청중을 위해서 쓰였다는 것은 사실이다. 빅토리아 시대 사람들이 정교한 기교로 서술된 브라우닝과 테니슨의 패러디에 불과한 수백 행의 대사를 끝까지 즐겁게 듣고 있으리라고 상상하는 것은 불가능할 것이다. 청중이라는 아주 중대한 문제에서 아리스토파네스는 길버트보다 훨씬 더 운이 좋았고, 아리스토파네스의 극작품은 본질적으로 훨씬 더 넓은 범위를 가지고 있다. 그럼에도 불구하고, 지적인 호소력에서의 차이는 각 작가가 대상으로 했던 사람들 사이의 차이에서 기인하는 것이 사실이다. 그래서 그들의 유사점은 훨씬 더 놀랍고, 이는 분명히 그들이 지닌 정신이 아주 비슷하기 때문인 것도 사실이다.

시대에 따라 매우 다양하기 마련인 기교에서도 비슷한 점이 많다. 두 작가에게는 줄거리가 아니라 조소하는 것이 목적이다. 운율의 사용이라는 미묘하고 개인적인 문제에서 두 작가는 놀라울 정도로 비슷하다. 희극적인 노래의 운율은 주제만큼이나 중요하다(우리말로 운율을 재현하기가 어렵기 때문에 모든 인용문에서 그 운율의 묘미를 살리지 못했음을 밝힌다/역주). 아무도 그 점을 길버트보다 더 명확하게 이해하지 못했다.

뭐든지 다 안다고 당신께 잘난 척하는 어린애들 모두.
악수를 할 때면 이렇게 손을 흔드는 사람들 모두.

아리스토파네스 역시 누구보다도 그 점을 잘 이해했다.

이상한 말이지만, 아이들이 눈에는 보이지만 귀에는 안 들리고 순
진하게 살아가던,
간단히 말하자면, 아이들이 가정교육을 잘 받은 좋았던 옛 시절을
이제 들어보시오.8)

이 유쾌한 행은 아리스토파네스가 특히 좋아하는 것이지만,
그는 끝없는 변형을 사용한다. 그러한 예는 앞서 언급했듯이
표시된 한 구절을 제외하고 원래의 운율로 재구성된 모든 번역
된 인용문에서 발견될 것이다. 그 구절들이 주는 효과는 본질
적으로 길버트의 것과 같다.

길버트의 작품에서 완벽한 난센스라는 장치는 그의 고유한
특성이라고 여겨지는데, 예를 들면 「인내(*Patience*)」의 제2장
에서 사용한 이 장치는 저항할 수 없는, 전혀 상관없는 무엇인
가에 대한 호소이다.

그로스브너 (격렬하게) : 그렇지만 당신은 그러지 않을 거요. 나는
당신이 그러지 않을 거라고 확신하오. (번손의 무릎에 자신의 몸
을 던져 그를 부여잡고) 오, 생각해보시오, 생각해보시오! 당신
에게도 한때는 어머니가 계셨잖소.
번손 : 그런 적 없소!
그로스브너 : 그렇다면 고모는 있었잖소! (깊이 감동받는 번손) 아!

---

8) 아리스토파네스, 「구름」, 961행 이하.

당신에게 고모가 계셨구려. 그 고모에 대한 기억에 걸고 당신에게 애원하겠소.

아주 똑같은 난센스의 장치가 아리스토파네스에 의해서도 사용되었다. 「아카르나이 사람들」에서 모든 대립이 그 앞에서 녹아버리는 마법과 같은 호소력이 고모가 아니라, 몇 해 전 영국에서 그랬던 것처럼 한 통의 석탄에 주어진다. 바로 그 당시에 아테네에서는 연료가 부족했고, 전쟁은 맹렬했다.

장면은 아테네의 한 거리이다. 디카이오폴리스라는 이름의 한 남성이 아테네의 적인 스파르타에 대해서 무엇인가 호의적인 말을 했다. 군중은 격노한다.

디카이오폴리스: 우리가 하루 종일 저주를 퍼붓고 있는 그 스파르타인들이 잘못되어가고 있는 모든 일들에 대해서 비난받아야 할 유일한 자들이 아니라는 것을 나는 알고 있소.

군중: 스파르타인들이 비난받지 말아야 한다고? 이 배신자야. 감히 그런 거짓말을 해?

저 인간에게! 저 인간에게, 선한 사람들이여 모두. 그자에게 돌을 던지시오. 그자를 화형에 처하시오. 그자는 죽어야 하오.

디카이오폴리스: 내 말을 들어보지 않겠소, 친애하는 여러분?

군중: 아니, 전혀. 한마디도.

디카이오폴리스: 그렇다면 나도 당신들을 공격하겠소. 악당들 같으니라고. 당신들은 말도 들어보지 않고 한 사람을 죽일 셈이오?

나는 내 안전을 보장할 인질을 데리고 있지. 당신들한테 아주 소
중한 걸로.

당신들 앞에서 내가 그 인질을 처단해버릴 거요. (무대 뒤에 있는
집 안으로 들어간다.)

군중: 저자가 뭘 하려고 갔지?

저자가 어쩔 셈으로 위협하는지. 여러분은 저자가 저 안에 우리
아이를 데리고 있다고 생각하지 않소?

디카이오폴리스: (무대 뒤에서 나오며) 나는 뭔가 가지고 있지. 자
이제, 불한당들아, 내가 봐주지 않을 테니 벌벌 떨어봐라.

내 인질을 잘 봐라. 이게 너희들 모두의 용기를 시험할 것이다.
(그는 뒤에 뭔가를 질질 끌며 나온다.)

너희들 중 한 통 가득한 석탄을 진실로 동정하는 사람이 있느냐?

군중: 신이시여, 살려주소서! 오, 그걸 만지지 말게. 우리가 항복하
겠네. 당신이 하고 싶은 말을 하시오.[9]

「리시스트라테」에서는 다음과 같은 일이 일어난다.

첫 번째 화자: 남자의 심장에는 천부적이고 숭고한
피에 대한 취향이 넘쳐흐르고 있기 때문에.

두 번째 화자: 투쟁과 싸움을 벌이는 셋 —.

세 번째 화자: 보자마자 머리를 베어버리는 것 —.

---

9) 아리스토파네스, 「아카르나이 사람들」, 309행 이하.

모두 함께 : 그것이 우리의 권리이지.[10]

주제와 방법 모두 완벽하게 윌리엄 길버트의 것이다. 그 작가를 모르는 사람은 이 구절을 당연히 길버트의 것으로, 아마도 다음 구절과 함께 「아이다 공주(*Princess Ida*)」라는 작품에 나오는 것이라고 생각했을 것이다.

우리는 세 명의 용사들이다.

가마 왕의 아들들이다.

우리는 대부분의 아들들처럼

성별에선 남자들이다.

과감하고 맹렬하고 힘세다, 하! 하!

전쟁으로 몸이 달아오른다.

그것이 옳건 그르건, 하! 하!

우리에겐 상관없다.

아리스토파네스는 공허한 내용을 덮어버리는 화려한 대화에 재미를 느꼈다. 「데메테르 축제를 축하하는 여인들」의 첫 장면에는 두 명의 노인이 등장하는데, 한 명은 시인과 철학자에게 어울리는 거만한 태도를 보이고, 다른 한 명은 평범하고 활기찬 노인이다. 평범하고 활기찬 노인이 먼저 말한다.

---

10) Lawrence Housman 번역.

므네실로코스: 내 숨이 완전히 끊기기 전에

　당신이 나를 어디로 데려가는지 들을 수 있겠소, 에우리피데스?

에우리피데스: (엄숙하게) 당신은 곧 보아야만 하는 것들에 대하여

　아무것도 들을 수 없을 겁니다.

므네실로코스: 그게 무슨 소리요? 다시 말해주시오.

　내가 뭘 못 들을 거라고?

에우리피데스: 당신이 틀림없이 보게 될 것을요.

므네실로코스: 그리고 뭘 보지 못한다고?

에우리피데스: 당신이 반드시 들어야만 하는 것을요.

므네실로코스: 오, 당신이 도대체 뭐라고 하는 건지. 물론 당신은

　매우 영리하지.

　내가 듣지도 말고 보지도 말아야만 한다는 말이오?

에우리피데스: 그 둘은 짝이고 본질적으로

　하나는 다른 하나와 상이하지요.

므네실로코스: 그게 뭐요—상이하다?

에우리피데스: 그 둘의 기본적인 부분들이 별개라고요.

므네실로코스: 오, 배운 사람들과 말을 하기란 도대체![11]

길버트도 같은 것으로 즐거워했다. 「아이다 공주」의 제2장
에서 첫 장면은 여학교의 강당이다. 교장 선생님이 교수진과
학생들에게 연설을 하고 있다. 그리고 끝날 때 다음과 같이 묻

---

11) 아리스토파네스, 「데메테르 축제를 축하하는 여인들」, 3행 이하.

는다.

　　오늘 교양학 강당에서 누가 강의를 하시죠?

　블란치 부인 : 접니다, 교장 선생님. 추상철학에 대해서요.

　　거기서 저는 '이다', '일지 모른다', '해야 한다'라는

　　세 가지 점에 관해서 자세히 고려해보려고 합니다.

　　실제의 사실에서 기원하는 '이다'가

　　막연한 '일지 모른다'보다 더 중요한지,

　　아니면 더 넓은 범위를 취하고 있는 '일지 모른다'가

　　그러한 이유로 '이다'보다 더 중요한지,

　　그리고 마지막으로, 필연적인 '해야 한다'와 비교했을 때

　　'이다'와 '일지 모른다'는 어떻게 위치하고 있는지!

　공주 : 주제가 참 심오하군!

　　모든 부류의 허풍선이, 특히 문학의 허풍선이는 아리스토파
네스에게 소중하다. 아리스토파네스는 끊임없이 그 허풍선이
를 조소한다. 「새들」에서 아테네인 피스테타이로스는 새들이
구름 속에 구름뻐꾹시라고 부르는 새로운 도시를 건설하도록
돕고 있다. 이 도시로 온갖 새들이 몰려든다. 한 사제는 시인이
노래하며[12] 등장할 때 무대에서 바로 쫓겨나고 있었다.

---

12) 이 인용구의 처음 네 행을 제외하고는 원본의 운율대로 번역되지 않는다.
　　원본의 운율은 행마다 다르지만, 영어 운율은 그렇지 않다.

오, 구름뻐꾹시!

무사의 여신이시여, 그 시의 명성을

칭송하는 노래로 그 아름다운

이름에 왕관을 씌우소서.

피스테타이로스: 이건 또 뭐야? 여보시오,

당신은 도대체 뉘시오?

시인: 나는 아주 달콤하고 힘찬

노래를 목청껏 부르는 자.

열심이고 재빠르고 기운찬

무사의 여신의 시종이라오.

호메로스에 따르면 —.

피스테타이로스: 무사의 여신은 자기 시종이

그렇게 길고 지저분하게 머리를 기르게 내버려두시나?

시인: 오, 극예술의 전부 또는 일부를

가르치는 우리 무사의 여신의 시종들은

열심이고 재빠르고 기운차려고

노력해야만 하오.

호메로스에 따르면 —.

피스테타이로스: 그렇게 재빠른 것이 그대의 옷이 누더기가 된 연

유이구려.

그대는 지나치게 기운차구려.

시인: 오, 나는 사랑스럽고 사랑스러운 시를 몇 편 썼지요.

옛날 풍으로 그리고 요즘 유행하는 풍으로도,

그대들의 구름뻐꾹시를 달콤하게 칭송하는.

……그리고 그대가 내게 뭔가 줄 만한 것이 없을지

한번 보시지 않겠소?[13]

길버트는 허풍선이 예술가를 아리스토파네스만큼 꽤 즐겼다. 「인내」에서 기병대의 장교들이 무대에 있다.

연대장: 네, 그리고 여기 숙녀들이 계십니다.

공작: 그런데 저 긴 머리의 신사는 누구지?

　(번손이 들어오고, 숙녀들이 둘씩 짝을 지어 따라온다.)

번손: (방백으로) 여자의 육체를 경멸하는

　문학가처럼

　골몰하여 무아지경으로

　내가 책을 자세히 살펴보는 것 같지만

　나는 그들이 하는 말을 모두 확실하게 듣고 있지.

　사랑에 번민하는 스무 명의 처녀들!

　(숙녀들이 퇴장한다.)

번손: (혼자서) 나는 혼자이고

　아무도 나를 보고 있지 않지? 그렇군!

---

13) 아리스토파네스, 「새들」, 904행 이하. (처음 네 행을 제외하고는 원본의 운율을 따르지 않는다.)

* 천병희 옮김, 「아리스토파네스 희극」(단국대학교출판부, 2006), 158-159쪽 참고/역주.

그렇다면 내가 고백하지요.

나는 가짜로 우아한 척하지요!

이 엄숙한 태도는

얇은 합판일 뿐이오!

이 단정한 옷차림은

자리를 잘못 잡은

근사한 취향일 뿐이오!

두 작가 모두 군사적 문제나 그와 비슷한 주제에 관해서 같은 종류의 농담을 한다. 「기사들(*Hippeis*)」에 등장하는 두 장군은 당대의 가장 유명한 인물들이었다.

데모스테네스: 어떻게 지내고 있나, 친구?

니키아스: 아주 형편없네, 자네처럼.

데모스테네스: 슬픈 소곡을 부르고 나서 울어보세.

(둘이 함께 노래하고 쓰러져 흐느껴 운다.)

데모스테네스: 훌쩍거려봐야 소용없지. 눈물을 거두고

벗어날 좋은 방법을 찾아보는 게 훨씬 나을 걸세.

니키아스: 무슨 방법? 자네가 내게 말해주게.

데모스테네스: 아니, 자네가 내게 말을 해주어야지.

만약 자네가 말해주지 않으면 자네와 싸우겠네.

니키아스: 아니지, 내가 아니야.

자네가 먼저 말하고 그 다음에 내가 말하겠네.

178

데모스테네스: 오, 나를 대신해 말해주게. 내 마음속에 있는 것을
　　말하게.

니키아스: 용기가 나지 않네. 내가 에우리피데스처럼

　　그것을 적절하고 달콤하게 말할 수만 있다면.

　　자 그러면 '주', 그렇게 빠르게 그걸 말해보게.

데모스테네스: 그러지. 자 말한다. '주.'

니키아스: 좋아! 이제 용기를 내서

　　먼저 '주', 그 다음에 '도'라고 말하게.

　　그 두 단어들을 빠르게, 아주 빠르게 되풀이하면서 말이지.

데모스테네스: 아, 그래. 자네 뜻을 알겠네.

　　주도주도주, 도주!

니키아스: 맞았네.

　　그런데 듣기 좋지 않은가?

데모스테네스: 황홀하게 들리네.

　　그런데— 그런데 —.

니키아스: 뭔가?

데모스테네스: 그들은 도주자들을 '채찍질한다'네.[14]

　　길버트의 익살은 물론 좀더 가벼운 분위기에 있었다. 전쟁은
중기 빅토리아 시대로부터 멀리 떨어져 있는 것 같았다. 아리
스토파네스로부터 인용된 것과 가장 유사한 구절은 「펜잔스의

---

14) 아리스토파네스, 「기사들」, 3행 이하.

해적」에 나오는 경찰의 행진 노래이다.

  마벨 : 행진하라, 영웅들이여, 영광을 향해 행진하라,

  피투성이 전투 속에 그대가 죽더라도,

  노래와 전설 속에 그대는 살아남으리라.

  불멸을 향해 행진하라!

  경찰 : 이러한 생각이 좋은 취지를

  타란타라! 타란타라!

  가진 것은 우리에게 분명하지만.

  타란타라!

  그러한 말들이 병사의 사기를

  타란타라, 타란타라,

  북돋아줄 것 같지는 않네.

  타란타라!

  누가 심하게 불안한 상태에서

  운명을 맞으러 나아갈까.

  타란타라!

  아테네와 런던의 정치가들은 매우 비슷했던 것 같다. 「플루
토스」에서 노예 카리온은 한 정치가를 만난다. 노예는 묻는다.

  당신은 좋은 사람이지요, 애국자요?

  정치가 : 오, 그렇고말고,

애국자가 존재한다면 말이지.

카리온: 그러면, 제가 생각하기엔,

농부신가?

정치가: 내가? 신이여 우리를 보살피소서. 난 미치지 않았네.

카리온: 그럼 상인이신가?

정치가: 아, 가끔 나는 그 직업을 가져야 할 때도 있지— 알리바이로.

카리온: 당신은 틀림없이 직업을 가지고 있지요.

정치가: 아니, 없어.

카리온: 도대체 뭘 해서 먹고사시오?

정치가: 글쎄, 그 질문에 대한 몇 가지 대답이 있지.

나는 여기 모든 것, 공적인 것이나 사적인 것을

모두 관장하는 총감독이지.

카리온: 그거 굉장한 직업이군요. 그에 맞는 자격을

갖추려고 뭘 하셨지요?

정치가: 내가 그것을 원했지.[15]

「곤돌라 사공(*The Gondoliers*)」에서 길버트도 공작과 공작부인의 노래에서 그렇게 한다.

불행한 평민들을 도와주기 위해서, 기쁨을 더해주기 위해서,
귀족은 적합한 일을 제공한다네.

---

15) 아리스토파네스, 「플루토스」, 901행 이하.

그대에게 우리의 노력을 증명할 예를 보여주지.

일은 수월하고, 정말 수지가 맞는다고 덧붙일 수 있지.

시장과 지방법원 판사들을 위해서

나는 작은 직함과 계급을 얻어주네.

그러면 그들은 아주 기뻐하지.

국회의원은 준남작이 되고,

가짜 연대장이 관보에 실리고,

평범한 부시장이 기사 작위를 얻는다네.

「기사들」에서 신탁은 아테네가 언젠가 순대 장수에 의해서 통치될 것이라고 방금 예언했다. 그때 한 사람이 등장해서 열정적으로 인사한다.

데모스테네스: 친애하는 순대 장수여, 일어나시오, 우리의 구원자

　　그리고 나라의 구원자시여.

순대 장수: 당신은 도대체 무슨 말을 하시는 거요?

데모스테네스: 오, 행복한 사람 그리고 부자여!

　　오늘은 하찮은 자이나, 내일엔 가장 소중한 자.

　　오, 아테네의 신이시여, 당신을 통해서 축복하셨도다.

순대 장수: 이보시오.

　　당신이 농담하고 있다는 걸 알겠소. 그런데 난 말이오,

　　창자를 씻어가지고 내 순대를 팔아야 하오.

데모스테네스: 그렇지만 그대가 우리의 가장 위대한 인물이 될 거요.

순대 장수: 오, 난 거기 안 어울리오.

데모스테네스: 그게 무슨 소리요?

　어울리지 않아?

　선한 행동이 양심에 걸리오?

　그대가 정직한 무리들 출신이라고 내게 말하고 있지 않소?

순대 장수: 오, 그럴 리가, 이보시오, 아니오. 나쁜 사람이지. 지독
　하게.

데모스테네스: 그대는 행운아요. 오, 그대가 공직 생활을 그렇게 시
　작하다니.

순대 장수: 그런데 나는 내 이름 석 자 말고는 아무것도 모르오.

데모스테네스: 아, 유감스러운 것은 그대가 조금이라도 알고 있다
　는 거요.[16)

「군함 피나포어」 속의 조지프 경의 노래가 이와 비슷하다.

나는 아주 부유해져서 우리 시에 의해서

의회로 보내졌다네.

나는 항상 우리 당의 요구대로 투표했다네.

한번도 내 스스로 생각해본 적이 없다네.

내가 생각을 너무 안 해서 당은 나를

여왕의 해군 총수로 임명해서 포상했다네.

---

16) 아리스토파네스, 「기사들」, 149행 이하.

두 작가의 작품에서 여성에 대한 농담 역시 상당히 눈에 띄는 위치에 있다. 그런 종류의 농담은 우리에게도 늘 마찬가지이다. 겉모습은 변하지만 내용은 그대로이다. 그런 구절은 몇 개라도 발췌될 수 있을 것이다.

「곤돌라 사공」에서 공작부인의 노래는 매우 통속적인 양식을 보여준다.

너의 훌륭한 아버지에게
시집오던 그날,
그의 분노가 폭발하는 것을
두려워했다는 걸 나는 인정하네.

나는 항상 매우 경계했네.
그의 분노는 무아지경이었으니 ―
아주 불쾌하게 단호한
그의 엄정한 말씨.

그에게 가장 좋은 것을 주고 가장 나쁜 것을 돌려받는 것 ―.
그것이 내가 네 훌륭한 아버지를 길들여보려던 시도였네― 처음엔!

그런데 나는 알게 되었네.
내 협박하는 태도와 남편의 간섭에 단호히 저항하는 것만이
그의 성미를 유순하게 만드는 데 필요한 유일한 것이란 사실을.

그리고 이보다 더 잘 어울리는 부부를

바랄 수는 없었을 텐데.

그렇게 2연발총과 돛대에 고정된 군기로

나는 너의 하찮은 아버지를 길들였네—마침내!

아리스토파네스의 여성들도 거의 같은 부류이다. 그들은 「데
메테르 축제를 축하하는 여인들」에서 합창 가무단을 이룬다.
그리고 다음과 같이 청중에게 자신들의 연설을 시작한다.

우리는 지금 앞으로 나와서 여러분께 남자들 모두가 어떻게 우리를
　　모욕하는지,

그들이 터뜨리는 어리석은 욕지거리와 비방, 그리고 우리에 대해서
　　지껄여지는 바보 같은 말들을 들어보시라고 호소합니다.

남자들은 모든 악이 우리한테서 시작된다고 말합니다. 전쟁, 전투,
　　심지어 살인까지도.

우리 여자들은 성가시고, 골치 아프고, 말다툼하기를 좋아하는 무
　　리로 온 세상의 훼방꾼이죠.

이제, 우리는 여러분께 이 점을 생각해보시라고 청합니다. 만약 우
　　리가 정말로 당신들 삶의 재앙이라면,

그렇다면, 제발 우리에게 말해주십시오. 왜 당신들 모두가 우리를
　　아내로 얻기 위해서 그렇게 열심인지요?

제발, 왜 당신은 우리가 집에서 웃으며 당신을 맞을 준비를 하고
　　있는 걸 좋아하는지,

그리고 만약 당신의 가련한 아내가 당신을 맞이하기 위해서 늘 거
기 없으면 호통을 치며 골을 내는지요?

만약 우리가 그렇게 성가시고 골칫거리라면, 감히 묻습니다—.

당신은 우리가 방해가 안 되는 곳에 있을 때 더 즐겁지 않겠습니
까— 타당한 제안이지요.

만약 우리가 친구 집에서 밤을 지낸다면— 제 말은 여자 친구의 집에
서요.

당신은 미친 듯이 구석구석 우리를 찾아 헤매고 부정한 뭔가를 넌
지시 비추지요.

여러분은 성가신 골칫거리를 보는 게 좋으십니까? 당신한텐 그런
것 같군요.

왜냐하면 당신은 만약 우리를 어디서라도 보면 노려보고 추파를 던
지고 유혹의 눈길을 보내니까요.

그리고 만약 우리가 숙녀라면 틀림없이 그렇게 해야만 하듯이 낯을
붉히며 시선을 딴 데로 돌리는 것이 품위 있는 것이라고 생각하면,

당신은 우리를 더욱더 따라오려고 할 것이며, 결코 뒤따라오기를
포기하지 않을 것입니다.

그러나 우리도 당신에 대해서 폭로할 수 있지요.

우리 모두가 남자들의 습관에 대해서 말할 수 있지요.

당신의 마음은 위장 안에 있지요, 모두 다.

그리고 당신은 누구라도 **속일** 겁니다. 만약 당신이 먼저 **속지** 않으
면요.

우리는 당신이 무슨 농담을 즐겨하는지,

그리고 당신들 하나하나가 자신을 어떻게 바람둥이로 상상하는지
　알고 있지요.[17]

이에 상응하는 구절은 끝도 없이 제시될 수 있을 것이다. 세상은 천천히 움직인다. 기원전 5세기 아테네의 아리스토파네스와 19세기 영국의 길버트는 같은 것을 보고 그 안에서 같은 해학을 보았다. 그러나 길버트가 보지 못하도록 강제된 것을 아리스토파네스는 보았고, 이러한 사실이 두 작가 간의 주요한 차이를 이룬다. 그토록 분방하고 야비하고 익살맞으며 풍자가 예리한 고희극과, 앤서니 트롤럽의 가장 숙녀다운 여주인공도 전혀 낯을 붉히지 않을 만큼 점잖은 희가극 사이를 얼마나 큰 심연이 갈라놓는가! 심연은 심연이나, 그것은 두 시대 사이의 간격이다. 영국의 무서운 도덕윤리의 심판자인 전성기의 강력한 여왕이 길버트 시대에 중요한 청중이었다. 그리고 아리스토파네스 자신도 그 어전에서 외설과 음란을 포기했을 것이라고 확신을 가지고 말할 수 있을지도 모른다. 그만큼 확실하게, 만약 아리스토파네스가 고상함이 극치에 달한 그 시대에 살았다면, 활기참을 누르고 즉흥적임을 억제하고 넘치는 자신감을 절제했을 것이다. 길버트는 상당히 희석된 아리스토파네스이다. 즉 차분하고, 둔감하고, 즐거운 휴일 같고, 평범한 아리스토파네스인 중기 빅토리아 시대의 아리스토파네스였다.

---

17) 아리스토파네스, 「데메테르 축제를 축하하는 여인들」, 785행 이하.

만약 길버트가 "우리 친애하는 여왕님께서 다스리시는 국가의 삶과는 매우 다른" 아테네의 자유로운 사고, 자유로운 행동, 자유로운 언론의 시대에 살았다면, 그에게도 시종장관이 필요했을까 하는 의문을 당연히 품게 된다.

"위험한" 장면과 상스러운 암시를
틀림없이 자국의 무대에서 몰아내고자.

만약 빅토리아 시대의 극예술 후원자들이 제시했던 법칙에 의해서 구속되지 않았다면, 그러했을 가능성이 있었음을 지적하는 암시들이 있다. 길버트는 이러한 한계를 따를 수밖에 없었고, 만약 길버트 앞에 항상 그 무시무시한 선언인 "짐은 즐겁지가 않도다!"의 공포가 없었다면, 그가 성취했을지도 모르는 것에 대한 힌트를 아주 드물게, 실수로 보여준다.

그러나 아리스토파네스의 청중은 전혀 한계를 정하지 않았다. 그 청중 속에서 플라톤의 등장인물들, 즉 명상적인 파이드로스, 예의범절을 갖춘 아가톤, 소크라테스, 달관자, 그 자신을 발견했는가? 물론이다. 최악의 상태인 폴스타프도 근접하지 못할 그러한 종류의 난폭한 말에 그들은 박수갈채를 보내면서 계속해서 몇 시간 동안 극장에 앉아 있었다. 아테네의 남자들은—그리고 여자들도—술에 취한 탐욕스럽고 타락하고 사악한 사람들이라는 폭력적인 악담을 듣고, 프랑수아 라블레의 낯을 붉히게 할 농담에 흥겨워하면서 극장에 앉아 있었다.

우리의 생각에 그러한 극장은 플라톤적인 특징을 가진 신사들이 자주 드나들 만한 장소가 아니다. 예의바른 몰리에르 희극이 그들에게 가장 잘 어울리는 종류일 것이다. 혹은 만약 그들의 주의를 딴 데로 돌릴 부적절함이 있어야만 한다면, 그러한 부적절함은 넌지시 암시되어야지 큰 소리로 외쳐서는 안 된다. 그러나 우리의 아테네인들은 17세기 프랑스의 귀족들이 아니었고, 아르투어 슈니츨러 같은 20세기 빈의 귀족도 아니었다. 그들은 원기왕성하며 대담하고 활발한 사람들이었다. 흥겨우면서도 내용이 있는 이야기를 좋아하고, 그만큼 육체적 재능도 좋아하는 사람들이었다. 밤새 술을 마시고도 맨 정신을 가진 사람들만을 위한 문제를 토론할 수 있는 빈틈없는 사람들이기도 했다. 어떤 인생의 현실 앞에도 장막을 드리우는 데 열중하지 않았던 현실주의자이기도 했다. 육체는 이성과 정신만큼이나 심대한 중요성을 가지고 있었고, 그렇다고 인정되었다.

그러한 이들이 플라톤의 귀족들이고, 그러한 사람들이 아리스토파네스의 청중이었다. 희극 극장은 충만한 생명력의 넘치는 에너지를 풀어내는 방법이었다. 희극 극장이 다루는 주제 또는 그 주제를 다루는 방법에 아무런 제한이 없었다. 결과는 고희극의 독특한 우수성이 인용문으로 설명될 수 없다는 것이다. 가장 전형적인 구절은 인쇄되기에 적합하지 않다. 아주 상스러운 것이 희화화되고, 크게 과장되고, 터무니없이 우스꽝스럽고, 믿을 수 없을 만큼 저속한 것들이 모두 여러 가지 다양한 방식으로 반복되었다. 농담이 종종 매우 재미있는 것은 사실이다. 아리스토파네스를 앉은 자리에서 단숨에 읽는 것은 빅토리아 시대의 규범 풋말을 내려놓는 것이다. 아리스토파네스는 매우 솔직하고, 매우 겁이 없고, 수치심이 전혀 없어서 외설이 삶의 한 부분, 즉 특별히 해학적일 수 있는 부분일 뿐이라고 결국 느끼게 된다. 어디에도 관음증을 가진 사람은 없다. 등 뒤에서 하는 교활한 속삭임도 없다. 아주 소박하고 명확한 말로 모든 것을 거리낌 없이 이야기한다. 삶은 자연의 기본적인 필요 수준에서 영위되는 조악하고 속된 것을 보지만, 불쾌하고 타락한 것은 결코 보지 않는다. 변태는 아무런 역할도 담당하지 않는다. 이것이 사나이의 세계, 점잖든지 외설스럽든지—주로 외설스러운—어떠한 종류의 익살극에도 크게 웃을 수 있는 강건한 남성들의 방식이다.

이러한 모습도, 또 저러한 모습도 고려해보라. 오늘날 우리가 아리스토파네스의 아테네와 플라톤의 아테네로부터 일관된 전체를 만들어내는 것은 불가능하다. 그러나 만약 우리의 지식인 계급이 일급 축구선수들로 이루어지는 날이 온다면, 우리는 아테네인들을 아리스토파네스가 보았던 대로 이해하는 길로 가고 있는 중일 것이다.

8

–

헤로도토스
최초의 관광객

그리스의 노예

헤로도토스는 그리스인들이 페르시아의 압도적인 병력을 이기고 자유를 수호한 영광스러운 전쟁을 기록한 역사가이다. 그리스인들이 승리를 거둔 이유는 독재군주와 그의 노예 병사들에 맞서 자유를 수호하는 자유인들이었기 때문이다. 헤로도토스는 그 전쟁을 그렇게 이해했다. 그 투쟁의 표어는 자유였다. 그리스의 독립, 아니면 노예화가 걸려 있었다. 그 전쟁의 결과는 그리스인들이 절대로 노예가 되지 않을 것이라는 점을 확실히 했다.

현대의 독자는 그러한 자부심에 가득 찬 말들을 이의 없이 그대로 인정할 수 없다. 이렇게 자유로운 그리스인들이 소유했던 노예들은 어떻게 되었는가? 페르시아의 패배로 노예들이 해방되지 않았다. 모두 노예 소유자들인 마라톤 전투와 살라미스 해전의 승리자들이 자유에 대해서 얼마나 현실적인 생각을 가질 수 있었을까? 이 질문은 오늘날의 이성과 고대의 이성 사이의 차이를 다른 어떤 질문보다도 더 잘 드러낸다. 고대세계를 통틀어 노예해방은 순전히 터무니없는 생각이었을 것이다. 노예는 항상 존재했다. 모든 공동체 내의 생활방식이 노예에게 의존하고 있었다. 노예는 가장 필요한 것이었고, 그 사실은 글자 그대로 아무 생각 없이 받아들여졌다. 노예들에게 주의를 기울이는 사람도 없었다. 그리스에서 생활은 다른 모든 곳에서처럼 노예를 기반으로 하고 있었으나, 페리클레스 시대까지 모든 그리스 문학에서 노예는 여기저기에 보잘것없는 개인으로 등장하는 것을 제외하고는 전혀 눈에 띄지 않는다. 「오디세이아(Odysseia)」에 등장하는 늙은 유모나 선량한 돼지치기의 처지는 자연현상만큼이나 당연한 것으로 받아들여진다. 그것은 호메로스에서부터 아이스킬로스에 이르기까지 변하지 않았다. 아이스킬로스는 트로이의 공주였으나 지금은 노예가 된 카산드라에게 클리타임네스트라가 다음과 같이 말하게 한다.

어차피 노예가 되어야만 한다면
대대로 부를 누려온 오랜 가문에서 노예 생활을
하게 된 것이 천만다행이다. 뜻밖에 상상을
초월하여 갑작스럽게 부를 얻은 벼락부자는
노예들에게 상식 밖으로 가혹하다.

풍습이 그러하니 우리에게서 그런 취급을 기대하여라.[1]

아득한 옛날부터 그것이 전 세계가 취한 태도였다. 결코 어디에도 노예가 없는 생활을 상상할 만큼 그렇게 분별없거나 낭만적인 몽상가는 없었다. 가장 고매한 사상가와 이상주의자, 도덕주의자도 노예제가 사악하다는 생각은 전혀 하지 않았다. 구약성서에서 노예제는 이집트와 메소포타미아의 기록에서와 똑같이 아무런 비평 없이 받아들여진다. 이스라엘의 예언자들조차 노예제에 반대하는 말은 한마디도 언급하지 않았고, 그 문제에 대해서 사도 바울도 마찬가지였다. 이상한 것은 그리스인들이 수백 년 동안 노예제를 당연한 것으로 여겼다는 사실이 아니라, 마침내 그리스인들이 노예제에 대해서 생각하고 의문을 가지기 시작했다는 사실이다.

노예제를 비난한 최초의 인물이 되는 영광은 에우리피데스에게 돌아간다. "노예제"는 다음과 같다고 에우리피데스는 썼다.

저 사악한 것, 그 본성에 있어서 악한,

아무도 굴복하지 말아야 할 것에

한 인간이 복종하도록 강요하는 것.[2]

---

1) 아이스킬로스, 「아가멤논」, 1042행.
   * 소포클레스/아이스킬로스, 천병희 옮김, 「오이디푸스 왕·안티고네·아가멤논·코에포로이」(문예출판사, 2006), 68-69쪽 참고/역주.
2) 에우리피데스, 「헤카베(*Hekabē*)」, 330행.

에우리피데스는 늘 그렇듯이 자신의 시대를 훨씬 앞서갔다. 한 세대 뒤의 플라톤조차 에우리피데스와 보조를 맞추어갈 수 없었다. 플라톤은 한번도 노예제에 반대하는 말을 한 적이 없었다. 사실 그는 노년에 노예제를 옹호했다. 그러나 플라톤이 노예제 때문에 고민했다는 흔적이 있다. "노예는 부끄러운 소유물이다"라고 플라톤은 말한다.[3] 그는 노예를 마음 편하게 생각할 수 없는 시점에 이르렀고, 노예를 자신의 이상적인 국가에 수용하지 않는다.

이렇게 온건하고 간접적인 저항과 에우리피데스의 공공연한 공격을 제외하고는 노예제에 대한 반대가 어떻게, 혹은 왜 퍼져나갔는지 우리는 알지 못한다. 그러나 플라톤의 다음 세대인 아리스토텔레스의 시대에 이르면 노예제에 대한 반대가 공공연히 세상에 알려지게 된다. 아리스토텔레스 자신은 비범한 이성의 능력을 지녔음에도 불구하고, 그 문제를 전적으로 상식과 사회적 편의의 관점에서 바라보았다. 사회를 조직된 대로 지속하기 위해서 노예가 필요했고, 아리스토텔레스는 다른 종류의 사회를 원하지 않았다. 반대 의견을 분명하게 표시하거나 암시하지 않으면서 아리스토텔레스는 노예를 "숨 쉬는 기계, 한 점의 살아 있는 소유물"로 정의내리는데,[4] 이것은 현실에 대한 냉정하고 명확한 진술의 한 예로 아주 빈번하게 사람들이 사실을 깨닫고 충격을 받아 저항하게 만든다. 노예제를 반대하는

---

3) 플라톤, 「국가」, 563 B.
4) 아리스토텔레스, 「정치학(*Politika*)」, 1권 4장 13절.

사람들의 수가 늘어났다. "노예와 자유인 사이의 차별은 전적으로 인습적인 것이고, 자연계에는 존재하지 않으며, 그 결과 노예제는 그저 폭력에만 의존하며 정당성이 결여되어 있기 때문에 노예를 소유하는 것이 자연법칙에 위배된다고 생각하는 사람들이 있다"라고 ― 그 사람들 속에 자신은 포함시키지 않는다 ― 아리스토텔레스는 썼다.

그곳이 2,400여 년 전에 그리스의 사상이 도달했던 지점이다. 불과 100년 전에 미국은 대규모의 전쟁을 치르고 나서야 노예제를 폐지했다. 이상하게 여겨야 할 것은 헤로도토스가 노예 소유자들이 자유의 수호자가 되는 것을 하등 이상할 것이 없다고 보았다는 사실이 아니라, 고대 전반과 근대의 거의 대부분 동안 그리스에서만 노예제를 위장하고 있던 인습적인 덮개를 꿰뚫어보고, 그것이 진정 무엇인지에 대해서 선언할 만큼 위대하고 용감한 자들이 있었다는 사실이다. 아리스토텔레스 이후 몇 년이 지난 뒤, 스토아 철학자들은 노예제를 인간이 인간에 대해서 그때까지 저지른 모든 잘못들 중에서 가장 참을 수 없는 것이라고 공공연히 비난했다.

젊은 테아이테토스가 소크라테스에게 장래가 촉망되는 젊은이로 소개되었을 때, 소크라테스는 그 젊은이에게 많은 것을 생각해보았을 것이라고 확신한다고 말했다.[5] 청년은 "오, 아닙

---

5) 플라톤, 「테아이테토스」, 155 D.

니다. 그렇지 않습니다. 하지만 어쨌든 저는 많은 의문을 가지고 있습니다"라고 대답했다. "지혜는 의문에서 시작되므로 그것은 자네가 지혜를 사랑하는 자임을 보여주는 것이네"라고 소크라테스는 말했다.

헤로도토스보다 더 많은 의문을 가졌던 사람은 거의 없다. 경이(驚異)라는 단어는 끊임없이 그의 붓끝에 달려 있다. "나는 놀랄 만한 일을 들었다", "그 나라에는 만 가지의 불가사의가 존재한다", "그것들은 이상한 행동들이다", "그것은 이상하게 여겨질 만한 것이다." 이러한 기질에서 헤로도토스는 진정으로 그가 살고 있던 시대―그리스의 위대한 시대―가 낳은 인물이었다. 그의 일생 동안 헤로도토스의 동포들은 페르시아의 패배로 인해서 새로이 확보된 자유를 모든 분야에서 의문을 제기하는 데 사용하고 있었다. 그리스인들은 더 이상 자신들이 지닌 최고의 능력을 전쟁에 사용하지 않아도 되었다. 전쟁이 발발하기는 했지만 산발적으로 일어났을 뿐이다. 아테네인들은 대체로 평화를 누리며 번창하고 있었다. 하는 일 없이 집에 있고, 우주에 대해서 생각하고, 소크라테스와 논쟁하거나, 외국을 여행하고, 세계를 탐험할 여가가 있었다. 어쨌든 활동할 여가가 있었던 것이다. 그 시절에 여가는 활동을 의미했다. 아무도 다른 것을 원하지 않았다. 에너지와 진취적인 기상, 활력이 아테네의 기원전 5세기를 특징지었다.

할리카르나소스 출신이지만 정신적으로는 아테네인인 헤로도토스는 당대의 활력을 자신 안에 집약했다. 헤로도토스는 인간이 갈 수 있는 한 멀리 세상을 여행하기 위해서 떠났다. 그 당시의 여행 여건 속에서 어느 정도의 의지력과 신체적인 힘이 요구되었는지 우리는 실감할 수 없다. 사도 바울이 로마로 가는 여정의 처음 부분은 헤로도토스 이후 400년이 지난 시대에 바다에서 맞닥뜨려야 했던 위험을 묘사한다. 그리고 그와 짝을 이루는 육지에 대한 묘사는 소아시아의 불타는 폐허를 뚫고 바빌론까지 걸어서, 또는 말을 타고 가는 끝없는 거리를 크세노폰이 그린 것이었다. 헤로도토스가 아주 즐기면서 했던 여행에 누군가를 보내기 위해서는 지식에 대한 갈망과 목마름, 그리고 탐험가의 모든 열정이 요구되었다. 헤로도토스는 세계 최초의 관광객이었고, 그보다 더 행복한 관광객은 없었다. 만약 뭔가 새로운 것을 볼 수 있다면, 헤로도토스에게 불편함과 어려움, 그리고 위험은 아무것도 아니었다. 헤로도토스는 그러한 것들을 전혀 알아채지 못했던 것 같다. 그는 그러한 것들에 관해서 전혀 서술하지 않았다. 헤로도토스는 사람의 마음을 즐겁게 하는 놀라운 일로 책을 가득 채웠다. 광대한 세상을 가득 채운 그 경이들로. 오, 그 안에 그렇게 훌륭한 창조물이 있었던가!

헤로도토스가 얼마나 멀리 여행했는지는 말하기 어렵다. 그는 들은 것에 관해서도 직접 본 것과 마찬가지로 굉장히 흥미롭게 묘사한다. 그리고 그는 매우 객관적이며, 무엇을 묘사하든지 그 속에 너무 열중해서 대개 자기 자신은 빼놓는다. 그러나 헤로도토스는 분명히 동쪽으로는 페르시아까지, 그리고 서쪽으로는 이탈리아까지 갔다. 그는 흑해 연안 지역에 대해서 알고 있었으며, 아라비아에 갔던 적이 있다. 이집트에서 그는 나일 강을 거슬러올라 아스완까지 갔다. 헤로도토스가 키레네에 갔을 가능성도 있다. 그의 묘사는 종종 목격자가 진술한 것 같다. 리비아와 시칠리아에 대한 묘사에서는 그런 느낌이 덜하지만, 헤로도토스가 그 두 국가에 갔던 적이 있으리라는 추측은 꽤나 그럴듯하다. 사실 헤로도토스의 여정은 이미 알려져 있는 세상의 경계선에 실지로 도달했으며, 그가 모은 정보는 그 경계선을 넘어섰다. 헤로도토스는 인도에 대해서 많이 알고 있었다. 예를 들면, 인도에는 양털보다 색깔이 더 하얗고 질도 더 우수한 털을 가진 야생 나무가 있었다. 인도인들은 그 털로 아름답고 고운 의복을 만들었다.[6] 동방에 관한 헤로도토스의 정보는 인도에서 멈추었다. 그는 더 먼 동쪽에는 거대한 사막이 있다는 이야기를 들었다. 그러나 그것이 전부였다. 서쪽에 관해서 헤로도토스는 이렇게 썼다.

나는 확신을 가지고 말할 수 없다. 우리가 사용하는 주석의 원산지인 그 섬에 대해서 전혀 알 수가 없고, 백방으로 물어보았지만 나는 유럽의 서쪽에서 바다를 보았다는 자를 한 사람도 만나지 못했다. 진실은, 유럽이 바다로 둘러싸여 있는지 그렇지 않은지를 밝혀낸 사람이 아무도 없다는 것이다.

---

6) 헤로도토스, 「역사」, 3권, 106절.

나는 지침이 되어줄 정확한 지식도 없이 대양은 완벽하게 둥근 육지의 주위를 흐르고 있다고 묘사하는 자들에게 냉소를 머금게 된다.[7]

이것은 그리스의 이성이 작용하는 방식을 보여주는 한 가지 예이다. 육지를 둘러싸고 있는 거대한 강-바다는 존경을 받았고, 심지어 신성시되는 권위자인 호메로스에 의해서 묘사되었으며, 호메로스 다음가는 헤시오도스에 의해서도 묘사되었다. 그러나 헤로도토스는 불경을 저지를지도 모른다는 불안감 없이 웃을 수 있다. 이러한 예만큼 특징적인 것이 델포이의 여사제가 논쟁에서 한쪽 편에 유리한 신탁을 내려달라는 뇌물을 받았던 경우가 한 번 이상 있었다고 한 헤로도토스의 사실 그대로의 진술이다. 이것은 그리스에서 가장 신성한 것에 대한 공격이었다. 이는 마치 교황이 뇌물을 받는다고 고발하는 것과 같았다. 헤로도토스는 델포이의 신탁에 깊은 존경심을 가지고 있었으나, 그의 생각에 따르면 존경심 때문에 자신이 탐구하여 진실이라고 믿게 된 혐의를 덮어두어야 할 이유가 없었다. 그리고 가장 분명한 것은 탐구를 그만둘 이유가 없다는 것이었다. 전통적으로 얼마만큼의 신성불가침이든 상관없이, 권위자가 사실과 충돌할 때 그리스인들은 사실을 선호했다. 그리스인들에게는 "예로부터 가르침이 전해내려온 정통의 교리"를 보호하려는 경향이 없었다. 새로운 힘이 그리스와 함께 세상에 탄생

---

7) 헤로도토스, 「역사」, 4권, 36절.

했다. 새로운 힘이란 개인의 선입관과 편견이 양보해야만 하는 진리라는 개념이었다.

헤로도토스는 조사해서 증명해 보이거나 반증을 제시하는데 열중하는 철저한 그리스인의 훌륭한 본보기이다. 헤로도토스는 발견해내는 것을 매우 좋아했다. 헤로도토스가 자신에게 지정한 과제는 바로 세상에 있는 모든 것에 관한 전부를 발견하는 것이었다. 헤로도토스는 항상 "역사학의 아버지"로 불린다. 그러나 헤로도토스는 역사학의 아버지인 만큼 지리학의 아버지, 고고학의 아버지, 인류학의 아버지, 사회학의 아버지, 인간과 인간이 살고 있는 곳과 관련된 모든 것의 아버지이기도 했다. 헤로도토스는 편견으로부터 최대한 자유로웠다. 외국인들— 그리스어로 "바르바로이(barbaroi)"—에 대한 그리스의 경멸은 헤로도토스에게 전혀 영향을 미치지 않았다. 헤로도토스는 페르시아에 대항한 아테네의 투쟁에서 열정적으로 아테네 편에 섰지만, 그는 페르시아인들을 존경하고 칭송했다. 헤로도토스는 페르시아인들이 용감하고 의협심이 강하며 신뢰할 만하다는 것을 알고 있었다. 헤로도토스가 페니키아와 이집트에서 본 많은 것들은 그에게 존경할 만한 것으로 여겨졌고, 심지어 문명화되지 않은 스키티아와 리비아에서도 헤로도토스는 칭찬할 만한 것을 보았다. 헤로도토스는 그리스의 우월함을 발견하기 위해서 외국에 가지 않았다. 이따금 드러나는 열등함은 헤로도토스를 꽤 즐겁게 했다. 헤로도토스는 키루스가 그리스의 시장을 "맹세하면서 서로를 속이는 사람들을 위해서 따로 마련해두는 장

소"라고 묘사한 것을 재미있어하며 인용한다.8)

"만약 삶을 규제하는 최선의 관습을 선택하라는 요구를 받는다면, 사람들은 모두 자기 고유의 관습을 선택할 것이다"라고 헤로도토스는 쓰고 있다.9) 다리우스가 한번은 몇몇 그리스인들에게 어떻게 하면 부모의 시신을 먹어치우도록 설득할 수 있겠느냐고 물어보았다. 그러자 그리스인들이 공포에 질려 아무 것도 자신들로 하여금 그처럼 흉악한 행동을 하게 만들 수 없다고 대답했을 때, 다리우스는 관습에 따라 바로 그러한 행동을 하는 인도에서 온 몇 사람을 불러들였다. 다리우스는 그들에게 죽은 자를 먹는 대신 불에 태우도록 설득하려면 어떻게 해야 하는지 물었다. 인도인들은 혐오스러워하며 울부짖었고, 다리우스에게 그처럼 혐오스러운 말은 하지 말아달라며 간청했다. "핀다로스가 말하듯이, 관습이 왕이다"라고 헤로도토스는 결론을 내린다. 그 이야기는 아무리 기묘하더라도 모든 사람들이 지닌 풍습에 대해서 관대한 헤로도토스 특유의 태도를 보여준다. 헤로도토스는 그만큼 드물게 보는 인물, 즉 인류를 사랑하는 자였다. 그는 사람들을, 그들 전부를 좋아했다. 그러나 그는 사람들을 존경하기보다는 좋아했고, 결코 이상화하지 않았다. 헤로도토스가 쓴 책 속의 영웅들이 시종일관 영웅적이지 않다는 이유로 플루타르코스는 심지어 자신만큼이나 아주 친절하고 공정한 헤로도토스가 실제로 악의를 품었다고 고발

---

8) 헤로도토스, 「역사」, 1권, 182절.
9) 헤로도토스, 「역사」, 3권, 38절.

한다. 사실 헤로도토스는 영웅의 시대에 살고 있었지만 한번도 영웅을 진정으로 믿었던 적이 없었다. 그러나 그의 온건한 회의론은 양쪽 방향으로 모두 작용했다. 헤로도토스는 결코 판단도, 비난도 하지 않았다. 인류가 지닌 약점과 쉽게 잘못을 저지르는 성향은 오직 그의 동정심을 불러일으켰을 뿐이다. 만약 헤로도토스의 영웅들이 불완전하게 위대하다면, 그의 악인들은 결코 철저하게 사악하지 않다. 헤로도토스는 그들 모두를 공정하고 동등한 관심을 가지고 바라보았다.

인간 세상의 모든 지역에 있는 것이 전부 헤로도토스의 관심사였다. 헤로도토스는 우리에게 일리리아의 수수한 소녀들이 남편을 어떻게 얻는지, 호숫가에 사는 사람들이 물속으로 자식이 떨어지는 것을 어떻게 막는지, 이집트의 모기장이 어떻게 생겼는지, 페르시아의 왕은 왜 여행할 때 끓인 물만 마시는지, 아드리마키다이인이 벼룩에게 무슨 짓을 하는지, 아라비아인이 머리카락을 어떻게 자르는지, 다뉴브 강 위 섬사람들이 어떻게 냄새에 취하는지, 스키티아인이 어떻게 암말의 젖을 짜는지, 리비아에서는 왜 가장 애인이 많은 여성이 존경을 받는지, 바빌로니아의 거리들이 어떻게 놓여 있는지, 이집트에서는 의사가 질병에 따라 어떻게 전문화되어 있는지 등등을 이야기해준다. 헤로도토스가 쓰고 있는 주제와 아무 관계가 없는 정보 때문에 계속 주제에서 빗나간다. 그러나 헤로도토스 자신이 그러한 정보에 매우 관심 있어 하기 때문에 독자의 관심 역시 말려든다. 그것은 정말 놀랍지 않은가? 또는 무척 재미있지 않은가? 또는 대단히 분별 있지 않은가? 라고 헤로도토스는 우리에게 말한다. 그리고 우리는 그를 따라간다. 우리는 놀라기도 하고, 기분 전환이 되기도 하고, 찬성하기도 한다. 물론 이것은 헤로도토스가 작가의 필수조건을 갖추고 있다고 말하는 것일 뿐이다. 헤로도토스는 전혀 지루하지 않다. 그러나 종종 여행안내서 같은 작품 속에서 지루함을 피하는 것은 뛰어난 업적이다. 그러한 업적의 일부는 헤로도토스의 글쓰기가 지닌 완벽하고 누구도 능가할 수 없는 편안함에 기인한다. 헤로도토스는 매너리즘이 전혀 없고, 한 조각의 자의식도 없다. 헤로도토스는 늘 간결하고, 직설적이고, 명료하며, 항상 읽기에 평이하다. 헤로도토스와 같은 도시 출신인 할리카르나소스의 디오니시오스는 헤로도토스가 산문으로 구사된 표현이 시의 운문만 한 가치를 지닐 수 있다는 생각을 그리스에 최초로 부여한 인물이었다고 말했다.

헤로도토스는 종종 바보 같을 정도로 쉽사리 믿어버린다는 비난을 받는다. 자기가 들은 것이 아무리 상식에서 벗어난 것일지라도 어린아이 같은 천진난만한 단순함으로 그것을 받아들인다고 전해진다. 그 비난은 전혀 진실이 아니다. 정확히 그 반대의 사실이 진실이다. 즉 헤로도토스가 지닌 이성의 성향은 회의적이었다. 그는 타고난 탐구자였다. 역사(history)라는 단어는 헤로도토스에 의해서 지금 우리가 쓰고 있는 의미로 제일 처음 사용되었으며, 그리스어로 탐구라는 뜻이다. 헤로도토스의 책은 "이것은 할리카르나소스의 헤로도토스가 탐구한 것들[historia]에 관한 서술이다"라고 시작된다. 헤로도토스는 자신이 들은 모든 것을 자세히 조사할 준비를 하고 탐구에 착수했다. 하나의 사건에 대해서 상이하지만 똑같이 있음직한 설명이 주어지면, 헤로도토스는 그것을 모두 서술하고 마지막 판단은 독자에게 맡겼다. "나는 이런 일이 일어났는지 아니면 저런 일이 일어났는지 확신을 가지고 진술할 수 없다"고 헤로도토스는 말할 것이다. 그는 한 유명한 구절에서 "내가 생각하는 나의 의무는 전해지고 있는 모든 것을 보고하는 것이다. 그러나 내가 그 모든 것을 믿어야 할 의무는 없다. 이것이 나의 '역사' 전체에 적용되는 소견이다"라고 말한다.

심지어 이렇게 몇 안 되는 인용문들도 헤로도토스의 이성의 기질과 보고자로서 가졌던 책임감, 증거의 경중을 가늠하는 데 기울였던 조심성을 보여준다. 그러나 당연히 헤로도토스의 시대에는 알려지지 않은 것이 아주 많았고, 실제로 알려진 것은 얼마 되지 않았으며, 믿을 수 있는 것과 믿을 수 없는 것 사이에 아직 경계선이 그어져 있지 않았다. 왜 헤로도토스가 전적으로 일어날 수 있는 것과 일어날 수 없는 것만을 근거로 해서 어떤 것은 받아들이고 또다른 것은 거부했는지를 이해하기는 종종 불가능하다.

도도나의 여사제들은 비둘기가 말을 한다고 주장했지만, 헤로도토스는 비둘기는 결코 말을 하지 않는다고 확고하게 말한다.[10] 그러나 그는 한 암말이 토끼를 낳았다는 이야기에는 의문

---

10) 헤로도토스, 「역사」, 2권, 73절.

을 던지지 않는다. 헤로도토스는 이집트의 사제들이 뭐라고 주장했든 간에 불사조가 부모 새의 유해를 다량의 몰약 속에 담아서 아라비아로부터 그것을 매장한 헬리오폴리스에 있는 태양의 사원으로 운반해왔다는 말은 진실이 아니라고 확신한다. 반면에 리비아에 눈이 가슴에 달린 머리가 없는 생물체가 존재하는 것과, 이집트에 불속으로 뛰어드는 이상한 버릇을 가진 고양이가 있다는 것은 꽤 이치에 맞는 것으로 여겼다. 헤로도토스는 있음직한 것과 그렇지 않은 것의 기준을 가지고 있으나, 그 기준이 우리의 것과는 아주 달라서 이해하기 어렵다. 결국 헤로도토스는 어디에 가든지 수많은 이상한 것들을 보았고, 저 너머 광막한 곳에는 훨씬 더 이상한 것들이 존재한다는 것을 쉽게 믿었다.

그러나 헤로도토스는 자신이 잘 아는 문제를 다룰 때는 있음직하지 않은 것에 대한 통찰력 있는 심판관이었다. 헤로도토스는 다음과 같이 서술한다.

바빌론에서 가장 높은 탑의 꼭대기에 있는 신전에는 신이 친히 와서 잠을 잔다고 전해지는 거대한 침상이 있다. 그 사제는 내게 그렇게 말했지만 나는 믿지 않는다.

나는 그 사람이 어떻게 탈출했는지 확신을 가지고 전할 수 없다. 왜냐하면 그에 대한 설명이 나에게 의문을 불러일으키기 때문이다. 사람들은 그 남자가 바다로 뛰어들어 물 위로 한번도 올라오지 않고 물속에서 80스타디아를 헤엄쳐갔다고 전한다. 내 의견을 말하자면, 그 남자는 배를 타고 떠났다.

그러나 헤로도토스는 다른 사람들의 설명에 대해서 늘 친절하게 관용적이고, 자신의 설명에 대해서는 결코 독단적이지 않다. 크세르크세스의 함대를 난파시킨 폭풍에 대해서 그는 이렇게 기술한다.

폭풍이 3일 동안 계속되었다. 마침내 마고스들이 바람에 마법을 걸고 네레우스의 딸들에게 희생물을 바쳐서 폭풍을 가라앉히는 데 성공했다. 혹은 아마 폭풍이 스스로 멈추었는지도 모른다.[11]

헤로도토스는 테살리아를 유람 중일 때 방문했던 한 유명한 골짜기가 포세이돈에 의해서 생겨났다고 들었다. 그리고 그는 말한다.

내가 보기에 그 골짜기는 지진 때문에 생긴 것이 분명했다. 많은 사람들이 지진은 포세이돈이 일으킨다고 생각한다.[12]

헤로도토스가 신에 대해서 어떻게 생각했는지를 알아내는 것은 쉽지 않다. 천상의 권력자들은 헤로도토스의 역사에서 주

---

11) 헤로도토스, 「역사」, 7권, 191절.
12) 헤로도토스, 「역사」, 7권, 152절.

도적인 역할을 담당하고 있으며, 전조, 신탁, 기도, 예언자는 그에게 매우 중요하다. 그러나 헤로도토스가 작품 초반에 한 말보다 더 냉정하게 이성주의적인 진술은 찾아보기 어려울 것이다.

신들이 어디에서 기원하는지, 신들이 항상 존재하고 있었는지, 신들은 어떤 모습을 하고 있는지는, 말하자면 어제까지도 알려지지 않았다. 호메로스와 헤시오도스는 겨우 400년 전에 살았으며, 그리스인들을 위해서 신들을 만들고 그 신들에게 이름과 모습을 부여한 것은 바로 그들이었다.13)

헤로도토스의 작품은 진정으로 한 시대에서 다음 시대로 넘어가는 가교의 역할을 한다. 페르시아 전쟁 직후 깊은 종교적 감성의 시대에 태어난 헤로도토스는 페리클레스 시대의 회의론 속에서 살았다. 그리고 그의 이해심 많은 관용과 날카로운 지적 흥미 덕분에 헤로도토스는 동시에 그 두 가지에 정통했다.

역사가들은 종종 역사의 진정한 연구 대상은 인간이라는 점을 잊곤 한다. 열거된 사실과 이치에 맞는 분석은 인간 본성을 가려버리는 경향이 있다. 그것은 헤로도토스의 방법이 아니었다. 헤로도토스 책의 전면에는 항상 사람이 있다. 세계사의 대부분을 차지하는 끊임없고 의미 없는 전쟁들 속에서 별처럼 빛

---

13) 헤로도토스, 「역사」, 2권 53절.

나는 마라톤 전투, 테르모필레 전투, 살라미스 해전의 보고자가 헤로도토스라는 것은 우리에게 행운이다. 그의 손에서 그 전투들은 알기 쉬운 인간의 말로 쓰인 위대한 드라마의 한 장면이 된다. 그것을 일으킨 원인은 인간의 오만과 정복욕, 그리고 압도적인 불리함에도 소중한 것을 지키려는 힘이다.

오직 「역사(*Historiai*)」의 마지막 부분만이 페르시아 전쟁과 관련이 있다. 그 책의 3분의 2는 헤로도토스의 여행과 그 여행에서 알아낸 것을 소재로 삼는다. 이 앞 장들은 읽어감에 따라 점점 서서히 펼쳐지는 무대 배경과 같은 효과를 가지고 있다. 알려져 있는 세계 전부가 자유와 독재 중에서 어느 것이 더 강력한지, 서양이 동양에 의해서 노예로 전락하게 될 것인지를 결정하는 엄청난 전쟁에 적합한 배경으로 제시되어 있다. 위대한 왕인 다리우스가 출두한다. 다리우스는 세상 대부분을 지배하고 있다. 무수한 사람들이 그를 섬긴다. 그의 부는 무한하다. 그의 장엄함은 엄청나다. 그의 잔인함은 기상천외하다. 다리우스 자신이 곧 동양이다. 동양의 지나치게 화려한 진주와 금, 무력한 수백만의 사람들, 인간의 삶과 고통에 대한 경시 그 자체이다. 헤로도토스의 「역사」에서 한 화자가 다리우스에게 "바위로 된 땅이며 가난하다"라고 말한 그리스가 그에 맞서고 있다. 그곳에서 사람들은, 페리클레스가 표현했듯이, "검소함과 더불어 아름다움을 사랑한다." 웅대한 동방의 사치와 과시에 정반대되는 검소함이다.

헤로도토스는 올림피아 경기에서 승리하고 받는 상이 올리브 관이라는 것을 알게 된 페르시아의 군대가 재미있어하며 놀라는 모습을 묘사했다. 헤로도토스는 다리우스 대왕이 자신을 기쁘게 한 장소를 지날 때 칭찬의 표시로 세웠던 많은 기둥들 중에서 직접 보았던 한 기둥에 대해서 이야기한다. 거기에는 다음과 같은 글이 새겨져 있었다. "이 샘물들은 최고이며 가장 아름답다. 그 샘물들은 인간들 중에서 최고이며 가장 아름다우신 다리우스의 방문을 받았다."14) 그 구절은 강한 대조를 이루며 테르모필레에 서 있는 전사자들을 위한 비문을 상기시킨다. 즉 "지나가는 이여, 스파르타인들에게 전하시오. 우리가 그들의 명령에 복종하여 여기에 잠들어 있다고."

그러한 대조는 헤로도토스에 의해서 전혀 강조되지 않지만, 잇따른 이야기 속에서 아주 명확하게 드러나므로 아무런 강조도 필요하지 않다. "불사의 존재들은 정의와 친절의 행동을 돌보기 위해서 인간 가까이에 있다"고 헤시오도스는 서술했고, 모든 그리스인들이 그렇게 믿었다. 동방의 낯선 신들이 요구하는 것이 무엇이든 간에 그것은 정의도 친절도 아니었다. "사람들을 산 채로 매장하는 것이 페르시아의 관습이다"라고 헤로도토스는 말한다. "다리우스의 며느리들 중 한 명은 페르시아 최고 가문의 어린아이 열네 명을 산 채로 매장했다." 늘 동양의 관습으로 기우는 경향이 있는 로마 제국은 노인들과 함께 젊은 이들을 살해하는 이러한 관습을 이어받았다. 어린 소년들과 소

---

14) 헤로도토스, 「역사」, 4권, 9절.

녀들은 산 채로 매장되지 않으면 죄를 범한 아버지와 함께 어쨌든 죽임을 당했다. 그러나 그리스는 달랐다. 레오니다스가 테르모필레에서 사망한 뒤 스파르타 병력을 지휘하는 장군 앞에 자신의 도시를 배반하고 페르시아인들에게 동조한 자의 어린 아들들이 끌려왔을 때, 그 장군은 아이들을 돌려보냈다. "그들은 소년들이다. 어린아이들이 페르시아인들 편에 서는 범죄에서 담당할 수 있었던 역할이 무엇이었겠는가?"라고 장군이 말했다고 헤로도토스는 전한다.[15]

스파르타 장군이 한 행동의 밑바탕에 깔려 있는 것은 죄 없는 자들이 죄를 범한 자들과 함께 고통받지 말아야 한다는 믿음만은 아니었다. 그보다 더 근본이 되는 것은 아무리 무력한 개인이라도 가치가 있다는 개인의 존엄성에 대한 확신이었다. 이러한 생각은 동양적 생활의 외피조차도 건드린 적이 없다. 동방에 그러한 생각을 지지하는 법이나 관습은 없었다. 그리스에서 그러한 생각은 법이나 관습보다 더 깊은 무엇인가에 근거하고 있었다. 한번은 코린토스에서 지배 정당 회원들 중 열 명이 장차 성장하여 그 도시를 파괴할 것이라고 신탁이 선언했던 한 어린 소년을 살해할 목적으로 그의 집으로 갔다고 헤로도토스는 전한다.

친분이 있는 사람들의 방문이라고 생각했던 아이의 어머니는 그들

---

15) 헤로도토스, 「역사」, 9권, 88절.

이 아이를 보자고 요청했을 때, 아들을 데려와서 그들 중 한 명의 팔에 안겨주었다. 방금 그들은 그곳으로 오는 길에 누구든지 그 아이를 처음 건네받는 사람이 아이를 땅에 내던지기로 합의했다. 그런데 아이는 안고 있는 자를 보며 웃었고, 그 남자는 아이를 죽일 수가 없어서 다른 일행에게 넘겨주었다. 그렇게 아이는 열 명 모두에게 건네졌지만, 그들 중 누구도 아이를 죽일 수가 없었다. 그러고 나서 그들은 아이를 어머니에게 돌려주고 나가서 서로를 비난하기 시작했다. 특히 아이를 처음 안았던 자를 비난했다.16)

"한 명의 독재자는 고대의 법을 어지럽히고, 여성에게 폭행을 가하고, 재판 없이 남자들을 죽인다. 그러나 민중의 지배는 우선 바로 그 이름 자체가 무척 아름답고, 둘째로 민중은 이러한 일들을 범하지 않는다"고 헤로도토스는 기술한다. 오직 독재자만이 동양의 도처에 알려져 있었다. 페르시아의 위대한 왕이 그리스로 진군하고 있을 때, 리디아의 한 부유한 귀족이 왕과 그의 신하들뿐만 아니라 수많은 병사들을 환대했다. 그 귀족은 모든 사람들 앞에 호화로운 만찬을 차려놓고, 그 답례로 군대에 있는 다섯 아들 중에서 한 명이 그와 함께 남을 수 있을지 겸손하게 간청했다고 헤로도토스는 전한다. 그러자 왕은 "네가 어찌 그러한 요청을 하느냐? 나의 노예이며 네가 가진 것을 모두, 심지어는 너의 아내까지 나에게 줄 의무가 있는 네

16) 헤로도토스, 「역사」, 5권, 92절.

가?" 하고 말했다. 왕은 그 귀족의 장남의 몸을 둘로 절단해서 군단이 지나가는 도로의 양편에 놓으라고 명령했다. 페르시아인들은 노예였고, 그렇게 불렸으며, 또 그런 대접을 받았다. 가장 부유한 자와 가장 힘 있는 자는 아무런 권리도 주장하지 않았다. 그들은 전적으로 왕의 뜻에 달려 있었다. 헤로도토스는 또다른 이야기를 해준다. 수년 동안 왕의 호의를 누리다가 그 호의를 잃게 되었던 한 귀족이 왕과 함께 하는 저녁 식사에 초대되었다. 그 귀족은 앞에 놓인 고기를 대접받은 후, 뚜껑으로 덮여 있는 바구니를 건네받았다. 뚜껑을 열자, 그 귀족은 자기 외아들의 머리와 손과 발을 알아보았다. "네가 먹고 있는 짐승의 종류를 이제 알겠느냐?"라고 왕은 즐겁게 물었다. 노예는 자기 통제에 능숙해야만 한다는 교훈을 그 아버지는 알고 있었다. 그는 아주 침착하게 "잘 알고 있습니다. 그리고 왕께서 마음에 들어하시는 것은 무엇이든지 저를 기쁘게 합니다"라고 대답했다. 그것이 헤로도토스의 작품에서 처음으로 세상을 위해서 분명하게 기록된, 태곳적부터 존재했던 동양의 정신이었다. 조그맣고 가난한 불모의 그리스는 자유를 향유하고 있었다. 몇 명의 그리스인들은 크세르크세스에게 굴복하라고 종용하는 한 페르시아 장교에게 "당신은 노예가 되는 것이 어떠한 것인지 잘 알고 있소. 당신은 한번도 자유를 경험해보지 않았으니 지유가 얼마나 달콤한지 모르겠구려! 만약 당신이 자유를 맛보았다면 당신은 우리에게 창뿐만 아니라 나무를 깎는 연장으로도 자유를 위해서 싸우도록 권할 것이오"라고 말했다고 헤로도토스는 전한다. 헤로도토스의 「역사」에서 페르시아인들과의 전쟁을 서술한 부분이 점점 다가오면서 이 전쟁은 살과 피의 대결일 뿐만 아니라, 공존할 수 없는 정신의 능력 사이의 대결이라는 점을 더 분명히 이해하게 된다.

간략한 머리말이 그 교전을 소개한다. 다리우스의 지배를 받는 소아시아 해안 지방의 그리스 도시들에서 반란이 일어났다. 아테네는 원군을 보냈다. 아테네인들은 리디아의 수도인 사르디스로 진군해서 그 화려한 도시를 태워버렸다. 지구상의 어느 민족이 자신에게 그렇게 도전한다는 것은 다리우스에게 믿기 어려운 일이었다. "아테네인들은 누구인가?" 하고 다리우스는 물었다. 그리고 저녁 식사를 할 때마다 매번 시종에게 "폐하, 아테네인들을 기억하십시오" 하고 세 번 말하도록 명령했다. 헤로도토스는 틀림없이 극적 장치가 필요하다는 것을 이해하고 있었다. 마라톤 전투를 위한 무대가 준비되었다.[17]

드라마를 위한 막이 오르면, 다리우스 대왕의 원수를 갚아야 할 책임을 맡은 다리우스의 조카가 방대한 해군과 육군 병력으로 구성된 페르시아 군대를 이끌고 그리스로 진군한다. 그에 앞서서 도착한 전령들이 그리스 도시들에게 복종의 표시인 "흙과 물"을 요구한다. 그리고 테베를 최남단으로 해서 그 북쪽에 위치한 그리스 도시들은 모두 그 표식을 바친다. 아테네와는 단지 좁은 해협을 경계로 하여 분리되어 있는 도시 에레트리아

---

17) 헤로도토스, 「역사」 4권은 마라톤 전투에 관한 것이다.

는 그 요구를 거부하자마자 공략당해서 초토화되고 만다. 거대한 군단이 보기에는 가장 하찮은 장애물인 아테네가 다음 차례였다. 아테네는 과거의 도움에 감사하고 있는 플라타이아이가 파견한 소수의 군대를 제외하고는 그리스 전역에서 아무도 도와줄 사람이 없다. 멀리 남쪽에 있는 그리스 최고의 군사력을 가진 스파르타는 아테네만큼 페르시아에 굴복할 준비가 되어 있지 않았으므로, 아테네에게 강력한 동맹이 되었을 것이다. 그러나 민주정체가 늘 그렇듯이, 아테네는 계획을 세우기까지 너무 오래 지체했다. 페이디피데스가 아테네를 도와줄 원군을 모집하려고 급히 서두르기 시작할 때, 페르시아 군대는 아테네에 거의 임박해 있었다. 페이디피데스는 그 다음 날 스파르타에 호소한다. "스파르타인들이여, 아테네인들은 여러분께 간청합니다. 아테네인이 야만인의 노예로 전락하게 내버려두지 마십시오." 그러나 보름날까지 아직 며칠이 남아 있었고, 달이 찰 때까지 스파르타인들은 진군하지 않을 예정이었다. 아테네의 전령은 "달이 찬 뒤 우리가 할 수 있는 한 빨리 가겠소"라는 대답을 듣는다. 그러나 상황은 달을 기다리지 않는다. 페르시아의 함대는 이미 마라톤의 굽은 만에 닻을 내린다.

헤로도토스는 그즈음에 태어났다. 전쟁에 참전했던 사람들을 통해서 틀림없이 헤로도토스는 그 상황을 종종 들었을 것이다. 헤로도토스는 전략을 아주 정확하게 설명한다. 아테네의 진형은 하급 부대에게 좌우 날개를 맡기면서 중앙에 의존하는 적의 진형과 정반대였다. 밀티아데스는 양쪽 날개에 주 병력을 투입했다. 중앙이 약하므로 페르시아 병력이 쉽게 돌파하고 맹렬하게 추격했다. 그러자 아테네의 양 날개가 적을 뒤에서 포위하여 함선으로부터 차단시키고 베어 죽였다. 참패였다. 페르시아 함대는 해안을 따라 아테네가 보이는 곳까지 항해한 뒤에 바다로 후퇴했다. 페르시아 군은 떠나버렸다. 이것은 믿어지지 않는 전쟁이었고, 믿어지지 않는 승리였다. 어떻게 그런 일이 일어날 수 있었을까? 어떻게 소규모의 수비군이 강력한 군사력에 맞서 승자가 될 수 있었을까? 우리는 이해할 수가 없다. 그러나 헤로도토스는 이해했으며, 그리스인 모두가 그랬다. 자유민주주의가 노예에 의해서 유지되는 독재에 대항했다. 마라톤에서 아테네인은 구보로 전진했다. 적의 지휘관은 채찍질로 노예들을 전투로 몰아넣었다. 자유를 수호하기 위해서 싸우는 자유인의 기백에 대항하여 단순히 수적인 우세는 아무런 힘이 없었다. 자유가 그 힘을 증명했다. 의기충천한 용기와 신념의 물결이 아테네를 휩쓸었고, 아테네는 질주를 시작했다.

10년이 지난 시점에서 마지막 장의 막이 오른다.[18] 다리우스는 죽을 때까지 그의 마음을 사로잡고 있던 전쟁을 통해서 하겠다고 다짐한 가공할 복수를 하지 못했다. 다리우스는 페르시아의 패배를 보복할 책임을 아들에게 남겨주어야만 했다. 아들역시 아테네인을 기억해야만 했다. 크세르크세스는 그 계획을 간절히 열망하지 않았지만, 사실상 그는 무력했다. 크세르크세

18) 헤로도토스, 「역사」 7권은 크세르크세스의 진군에 관해서 이야기한다.

스가 그 계획을 수행해야만 한다고 운명의 여신의 명령 속에 적혀 있었다. 페르시아인의 힘은 너무나 강력하게 성장했고, 자신감도 너무나 확고해졌다. 다른 무엇보다도 권력의 오만함을 증오했던 신은 페르시아인에게 천벌을 내렸다. 위대한 제국이 무너지고 비천해져야만 하는 때가 왔다. 거만한 자신감은 머지않아 확실하게 영락해질 것이라고 헤로도토스는 말한다. 아이스킬로스가 이렇게 썼듯이.

모든 오만은 눈물이 많은 결실을 거두게 될 것이다.
신은 인간에게 과도한 자만심에 대한
가혹한 응보를 내리신다.[19]

신이 보낸 거짓 꿈이 크세르크세스의 야망을 불러일으켰고, 그는 그리스를 정복하기로 결정했다. 헤로도토스는 침략을 위한 준비를 엄숙하게 열거한다. 막대한 수의 군대를 서서히 소집하고, 거대한 지협을 가로질러 판 운하와 손쉬운 수륙 간의 통행을 위해서 헬레스폰트에 다리가 놓이고, 식량이 징발되고 물 보급을 열심히 찾았으며, 막대한 양의 보급품이 행군로를 따라 징발되었다. 그 뒤에 곧, 신들이 보낸 전조로 시작된 출병의 장관과 화려함을 열거한다. 군대가 행군을 시작했을 때 "태양은 자리를 떠나서 사라졌다. 그리고 구름도 없었고, 공기도

---

19) 아이스킬로스, 「페르시아 사람들」, 820행.

고요했다." 오늘날의 과학에 따르면, 그 일식은 2년 뒤에 일어났다고 한다. 그러나 그 당시 열 살 소년이었던 헤로도토스가 날짜를 정확히 기록했을 것이라고 기대할 수는 없다. 그리고 극적인 어울림에 대한 감각은 보편적이므로 헤로도토스가 사실을 알기 위해서 의존했던 노인들은 태양의 어두워짐과 페르시아 세력의 몰락을 결합시키지 않을 수 없었을 것이다.

헬레스폰트에서 왕은 병력을 재검토하기 위해서 정지했다. 순백의 대리석으로 만들어진 높은 왕좌에 앉아 왕은 해변과 평지를 가득 메운 군단과 아주 촘촘히 들어차서 바다를 뒤덮어버린 함선들을 바라보았다. 그렇게 응시하면서 왕은 눈물을 흘렸다. 그는 곁에 서 있는 사람에게 말했다. "인간의 삶이 덧없이 짧고, 이렇게 많은 군사들이 곧 죽을 운명이라는 걸 생각하니, 갑자기 동정심이 일어나는구나." "아닙니다, 폐하." 그 다른 사람이 대답했다. "오히려 덧없이 짧은 인생이지만 살기보다 죽기를 바란 적이 한번도 없는 사람이 여태까지 한 명도 없었고, 앞으로도 한 명도 없을 것이라는 사실에 슬퍼하십시오."

진군하면서 강을 모두 고갈시킨 페르시아의 거대한 군대는 그리스에 연승을 거두었다.[20] 페르시아 군대의 접근에 도시들은 저마다 더 이상 자유롭지 않았고, 이미 페르시아의 지배 아래 있다는 것을 보여주는 흙과 물을 보냈다. 아테네는 보내지 않았다. 거기에는 공포와 절망도 있었다. 델포이의 신탁은 아

---

20) 헤로도토스, 「역사」 7권은 크세르크세스의 패배와 패주에 관해서 이야기한다.

테네의 사절에게 세상 끝까지 날아가서 그들의 마음이 공포에 익숙해지게 하라고 말했다. 그러나 아테네인은 굴복하지 않았다. 그들의 명분에는 희망이 없어 보였다. 스파르타는 아테네만큼 단호하게 저항했지만 스파르타의 정책은 근시안적이었다. 스파르타의 관심은 오직 펠로폰네소스의 보호에 있었다. 처음에 스파르타는 다른 점을 고려하기를 거부했다. 그리고 아테네인들은 여전히 확고했다. 크세르크세스의 장군은 아테네에게 가장 관대한 조건, 즉 자유를 제외하고는 모든 좋은 것을 제공하려고 사절을 보냈다. "태양이 현재의 경로 안에서 움직이는 한 우리는 결코 크세르크세스와 타협하지 않을 것이라고 아테네인들이 말한다고 장군에게 전하시오" 하고 대답했다. 그와 같은 정신이 사람들을 사로잡았을 때 기적이 발견될 수 있을지도 모른다.

스파르타가 마침내 깨어났다. 스파르타는 페르시아인이 진군할 때 통과할 것이 틀림없는 통로인 테르모필레를 방어하기 위해서 북쪽으로 소수의 군사들을 파견했다. 결국에는 실패한 길고 영웅적인 방어였다. 스파르타의 지휘관인 레오니다스는 "그들이 전사하지 않기를 바랐기 때문에" 함께 싸우고 있던 다른 그리스인들을 철수시켰으나 "레오니다스와 스파르타 군사들은 주둔지를 버리지 않을 것이었다. 왜냐하면 스파르타인은 그것을 불명예스러운 것으로 여겼기 때문이다"라고 헤로도토스는 전한다. 스파르타인들이 마지막이 될 것이라고 짐작하는 공격을 기다리고 있을 때, 한 병사가 페르시아 군대는 그 수가 너무 많아서 그들이 화살을 쏘면 하늘을 뒤덮는다고 들었다고 말했다. "좋아, 그러면 우리는 그늘에서 싸우게 되겠군" 하고 다른 병사가 말했다. 그와 같은 병사들은 적이 쓰러지기 전에 고통을 당하게 만들 것이었다. "반대편에서 페르시아의 지휘관이 병사들을 앞으로 나가도록 채찍질하고 있는 반면, 스파르타 병사들은 지금까지 그들을 보호해왔던 요새로부터 확실한 죽음을 향해 진격했다. 그들은 그렇게 테르모필레에서 *싸웠다*"고 헤로도토스는 스파르타 병사들을 묘사한다. 그리고 모든 것이 끝났을 때, 크세르크세스는 전장으로 오면서 수많은 전사자들을 보고 수행원 속에 있던 귀양을 온 한 그리스인을 불러오게 했다. "어떤 방법으로 우리가 이들을 정복할 수 있는가?" 하고 물었다. "와서 내게 말하라." 그러나 아무도 왕에게 그 방법을 아뢸 수 없었다.

아테네가 포기되었다. 델포이의 여사제가 다시 말했다. "제우스는 팔라스 아테나 여신에게 나무로 된 벽을 주신다. 그것이 너희와 너희의 자녀들을 보존할 것이다." 사절들이 이러한 대답을 가지고 돌아왔을 때, 이 신탁이 무엇을 뜻하는가에 관하여 열띤 논쟁이 벌어졌다. 그러나 "최근에 명성을 얻은 테미스토클레스라는 인물이 논쟁에서 이겼다"고 헤로도토스는 전한다. 테미스토클레스는 나무로 된 벽은 배를 뜻한다고 말했고, 인구 전체가 도시를 떠났다. 여자들과 어린아이들은 안전한 곳으로 보내졌고, 함대는 다른 그리스인들이 결집해 있는 살라미스 섬으로 항해했다. 아테네가 가장 큰 병력을 가졌고 지휘권을 가질 자격이 있었으나, 전투가 격심할 것이라는 점을 깨달 았을 때 그러한 자격을 주장하지 않았다. "아테네에게 중요한 것은 그리스를 구하는 것"이지 자신들에게 어울리는 명예를 얻 는 것이 아니라고 생각했다고 헤로도토스는 설명한다. 아테네 는 물러나서, 늘 경쟁자였던 스파르타가 대신 선택되는 것을 반대하지 않고 바라보았다. 그것이 아테네 역사에서 가장 중요 한 순간이었다. 만약 아테네가 진실로 중요한 것과 그렇지 않 은 것에 대한 그와 같은 시각을 유지할 수 있었더라면, 펠로폰 네소스 전쟁은 일어나지 않았을 것이다.

그렇지만 그 승리는 아테네인 테미스토클레스에게 속한다. 테미스토클레스는 병력의 수가 패배를 거들게 될 살라미스 주 변의 좁은 해상에서 페르시아 군대가 싸우게 되도록 계획을 세 웠다. 크세르크세스는 해안가에서 그 전투를 지켜보았다.

왕은 바다에서 태어난 살라미스가 바라보이는
바위산 마루에 앉아 있었다.
그리고 수천 척의 함선이 저 아래 있다.
그리고 여러 나라에서 온 병사들— 모두 그의 병사들이다.
왕은 날이 밝을 때 그들의 수를 헤아려보았다.
그리고 해가 저물 때 그들은 어디 있었는가?

승리한 그리스인들은 눈앞에 펼쳐진 증거를 믿지 못했다. 그 들은 거의 절망적인 전투로 뛰어들었었다. "전날 밤, 공포와 당황이 그리스인을 사로잡았다"고 헤로도토스는 전한다. 그리스인들은 이제 그 무시무시한 위협이 끝났다는 것을 믿을 수 없었다. 그들은 또다른 공격에 대비했다. 그러나 페르시아의 함선은 바다를 빠져나갔다. 그들은 결코 돌아오지 않았다. 자유는 다시 한 번 그 힘을 증명했다. 공격이 있기 바로 전에, 그리스 지휘관들은 병사들에게 말했다. "우리가 페르시아인과 전투를 하게 될 때 다른 모든 것에 앞서 자유를 기억하라"고 말했다. 그곳에 있었던 아이스킬로스는 그리스인들이 다음과 같이 외치며 적을 향해 전진했다고 말한다.

자유를 위해서, 그리스의 아들들이여,
조국과 자녀와 아내를 위한 자유,
숭배를 위한, 우리 조상의 무덤을 위한 자유.[21]

그 엄청난 군단이 떠나는 것을 바라보고 있을 때 경외심이 승자들을 엄습했다. "이것을 이룬 것은 우리가 아니다"라고 테미스토클레스는 말했다.

_____

21) 아이스킬로스, 「페르시아 사람들」, 402행.

9

—

투키디데스
이미 있었던 것이 훗날에 다시 있을 것이다

돌고 도는 공

유럽 최강의 해상 세력과 최강의 육상 세력이 전쟁에서 격돌했다. 유럽의 지휘권이 걸려 있었다. 각 편은 상대편의 희생으로 자신의 위치를 강화시키기 위해서 싸우고 있었다. 즉 해상 세력의 경우에는 넓게 분산되어 있는 제국을 유지하려고, 육상 세력의 경우에는 그 제국에 도전해서 자신만의 제국을 얻으려고 싸우고 있었다. 전쟁이 시작되자, 양측 모두 중요하고 심지어 결정적이기까지 한 요인은 아시아의 한 국가일지도 모른다는 것을 불안하게 의식하고 있었다. 그 국가는 광활한 영토와 유럽에 발판을 가지고 있었으며, 결국 한 편이 쉽게 유럽을 지배할 수 있을 때까지 서방의 두 주요 강국이 서로를 약화시키고, 아마도 파괴하기를 예의 주시하고 있다고 많은 이들이 믿고 있었다.

기원전 431년은 아테네가 바다의 안주인이 되고, 스파르타는 세계 최고의 육군을 보유하고 있던 때이다. 그리고 페르시아는 전자를, 그 다음에는 후자를 부추기는 것 말고는 아무런 비용도 들이지 않고 양측 모두를 제거하게 되리라고 기대하고 있었다.

오늘날 역사가들은 일반적으로 역사는 되풀이되기 때문에 경고와 길잡이로서 연구되어야 한다는 견해를 거부한다. 근대의 과학적인 역사가는 지질학자와 매우 비슷하게 연구 대상을 바라본다. 역사는 그 자체만을 위해서 검토되는 사실의 연대기이다. 시간이라는 베틀로부터 풀려나온 천에는 아무런 문양이 없고, 그것을 연구하여 얻는 이익도 정보 이외에는 없다. 그것은 역사서 중에서도 여전히 명작으로 꼽히는 아테네와 스파르타 사이의 전쟁의 역사를 쓴 그리스 역사가의 관점이 아니었다. 투키디데스가 만약 그러한 방식으로 생각했다면 결코 자신의 역사서를 서술할 수 없었을 것이다. 지식을 위한 지식은 아테네인에게 전혀 매력이 없었다. 아테네인은 현실주의자였다. 지식이 추구되어야만 하는 이유는 생존을 위한 가치가 있었기 때문이다. 지식은 인간을 과오로부터 옳은 행동으로 이끌어갔다. 투키디데스는 인간이 치명적인 질병의 원인에 대한 보고서에서 이익을 얻는 것과 마찬가지로, 파괴적인 투쟁을 불러온 것이 무엇이었는지에 관한 지식에서 이익을 얻을 수 있을 것이라고 믿었기 때문에 역사서를 서술했다. 투키디데스는 인간 이성의 본질은 인간 신체의 본질만큼이나 변하지 않는 것이기 때문에 인간 본성에 의해서 좌우되는 상황은 분명히 되풀이되고, 그러한 과정이 과거에 비참하게 끝났다는 사실이 제시되지 않는다면 사람들은 분명히 같은 상황에서 같은 방식으로 행동한다고 결론지었다. 재앙이 일어났던 이유가 파악될 때, 사람들은 그 특정한 위험으로부터 보호될 수 있을 것이다. "내 작품 속에 이야기(storytelling)가 없다는 점이 듣는 재미를 덜하게 한다는 사실을 아마 깨닫게 될 것이다. 그러나 만약 과거에 일어났고, 인간의 본성에 따라 같은 식으로 다시 일어나게 될 사건이 지닌 사실 그대로의 진실을 알고자 하는 모든 이에게 유용하다고 여겨진다면 나는 만족할 것이다. 이 작품은 순간을 위해서가 아니라, 모든 시대를 위해서 서술되었다"고 투키디데스는 서술한다.

역사가의 과제를 그렇게 바라보는 그 인물은 자신이 서술하고 있는 사건들과 동시대에 살고 있었다. 전쟁의 처음 몇 해 동안 투키디데스는 아테네 장군들 가운데 한 사람이었다. 그러나 곧 운명이 개입했고, 한 명의 군인을 연구자로 바꾸어놓았다. 투키디데스가 전쟁이 발발한 지 10년째 되던 해에 유배당했기 때문이다. 투키디데스는 그 이유에 대해서 다음과 같이 말했다.

장군은 암피폴리스에서 배로 반나절 걸리는 곳에 있던 그 지역을 담당한 또 한 명의 장군인 오롤로스의 아들이며, 이 역사서의 저자인 투키디데스에게 사람을 보내어 지원하러 와달라고 요청했다. 투키디데스는 암피폴리스가 함락되기 전에 도착하기를 바라면서, 마침 즉시 쓸 수 있었던 일곱 척의 배를 이끌고 서둘러 항해했다. 그러나 암피폴리스의 시민들이 항복했다. 같은 날 저녁 투키디데스와 그의 함선이 도착했다.[1]

투키디데스는 암피폴리스에 뒤늦게 도착했다. 아테네는 실패한 지휘관을 처벌했고, 그때부터 투키디데스는 관찰자로 자리잡았다. "유배 때문에 나는 사건의 경과를 조용히 관찰할 수 있었다"고 투키디데스는 서술한다.

그 말은 의외이지만, 그가 쓴 역사서에 의해서 사실로 판명된다. 투키디데스는 조국이 가장 신뢰하는 인물들 가운데 한 명이었다가 조국이 없는 사람이 되었다. 이것은 당시에는 죽음보다 거의 나을 것이 없는 운명이었고, 우리가 판단할 수 있는 한 투키디데스는 그러한 운명을 겪을 만한 일을 하지 않았다. 그러나 투키디데스는 "사건의 경과를 조용히 관찰할 수 있었고", 신랄함과 편견으로부터 자유로웠으며, 마치 아주 먼 과거를 다루듯이 냉정하게 편벽되지 않은 역사서를 서술할 수 있었다. 투키디데스는 스파르타를 바라보는 것과 동일하게 아테네를 바라보았고, 여기에서는 칭찬하고 저기에서는 비난하거나 하지 않았다. 투키디데스가 몰두하고 있었던 것은 그가 자세하게 이야기하고 있는 치명적이고 파괴적인 전쟁을 초월하고 넘

---

1) 투키디데스, 「펠로폰네소스 전쟁사」, 4권, 104절.

어서는 그 무엇인가였다. 투키디데스는 그 전쟁의 영구적인 측면(sub specie aeternitatis)에서 주제를 바라보았다. 그는 그리스의 두 작은 국가 간의 전쟁이 지닌 쉽게 변하는 겉모습의 이면에서 보편적인 진리를 찾아냈다. 자신의 역사서 전반에 걸쳐서 아주 면밀하게 주의를 기울여 서술한 끊임없이 일어난 사소한 해상과 육상에서의 교전들을 통해서 투키디데스는 전쟁이 무엇인지, 왜 그 전쟁이 일어나는지, 그것이 어떠한 작용을 하는지, 인간이 더 나은 방법을 배우지 않는 한 틀림없이 계속 그렇게 하리라는 점을 지적하고 있다. 투키디데스의 「펠로폰네소스 전쟁사(*History of the Peloponnesian War*)」는 참으로 전쟁의 원인과 결과에 대한 논문이다.

펠로폰네소스 전쟁은 기원전 431년에 발발했다. 모두 다 합쳐도 그리스의 두 주요 강국 간에 사력을 다한 전쟁이 치러져야 했던 합당한 이유로서 제시되기에는 불충분한 연속적인 사소한 다툼이 그 전쟁을 발발시키기에 이른 것이다. 아리스토파네스는 몇몇 술에 취한 젊은이들이 아테네에서 한 이웃 도시로 달아남으로써 사건의 전말이 시작되었다고 주장하면서 그들을 웃음거리로 만들었다.

메가라에서 바람둥이 처녀 한 명을 훔쳐왔네.
그러자 메가라 사람들이 여기 와서 아스파시아네
말괄량이 둘을 훔쳐갔네. 그래서 그렇게 행실이
좋지 않은 세 여자 때문에 전쟁이 일어났네.

그러자 올림포스의 신과 같으신 페리클레스께서 격노해서는
벼락을 치고 천둥을 쳐서 그리스를 놀라게 했네.[2]

그렇게 아리스토파네스가 해학적으로 개작한 것을 투키디데스는 염두에 두지 않았다. 전쟁의 진정한 원인은 이러저러한 사소한 동요, 멀리 떨어진 식민도시의 반란, 중요하지 않은 협정의 파기 같은 것이 아니었다. 그 이유는 사건의 표면 저 아래, 인간 본성 저 밑에 있는 무엇이었다. 그리고 그것은 지금까지 일어났던 모든 전쟁의 원인이었다. 동기로 작용한 힘은 탐욕, 즉 어떠한 권력과 어떠한 소유로도 충족시키지 못하는 권력과 소유에 대한 그 이상한 열정이었다. 권력 혹은 그에 상응하는 부는 더 많은 권력, 더 많은 부에 대한 갈망을 가져왔다고 투키디데스는 서술했다. 아테네인과 스파르타인은 오직 한 가지 이유 때문에 싸웠다. 즉 그들은 강력했고, 그렇기 때문에 더 많은 권력을 추구하도록 강요(투키디데스의 표현이다)되었기 때문이다. 둘은 서로 다르기 때문이 아니라―민주적인 아테네와 과두적인 스파르타―서로 비슷하기 때문에 싸웠다. 그 전쟁은 사상이나 옳고 그른 것에 대한 생각의 차이와는 아무런 관계도 없었다. 민주정이 옳고 소수에 의해서 다수가 지배되는 것은 잘못인가? 투키디데스에게 그 질문은 중요한 논쟁점을 회피하는 것으로 보였다. 옳은 권력이란 없었다. 권력은 그것을 누가

---

2) 아리스토파네스, 「아카르나이 사람들」, 515행 이하.

사용하든지 간에 인간을 타락하게 만드는 악이었다.

약 200년 후에 살았던, 역시 그리스인인 역사가 폴리비오스는 투키디데스의 기본 명제에 대해서 감탄할 만하게 명확하고 압축된 설명을 제공한다. 인간의 역사는 권력의 지나침이 계속 주기적으로 일어나는 순환이라고 폴리비오스는 말한다.[3] 초기의 군주들이 바퀴를 돌리기 시작한다. 더 많은 권력을 얻을수록 더 많이 원하고, 필연적으로 반대가 일어나서 연합으로 충분히 강력해진 소수의 반대자들이 스스로 지배권을 잡을 때까지 권위를 계속해서 남용한다. 이들 역시 결코 만족할 수 없다. 그들이 저항을 받을 차례가 될 때까지 다른 이들의 권리를 잠식한다. 민중이 그에 맞서 반란을 일으키고, 민주정이 과두정을 계승한다. 그러나 거기서 다시 모든 권력 안에 있는 악이 작용한다. 그 악은 타락과 법률에 대한 경멸을 불러일으켜 국가가 더 이상 기능할 수 없고, 질서 회복을 약속하는 강력한 인물 앞에서 쉽게 무너지게 한다. 1인 지배, 소수에 의한 지배, 다수의 지배가 각각 번갈아 파괴된다. 그 이유는 그들 안에는 모두 변하지 않는 악—권력을 향한 탐욕—이 존재하고 있으며, 어떠한 도덕적 속성도 그들 중 어느 것과 필연적으로 밀접한 관계가 없기 때문이다.

투키디데스가 관찰했던 그 순환의 주기는 너무나 엄청난 결과를 가져와서, 투키디데스는 그에 대한 설명이 인간에게 무시

---

3) 폴리비오스, 「역사(*Histories*)」, 6권.

할 수 없는 경고가 될 것이라고 믿었다. 펠로폰네소스 전쟁이 분명하게 보여주었으며, 인간이 깨달아야 할 가장 중요한 사실은 거대한 권력이 스스로 파괴를 초래했다는 점이다. 제국 건설이라는 아테네의 성공적인 발전은 파멸로 끝났다. 아테네의 엄청나게 부강한 해상제국은 오랫동안 성공적인 권력정치의 본보기로 여겨졌다. 사실 아테네는 지나치게 강력해졌다. 아테네는 불변의 결과를 초래할 불변의 방식으로 행동했다. 아테네는 권력을 남용했고, 압도적인 패배를 당했다. 투키디데스는 거기까지 보았다.

우리는 더 멀리 볼 수 있다. 인간다움이라는 대의가 좌절되었다. 그리스가 세상에 기여한 공헌은 억제당하고 곧 중단되었다. 수백 년이 지나서야 인간은 그리스의 사상이 멈추었던 그 지점에 다시 도달했다.

투키디데스의 전쟁이 일어나기 150년 전인 기원전 6세기가 시작될 무렵, 우리가 알고 있는 그 아테네가 탄생했다. 아테네는 상업이 성장함에 따라서 서서히 재산으로 전환된 토지를 소유한 귀족계급이 지배하는 작은 국가였다. 전쟁은 드물었다. 기원전 5세기까지 주요한 싸움은 인간 권리에 대한 개념의 확고한 기반이 쌓여가고, 옛 질서는 약해지고 있던 아테네 내부에서 일어났다. 아테네를 위해서는 다행스럽게도, 기원전 6세기 초반은 자신을 위한 권력을 원하기에는 너무 위대하고 선한 솔론이라는 인물의 등장으로 특징지어졌다. 솔론은 권력이 사악함 속에서 작용하고, 탐욕은 권력의 원천이며 힘이라는 점을 투키디데스만큼 날카롭게 이해했다.4) "사람들은 탐욕에 의해서 공정하지 않은 방법으로 부를 얻도록 강요당한다. 그리고 가장 많은 부를 가진 자는 늘 두 배 이상 더 탐을 낸다"고 그는 서술했다. 권력에 대해서도 "권력을 가진 자들이 도시를 허물어뜨린다"고 말했다. 그 당시 모든 사람이 그랬듯이, 도시에 전적으로 의존하고 있는 그리스인으로부터 그보다 더 심한 비난은 있을 수 없었다. 솔론은 시대의 새로운 정신에 따라 정부를 변화시켰다. 솔론은 일반 민중에게 정부 안에 해당하는 몫을 주었고, 세계 최초 민주정체의 기초를 놓았다. 솔론이 은퇴한 뒤 한 강력한 인물이 계급 간의 폭력적인 다툼에 의해서 직접 지배권을 장악하는 이익을 얻었을 때, 이 변화가 잠시 중단된 것은 사실이다. 그러나 전반적으로 그 인물은 솔론의 정체를 존중했다. 참주 아래에서도 민주정체는 계속 발전했고, 아테네는 이웃 도시들과 평화를 유지했다. 살라미스라는 중요한 섬을 다른 사람도 아닌 솔론 자신의 선동으로 가까운 이웃인 메가라로부터 빼앗아온 것은 사실이지만, 그것이 유일한 경우였다.

그것은 아테네를 위해서 다행이었다. 참주의 권력이 박탈되고, 몇 년이 지나 작은 도시 아테네가 페르시아와 전쟁을 해야 할지 혹은 노예가 되어야 할지 결정해야만 했던 그 중요하고 기억할 만한 해인 기원전 490년에 아테네는 그리스 내에서 적에 맞서 방어할 필요가 없었다. 페르시아와의 전쟁보다 더 순수한

---

4) 솔론, Frg. 3.

동기로 치러진 전쟁은 이제까지 없었다. 마라톤과 살라미스는 아직도 "여러 세대에 걸쳐 강한 도전장을 던지는" 단어들이다. 그곳에서의 승리는 그 전투에서 승리한 자들에게 그랬듯이 여전히 기적처럼 여겨진다. 막강한 세력이 권력의 자리를 박탈당했고, 약한 자들이 승리의 환희를 느꼈으며, 50년 동안 그리고 그 이상 페르시아는 그리스에게 어떠한 짓도 할 수 없었다.

인간을 갈라놓았던 심각한 차이점들이 저 먼 배경 속에 있고, 자유가 공기 중에 감돌고 있을 때 역사를 통틀어 인간 정신의 가장 성공적인 재탄생 가운데 하나가 뒤따라 일어났다. 여기서 자유는 넓은 의미에서의 자유, 즉 법 앞에서의 평등뿐만 아니라 사고와 언론의 자유를 뜻했다. 분명히 그 시대는 슬프고 고통스러운 세상이었다.

그 시절에는 생존하는 것만이 기쁨이었다.

우리는 그렇게 생각한다. 투키디데스의 작품 속에는 기쁨이 없다. 엄청난 변화가 아주 짧은 시간 안에 아테네를 엄습했다. 그 변화를 보여주는 데는 두 개의 인용구로 충분하다.

(많은 사람들이 그렇게 주장하기도 하고, 내 생각에도 에우리피데스 초기 극작품 가운데 하나인)「탄원하는 여인들(*Hiketides*)」이라는 작품에서 막이 오르면 테베와 싸우기 위해서 아르고스가 파견했던 원정대가 패배하고, 테베인은 모든 그리스인에게 절대 용납될 수 없는 행위를 저지른다. 즉 테베인은 적에게 전

사자들을 매장하는 것을 허락하지 않았다. 아르고스의 지도자는 아테네에 도움을 요청하러 온다. "모든 도시 중에서도 아테네가 인정이 많기 때문입니다"라고 아르고스의 지도자는 아테네의 왕 테세우스에게 말한다. 그것이 아무리 정당하더라도 다른 국가의 분쟁을 떠맡기를 주저하고 있을 때, 테세우스의 어머니는 그것이 그의 의무라고 말한다. 아테네의 명예가 테세우스 자신의 명예와 함께 걸려 있었다.

> 신의 일들을 살펴라.
> 너는 부당한 취급을 당한 자 모두를 반드시 도와야 하고
> 법을 무너뜨리는 자 모두를 반드시 속박해야만 함을 깨달아야 한다.
> 각자가 정의의 위대한 법칙을 존중하는 것,
> 이것 말고 다른 무엇이 국가와 국가를 유지하겠느냐.[5]

테세우스는 어머니의 말씀이 옳다는 것을 인정한다. 아테네는 스스로 방어하지 못하는 자의 방어자이며, 억압자의 적이다. 아테네가 가는 곳마다 자유가 따라온다.

불과 몇 년 뒤에 투키디데스는 이상적인 정치가인 페리클레스로 하여금 아테네인들에게 경고하게 한다.

여러분은 어느 나라에게는 자유가 주어져야 하고, 어느 국가는 예

---

[5] 에우리피데스, 「탄원하는 여인들」, 310행 이하.

속된 채로 남아 있어야 하는가라는 단순한 문제를 놓고 싸우고 있다고 생각하십니까? 여러분은 제국을 잃게 될 것입니다. 여러분은 아테네가 한번도 불운에 굴복했던 적이 없고, 지금 현존하는 최고의 권력을 가지고 있기 때문에 세상에 강력한 평판을 가지고 있다는 사실을 깨달으셔야만 합니다. 미움을 받는 것이 항상 다른 사람을 지배하고자 하는 대망을 품은 자의 운명입니다. 그러한 미움 때문에 여러분은 지배권을 포기할 수 없습니다. 일부 게으름뱅이와 겁쟁이들이 이 위기의 상황에서 명성을 얻으려고 하지만 말입니다. 여러분의 제국은 지금까지, 아마도 많은 사람들이 생각하듯이 올바르지 않게 획득된 전제정치이지만, 그것을 손에서 놓아버리는 것은 분명히 위험한 일입니다.[6]

아테네가 가진 이러한 두 가지 생각의 차이는 주목할 만하다. 이는 시인과 역사가 사이의 차이로 설명될 수 없다. 에우리피데스는 투키디데스만큼 세상을 잘 이해하고 있었다. (그보다) 세상을 더 잘 아는 사람은 거의 없었다. 달랐던 것은 바로 아테네였다. 두 인물은 각자 자신의 시대를 대변하는 인물들이었다. 불과 한 세대도 지나지 않아서 자유의 수호자였던 아테네는 독재의 도시라는 이름을 얻었다.

페르시아의 마지막 패배 후인 기원전 480년으로 거슬러올라가면, 아테네인들이 자유로운 그리스 국가들의 새로운 동맹을

---

6) 투키디데스, 「펠로폰네소스 전쟁사」, 2권, 60-64절.

이끌도록 선택되었다. 이것은 높은 지위였고, 아테네인들은 그 지위를 맡게 된 것을 자랑스러워했다. 그러나 그 역할은 높은 수준의 청렴함을 요구했다. 아테네는 다른 도시의 복지를 자신의 것과 동등한 수준으로 고려해야만 자유인의 지도자가 될 수 있었다. 페르시아와 전쟁을 치르는 동안 아테네는 그렇게 할 수 있었다. 아테네는 엄청난 위기 속에서 자국의 이익에 인색하지 않게 열중하는 모습을 보여주었지만, 에우리피데스가 보았듯이 영예롭고, 관대하고, 공정했다. 동맹의 수장으로서도 얼마 동안 아테네는 권력으로 타락하지 않았다. 그러나 아주 잠시 동안이었다. 훨씬 더 많은 권력을 얻고자 하는 유혹은 언제나 저항하기 어렵다는 것이 증명되었다. 순식간에 자유동맹체가 아테네 제국으로 변모하고 있었다. 아무리 격심한 변화일지라도 한 국가 속의 민중의 성격에 영향을 주지 않는 변화도 있다. 그러나 아테네의 변화는 종교와 도덕성의 뿌리 아래로 깊이 내려갔다.

페르시아에 맞서 싸웠던 사람들에게 자신들의 놀라운 승리는 신의 정의가 세상을 지배하고 있다는 믿음의 증거였다. 이것은 실제로 불가사의한 방식으로 작용했다. 그럼에도 불구하고, 다른 사람들의 권리를 짓밟는 자들은 그들이 아무리 강할지라도 개인과 마찬가지로 분명히 국가도 처벌을 받을 것이있다. 권력을 의식하면서 생겨나는 오만은 그리스인들이 항상 가장 증오해왔던 죄악이었다. 그리스의 가장 초기 문학 속에서, 신화의 이야기를 통틀어서 그러한 오만은 분명히 개인에 대한 신의 노여움을 초래했다. 그리고 페르시아의 자신만만한 권력이 살라미스에서 짓밟혔을 때, 오만이 한 국가에게 초래하는 것을 그리스인들은 스스로 목격했다. 아테네의 가장 위대한 지도자 솔론은 지상의 정의는 천상의 정의를 그대로 반영한다고 선언했다. 그들의 가장 위대한 시인 아이스킬로스는 이렇게 서술했다.

황금은 결코 보루가 아니다.
신의 정의라는 위대한 제단을
경멸하는 자들에게 방어물은 없다.[7]

그러나 이러한 신념들은 아테네가 동맹의 회원국들을 공격하고, 아테네의 피지배자가 되도록 강요했을 때 돈과 권력이라는 높아져가는 조류에 쓸려가버렸다. 제국의 젊은이들에게 옛 신념은 현실에 의해서 옳지 않다는 것이 입증되었다. 그들이 이해할 수 있는 한에서는 황금이 실제로 난공불락의 방어였다. 분명히 아테네의 젊은이들은 다른 도시를 부당하게 대우함으로써 자신들의 도시가 번성하는 것을 볼 수 있었다. 그렇다면 신의 정의의 힘은 어디에 있는가? 만약 누군가가 자신을 해할 수 없는 자들을 해쳤다면 무엇이 그를 공포에 떨게 하겠는가? 왜 투키디데스와 그의 동시대 사람들이 사악한 자들은 분명히 고통스럽게 벌을 받을 것이고, 선한 자들은 그에 맞는 커다란

---

7) 아이스킬로스, 「아가멤논」, 378행.

보답을 받을 것이라고 계속해서 믿어야만 했는가? 페리클레스 시대의 젊은 세대는 악행을 자제하는 것과 안전함 사이의 결합에서 풀려나는 데 자신의 눈을 사용하기만 하면 되었다. 다른 사람을 희생해서 자신의 이득을 얻기 위한 모든 수단을 가지고 있는 사람이 벼락에 맞아 죽을 공포 속에 살 필요가 없다는 것은 아주 명백했다. 갑자기, 제국주의적이고 무적의 아테네에서 옳은 행동을 해야 하는 이익 동기가 각각의 악행에 대해서 그에 합당한 정도로 가해지는 불쾌한 처벌이라는 그들을 억누르고 있던 공포와 함께 제거되었다. 인과응보의 질서는 작동을 멈추었고, 야망과 소유물에 대한 자만으로 가득 찬 그 시대의 뛰어난 젊은이들에게 그 자리를 대신할 것은 아무것도 없었다. 분명히 그들은 아이스킬로스와 소포클레스의 연극을 보기 위해서 계속해서 몰려들었으나, 그들의 지성을 다 동원해도 그 작품들을 이해할 수 없었다. 극작가가 자신들에게 선함이 가진 최고의 힘을 보여주고 있다는 것을 깨닫지 못하면서 「오레스테이아(Oresteia)」를 관람했다. 그리고 그 젊은이들은 사심 없는 행동의 고결한 아름다움을 바라보고 있다는 것을 꿈에도 깨닫지 못하면서 「안티고네」에 박수갈채를 보냈다.

이런 급격한 변화를 그 찬란하게 빛나는 타락한 도시 안에서 한 사람은 이해하고 있었다. 투키디데스는 모든 도덕성의 주춧돌인 다른 사람의 권리에 대한 존중이 무너지고 사라져버렸다는 것을 깨달았다. 그것은 에우리피데스가 「탄원하는 여인들」을 서술했을 때, 일반적으로 인정되고 있던 사람과 사람 사이

뿐만 아니라 국가와 국가 사이의 관계를 받치고 있는 토대였다. 국가는 존경받을 만한 사람들의 생각을 구체화했다. 그러나 투키디데스가 역사를 서술하던 당시 아테네는 그 생각을 무시함으로써 제국을 획득했다. 권력정치라는 거대한 사업에서 국가가 자기 이익을 위해서 모든 기회를 이용하는 것은 필요한 일일 뿐만 아니라 옳은 일이었다. 투키디데스는 아마도 세상이 모두 인정하는 교리가 될 이러한 새로운 교리를 이해한 최초의 인물이며, 그것을 언어로 표현한 최초의 인물임이 분명하다. 투키디데스는 페리클레스로 하여금 공정한 거래 관계와 동정심이 개인에게 그러하듯이 국가에게도 당연하다는 것을 노골적으로 부정하게 했다.[8] 자국의 방식을 다른 국가에 강요할 생각 없이 자신만의 방식을 추구하는 국가라면 공정한 거래 관계와 동정심 같은 신념을 고수할 수 있을지도 모르지만, 지배 권력에 힘을 쏟고 있는 국가라면 그럴 수 없다고 투키디데스는 지적한다. "제국을 통치하는 도시는 자신의 이익에 부합하는 것은 아무것도 정의와 이성에 어긋나는 것이라고 여기지 않는다"고 투키디데스는 서술한다.

그것이 펠로폰네소스 전쟁이 발발할 당시 아테네의 정신이었다. 점점 커져가는 아테네 제국의 권력은 아테네의 가장 강력한 경쟁자를 자극했다. 스파르타는 아테네에 대항하여 전투를 시작했다.

---

8) 투키디데스, 「펠로폰네소스 전쟁사」, 2권, 66절.

모든 독자들은 아테네를 지지하는 선입관을 가지고 투키디데스에게 접근한다. 스파르타인은 예술이나 문학 또는 과학에 관해서 아무것도 세상에 남기지 않았다. 그럼에도 불구하고 지난 2,000년에 걸쳐 거의 약화되지 않은 본능의 표현인 스파르타의 이상은 그들의 시대로부터 우리 시대까지 영속되어왔다는 사실이 언급되어야만 한다. 그것은 성인(成人)의 관점이 아니다. 스파르타는 키플링의 「스탤키와 친구들(*Stalky & Co*)」과 아주 비슷하게 남학생들이 바라보는 방식으로 사물들을 바라보았다. 이상적인 스파르타인은 담력이 있고, 고난과 고통에 무관심하며, 최상의 운동선수였다. 말을 적게 할수록, 또는 그 문제에 대해서 생각을 적게 할수록 더 좋았다. 스파르타인에게 강조되는 것은 이유를 생각하는 것이 아니라, 늘 행동하고 죽는 것이었다. 스파르타인은 오로지 군인일 뿐이었다. 스파르타의 목적은 전쟁이었다. 아테네인은 다른 모든 것에 대해서와 마찬가지로 전쟁에 대한 태도에서도 현실적이었다. 아테네인은 전쟁터에서 죽는 것에서 어떠한 매력도 발견하지 못했다. 투키디데스가 보고한 페리클레스의 전사자들을 위한 연설에서 페리클레스는 청중에게 가서 똑같은 일을 행하라고 호소하지 않는다. 그러나 청중에게 만약 그들이 싸워야 한다면 덜 위험한 상황 속에서 그렇게 되기를 빌라고 요구한다. 전쟁은 아테네에서 나쁜 일이었다. 그럼에도 불구하고 전쟁은 필요불가결한 것이었다. 한 국가가 다른 사람에게 속한 것을 취할 수 있고, 취하고 난 뒤에 그것을 유지할 수 있는 유일한 방법이었다. 전쟁은 당연히 크게 이로울 수 있었다.

스파르타인은 전쟁에 대해서 사무적인 시각이 아니라 감상적인 시각을 가지고 있었다. 전쟁은 전혀 필요불가결한 악이 아니었다. 전쟁은 인간 활동의 가장 고결한 형태였다. 스파르타인은 전쟁터에 대해서 깊은 경의를 느끼고 있었다. 스파르타인이 숭배했던 시인 티르타이오스는 스파르타인의 낭만적인 감정을 더할 나위 없이 표현했다. 상무시(尚武詩)의 시인도 좀처럼 이루지 못한 감상적인 생각의 절정에 도달한 한 시 속에서 티르타이오스는 말한다.

청년의 아름다운 모습은 그가 죽을 때 가장 아름답다.
죽음에서조차 그 청년은 아름답다.
인생의 절정에서 죽은 젊은 영웅.
그는 남자들의 애도와 여자들의 눈물 속에 남아 있다.
살아 있는 동안보다 더 신성하고, 훨씬 더 아름답게.
전장에서 생을 마감했으므로.

젊은 스파르타인의 훈련 밑바탕에 깔려 있는 생각은 국가의 권력을 유지하고 그것에 직접적으로 공헌하지 않는 모든 것을 무시하는 스파르타인의 의무였다. 삶의 다른 모든 가능성—상상(력), 미에 대한 찬미, 지적인 관심사—은 한옆으로 제쳐놓았다. 인간의 욕망과 성취의 목표는 조국을 유지하는 것이었다. 국가를 돕는 것만이 선한 것이었다. 조국을 해하는 것만이 나쁜 것이었다. 스파르타인은 개인이 아니라, 그에 대한 모든 책임을 떠맡고 있으며, 그로부터 절대적인 복종을 요구하고, 그의 성격과 정신을 형성하고, 인간의 주요 목적은 죽이고 죽임을 당하는 것이라는 깊은 확신에 그를 물들게 하는 잘 작동하는 기계의 한 부분이었다. 플루타르코스는 이렇게 서술한다.

> 스파르타에서 시민의 생활방식은 고정되어 있었다. 일반적으로 그들은 사생활을 이끌어갈 의지도 능력도 없었다. 스파르타 시민은 지도자 주위에 같이 매달려 있고, 열정의 황홀경과 사심 없는 야망 속에서 국가에 전적으로 속해 있는 꿀벌 공동체와 같았다.[9]

아테네는 민주정이었다. 모든 아테네인이 속한 민회가 최종 권위였다. 집행기관은 모든 시민들이 선출될 자격이 있는 500인 회의였다. 행정관은 추첨을 통해서 선택되거나 민회에서 선출되었다.

국가는 아테네의 개인에 대해서 책임지지 않았다. 개인이 국가에 대해서 책임져야만 했다. 그 결과는 물론 국가가 무엇인가에 대한 스파르타의 개념과 완전히 달랐다. 아테네에서는 국가가 그것을 구성하는 사람과 다르며, 그들보다 우위에 있는 신비적인 존재물의 일종이라는 관념이 존재한 적이 없었다. 아

---

9) 플루타르코스, 「리쿠르고스(*Lycourgos*)」, 24.

테네의 현실주의가 그와 유사한 어떠한 개념도 차단했다. 아테네의 국가에 대한 개념은 자신의 능력을 발전시키고 자기 방식대로 살아가는 데 자유롭고, 직접 통과시킨 법률에만 복종하면서 그것을 마음 내키는 대로 비판하거나 바꿀 수 있는 개인들의 연합이었다. 그러나 법률이란 분명히 일시적인 것이라는 이와 같은 관점 아래에 기원전 5세기의 사고와 예술을 지배했던 고유한 아테네적인 신념이 있었다. 즉 무제한적이고, 억제되지 않으며, 법이 없는 자들은 야만적이고 추하고 불합리하다는 신념이었다. 자유는 자기 통제에 의해서 엄격하게 제한되었다. 그것이 전성기 아테네의 신념이었다. 아테네의 예술가들은 그 신념을 구체적으로 표현했다. 아테네의 민주정은 그러지 못했다. 아테네의 예술과 사상은 시간의 시험을 견뎌냈다. 아테네의 민주정은 제국이 되었고 실패했다.

제국주의적인 전제정은 전쟁을 치르게 되었을 때 더 강하다는 것이 증명되었다. 매년 전쟁이 계속되면서 아테네 시민 정부의 허약함은 스파르타의 엄격한 훈련과 확고한 정책과 비교하여 점점 더 분명해졌다. 아테네는 당대의 인물이 선택하는 데 따라 이리저리 흔들거렸다. 그러한 인물들 가운데 한 사람인 절조는 없지만 재기가 넘치며 소크라테스가 큰 기대를 걸었던 알키비아데스는 시칠리아 정복을 위해서 원정대를 파견하도록 민회를 설득했다.10) 알키비아데스는 남다른 인물이었

---

10) 투키디데스, 「펠로폰네소스 전쟁사」 7권은 시칠리아 원정에 관해서 서술한다.

고, 그의 통솔하에서 그 원정은 성공했을지도 모른다. 그것이 실패했던 분명한 이유는 원정이 몹시 서투르게 진행되었기 때문이다. 알키비아데스는 아테네 함대가 시칠리아에 도착하자마자 소환되었다. 그때까지 민중의 감정은 알키비아데스의 적들이 제기한 신성모독의 혐의 때문에 알키비아데스에 대한 반감으로 뜨거웠다. 불경건한 인물의 본보기가 된 알키비아데스는 종교를 보호하려는 열정으로 뒤끓는 민중을 대면할 만큼 분별이 없지는 않았다. 그리하여 알키비아데스는 자신의 충성심을 스파르타로 옮겼고, 그곳에서 매우 유용한 인물임을 입증했다.

순전히 잘못된 통솔력이 시칠리아 원정을 좌초시켰다. 아테네 민중은 자신들이 열망하는 몫을 담당하기에는 도량이 아주 작은 인물들의 지도를 받았다. 아테네인은 잘못 인도되었다. 그들은 이미 때가 너무 늦어버릴 때까지 적의 세력을 과소평가했다. 아테네인은 자신들의 해군력을 맹목적으로 신뢰했고, 그러한 확신 때문에 실패했다. 시라쿠사 근처에서 발발한 마지막 해전에서 아테네인은 허를 찔렸고, 아테네의 위대한 함대는 패퇴했다. 완패였다. 함선을 포기해야 했고, 군단은 보급식량도, 저장품도 하나 없이 육상에서 후퇴하기 시작했다. 여러 날에 걸친 행군 후에 절망에 빠지고, 굶주린 병사들은 둘로 나뉘었다. 앞서가던 진영은 후미와의 접촉을 잃었고, 시라쿠사의 병사들은 쉽게 전방을 압도하고 나서 후미의 병사들을 진압했다. 마지막 전장은 어느 강둑이었다. 그곳에서 심한 갈증으로 앞뒤 가리지 않게 된 아테네 병사들은 적이 임박해 있다는 것을 알지도 못하고, 또는 괘념치도 않고 물로 뛰어내려갔다. 강은 곧 피로 붉게 물들었으나, 그럼에도 불구하고 아테네 병사들은 강물에 도달하려고 서로 다투었고 죽어가면서 강물을 마셨다.

산 채로 사로잡힌 자들은 모두 노예가 되었다. 그들 중 대다수가 시라쿠사 근처의 채석장에 보내졌고, 그곳에서는 인간이 도울 필요도 없이 자연이 고문을 가했다. 낮에는 찌는 듯이 더웠고, 밤에는 살을 에는 듯이 추웠기 때문에 극소수만이 생존했다. 투키디데스는 "그들은 할 수 있는 만큼 다 했으나, 인간이 겪어야만 하는 고통을 겪었다"고 그들에 대한 마지막 평가를 서술했다.

그보다 더 완전한 패배는 지금까지 없었다. 아테네인들이 시칠리아에서 겪은 것을 적에게 가하는 것은 여전히 한 국가를 전쟁에 뛰어들도록 고무시키는 가장 밝은 희망이다. 그러나 이것이 이 전쟁이 아테네에게 가져다준 최악의 재난은 아니었다. 투키디데스 역사서의 절정은 전쟁이 일어나고 있는 그 몇 해 동안 아테네 시 안에서 각각의 아테네인에게 일어났던 일을 그린 부분이다. 이것은 한 위대한 민중이 분열을 겪는 모습이다. 투키디데스는 그 과정이 얼마나 빨랐는지를 전쟁 초기에 있었던 일과 전쟁 후반에 일어난 사건에 관한 두 가지 이야기를 통해서 보여준다. 전자는 공물을 바치는 한 중요한 섬의 반란에 대한 것이다. 아테네는 그 섬을 진압하기 위해서 함선을 보냈고, 나중에는 광포하게 노하여 그 섬의 남자들을 살해하고 여자들과 어린아이들은 노예로 삼으라고 투표로 결정했다.[11] 투표가 실행되기 전에 열린 토론에서 당시 민회의 지도자는 아테네인들에게 제국의 치명적인 세 가지 적들인 동정과 토론의 즐거움, 공정한 거래 관계의 정신에 의해서 오도되지 말라고 경고했다. 그 지도자는 집회를 진행했고, 파멸적인 명령과 함께 함선이 파견되었다. 그러고 나서 에우리피데스의 아테네가 지닌 정신에 여전히 충실한 아테네인들은 본모습으로 돌아왔다. 두 번째 함선이 첫 번째 함선을 추월하거나, 또는 학살을 막기 위해서 어떻게 해서든지 제시간에 그 섬에 도착하도록 파견되었다. 노 젓는 사람들은 제시간에 섬에 도착할 때까지 휴식도 취하지 않고 노를 저으면서 음식을 먹었을 정도로 열심이었다.

두 번째 이야기는 7년 뒤 아테네를 성나게 한 또다른 섬에 관한 것이다.[12] 그것은 멜로스라는 작은 섬이었다. 그 섬 자체는 별로 중요하지 않았으며, 단지 중립에 서기를 원했을 뿐이었다. 그러나 7년이라는 세월은 아테네에 그 흔적을 남겼다. 이번에 아테네는 동정과 공정한 거래 관계에 반대하도록 경고를 받을 필요도 없었다. 투키디데스가 묘사한 아테네의 사절들과 멜로스인들 사이의 대화는 헤로도토스가 말했듯이, 한때 저급한 것과 고결한 것 사이의 영원한 선택에서 항상 고결한 것의 편에 섰던 사람들에게 전쟁이 어떠한 결과를 초래했는지에 대해서 보여준다.

---

11) 투키디데스, 「펠로폰네소스 전쟁사」, 3권, 36절, 1행 이하.
12) 투키디데스, 「펠로폰네소스 전쟁사」, 5권 84절 이하.

자신들은 아무런 잘못도 한 적이 없고, 자신들과의 전쟁은 모든 정의에 반하는 일이 될 것이라는 멜로스인들의 탄원에 아테네 사절은 "정의는 양편이 동등할 때에만 획득됩니다. 권력을 지닌 자들은 그들이 강요할 수 있는 것을 거두어들이고, 약한 자들은 자신들이 양보해야만 하는 것을 포기합니다"라고 응답한다.

이에 "여러분은 정의를 무시하고 있습니다. 그러나 정의를 존중하는 것은 여러분의 이익에도 부합되는 일입니다. 만약 여러분이 장차 패배한다고 해도 정의에 호소할 수 없게 될 것이기 때문입니다" 하고 멜로스인이 대답한다.

"여러분은 우리가 그러한 위험을 무릅쓰도록 내버려두어야 합니다"라고 아테네인은 말한다. "우리의 요지는 우리가 힘들이지 않고 여러분을 예속시키기를 원하며, 이것이 여러분에게도 더 나을 것이라는 점입니다."

"노예가 되는 것을 말합니까?" 하고 멜로스인이 묻는다.

"그렇습니다. 그것이 여러분을 더 나쁜 운명에서 구해낼 것입니다."

"여러분은 평화시에 우리가 동맹은 아니지만 친구로 남는 것에 만족하지 못하십니까?"

"만족하지 못합니다"라고 아테네인이 대답한다. "우리는 여러분의 우정을 원하지 않습니다. 우정은 우리의 허약함의 증거로 보일 것입니다. 반면에 여러분의 증오는 우리가 가진 힘의 증거입니다. 여러분에게 당면한 문제는 자기 보전이라는 것을 제발 기억하십시오. 우리 아테네인이 더 강한 자들입니다."

"운명이 항상 강한 자의 편에 서지는 않습니다"라고 멜로스인이 말한다. "우리가 온 힘을 기울이면 우리는 꿋꿋이 설 수 있다는 희망이 있습니다."

"희망을 조심해야 합니다"라고 아테네인은 응답한다. "눈에 보이는 희망의 근거가 사라졌을 때 눈에 보이지 않는 근거, 종교나 그와 유사한 어떤 것에 의지하는 평범한 군중처럼 되지 말아야 합니다. 우리는 여러분에게 그러한 어리석음으로부터 떠나라고 충고합니다. 그리고 이 모든 토론 속에서 여러분은 현실적인 사람들이 사용했을 논거를 하나도 제시하지 않았다는 사실을 깨달으시기 바랍니다."

멜로스인들은 현실적이지 않았고 전쟁을 치렀다. 아테네는 별 힘도 들이지 않고 멜로스인들을 정복했다. 아테네는 남자들을 살해했고, 여자와 어린아이들은 노예로 만들었다. 아테네는 추한 현실에 대해서 고상한 언어를 사용하는 것에 더 이상 신경을 쓰지 않아도 되는 지점에 도달했으며, 그 이유는 그러한 현실이 더 이상 아테네에게 추해 보이지 않았기 때문이다. 그 때까지의 악덕이 덕으로 평가되었다고 투키디데스는 말한다.[13] 단어의 뜻 자체가 변했다. 속임수는 기민함으로 칭송되었고, 무모함은 용기로 평가되었다. 충절, 절제, 관대함은 허약함의 증거로 멸시되었다. "고결한 본성의 주요한 요소인 선의

---

13) 투키디데스, 「펠로폰네소스 전쟁사」, 3권, 82절.

는 일소에 부쳐졌고 자취를 감추었다. 사람들은 다른 사람을 모두 불신했다." 그것이 권력을 향한 경주가 결국 아테네인을 데려다놓은 곳이었다.

스파르타의 사정은 좀 나았다. 전장에서 죽어야 할 의무라는 스파르타의 이상은 사람들을 오랫동안 만족시키지 못할 것이 확실했으나, 그 이상은 아테네인과 멜로스인 사이의 대화에서 보이는 아무런 이상도 없는 상태보다 훨씬 더 나았다. 아테네는 기원전 404년에 정복되었다. 폭력적인 파벌 투쟁이 아테네 시를 분열시켰고, 늘 친스파르타적인 귀족 집단이 마침내 우위를 점했다. 권력 주기의 또다른 순환이었다.

다음 순환은 더 빠르게 왔다. 스파르타는 다른 국가를 통치할 수 없었다. 아테네는 다른 국가에게 무거운 세금을 물렸으나, 그것 외에는 간섭하지 않았다. 스파르타의 방식은, 스파르타를 칭송하는 한 아테네인이 언급했듯이, 모든 스파르타 시민의 의지는 종속 국가 내에서 절대적인 법이라는 취지의 의견으로 설명된다. 스파르타는 자신의 것이 아닌 다른 방법은 이해할 수 없었고, 다른 그리스인들은 스파르타의 방식에 순순히 따르지 않았다. 그들은 유순하지 않았고, 복종하는 것을 좋아하지 않았다. 스파르타는 그들을 오랫동안 지배할 수 없었다. 스파르타 제국은 단지 몇 년 동안 지속되었을 뿐이다. 전쟁의 끝 무렵에 스파르타는 오랜 대적인 페르시아와 동맹을 맺었고, 페르시아는 아테네를 항복시키는 데 스파르타에게 큰 도움을 주었다. 그러나 그 이후 곧 두 동맹은 불화를 겪게 되었다. 스파르타가 패배했고, 페르시아는 아테네로부터 빼앗은 해상제국을 취했다.

그것이 27년에 걸친 전쟁의 결과였다. 언뜻 보아서는 무익의 승리로 보였지만, 결과는 그보다 훨씬 더 나빴다. 27년 동안 수많은 아테네인들이 죽었다. 우리에게는 다행스럽게도 전쟁에 참여할 연령에 있던 자들 중에서 일부—소크라테스, 플라톤, 투키디데스 자신, 그리고 그만큼 잘 알려진 다른 이들—가 전장에서 사망하지 않았다. 그러나 사망한 모든 이들 중에서 세상을 새로운 고지로 이끌었을 사람들이 있었다는 사실은 의심할 여지가 없다. 만약 이 전사자들이 죽지 않았다면, 기원전 5세기 아테네에서 그처럼 밝게 타올랐던 불꽃은 세상에 더 많은, 훨씬 더 많은 빛을 주었을 것이다. 그러나 그 불꽃은 진실로 헛되이 꺼져버렸다.

이러한 모든 악행의 원인은 탐욕과 야망이 부추기는 권력을 향한 욕망이다.

—투키디데스, 3권 83절

10

—

크세노폰
평범한 아테네의 신사

투키디데스에서 크세노폰으로 옮겨가는 것은 즐겁지만 놀라운 경험이다. 크세노폰이 훨씬 더 젊었지만, 두 인물은 같은 시대를 살았다. 둘 다 아테네인이고 군인이었다. 전쟁의 시대를 살았고 아테네의 패배를 목격했다. 그러나 그들은 서로 다른 세계에 살고 있었다. 너무 다른 세계여서 서로 아무런 연관성이 없어 보인다. 투키디데스의 세계는 전쟁으로 고통당하고 파괴되고 붕괴된 곳이었다. 희망은 사라졌으며, 행복은 상상조차 할 수 없었다. 크세노폰의 세계에는 유쾌한 사람들이 많았으며, 기분 좋게 시간을 보낼 만한 방법들이 많은 즐거운 장소였다. 예를 들면, 사냥이 있었다. 크세노폰은 사냥에 대해서 매력적인 글을 남긴다.[1]

---

1) 크세노폰, 「사냥에 관하여(*Cynegeticus*)」, Ⅴ 이하.

겨울철 눈 위에서 주인만큼이나 추격에 열심인 사냥개들과 함께 산토끼를 뒤쫓으려고 일찍 출발하는 즐거움이 있다. 봄에 "들판이 야생화로 뒤덮여 있을 때, 사냥개의 후각은 소용없다." 혹은 사슴이 사냥감이며 최고의 오락이었고, 혹은 멧돼지는 위험하지만 매우 유쾌한 자극이었다. 사냥꾼에게는 다음과 같은 보상도 있었다. 즉 사냥꾼은 다른 사람들보다 훨씬 더 오랫동안 힘과 젊음을 유지하며, 훨씬 더 용감하고 신뢰할 만하다. 왜 그래야만 하는지 우리의 작가는 애써 설명하려고 하지 않지만, 사냥하는 사람은 단순히 사냥을 하지 않는 자보다 더 나았고 그게 전부였다. 영문학에 나오는 여우 사냥을 하는 지주에게 물어보라. 사냥은 선하고, 건전하고, 정직한 오락이며, 만약 젊은이가 사냥에 몰두하게 되면 그것은 젊은이에게 행운이다. 사냥은 젊은이를 도시의 악덕으로부터 구할 것이고, 그가 덕을 사랑하고 싶어지게 만들 것이다.

투키디데스의 「역사」에서 언제 아테네인이 사냥을 하러 갔었던가 하고 질문을 던진다. 비극적인 통찰력을 가진 투키디데스는 사냥하는 모습을 본 적이나 있었던가? 투키디데스는 한번이라도 사냥에서 잡힌 멧돼지의 크기에 대한 이야기를 들은 적이 있었던가? 투키디데스는 한번이라도 술잔 위로 이야기가 오가는 저녁 만찬에 참여한 적이 있었던가? 소크라테스가 초대되었던 만찬에 투키디데스도 참석했고, 거기에 크세노폰이 갔었고, 그에 대해서 전했지만, 상상력은 투키디데스를 그곳에 놓아보려는 시도 앞에서 실패하고 만다.[2] 우리는 이 저녁 만찬이 아가톤의 집에서 열린 플라톤의 유명한 저녁 식사보다 당시의 유행을 더 빈틈없이 따르고 있었다고 상상해야 한다. 그곳에서 대화는 단지 오락이었다. 아가톤의 손님들은 아테네의 엘리트였고, 기분전환을 위해서 고상한 담화를 원했다. 크세노폰의 저녁 식사에 참석한 손님들은 크세노폰과 소크라테스를 제외하고는 플라톤의 「향연」에 등장하는, 연설에 빨리 지루함을 느꼈을 보통 사람들이었다. 그러나 크세노폰이 묘사한 만찬에서는 아무도 지루할 수 없었다. 그 만찬은 처음부터 끝까지 최고로 즐거운 행사였다. 식탁에서는 즐거운 대화가 오갔다. 물론 소크라테스가 그것을 담당하고 있었을 것이다. 그리고 이따금 대화는 심지어 투키디데스의 관심도 끌 수 있을 만큼 심각한 문제로 전환되었다. 그러나 대부분 훌륭한 만찬에 적당할 만큼 마음 편한 행사였다. 많은 웃음이 있었다. 예를 들면, 소크라테스가 자신의 납작한 코가 쭉 뻗은 코보다 오히려 낫다고 항변했을 때, 그리고 갓 결혼한 한 남자가 양파를 거부했을 때 그랬다. 음악도 있었고, 다른 참석자들을 흥겹게 하기 위해서 소크라테스는 노래를 불렀다. 한 행복한 소년 때문에 중간에 유쾌한 에피소드가 생겼고, 크세노폰의 묘사는 그의 날카로운 관찰력과 예민한 동정심을 드러낸다. 그 소년은 아버지와 함께 저녁 식사에 초대를 받았고, 이는 큰 영예였다. 소년은 중요한 아테네의 축제 행사 중 소년들을

2) 크세노폰, 「향연(*Symposion*)」.

대상으로 하는 주요 시합에서 바로 얼마 전에 우승을 했다. 만찬에 참석한 사람들의 매우 호의적인 눈길을 받으며 소년은 아버지 곁에 앉아 있었다. 손님들은 소년에게 말을 걸어보려고 애썼으나, 소년은 말 한마디 하는 것도 매우 부끄러워했다. 그때, 누군가 그에게 가장 자랑스러운 것이 무엇이냐고 물었고, 다른 누군가가 "아, 물론 그의 우승이지" 하고 소리쳤다. 그 외침에 소년은 얼굴을 붉혔고, 불쑥 말을 꺼냈다. "아닙니다. 그건 제가 자랑스러워하는 것이 아닙니다." 모두들 그 소년이 마침내 무슨 말을 하고 있다는 사실에 즐거워했고, 소년의 용기를 북돋아주었다. "아니라고? 그럼 너는 무엇이 가장 자랑스러우냐?" "저희 아버지입니다"라고 소년이 말했다. 그리고 아버지에게 더욱 가까이 몸을 기대었다. 이것은 투키디데스가 선한 것은 하나도 발견할 수 없었던, 찬란하지만 타락한 도시에 있던 아테네의 소년 시절을 그린 매력적인 장면이다.

늘 그렇듯이 손님들에게 여흥이 제공되었다. 한 소녀가 재미있고 놀라운 묘기를 보여주었다. 최고의 동작은 소녀가 춤을 추면서 열두 개의 둥근 테를 계속해서 허공에 돌리고, 음악에 맞추어 완벽한 타이밍에 그 테를 연속으로 던져서 받는 것이었다. 그 소녀를 아주 주의 깊게 바라보다가 소크라테스는 "나의 친구들이여, 이 소녀뿐만 아니라 다른 것들로부터도 여성의 재능이 남성의 재능보다 전혀 열등하지 않다"는 결론을 내려야만 했다고 선언했다. 그들 중 누군가가 아내에게 무엇인가 가르치기를 원하는지 알면 좋겠다고 그는 덧붙여 말했다. "크산티페"

라는 속삭임이 식탁 주위로 퍼져나갔다. 그리고 손님들 중 한 명이 과감하게 말했다. "그렇다면 왜 소크라테스님은 아내에게 착한 심성을 가르치지 않으십니까?" "왜냐하면 나의 가장 중요한 인생의 목표는 사람들과 잘 지내는 것이기 때문이오. 나는 크산티페를 선택했는데, 그 이유는 내가 크산티페와 잘 지내게 되면 나는 그 누구와도 잘 지낼 수 있다는 것을 알았기 때문이오" 하고 소크라테스는 응수했다. 만장일치로 그 설명은 만족스러운 것으로 인정되었다.

조금 산만한 담화가 이어지고 나서 마침내 운동으로 화제가 바뀌었고, 체중을 줄이기 위해서 매일 아침 춤을 춘다는 소크라테스의 말에 모두 매우 흥미로워했다. "그건 사실입니다"라고 다른 참석자들 중 한 사람이 끼어들었다. "저는 소크라테스님이 춤을 추는 것을 보았고, 제정신이 아니라고 생각했습니다. 그러나 소크라테스님이 제게 말을 건네셨고, 저는 여러분에게 소크라테스님이 저를 설득시켰다고 말할 수 있습니다. 제가 집에 갔을 때―여러분은 그것을 믿으시겠습니까? 저는 춤을 추지 않았습니다. 저도 어찌 된 영문인지 모릅니다만, 저는 제 팔을 이리저리 흔들고 있었습니다." 그러자 "오, 소크라테스님, 저희도 당신을 보게 해주십시오" 하고 모두 외쳤다.

이때까지 무희는 공중제비를 돌았고, 칼로 만든 원 안으로 곤두박질치며 뛰어들고 있었다. 이 모습은 소크라테스를 불쾌하게 만들었다. 그는 "훌륭한 공연임에 틀림없소" 하고 인정했다. "그러나 사랑스럽고 어린 젊은이가 자신을 저와 같은 위험에 노출시키는 것을 바라보는 것이 즐겁냐구요? 별로 맘에 들지 않는구려." 다른 사람들도 동의했고, 그 소녀와 파트너, 즉 한 우아한 소년이 연기하는 "버림받은 아리아드네를 구원한 바커스 신"이라는 무언극으로 빠르게 대체되었다. 그 무언극은 훌륭하게 공연되었다. 두 배우는 한마디도 하지 않았으나, 몸짓과 춤으로 이야기의 모든 사건과 감정을 관객에게 매우 확실하게 표현하는 재주를 가지고 있었다. "저들은 자신들의 역할을 익혀서 연기하는 배우가 아니라, 진정한 연인같이 보이는군." 공연과 함께 만찬은 끝났다. 소크라테스는 그 착한 소년과 소년의 아버지와 함께 집으로 걸어갔다. 크세노폰은 시작 부분에, 자신은 손님 가운데 한 사람이며 존경할 만하고 덕이 많은 사람들이 여가 시간에 무엇을 하는지가 중요하다고 생각하기 때문에 그 저녁 만찬을 묘사하기로 결정했다고 설명할 때를 제외하고는, 그 소론 전체에서 자신에 관해서 아무런 언급도 하지 않는다. 극소수의 그리스 작가들만이 크세노폰과 같은 생각을 가지고 있었다는 것이 그저 아쉬울 뿐이다.

크세노폰이 아테네 가정에 관해서 묘사한 또 하나의 유쾌한 장면은 시대물로서뿐만 아니라, 언제나 매우 알기 어려운 인물인 고대 그리스의 여성을 얼핏 보여주기 때문에 흥미를 불러일으킨다. 근래에 결혼한 한 남성이 아내에 대해서 이야기한다.[3] 그녀는 열다섯 살이 채 되지 않았고, "가능한 한 보지도 말고,

---

3) 크세노폰, 「가정론(Oikonomikos)」, VII 이하.

듣지도 말고, 아무런 질문도 하지 말도록" 가정교육을 잘 받았다고 그는 말한다. 젊은 남편은 자기가 선택한 것은 무엇이든지 이러한 백지 위에 쓸 수 있다는 즐거운 기대에 차 있었다. 그는 무엇부터 시작해야만 하는지를 틀림없이 마음속에 품고 있었다. 그가 다음과 같이 말했다고 크세노폰이 전한다. "물론 나는 아내에게 나와 익숙해질 시간을 주어야만 했습니다. 그러나 우리가 편하게 함께 이야기할 수 있게 되었을 때, 나는 아내에게 중요한 책임이 있다고 말했습니다. 나는 그녀에게 주부로서 내가 기대하고 있는 것을 설명했습니다. 그녀는 의아해하면서 '그러나 어머니께서 저는 별로 중요하지 않고 오직 당신이 중요하다고 제게 말했습니다. 제가 해야만 하는 일은 분별 있고 조심하는 것뿐이라고 어머니는 말씀하셨습니다'라고 했습니다." 그녀의 남편은 그 말을 재빨리 이어받았다. 상냥하지만 무게 있게 남편은 어린 아내에게 그녀의 인생은 이제부터 신중함과 좋은 판단력을 끊임없이 연습하는 것이라고 설명했다. 그녀는 집안에 들여오는 모든 것들을 보관하고, 진행되고 있는 모든 일을 감독하고, 실잣기, 실을 짜서 천 만들기, 옷 만들기를 감독하고, 새로운 하인을 훈련시키고 병든 하인을 돌보아야 할 것이라고 설명했다. 이쯤에서 그 소녀의 기분은 조금 들뜬 듯이 보였다. 왜냐하면 그녀는 아픈 사람을 돌보고 싶다며 속삭였기 때문이다. 그러나 그녀의 남편은 멈추지 않고 계속했다. 물론 그녀는 집안에 머물러야 할 것이다. 남편은 기분이 매우 상쾌해질 뿐만 아니라 건강에도 좋은, 말을 타고 시외로 나가는 것으로 하루를 시작하는 것을 즐겼다. 그러나 여자가 문 밖을 돌아다니는 것은 가장 수치스러운 일이었다. 그렇지만 그녀는 베틀 앞에서, 침대를 정리하면서, 또는 하녀들을 감독하면서 충분한 운동을 할 수 있다. 빵 반죽을 하는 것은 가장 좋은 운동이라고 말했다. 그러한 종류의 일이 모두 그녀의 건강을 증진시킬 것이고, 얼굴에 윤기를 돌게 할 것이다. 이는 남편에게 매력적으로 보이는 데 매우 중요하다. 인공적인 화장품은 좋지 않다. 남편은 아내가 화장을 하면 늘 알아채고, 그것을 전혀 좋아하지 않는다. 남편이라면 그래야 하듯이, 이를 알아챘을 때 얼굴에 바른 하얗고 빨간 것은 정떨어지게 했다. 그 소론은 "그때 이후로 나의 아내는 내가 그녀에게 가르친 그대로 모든 일을 수행해왔습니다"라는 선언으로 행복하게 끝을 맺는다.

본분에 충실한 젊은 아내와 행복한 듯 젠체하는 남편, 그들의 완벽한 가정을 투키디데스의 아테네에 맞추어넣는 것은 식탁에서 둥근 테를 가지고 공연하는 소녀를 바라보고 있는 소크라테스 옆에 투키디데스를 앉히는 것만큼이나 어렵다. 크세노폰과 투키디데스로부터 하나의 합성된 그림을 만들어내려고 노력하는 것은 소용없는 일이다. 그 유일한 결과는 양쪽의 진실을 모두 잃어버리는 것뿐이다. 투키디데스의 진실은 헤아릴 수 없이 더 심오했다. 인생의 불안정한 사건의 전개 속에서 투키디데스는 변하지 않는 진실을 발견할 수 있었다. 투키디데스는 동시대의 악을 주도면밀하게 깊이 조사할 수 있었고, 그 악이 모두 인간 본성의 전혀 변하지 않는 악덕에 근거하고 있다는 것을 인지할 수 있었다. 아테네를 제압한 스파르타의 승리에서 투키디데스는 전쟁의 결정이 가치 기준의 시험으로서 어떠한 가치가 있는지 이해했고, 만약 인간이 계속해서 권력에 대한 탐욕과 열정에 의해서 지배된다면 전쟁이 세상에 가장 중요한 문제를 영원히 결정할 것이라는 점을 이해했다. 투키디데스가 깨달은 것은 진정 변화의 여지도 없고, 이루 말할 수 없이 슬픈 진실이었다.

그러나 크세노폰의 진실도 역시 사실이었다. 전쟁으로 파괴된 그리스에 유쾌한 파티, 질서 잡힌 가정, 교양 있는 젊은이들과 활달한 사냥꾼들이 있었다. 역사는 그러한 기분 좋은 것에 전혀 주의를 기울이지 않지만, 그러한 사실도 중요성을 가지고 있다. 만약 투키디데스의 생생한 묘사가 모든 것을 포함하고 있었다면 그리스 세계는 미쳐갔을 것이다. 물론, 크세노폰의 이성은 한참 더 낮은 수준에 있었다. 크세노폰의 글 속에는 영구불멸의 진실들이 없다. 페리클레스 시대의 아테네의 보통 남성은 투키디데스나 플라톤의 눈을 통해서는 볼 수 없지만, 크세노폰의 눈을 통해서 볼 수 있다. 크세노폰의 작품에는 투키디데스가 아테네에서 보았던 것과 같은 어둡고 탐욕에 사로잡힌 음모자들이 없다. 그곳에는 플라톤의 이상주의자들도 없다. 크세노폰의 작품 속에 나오는 사람들은 평범하고 유쾌하며, 마치 크세노폰 자신이 그렇듯이 그들은 어떤 방향으로든 극단적이지 않고 설득력 있을 만큼 실제적이다. 여기 크세노폰이 그들 가운데 한 사람에 관해서 묘사한 장면이 있다.

그는 "우리가 해야만 하는 일을 이해하고 그 일에 최선을 다하려고 노력하지 않으면 우리에게는 부유해질 권리가 없다고 신께서 정하셨다. 만약 우리가 지혜롭고 전력을 다하면 신께서는 전부는 아니지만, 우리들 중에서 일부를 부유하게 하신다. 그래서 먼저 나는 신을 숭배하고, 그러고 나서 내가 신체의 건강과 힘, 아테네인의 존경, 그리고 친구들의 애정과 명예롭게 이룬 부의 번창, 명예와 전쟁에서의 안전을 내려달라고 기도할 때 그에 족한 사람이 될 수 있도록 내가 할 수 있는 모든 일을 해야 한다"는 것을 오래 전에 깨달았다고 말했다.

이와 같이 매우 분별 있는 열망들이 진정한 그리스를 말해준다. 그러한 열망을 표현한 사람과 그것을 기록한 사람은 전형적인 아테네 신사들이었다. 크세노폰이 어떠한 사람이었는지는 그의 글 속에서 분명하게 배어나온다. 선한 의지와 선한 분별력을 가지고 있으며, 친절하고, 정직하고, 신심(信心)이 깊은 자이며, 지적이고, 순전히 이론적인 종류의 사상이 아니라 이성적이고 현실적인 선을 향해 작용할 수 있는 사상에 관심을 가지고 있는 사람이다. 크세노폰의 친구들도 그와 비슷했다. 그들은 보다 선량한 부류의 아테네인을 대표했다.

다른 방식으로도 크세노폰은 동시대를 대표했다. 그의 인생은 페리클레스 시대의 아테네인을 다른 사람들과 구별짓는 폭넓은 관심사와 각양각색의 직업을 보여준다. 청년 크세노폰은 시골 방식에서 벗어난 교육을 받으려고 아티카에 있는 아버지의 영지를 떠나서 아테네로 왔다. 크세노폰은 소크라테스 주변의 모임에 참여했고, 그곳에서 젊은이와 나이 든 사람들 모두, 플라톤의 표현에 따르면, "지식에 대한 열정에 사로잡혀 열광했고" 또는 "선하고 고상한 사람이 되기를 원하고, 가족, 하인, 친구, 그리고 조국에 대한 자신의 의무를 배우기를 원했다"고 크세노폰은 전한다. 크세노폰이 경청한 그 소크라테스는 플라톤의 소크라테스처럼 "도취된 영혼이 바라보는 순수한 빛 속에서 빛나고 있는 정의와 지혜와 진리의 영광스러운 광경"에 대해서, 또는 그와 비슷한 어떠한 것에 대해서도 이야기하지 않았다. 이러한 소크라테스는 균형 잡힌 사고를 하는 사람이었으며, 상식적인 판단력으로 유명했다.[4] 그리고 소크라테스에 관한 크세노폰의 기록인 「회상록(*Memorabilia*)」에서 소크라테스가 젊은 친구들을 위해서 주로 하는 일은 그들에게 업무를 처리하는 방법에 대해서 실질적인 조언을 해주는 것이었다. 소장의 장교는 휘하의 병사들을 유능한 군인들로 만드는 방법을 듣는다. 많은 친척 여성들을 책임지고 있는 한 성실한 젊은이에게 어떻게 그 친척 여성들에게 스스로 부양하는 법을 가르쳐줄 수 있는지 등등이 제시되었고, 크세노폰은 그처럼 실용적인 지혜에 매료되어 귀 기울여 듣고 있다. 크세노폰이 얼마나 오랫동안 이처럼 즐거운 사교 생활을 했는지는 알려져 있지 않다. 그러나 크세노폰은 아직 젊었을 때 그와 정반대되는 삶, 즉 군

---

4) 크세노폰, 「회상록」.

인으로서의 삶을 위해서 그 같은 생활을 떠났다. 크세노폰은 시인, 극작가, 역사가가 군인이고 장군이며 탐험가였던 그 시대에 진정으로 속한 인물이었다.

출정한 크세노폰은 먼 거리를 여행했고, 광활한 세계를 보았다. 크세노폰은 한 부유한 페르시아의 귀족을 잡아서 몸값을 요구하여 남은 일생 동안 살아가기에 충분한 돈도 얻었다. 그러고 나서 그는 그리스로 돌아왔다. 그러나 아테네가 아니라 스파르타로 돌아왔다. 이상하게도, 작품「아나바시스(*Anabasis*)」에서 민주주의적 이상이 성취할 수 있는 것에 대해서 필적하기 어려울 만큼 뛰어난 묘사를 남겼지만, 크세노폰 자신은 민주주의자가 아니었다. 그는 귀족가문 출신으로 평생 동안 자신이 속한 계급의 신념을 유지했다. 크세노폰은 늘 스파르타를 사랑했고 아테네를 불신했다. 그렇지만 인생의 중대한 위기 상황에서, 즉 자신과 동료들이 절박한 파멸에 직면했을 때 크세노폰은 자유가 무엇인지, 그리고 자유로운 자가 무엇을 성취할 수 있는지를 아는 진정한 아테네인처럼 행동했다. 1만 대군이 심한 곤경에서 벗어나기 위하여 크세노폰을 장군으로 선출했을 때, 크세노폰은 그들에게 스파르타의 이념을 결코 시험해보지 않았다. 크세노폰은 상상할 수 있는 한 가장 자유로운 민주정체에 존재할 만한 민주적인 지도자가 되었다. 그 결과로 인해서 거둔 놀랄 만한 성공이 크세노폰의 시각에 아무런 영구적인 효과를 미치지 못했다는 사실은 그리 놀랄 만한 일이 아니다. 신념을 바꾼 귀족은 역사상 드문 경우이다. 크세노폰은 아테네로 다시 돌아가지 않았다. 실은 그가 그리스로 돌아온 지 몇 년이 지난 후 스파르타 편에 서서 아테네에 대항하여 싸웠고, 추방이 선언되었다. 스파르타인은 크세노폰에게 올림피아 근처 쾌적한 시골에 있는 토지를 증여했고, 그곳에서 크세노폰은 몇 년 동안 말을 타고 사냥을 하고 농사를 지으면서 전형적인 시골 신사로서 살았다. 여기서 크세노폰은 소크라테스가 참석한 저녁 만찬과, 아테네 국가 세입의 올바른 관리처럼 동떨어진 주제에 관해서 수많은 책을 저술했다. 두세 가지 작품을 제외하고 그의 글은 매우 단조롭다. 분별 있고, 직선적이고, 명쾌하게 서술되었지만, 그 이상은 아니다. 그렇지만 놀랄 만한 사고력과 원대한 시각을 보여주는 몇몇 문장들이 그러한 글 속에 흩어져 있다. 크세노폰은 전투 경험이 많았지만, 혹은 아마 그랬기 때문에 평화가 모든 국가의 목표여야만 한다고 믿었다. 그는 전쟁이 아니라 외교가 분쟁을 수습할 방법이라고 말한다. 크세노폰은 평화를 유지하기 위해서 영향력을 행사하라고 아테네에 호소하고, 델포이를 국가를 위한 회합의 장소로 만들어서 그곳에서 서로 다른 점들에 대해서 이야기할 수 있게 해야 한다고 제안한다. "무력으로 정복하는 자는 계속해서 그렇게 할 수 있다고 상상할지도 모른다. 그러나 사람들이 자신들보다 더 나은 자에게 자발적으로 복종할 때만 정복은 지속된다. 한 국가를 진정으로 정복하는 유일한 방법은 관대함을 통해서이다"라고 크세노폰은 말한다. 세계는 아직도 크세노폰을 따라잡지 못하고 있다.

그러나 크세노폰의 최고 작품이며, 그가 정말 지침으로 삼았던 작품은 전쟁에 관한 것이다. 그 작품은 물론 「아나바시스」, 즉 "1만 대군의 퇴각"으로, 탁월한 이야기이며 우리가 그리스인들을 이해하는 데 매우 중요하다. 가장 고대 그리스적인 특징이며 그리스의 성취 과정을 결정한 타고난 기질인 그리스의 개인주의에 대해서 어떠한 글도 이 작품만큼 명확한 그림을 제공하지 못한다. 그것은 그리스의 자유를 향한 사랑의(그것을 바라보는 시각의 선택에 따라) 원인이기도 하고 결과이기도 했다. 그리스인들은 자기 방식대로 삶을 영위할 수 있도록 자유를 누리고 싶어하는 열정을 가지고 있었다. 스스로 행동하고 스스로 사고하기를 원했다. 목표를 위해서 다른 사람에게 의지하는 것은 그리스인에게 자연스럽지 못한 것이었다. 무엇이 옳고 진실인지에 대해서 자신의 판단력에 의존한다. 사실 구하기 어렵고 이해하기는 더욱 어려운 신탁을 제외하고는 그리스 어느 곳에도 일반적으로 인정된 행동목표의 근거가 없었다. 아테네는 인간이 믿어야만 하는 것을 공식화하고 어떻게 살아야 하는지에 관한 세부사항을 규정하는 권위주의적인 교회 또는 국가를 가지고 있지 않았다. 그리스인들이 스스로 선택한 방식으로 무엇에 대해서 생각하든지 간에 이에 반대할 기관이나 제도가 없었다. 국가에 대해서 말하자면, 국가가 개인 생활에 개입할 수 있다는 것을 아테네인들은 전혀 생각도 하지 못했다. 예를 들면 자녀가 애국심을 기르도록 가르침을 받는다거나, 한 사람이 살 수 있는 술의 양을 제한한다거나, 노년을 위해서 저 축하도록 강요하는 것에 국가가 개입하는 일 같은 것은 아테네 인들이 전혀 생각지 못한 것이었다. 그와 같은 일은 모두 아테네의 시민이 스스로 결정해야만 하고, 스스로 온전히 책임져야만 하는 것이었다.

아테네 민주정의 기본은 모든 민주정이 가진 신념이었다. 즉 보통 사람이 그의 의무를 수행하고, 그렇게 하는 데 현명한 판단력을 사용할 수 있으리라는 신뢰를 받을 수 있다는 신념이었다. 개인을 신뢰하라가 아테네에서 공인된 신조였고, 말로 표현되었는지에 상관없이 그 신조는 그리스에서 공유되고 있었다. 우리는 스파르타를 예외로 알고 있으며, 다른 후진 지역도 틀림없이 존재했다. 그럼에도 불구하고 가장 반동주의적인 그리스인조차 언제라도 본래 모습으로 되돌아갈 가능성이 있었다. 외국에 나가 있던 스파르타 병사들은 인기 없는 장교를 소리쳐서 침묵시켰고, 자신들이 찬성하지 않는 명령을 내린 장군에게 돌을 던졌으며, 비상시에 무능한 지도자를 제압하고 스스로 행동했다고 기록되어 있다. 심지어 스파르타의 강철 같은 훈련도 자립에 대한 근원적인 그리스의 열정을 완전히 근절시킬 수 없었다. "민중의 지배, 바로 그 이름이 너무나 아름답다"고 헤로도토스는 말한다. 페르시아인의 살라미스 해전에서의 패배를 내용으로 한 아이스킬로스의 극작품에서 페르시아의 여왕이 묻는다. "누가 전제군주로서 그리스인들 위에 군림하느냐?" 그리고 자부심에 찬 대답은 "그리스인들은 누구의 노예도 봉신도 아닙니다"였다. 그러므로 모든 그리스인은 자신들이 페르시아 군주의 노예 – 종속민들을 정복했다고 믿었다. 자유인들, 즉 독립적인 사람들은 늘 복종적이고 통제받는 사람들보다 이루 말할 수 없을 만큼 더 큰 가치를 지녔다.

군사적 권력은 이러한 관점을 전혀 옹호하지 않지만, 이러한 관점이 얼마나 군인들에게도 적절한 것인지는 「아나바시스」를 통해서 영원히 제시되고 있다. 1만 대군은 모범적이고 잘 훈련된 군대라서가 아니라, 단지 모험적인 개인들로 구성된 무리였기 때문에 그때까지 수행되었던 가장 위험한 행군들 중 하나를 마친 뒤에 안전하게 귀환했다.

그 퇴각의 서사시는 바빌론에서 멀지 않은 아시아의 한 작은 마을 옆 야영지에서 시작된다. 거기에 1만 명 이상의 그리스인들이 모여 있었다. 그들은 서로 다른 지역 출신들이었다. 지도자들 중 한 명은 테살리아 출신이었고, 또다른 지도자는 보이오티아 출신이었으며, 최고사령관은 스파르타인이었다. 그의 참모 중에 아테네 출신의 한 젊은 비전투원이 있었는데, 그의 이름은 크세노폰이었다. 그들은 조국에서 고용될 희망이 없었기 때문에 외국으로 나간 전형적인 용병군단이었다. 그리스는 당시 전쟁 중에 있지 않았다. 스파르타의 평화가 그리스 전체를 덮고 있었다. 때는 기원전 401년 여름으로, 아테네가 멸망한 지 3년이 지난 뒤였다.

그러나 페르시아는 혁명을 가까이 불러들이는 책략과 대항책의 온상이었다. 전왕(前王)의 두 아들은 서로 적대 관계였고, 동생이 형으로부터 왕위를 탈취할 계략을 세우고 있었다.

그 젊은이는 150년 전 바빌론을 정복한 키루스 대왕의 이름을 딴 키루스였다. 키루스 대왕과 이름이 같은 그 젊은이는 페르시아로 행군했을 때 크세노폰이 그의 군대에 참여했다는 한 가지 이유로 유명하다. 만약 그 일이 없었다면, 젊은 키루스는 세상에 조금도 중요하지 않은 목적을 위해서 끊임없이 싸우던 보잘것없는 아시아 왕족들의 끝도 없는 명단 속에서 사라져버렸을 것이다. 사실 젊은 키루스는 크세노폰의 글 속에서 명랑하고 용감하며 관대한 삶을 살고 있다. 자신의 군사들의 복지를 염려하고, 그들과 고난을 함께 나누며, 싸움에서는 늘 먼저 나서는 훌륭한 지도자이다.

1만 명의 군사는 정기적인 임금과 충분한 식량 확보라는 현실적인 중요성을 가진 문제 이외에 자신들의 임무에 관해서는 어떤 명확한 생각도 없이 키루스의 휘하에 입대했다. 그들은 이후 몇 달 동안 그 두 가지 점 모두에서 자신들의 몫을 얻었다. 그들은 지중해에서 모래투성이의 사막을 통과하여 소아시아의 시골 지역으로 진군했다. 그것은 보통 최소한의 식량도, 그리고 가끔은 식량이 전혀 없음을 뜻했다. 적어도 족히 10만 명에 이르는 거대한 아시아 파견부대가 있었지만, 그들은 「아나바시스」에서 아주 경미한 역할을 담당하고 있다. 키루스가 의지하는 진정한 군대는 그리스인들이다. 크세노폰의 이야기에 따르면, 그들은 키루스가 왕의 군대를 만났을 때 그를 위해서 싸움에서 승리했다. 쿠낙사 전투는 키루스에게 결정적인 승리였다. 다만, 키루스 자신이 죽었다. 키루스는 형을 습격하여 그에게 상처를 입힌 그 싸움에서 살해당했다. 키루스의 죽음으로 원정대의 존재 이유가 없어졌다. 아시아 군단은 해산해버렸다. 적은 수의 그리스 군대는 적대적인 병력이 떼를 지어다니는 낯선 지역에서 식량도, 무기도 없이, 돌아갈 방법도 알지 못한 채 아시아의 중심부에 홀로 남겨졌다. 곧 지휘관들도 잃어버렸다. 주요 장교들은 호위를 받으며 페르시아인과 협의하러 갔다. 간절히 기다렸던 그들의 귀환은 걱정스러울 만큼 지연되었다. 그리고 모든 눈이 그들을 기다리고 있던 그때, 멀리서 옷차림새로 보아 그리스인인 한 사람만이 홀로 천천히 앞으로 다가오고 있는 것이 보였다. 병사들은 그 남자를 맞이하러 달려나갔고, 심하게 다쳐서 쓰러지는 그자를 붙잡았다. 그는 다른 장교들이 모두 페르시아인들에게 암살당했다고 겨우 숨을 헐떡이며 말할 수 있었다.

끔찍한 밤이었다. 페르시아의 계획은 명백했다. 그들의 경험에 따르면, 지도자가 없는 군사들은 무력했다. 장교들을 살해하라. 그러면 군대는 도살되기를 기다리는 많은 양 떼가 될 것이다. 이러한 생각의 유일한 오류는 이 군대가 그리스 군대라는 점이었다.

동료들은 모두 죽었고, 공포에 사로잡힌 숙영지에서 이리저리 헤매다가 크세노폰은 조용한 곳을 찾아내어 잠이 들었다. 그는 꿈을 꾸었다. 크세노폰은 제우스 신의 번개가 자신의 집에 떨어져 찬란한 빛이 밖으로 비추는 것을 보았다. 그리고 그는 제우스 신이 군대를 구하기 위해서 자신을 선택했다는 굳은 확신을 가지고 잠에서 깨어났다. 그는 열정에 휩싸여 페르시아인과의 회합에 가지 않았던 하급 장교들을 회의에 소집했다. 그곳에서 젊은 민간인인 크세노폰이 일어서서 전투 경험이 많은 그들 모두에게 연설을 했다. 크세노폰은 절망을 던져버리고 "불행보다 우월함을 보여주라"고 말했다. 크세노폰은 그들은 그리스인이며, 고작 아시아인에 의해서 위협당하지 않을 것이라는 점을 상기시켰다. 그의 열정 속에 있는 무엇인가가 그들에게 전달되었다. 크세노폰은 심지어 그들을 웃게 만들었다. 그는 모든 것에 완고하게 반대하며 절망적인 상황에 관해서만 말하는 한 장교의 계급을 강등시키고, 수화물을 운반하는 임무를 맡으라고 통지했다. 크세노폰은 자신의 진가를 아는 병사들에게 그 병사는 훌륭한 노새가 될 것이라고 말했다. 병사들은 크세노폰이 후미를 지휘하도록 만장일치로 선출하고 나서, 그가 병사들에게 연설할 수 있도록 집회를 소집했다. 크세노폰은 그들의 사기를 북돋우는 연설을 했다. 상황은 매우 암담하고, 다른 사람들에게 이런 상황은 절망으로 여겨질지도 모른다. 그러나 그들은 그리스인이며, 자유인이며, 자유국가에서 살고 있고, 자유로운 조상들로부터 태어났다. 그들이 맞서야만 하는 적은 노예들로 전제군주에 의해서 지배되고 있으며, 자유라는 바로 그 개념을 알지 못했다. "그들은 우리 장교들과 훌륭한 옛 장군 클레아르코스가 죽었기 때문에 우리가 패배했다고 생각한다. 그러나 우리는 그들이 우리 모두를 장군으로 바꾸어놓았다는 것을 보여줄 것이다. 한 명의 클레아르코스 대신 그들은 자신들과 싸우는 1만 명의 클레아르코스를 상대하게 될 것이다."크세노폰은 병사들을 자기편으로 설득했고, 바로 그날 아침 1만 명의 장군들이 다시 행군을 시작했다.

그리스 군 주위에는 적들뿐이었고, 길잡이로서 신뢰할 만한 자가 한 사람도 없었으며, 그 당시에는 지도나 나침반도 없었다. 그들이 확신하는 단 한 가지는 자신들이 온 그 길로 다시 돌아갈 수 없다는 것이었다. 그들이 지나온 곳은 모두 식량이 고갈되어 있었다. 그들은 북쪽을 향해 진군할 수밖에 없었고, 모두 사나운 산악 부족들이 거주하는 오늘날의 쿠르디스탄의 황무지와 그루지야, 아르메니아의 고원을 통과하여 티그리스와 유프라테스 강이 시작되는 산 위로 강줄기를 따라갈 수밖에 없었다. 이 지역들만이 그들에게 유일한 식량 공급처였다. 만약 산악 부족들의 요새를 정복하여 저장품을 손에 넣을 수 없다면 그리스 병사들은 굶어죽을 것이었다. 그 지역을 속속들이 알고 있는데다, 그리스 군사들을 좁은 협곡 위의 고지에서 내려다보며 다량의 돌덩이를 그리스 병사들에게 굴려보내기도 하고, 그리스인들이 걸어서 건널 만한 얕은 여울을 필사적으로 찾고 있는 동안 저격병들이 매섭게 흘러내려가는 차가운 강의 저쪽 강둑 덤불에 모습을 감춘 채 공격하는 적들과 치를 가장 맹렬한 산악 전투가 그리스 군사들을 기다리고 있었다. 계속 높아져가는 언덕 속으로 진군해나가면서 그리스 병사들은 살을 에는 듯 차갑고 깊이 쌓인 눈을 만났지만, 그들의 장비는 아라비아의 사막에 적합하게 고안되어 있었다.

아마 오늘날 그들이 처한 어려운 상황을 심사숙고해보는 사람들은 그리스 병사들이 안전할 수 있는 유일한 기회는 엄격한 규율을 유지하고, 뛰어난 군사적 전통을 지키면서 지도자들에게 절대 복종하는 데 있다고 결론을 내릴 것이다. 그러나 핵심 지휘관들은 사망했다. 야만인에 대항하는 산악 전투는 그리스 군대의 군사적 전통의 일부가 아니었다. 무엇보다도 그리스인으로서 그들은 절망적인 상황에서 무조건적인 복종을 하고 싶어하지 않았다. 사실상 그들이 직면하고 있는 상황은 그리스 병사들이 훈련했던 규율과 규칙을 버려야만 대처할 수 있는 것이었다. 그들에게 필요한 것은 모든 병사들이 가지고 있던 지성과 독창력을 전부 이용하는 것이었다.

그들은 그저 한 무리의 용병들이었지만, 그리스 용병들이었고 평균 지적 수준이 높았다. 그렇지 않았다면 1만 명의 장군들 사이에서 규율은 분명히 심각한 문제였을 것이고, 당연히 치명적이었을 것이다. 그러나 서부를 개척했던 우리(미국인)의 조상들처럼 그들은 함께 행동해야 할 필요성을 이해하고 있었다. 우리의 조상들은 군인은 아니었지만 직면하고 있는 위험에 무질서가 더해지는 것이 무엇을 의미하는지 알고 있었다. 규율은 자발적인 결과물이었으나 효과가 있었다. 포장마차들이 미국의 대륙을 가로지르던 시대에 지도자의 위치에 오른 자는 위험에 처한 이들이 항상 기꺼이 따르는 뛰어난 능력 덕분에 그 자리에 오르게 되었다. 1만 대군을 이끄는 지휘관들도 같은 방식으로 그 자리에 임명되었다. 군대는 한 인물의 재능을 알아차리는 데 예리했고, 오래지 않아 젊은 민간인 크세노폰이 사실상 지휘를 맡았다.

그러나 각각의 병사들이 각자의 책임을 나누어가졌다. 일단 크세노폰은 산속을 통과하는 길을 찾기 위해서 정찰 병력을 파견하면서 "여러분 각자가 지휘관이다"라고 병사들에게 말했다. 위기 상황마다 집회가 소집되고, 상황을 설명하고, 최대한의 토론 기회가 주어졌다. "더 나은 계획을 가지고 있는 사람은 누구든지 발언하게 하시오. 우리의 목표는 모두의 안전이고, 그것이 모두의 관심사요." 상황에 대해서 이런저런 토론을 한 후에 표결에 부치고, 다수결로 결정했다. 무능한 지휘관은 재판에 회부되었다. 모든 군대가 심판관으로 앉아서 무죄를 판결하거나 처벌을 내렸다. 이는 풍자만화 같지만, 평범한 사람이 궁지에 빠졌을 때 그보다 더 나은 변호를 받았던 적이 없다. 크세노폰이 기록한 바에 따르면, 경우에 따라 1만 명의 장군들이 구성한 1만 명의 심판관들은 절대로 부당한 판결을 내리지 않았다. 한번은 크세노폰이 병사 한 명을 때린 것에 대해서 해명하라고 소환되었다. "'나는 내가 그랬다는 것을 인정합니다'라고 크세노폰이 말했다. '나는 그 병사에게 부상병 한 명을 텐트로 운반해오라고 명령했소. 그러나 그 병사가 아직 살아 있는 부상병을 땅에 묻고 있는 것을 발견했소. 나는 다른 병사들도 때렸소. 눈속으로 빠져들면서 반쯤 얼어죽어가는 병사들, 적에게 잡힐지도 모르는 곳에서 뒤처져 있는 지친 병사들을 때렸소. 일격을 가하면 종종 그들은 일어나서 서두르지요. 내가 가격했던 자들이 이제 나를 고발하는군요. 그러나 전장에서, 행군 중에, 추울 때, 아플 때 내가 도와주었던 자들은 아무 말도 하지 않는군요. 그들은 기억하지 못하지요. 그러나 분명히 누군가의 악행보다 선행을 기억하는 것이 더 낫소. 그리고 더 행복하기도 하지요.' 이 말이 끝나자……" 하고 이야기는 계속된다. "과거의 일을 상기한 집회에 모인 병사들이 일어났고, 크세노폰은 무죄로 판결되었다."

이렇게 경계심을 완전히 풀게 하는 변론은 크세노폰이 병사들을 다루는 법을 얼마나 잘 알고 있었는지를 보여준다. 그의 말 속에는 상처받은 감정이 들어 있지만 노여움도, 원한도, 무엇보다도 자기 정당화가 없다. 듣는 사람은 그의 솔직한 정직함에 설득당했다. 뽐내는 기색 없이 그의 공로가 얼마나 위대한지를 그들에게 상기시켰다. 그리고 크세노폰이 흠잡을 데가 없다고 주장하기는커녕 그들에게 단지 자신의 실수뿐만 아니라 공과(功課)를 기억해달라고 호소하고 있다는 것을 이해할 수 있게 되었다. 크세노폰은 자신의 청중과 적어도 그리스인을 통솔해야 할 지휘관이라면 가지고 있어야 할 자질에 대해서 이해하고 있었다. 크세노폰이 쓴 키루스 대왕의 교육에 관한 책 속에서 그는 이상적인 장군의 모습을 그린다.5) 동방군주에게 적용될 때 그러한 모습은 부조리해 보이지만, 가치 있는 사람들을 독립적이고 자립적인 사람으로 만들고, 다른 사람을 자발

---

5) 크세노폰, 「키루스의 교육(*Kyrou paideia*)」.

적으로 따르게 만드는 유일한 방법에 관한 그리스적 개념을 완벽하게 보여준다. 그는 "지도자는 자발적인 복종이 항상 강요된 복종을 이긴다는 사실과, 해야 할 일을 진정으로 알아야만 이러한 자발적인 복종을 얻을 수 있다는 것을 스스로 믿어야만 한다. 그렇게 해서 훌륭한 의사가 환자들로 하여금 자신에게 복종하게 만드는 것과 마찬가지로, 지도자는 자신이 가장 잘 알고 있다는 것을 부하들에게 확신시킬 수 있기 때문에 그들의 복종을 보장할 수 있다. 또한 지도자는 병사들에게 요구하는 것보다 더 심한 고난, 즉 더 심한 피로, 더 심한 더위와 극심한 추위를 겪을 준비가 되어 있어야만 한다. '아무도 자신이 통솔하는 자보다 더 심한 것을 겪지 않고서는 좋은 장교가 될 수 없다'고 키루스는 항상 말했다"고 서술한다. 아무튼 경험 없는 민간인인 크세노폰이 1만 명을 자기편으로 만드는 데 다른 방법이 없었음은 분명하다. 크세노폰은 자신이 가장 잘 알고 있다는 것을 그들에게 납득시킬 수 있었고, 병사들은 스스로의 생각을 포기하고 자발적으로 크세노폰을 따랐다.

크세노폰은 또한 병사들에게 비록 그들이 자신을 지휘관으로 만들었지만, 그와 군대 사이에 분담하는 몫은 같다는 사실 역시 보여주었다. 한번은 크세노폰이 후방에 있는 자신의 위치로부터 전방과 의논하기 위해서 말을 타고 가던 중 눈이 깊이 쌓여서 전진하기 어려운 상황에 처했을 때, 한 병사가 "아, 당신은 말을 타고 있으니 편하시겠군요" 하고 그에게 소리쳤다. 크세노폰은 말에서 뛰어내려 그 병사를 대열에서 밀어내고 그

자리에서 행군했다.

상황이 아무리 절박해 보일지라도 오직 자유로운 사람들만이 발전시킨다고 믿을 수 있는 창의력이 항상 그들을 절박한 상황에서 벗어나게 했다. 그리스 병사들은 동의하에 수화물을 버리고 전리품도 버렸다. "우리는 적이 우리를 위해서 수화물을 운반하게 만들 것이다"라고 그들은 말했다. "우리가 그들을 정복했을 때 원하는 것을 취할 수 있다." 그들에게는 기병대가 없었기 때문에 행군 초기에 페르시아 기병대의 쉴 새 없는 공격에 시달렸다. 로도스 섬 출신 병사들은 투석기로 페르시아 병사들보다 두 배는 더 멀리 던질 수 있었다. 로도스 출신 병사들은 투석기가 페르시아 기병들을 향해 발사되도록 조준하여 짐을 나르는 짐승들 위에 놓았다. 그러나 그 기병들이 탄 말들은 산 채로 가져왔고, 그때부터 페르시아 군사들이 그들에게 말을 대주는 셈이 되었다. 그들은 화살이 필요하면, 목표에 미치지 않고 떨어져 쉽게 주워 모을 수 있는 화살 무더기를 유도하기 위해서 적보다 더 멀리 쏠 수 있는 활잡이들을 파견했다. 이런저런 식으로 그들은 페르시아 군사들이 도움이 되도록 했다. 언덕에 도착했을 때, 그리스 병사들은 훈련받았던 전술을 폐기했다. 그리스 용병들이 유일하게 알고 있는 진형인 견고한 전열을 포기하고, 병사들은 가끔씩 멀리 떨어진 종대를 이루고 진군했다. 이는 험하고 울퉁불퉁한 지역에서는 단순한 상식에 불과했지만, 그러한 자질은 스스로 행하는 자들에게만 속하는 것이다. 훈련된 군사적 이성이 그러한 자질로 유명해진 적은 없었다.

항상 추운 가운데 가끔은 얼어죽을 듯이 춥고, 항상 배고픈 가운데 가끔은 굶어죽을 듯하며, 항상 싸우고 있는 그리스 병사들은 그렇게 버티고 있었다. 이제까지 누구도 세상 어디쯤에 그들이 있는지 정확히 알지 못했다. 어느 날 후미에서 가파른 언덕으로 말을 몰아가고 있던 크세노폰은 전방에서 나는 시끄러운 소음을 들었다. 떠들썩함이 바람과 커다란 고함, 외침 소리를 타고 크세노폰에게 전달되었다. 매복이라고 생각한 크세노폰은 다른 병사들에게 최고 속력으로 따라오라고 명령하면서 앞으로 달려나갔다. 한 명의 적도 언덕 정상에 없었다. 오직 그리스인들뿐이었다. 그들은 한쪽 방향을 향해 서 있었는데, 얼굴은 눈물로 얼룩지고, 앞을 향해 팔을 뻗치고 있었다. "바다! 바다다!"라는 외침은 커다란 포효로 솟아올랐다.

그들은 마침내 고향에 있었다. 바다는 그리스인에게 고향이었다. 때는 1월 중순이었다. 병사들은 9월 7일에 쿠낙사를 떠났다. 전무후무한 고난과 위험 속에서 넉 달 동안 그들은 2,000마일을 행군했다.

「아나바시스」는 소규모의 그리스인들에 대한 이야기이다. 천성적으로 매우 독립적인 1만 명의 병사들이 스스로의 결정을 따라야 하는 상황 속에서 힘을 합쳐 일할 수 있는 탁월한 능력을 보여주었고, 자발적인 협동이 가져올 수 있는 기적적인 성과가 무엇인지를 입증했다. 그리스 국가는, 적어도 우리가 가장 잘 알고 있는 아테네 국가는 동일한 점을 보여주었다. 그리스 병사들을 아시아로부터 안전하게 데려온 것은 아테네를 위대하게 만든 바로 그 점이었다. 아테네인은 스스로의 결정에 따른다. 그러나 독립적이고자 하는 아테네인의 뚜렷한 본능은 국가에 봉사하려는 강력한 복종심과 평형을 이루었다. 이것이 인생의 현실에 대한 아테네인의 자연 발생적인 반응이었고, 아무것도 외부로부터 강요되지 않았다. 적대적인 세상 속에서 도시는 아테네인의 요새요, 안전이요, 자부심이었으며, 아테네인으로서 그가 가진 모든 가치에 대한 보증이었다.

플라톤은 인간이 스스로의 참된 도덕적 발전을 도시에 대한 봉사에서만 찾을 수 있다고 말했다. 그리스인은 삶을 사적인 일로 보는 것에서 구제되었다. "idiot(천치, 바보)"라는 영어 단어는 공적인 일에 관여하지 않았던 남성의 그리스 이름에서 유래한다. 투키디데스의 기록에 따르면, 페리클레스는 장례 연설에서 다음과 같이 말했다.

우리는 자유로운 민주정체이지만, 순종적입니다. 우리는 법률에 복종하고, 특히 억압받는 사람들을 보호하는 법률과 위반한 자에게 치욕을 안겨주는 불문율을 준수합니다. 우리는 사적인 업무에 전념하는 것이 도시의 공무에 참여하는 데 지장을 주게 하지 않습니다. 우리는 공적인 생활에 무관심한 자를 쓸모없다고 여기는 점에서 다른 국가들과 다릅니다. 그러나 우리는 정신의 독립성과 완전한 자립을 위해서는 무엇에도 굴복하지 않습니다.[6]

---

6) 투키디데스, 「펠로폰네소스 전쟁사」, 2권, 37절.

이와 같은 행복한 평형 상태는 아주 짧은 기간 동안 유지되었다. 의심할 여지없이 최선의 상태에서도 그 평형은 인간관계에서 모든 고결한 개념의 작용이 그럴 수밖에 없듯이 불완전했다. 그렇지만, 그것이 그리스 업적의 기반이었다. 민주주의의 신조인 모두를 위한 정신적이고 정치적인 자유와, 각 개인은 국가의 자발적인 종복이라는 것이 그리스 천재성의 최정상에 놓여 있는 개념이었다. 이것은 페리클레스 시대에 돈과 권력을 둔 경쟁으로 인해서 치명적으로 약화되었다. 펠로폰네소스 전쟁이 이것을 파괴시켰고, 그리스는 영원히 그 개념을 잃어버렸다. 그럼에도 불구하고 공동의 삶에 대한 자발적인 봉사를 통해서 연합된 자유로운 개인이라는 이상은 결코 잊혀지지 않을 세상의 소유물로 남았다.

11

–

비극의 개념

세계의 위대한 비극예술가는 네 명이며, 그 가운데 세 명이 그리스인이다. 바로 비극에서 그리스인의 탁월함을 가장 분명하게 확인할 수 있다. 셰익스피어를 제외하고는 세 명의 위대한 작가, 아이스킬로스, 소포클레스, 에우리피데스를 비길 데가 없다. 비극은 그리스 특유의 업적이다. 그리스인이 최초로 비극을 이해한 사람들이었고, 그것을 최고의 경지로 끌어올렸다. 비극은 비극작품을 쓴 위대한 예술가에게만 직접 관계된 문제가 아니다. 공연을 보려고 3만 명의 관중이 모일 만큼 비극에 매력을 느꼈던 일반 민중 전체의 관심사이다. 비극에 그리스인의 특성이 가장 깊이 스며들었고, 비극은 그들 안에 있는 가장 심오한 것의 발현이다.

그리스인의 특성은 세상을 정확하게 봄과 동시에 아름다운 것으로 보는 능력이었다. 이렇게 할 수 있었기 때문에 그리스인은 투쟁이 없다는 점에서 다른 모든 예술과 구별되며, 그리스인의 예술에만 존재하는 평온과 고요함이 특징인 예술을 생산해냈다. 아름다움이 곧 진리이고, 진리가 곧 아름다움인 곳이 있다는 것을 우리에게 확신시키는 것 같다. 그리스의 예술가들은 인생의 암울한 혼란을 종교적 믿음이라는 확고한 빛과 비교해볼 때 실로 변하기 쉽고 흔들거리는 희미한 빛으로 비추면서, 그들만의 매력으로 확정적이지는 않지만 예측할 수 없는 중요성을 지닌 무엇인가에 대한 상상을 제공하고 충족시키면서 우리를 그곳으로 인도해갈 것이다. 이것은 위대한 시인들 모두에게 적용되지만, 비극시인들 안에서 시의 힘이 설명할 수 없는 것에 직면하기 때문에 그들에게 가장 잘 적용된다.

비극이 그리스의 창조물인 이유는, 그리스에서는 사고가 자유로웠기 때문이다. 사람들이 인간의 삶에 관해서 점점 더 깊이 있게 생각했고, 인간의 삶이 악과 밀접한 관계에 있다는 것과 불의는 사물의 본성에 속한다는 것을 점점 더 명확하게 인식하기 시작했다. 그러던 어느 날, 세상에 존재하는 고칠 수 없을 만큼 잘못된 무언가에 관한 이러한 인식이 인간 삶의 참된 모습에서 아름다움을 보는 시적 능력을 가진 시인에게 이르렀고, 최초의 비극작품이 창작되었다. 그 주제를 다룬 가장 뛰어난 책의 저자는 "탐구의 정신이 시의 정신을 만나 비극이 탄생한다"고 말했다.[1] 이 말을 구체화시켜보자. 바람 부는 트로이

---

[1] W. Macneile Dixon, *Tragedy*, 51쪽.

의 메아리치는 평야에서 싸우는 신과 같은 영웅들과 영웅-신들을 가진, 모든 평범한 것이 아름다움과 만나는 서정시의 세계를 가진 초기 그리스는 시적 창조의 두 요소를 가진 세계였다. 그 후 노래와 이야기의 아름다움에 만족하지 않고, 이해하고 설명하려고 노력해야만 하는 새로운 시대의 동이 튼다. 그리고 처음으로 비극이 출현한다. 비길 데 없이 탁월하고, 낡은 종교적인 인습에 만족하지 않고, 생소하고 감내하기 어려운 진실을 참아낼 만큼 고귀한 영혼을 지닌 시인— 그가 아이스킬로스, 최초의 비극작가이다.

비극은 시인에게 속한다. 시인만이 "햇볕이 내리쬐는 절정을 밟았고, 인생의 불협화음에서 하나의 맑은 현을 울렸다." 시인이 아니면 누구도 비극을 쓸 수 없다. 비극은 바로 시의 연금술에 의해서 환희의 절정으로 변형된 고통이었기 때문이며, 만약 시가 참된 지식이고, 위대한 시인들이 신뢰하고 따를 수 있는 안내인들이라면, 이러한 변형은 주목할 만한 의미를 내포하고 있다.

고통이 환희의 절정으로 변형되거나, 이를테면 채워졌다. 비극은 묘한 문제인 것 같다. 사실 이보다 더 묘한 것은 없다. 비극은 우리에게 고통을 보여주고, 그 때문에 우리에게 기쁨을 준다. 괴로움이 더 심하게 묘사될수록, 사건이 더 끔찍할수록 우리의 즐거움은 더욱 강렬하다. 인생이 보여줄 수 있는 가장 기괴하고 섬뜩한 행위들이 비극작가가 선택하는 것들이고, 작가가 이런 식으로 우리에게 보여주는 공연에 의해서 우리의 마음은 강렬한 기쁨을 느낀다. 로마인이 검투사의 살육을 축제일로 만들었다는 점과, 심지어 오늘날에도 흉포한 본능과 야만적인 잔존물이 가장 문명화된 세계를 휘젓는다는 점을 지적함으로써 겉모습만 보는 자들은 그냥 무시하고 넘겨왔지만, 여기에 그냥 무시하고 넘겨서는 안 될 놀랄 만한 것이 있다. 그 모든 것을 일단 그렇다고 인정하자. 그러면 우리는 비극적 기쁨의 신비를 설명하려는 과정에서 한 발자국도 앞으로 나아가지 못한다. 비극적 기쁨은 잔인함이나 피에 대한 갈망과 아무런 관계도 없다.

이쯤에서 비극(tragedy)과 비극적인(tragic)이라는 단어를 우리가 일상에서 어떻게 사용하는지를 고려해보는 것이 설명에 도움이 될 것이다. 고통과 슬픔과 재난은 항상 우울하게 하는 것, 끌어내리는 것—고통의 어두운 심연, 궤멸적인 슬픔, 저항할 수 없는 재난—이라는 뜻으로 사용된다. 그러나 비극이라는 용어를 사용하면 특이하게도 은유가 바뀐다. 우리는 비극의 절정으로 우리를 끌어올린다고 말하며, 다른 표현은 전혀 사용하지 않는다. 비애감의 심연이라고 말하지만, 비극의 심연이라고 하지는 않는다. 늘 비극의 절정이라고 한다. 단어 하나는 사소한 문제가 아니다. 단어들은 정말로 화석이 된 시라고 불려왔으며, 다시 말해서 각 단어는 창조적인 사고의 상징이다. "인간 본성에 관한 철학은 전부 인간의 언어에 함축되어 있다. 인간의 본능이 비극적 고통과 다른 모든 고통 사이에서 정도의 차이가 아닌 종류의 차이를 인지해왔다는 사실은 천천히 논의해보아야 할 문제이다. 비극 속에는 다른 재앙으로부터 그것을 매우 뚜렷하게 구별짓기 때문에 우리의 일상 언어 속에서 우리가 그 차이점의 증인이 되게 하는 무엇인가가 있다.

고통을 통한 기쁨이라는 묘한 모순에 주의를 기울이게 된 사람들은 모두 이러한 본능적인 증인과 의견을 같이하며, 지금까지 세상에 알려진 가장 뛰어난 이성들 중 일부는 이 문제에 관심을 가졌다. 비극적 기쁨은 비길 데가 없다고 그들은 우리에게 말한다. 아리스토텔레스는 비극적 기쁨을 "동정과 두려움, 그리고 그 때문에 정화되고 맑아진 감동의 느낌"이라고 불렀다. 헤겔은 영원한 조화로 변화한 인생의 일시적인 불협화음이라는 의미로서 우리가 이해할 수 있는 "화해"라고 말했다. 쇼펜하우어는 "당신의 뜻이 이루어지이다"라고 말하는 마음의 상태인 "체념"이라고 말했다. 니체는 "죽음 앞에서 살고자 하는 의지의 재확인과 그렇게 재확인되었을 때 느끼는 무한한 기쁨"이라고 말했다.

동정, 두려움, 화해, 환희의 절정—거기에 비극적 기쁨을 구성하는 요소가 있다. 그러한 요소들을 끌어내지 않는 연극은 비극이 아니다. 그러므로 철학자들은 모두 인간의 공통된 판단에 동의하여 비극은 고통의 불협화음을 초월하고 넘어서는 무엇이라고 말했다. 그러나 무엇이 하나의 연극작품으로 하여금 이러한 감정을 불러일으키게 하는지, 그리고 무엇이 비극의 핵심적인 요소인지에 관해서는 오직 헤겔만이 정의를 내리려고 노력한다. 한 유명한 구절에서 헤겔은 비극의 유일한 주제는 그 속에서 각 편이 우리의 동정을 요구하는 정신적 투쟁이라고 말한다. 그러나 헤겔의 비평가들이 지적해왔듯이, 헤겔은 이런 식으로 죄 없는 자들의 고통이라는 비극을 배제시키게 될 것이며, 코델리아나 데이아네이라의 죽음을 포함하지 않는 비극의 정의는 최종적인 것으로 받아들여질 수 없다.

죄 없는 자들의 고통 그 자체는 사실 완전히 다른 범주를 필요로 할 만큼 매우 다르게 논의될 수 있다. 가장 뛰어난 비극작품 중 하나인 아이스킬로스의 「프로메테우스」에서 주인공은 죄 없이 고통을 당하는 자이다. 그러나 이러한 순전히 형식적인 관계 이외에, 신과 우주의 모든 힘에 도전하는 그 열정적인 반역자와 사랑스럽고 애정 어린 코델리아 사이에는 아무런 관계도 없다. 비극의 포괄적인 정의는 상황과 주인공의 성격에서 인생과 문학의 범위 전체가 제공할 수 있는 만큼 다양한 경우를 포함해야만 한다. 그 포괄적인 정의는 오라버니의 시신을 매장하지 못한 채로 두기보다는 눈을 뜬 채 자신의 죽음을 맞는 숭고한 정신의 처녀 안티고네와, 왕과 손님의 살해자인 야망으로 달아오른 맥베스 같은 정반대의 경우도 포함해야만 한다. 표면적으로 너무나 완벽하게 달라 보이는 이 두 극작품은 동일한 반향을 불러일으킨다. 가장 강렬한 비극적 기쁨이 두 작품 모두를 통해서 일어난다. 그 두 작품은 무언가 공통점을 가지고 있으나 철학자들은 우리에게 그것이 무엇인지 말해주지 않는다. 철학자의 관심은 무엇이 비극작품을 만드는가가 아니라, 비극작품이 우리에게 어떤 감정을 불러일으키는가에 있다.

문학사를 통틀어 위대한 비극의 시대는 오직 두 번 있었는데, 페리클레스 시대의 아테네와 엘리자베스 1세 시대의 영국이다. 시간상 2,000년 이상 떨어져 있는 이 두 시대가 동일한 방식으로 자신들을 표현하게 했던 공통점이 비극의 본질에 대해서 우리에게 어떤 실마리를 제공할 수 있을지도 모른다. 왜냐하면 어두움과 패배의 시대와는 거리가 먼 그 두 시대는 각각 인생이 찬미되어야 한다고 생각했던 시대이며, 흥미진진하고 헤아릴 수 없는 가능성의 시대였기 때문이다. 마라톤 전투와 살라미스 해전에서 승리한 자들과, 스페인과 싸우고 무적함대가 침몰해가는 모습을 지켜보았던 자들은 자부심에 가득 차 있었다. 세상은 경탄의 장소였고, 인류는 황홀할 정도로 아름다웠으며, 행운의 절정에서 삶이 영위되었다. 특히 영웅주의의 감동적인 기쁨이 인간의 가슴을 휘저었다. 비극을 위한 소재가 아니지 않은가라고 여러분은 질문할지도 모른다. 그러나 행운의 절정에서 인간은 틀림없이 비통함이나 벅찬 기쁨을 느낀다. 인간은 단조로이 느낄 수 없다. 인생 속에서 비극을 보는 정신의 기질과 환희를 보는 기질은 정반대의 것이 아니다. 인생에 대한 비극적인 시각과 정반대되는 지점에 있는 것은 인생을 천박하게 보는 시각이다. 인간의 존엄성과 중요성을 결여하고 있고, 경박하고 비열하고 처량하게 희망이 없는 상태에 매몰되어 있다고 생각될 때, 비극의 정신은 떠나버린다. "언젠가 왕의 휘장을 입은 찬란한 비극이 스쳐 지나가게 하자." 그 반대 극점에 고리키가 「밑바닥에서(*Na dne*)」와 함께 서 있다.

다른 시인들은 인생의 중요성을 탐구할지도 모르지만, 비극 작가는 반드시 그래야만 한다. 이상할 만큼 일반적인 오류는 비극의 목적을 위한 이러한 중요성이 어느 정도는 외부 상황에 따라 결정된다는 것이다.

겉치레와 향연과 환락,

가면을 쓴, 그리고 오래된 화려한 구경거리 —.

그 모든 것 중 어느 것도 비극에 있어 중요하지 않다. 인생의 겉모습은 희극의 관심사이다. 비극은 인생의 겉모습에 무관심하다. 우리는 분명 비극을 찾아서 메인 스트리트(Main Street : 싱클레어 루이스의 소설 제목/역주)나 제니스(Zenith : 싱클레어 루이스의 소설 「배빗[*Babbitt*]」에 나오는 가상의 도시/역주)로 가지 않지만, 그 이유는 그 장소들이 지닌 지루한 친숙함과 아무런 관계가 없다. 제니스에 있는 배빗의 가정이 엘시노어 성만큼 비극의 배경이 되지 못할 본질적인 이유가 그 집 자체에는 없다. 비극이 아닌 유일한 이유는 배빗 자신이다. 쇼펜하우어가 비극에서 깨달았던 "숭고함을 향한 특유의 도약"은 외부의 것들로부터 추진력을 얻지 않는다.

인간 삶의 존엄성과 중요성 — 그것을, 그리고 그것만은 비극이 결코 놓지 않을 것이다. 인생의 존엄성과 중요성 없이는 비극도 없다. 비극을 낳는 것이 무엇인가라는 질문에 대답하는 것은 인생의 본질적인 중요성이 어디에 놓여 있는가, 즉 인간의 존엄성이 결국 어디에 달려 있는가라는 질문에 대답하는 것이다. 여기서 비극작가는 우리에게 분명하게 이야기한다. 위대한 비극작품 자체가 그 작품이 제기한 문제에 대한 해결책을 제공한다. 다른 무엇보다도, 고난을 겪을 줄 아는 우리의 바로 그 능력 때문에 우리가 참새보다 더 가치 있는 것이다. 참새들에게 더 심한, 혹은 같은 정도의 고통의 가능성을 부여하면 세상에서 우리가 차지하고 있는 최고의 자리는 더 이상 당연시 되지 않을 것이다. 인간 개개인의 탁월한 가치에 대해서 우리가 가지고 있는 신념의 근원을 탐구할 때, 우리는 내심 그 이유가 각 개인에게 그렇게 끔찍한 고난을 견뎌낼 가능성이 존재하기 때문이라는 것을 알고 있다. 제니스나 엘시노어 성 같은 외부 장치가 무슨 상관이 있단 말인가? 비극이 몰두한 문제는 고통이다.

그러나 주의해야 할 것은, 그것이 모든 고통은 아니라는 사실이다. 고통에 관한 우리의 높은 영역 속에는 등급이 존재한다. 똑같은 고난을 겪는 것이 모두에게 허락되지 않는다. 우리는 감정을 느끼는 능력에서 가장 큰 차이가 난다. 하찮은 등급의 영혼과 중요한 등급의 영혼이 존재하며, 각 인생의 존엄성과 중요성이 그 등급에 달려 있다. 고통 속의 영혼이 지닌 존엄성과 같은 존엄성은 없다.

여기에 나와 슬픔이 앉아 있다.

여기가 나의 왕좌이다. 왕들에게 와서 머리를 숙여 절하라고 고하라.

비극이 왕위에 오르고, 비극의 왕국에는 모든 열정적인 영혼들 중 오직 진정한 귀족계급에 속하는 자만이 들어갈 수 있다. 비극의 본질적인 요소 한 가지는 크게 감동할 수 있는 영혼이다. 그러한 영혼이 주어졌다면 어떠한 재난도 비극적일 수 있다. 그러나 땅이 없어지고 산맥이 바다 가운데로 옮겨지더라도, 만약 시시하고 천박한 자들만이 혼란에 빠진다면 비극은 없다.

로마 역사의 어두운 한 페이지는 일곱 살짜리 한 작은 소녀에 대해서 전하고 있다. 소녀는 사형선고를 받은 한 남자의 딸이며, 그녀에게도 죽음이 선고되었다. 지켜보던 군중들은 "그 아이가 무엇을 잘못했나요! 그 아이에게 무슨 잘못을 했는지 말해주면 다시는 그런 짓을 하지 않을 텐데"라고 눈물을 흘리며 청했다. 그 사이를 지나서 소녀는 그렇게 어두운 감옥과 사형 집행인에게 넘겨졌다는 이야기이다. 그 장면은 가슴을 아프게 하지만, 비극이 아니라 비애이다. 거기에는 영혼이 올라갈 절정이 존재하지 않고, 단지 상황에 대한 비탄이 있는 어두운 구렁텅이만이 존재할 뿐이다. 부당한 고통 그 자체는 비극이 아니다. 죽음 그 자체는 비극이 아니다. 아름다운 자, 젊은이, 사랑스러운 이, 사랑받는 이의 죽음 자체는 비극이 아니다. 맥베스가 느끼고 고통받았던 것과 같이 느껴지고 고통받는 죽음이 비극이다. 리어 왕이 코델리아의 죽음에서 느꼈던 것과 같은 죽음이 비극이다. 오필리아의 죽음은 비극이 아니다. 오필리아의 인물됨이 그러했기 때문에 햄릿과 레어티스의 비통함이 비극적 슬픔이어야만 비로소 그녀의 죽음이 비극일 수 있다. 신의 법칙과 인간의 법칙 사이에 서로 충돌하는 요구들이 「안티고네」의 비극을 만드는 것이 아니다. 그것은 매우 위대하고 몹시 심한 괴로움을 당하는 안티고네 자신이다. 삼촌을 살해하기를 주저하는 햄릿의 망설임은 비극이 아니다. 비극은 (그것을) 느끼는 그의 능력이다. 그 희곡의 모든 상황을 바꾸어보아도 어떤 비운에 사로잡혀 있는 햄릿은 비극일 것이다. 이는 재앙이 아무리 극심할지라도 폴로니우스는 결코 비극이 되지 않는 것과 같다. 심대하게 고난을 겪을 수 있는 영혼의 고통—그것이, 그리고 그것만이 비극이다.

그렇다면 비극은 사실주의와 낭만주의 사이의 구별과는 아무런 상관이 없다는 결론이 뒤따른다. 그 반대의 논리가 늘 주장되어왔다. 우리는 그리스인이 숭고한 비극을 수용할 여지가 없는 실제 생활로부터 확실하게 먼 거리를 두기 위해서 신화를 주제로 선택했다고 배워왔다. 그 주제를 가장 최근에 다룬 한 작가는 "현실주의는 비극의 파멸이다"라고 주장한다. 그것은 사실이 아니다. 만약 진실로 사실주의가 단지 일상의 평범한 자들만을 대상으로 한다고 여긴다면, 매우 격정적일 수 있는 영혼은 평범하지 않기 때문에 비극은 제외될 것이다. 그러나 만약 인간적인 것은 아무것도 현실주의에 반하지 않는다면, 평범하지 않은 자들은 일상의 평범한 자들만큼이나 사실적이기 때문에 비극도 사실주의의 영역에 포함된다.

모스크바 예술 배우단이 도스토예프스키의 작품 「카라마조프 가의 형제들(*Bratya Karamazovy*)」을 공연했을 때, 무대 위에서 한 우스꽝스러운 작은 남자가 남루한 옷차림으로 팔을 이리저리 흔들고 발을 질질 끌며 흐느껴 울고 있는 모습이 보였다. 그 모습은 비극의 전통적인 인물로부터 최대한 동떨어져 있었다. 그러나 인간의 마음이 견뎌낼 만한 능력을 넘어선 투쟁 속에서 인간적 번민의 진정한 목소리를 내고 있는 그 인물 속에 화려하고 아름다운 장막은 벗겨졌지만 진정 왕좌에 앉아 있는 비극이 있었다. 더 참혹한 배경, 더 전형적으로 현실적인 배경을 찾기는 어려울 것이다. 그러나 그 연극을 보는 것은 인간이 겪을 수 있는 것에 의해서 위대해진, 오직 그 하나에 의해서 존엄해진 인간 앞에서 동정과 경외를 느끼는 것이다. 입센의 희곡은 비극이 아니다. 입센이 사실주의자든 아니든— 어느 한 세대의 사실주의는 그 다음 세대에서 낭만주의가 되는 경향이 있다—입센의 등장인물은 평범한 영혼들이며, 그의 희곡은 행복하지 않은 결말을 가진 작품들이다. 「유령(*Gengangere*)」의 결말은 우리에게 그러한 것들이 존재할 수 있는 한 사회에 대항하여 몸서리치는 공포감과 차디찬 분노의 감정을 남긴다. 그리고 이러한 감정은 비극의 감정이 아니다.

가장 사실주의적인 소설작품들은 프랑스인과 러시아인에 의해서 창작되었다. 뛰어난 프랑스 작가들의 작품들 중에서 한 편을 읽는 것은 너무나 비열하고, 너무나 하찮고, 너무나 초라한 인류에 대해서 희비가 엇갈린 감정과 혐오를 느끼는 것이다. 그러나 뛰어난 러시아 소설을 읽는 것은 완전히 다른 경험을 하는 것이다. 비열함, 우리 안의 야수성, 인생의 비참함은 프랑스 소설 속에서만큼 적나라하게 보이도록 배치되어 있다. 그러나 우리에게 남는 것은 절망도 아니고 혐오도 아니다. 그토록 고통을 겪을 수 있는 인간 앞에 가지게 되는 동정심과 경이로움이다. 러시아의 정신이 근본적으로 시적(詩的)이기 때문에 러시아인은 그러한 방식으로 인생을 바라본다. 프랑스의 정신은 그렇지 않다. 「안나 카레니나(*Anna Karenina*)」는 비극이지만, 「보바리 부인(*Madame Bovary*)」은 아니다. 사실주의와 낭만주의, 혹은 사실주의의 서로 다른 등급은 그 문제와는 아무런 상관이 없다. 이것은 심대한 영혼에 반대되는 하잘것없는 영혼의 문제이며, 시인의 직관력에 반대되는 "그 속에 있는 것을 명확하게 보는 것"을 특별한 자질로 가진 작가의 능력 문제이다.

만약 그리스인이 우리를 위해서 아무런 비극작품도 남기지 않았다면, 그리스인의 능력이 이룬 최고의 절정은 알려지지 않았을 것이다. 인간의 고통의 심연을 소리내어 말할 수 있었던 그 세 명의 시인들은 또한 그것을 비극으로 인식하고 드러낼 수 있었다. 악의 신비는 "영혼이 흙덩어리가 아닌 모든 이가 보는" 것에 장막을 드리운다고 말했다. 고통은 강렬해질 수 있고, 비극 속에서 잠시 동안 인간은 자신의 이해력을 넘어서는 의미를 볼 수 있었다. 에우리피데스는 난국에 처한 늙은 트로이의 여왕이 "그러나 만약 신이 우리를 자신의 뜻대로 바꾸어 우리의 위대함을 땅에다 메어치지 않았더라면 우리는 인간에게 아무것도 주지 못한 채 죽었을 것이오. 사람들은 우리에게서 노래를 위한 아무런 주제도 찾아내지 못하고, 우리의 비탄으로부터 위대한 시를 만들어내지도 못했을 것이오"라고 말하게 했다.

왜 언제나 비극적인 영웅의 죽음은 우리로 하여금 되살아난 인생의 느낌으로 온기를 느끼게 하는 반면, 평범한 사람의 죽음은 우리가 피하게 되는 비참하고 소름끼치는 것인가? 이 질문에 대답하면 비극적 기쁨의 수수께끼는 풀리게 된다. "용감한 자의 피가 헛되이 흘려졌다는 말을 결코 듣게 하지 말라"고 월터 스콧은 말했다. "그것은 모든 세대를 통해서 줄곧 중대한 도전을 던진다." 그러므로 비극의 결말은 우리에게 도전장을 내민다. 고통과 죽음에 처한 위대한 영혼은 고통과 죽음을 변화시킨다. 그것을 통해서 우리는 우리가 살고 있는 현실보다 더 깊고 더 궁극적인 현실인 스토아 철학자 황제의 소중한 신의 도시를 어렴풋이 보게 된다.

12
–

아이스킬로스
최초의 극작가

비극적 기쁨에 관한 유명한 정의를 내렸을 때, 니체는 비슷한 입장에 있는 다른 모든 철학자들과 같이 무사의 여신이 아니라 한 명의 비극작가를 응시했다. 니체의 "죽음 앞에서 살고자 하는 의지의 재확인과 그렇게 재확인되었을 때 느끼는 무한한 기쁨"은 소포클레스의 비극작품도, 에우리피데스의 비극작품도 아닌 바로 아이스킬로스의 비극작품의 핵심이다. 우울하게 하는 것이 아니라 기쁨에 넘치게 하는 그러한 방식으로 고통과 죽음을 표현해야만 하는 비극이 지닌 미지의 힘은 그 어떤 비극시인의 작품도 아닌 아이스킬로스의 희곡 속에서 느껴질 것이다. 아이스킬로스는 최초의 비극작가였다. 비극은 그의 창조물이었고, 비극에 자신의 고유한 정신적 특징을 아로새겨놓았다.

그것은 군인정신이었다. 아이스킬로스는 일찍이 엄청나게 거대한 페르시아의 습격을 격퇴했던 소규모 군단의 병사들 모두에게 주어진 칭호인 마라톤 전투의 용사였다. 따라서 아이스킬로스의 묘비명은 그가 그와 같은 명예를 매우 높이 평가해서 자신의 시에 대한 어떠한 언급도 그 명예 옆에 자리할 수 없다는 것을 보여주는 듯하다.

아테네 시민이며 에우포리온의 아들인 아이스킬로스는 사망했다. 젤라의 밀밭에 있는 이 무덤이 그를 덮고 있다. 그의 빛나는 용기는 마라톤의 텅 빈 벌판이 이야기해줄 수 있고, 긴 머리의 페르시아인들이 알고 있었다.

아이스킬로스는 다른 곳에서도 싸웠을까? 아이스킬로스가 쓴 작품 속에서 발견할 수 있는 사실들을 제외하고는 이 질문, 혹은 그와 관련된 다른 질문에 대해서 아무런 해답을 줄 수 없다. 아이스킬로스가 귀족가문의 후손임을 말해주는 묘비명과 몇 개의 날짜들—이런저런 희곡작품들의 상연 날짜와 그의 사망 날짜—이 지금까지 전해내려오고 있는 사실의 전부이다. 아이스킬로스의 초상을 분명하고 자세하게 그려주고, 그를 영원히 살아 있는 인물로 만들어줄 플라톤도 없다. 셰익스피어의 경우와 같이 우리는 아이스킬로스가 자신의 희곡을 통해서 우리에게 허락한 만큼만 그에 대해서 알고 있을 뿐이다. 그러나 이것은 작품의 범위가 인생 전체이며 인생에 존재하는 모든 것과 자신을 동일시할 수 있었던 가장 위대한 시인의 경우에는 애매모호한 자료이다. 키츠가 말한 적이 있듯이, 그 시인은 이 아고를 상상하면서 이모진을 상상하는 것과 똑같은 즐거움을 느꼈다. 그렇지만 우리에게 남아 있는 아이스킬로스의 작품들, 즉 아흔 편 중 겨우 일곱 편 남은 그의 희곡은 아이스킬로스의 성격이 지닌 주요 윤곽과 이성의 기질을 보여준다. 셰익스피어의 경우에는 무한한 범위 때문에 그렇지 못하지만. 그러나 만약 우리가 아이스킬로스의 희곡작품 아흔 편을 모두 가지고 있고, 셰익스피어의 작품 중에서는 일곱 편의 비극작품만 남아 있다면, 정확히 그 반대되는 진술이 참일지도 모른다는 점을 고려해서 결론을 내려야 할 것이다. 그러나 아이스킬로스의 각 희곡작품은 그의 이성과 정신의 위대함, 그리고 영웅적 기질에 대해서 강렬한 인상을 준다. 그렇기 때문에 그런 특징을 지니고 있지 않은 어떠한 것도 아이스킬로스의 글 속에서 연상될 수 없다.

아이스킬로스라는 인물에 대해서 우리가 내릴 수 있는 결론은 그 정도이다. 그러나 그의 실제 삶에 대해서는 거의 어떠한 암시도 없다. 아이스킬로스는 높은 지위에 있는 귀족가문의 풍습에 익숙했으리라고 추측되며, 벼락부자를 경멸했다. 아이스킬로스는 「프로메테우스」에 등장하는 "힘을 뽐내는 짧은 순간 동안 자신의 힘을 과시하는 벼락출세한 신"인 제우스를 통해서 졸부를 놀려댄다. 클리타임네스트라는 포로로 잡힌 트로이의 공주에게 말한다.

어차피 노예가 되어야만 한다면
대대로 부를 누려온 오랜 가문에서 노예 생활을
하게 된 것이 천만다행이다.
뜻밖에 상상을 초월하여 갑작스럽게 부를 얻은 벼락부자는
노예들에게 상식 밖으로 가혹하다.[1]

그의 병역 복무에 관해서도 역시 개인적인 경험을 말하는 것이 분명해 보이는 구절이 있다. 예를 들면, "우리의 진영은 적의 성벽 가까이에 있었다. 옷은 습기 때문에 썩어가고 있었다. 머리카락은 해충으로 우글거렸다." 그것은 신병의 눈에 보이는 전쟁이 아니다. 더 신랄한 것은 트로이가 몰락했다는 클리타임네스트라의 선언에 나오는 말이다. 이 장면에서 새로이 함락된 도시에 관해서 낯설고 간략하고 사실적인 장면을 보여주기 위해서 클리타임네스트라는 승리의 이야기가 절정에 있을 때 잠시 멈춘다.

(트로이의) 여자들은 남편과 형제들의 시체 위에 몸을 던져—어린 아이들은 낳아준 어른들의 시체를 부여잡고 더 이상 자유롭지 않은 목소리로 소중한 사람들 위에서 흐느껴 울고 있다. 그리고 정복자들은—전투 후 밤새 그 도시를 뒤지디 허기가 져서 순서대로 배정된 것이 아니라, 각자의 운대로 찾은 그 도시가 제공한 것으로 배를

---

1) 아이스킬로스, 「아가멤논」, 1042행.

채웠다.[2]

이 대사는 지체 높은 여왕이 하는 말로는 낯설게 들린다. 그러한 상황을 아주 세세하게 자주 목격했던 한 노병의 회상처럼 보인다. 그러나 이와 같은 몇몇 구절이 아이스킬로스의 삶의 방식에 대한 정보를 주는 전부이다.

우리는, 그리고 우리 중에서 가장 뛰어난 자도 우리 시대의 산물이다. 아이스킬로스는 역사의 어두운 시기를 때때로 밝혀 주는 짧은 희망과 노력의 시간들 가운데 한 시대를 살았고, 그 시대에 인간은 두려움이나 망설임 없이 운명지어진 길을 따라 눈에 띄게 앞으로 나아갔다. 아주 적은 인원이 세계 지배 권력의 다수를 격퇴시켰고, 크게 패배한 페르시아는 오직 재앙만을 가져온 침략을 다시는 되풀이하지 않았다. 그 엄청난 모험의 성공은 그리스 전역에 감격적으로 전해졌다. 더욱 열성적으로 삶을 살았다. 위험과 공포와 번민은 사람의 정신을 더욱 예민하게 하고 통찰력을 깊어지게 했다. 철저한 패배와 모든 것을 잃을 것이 분명해 보이던 바로 그 순간, 모든 희망을 넘어서서 성취한 승리는 인간을 자부심에 가득 찬 용기로 고취시켰다. 사람들은 영웅적인 행동이 행해지는 것을 보았기 때문에 자신들도 영웅적인 행동을 할 수 있음을 깨달았다. 이것이 바로 재앙이 돌이켜질 수 없을 그때, 불굴의 정신을 드러낸 고통과 정

---

2) 아이스킬로스, 「아가멤논」, 325행 이하.

신의 고양이라는 신비로운 결합인 비극이 탄생하는 순간이었다. 그때에 이르러 그리스의 시인들은 세상을 직선적이고 자의식이 없는 시선으로 바라보았으며, 세상이 선하다는 것을 발견했다. 그들은 용감한 행동의 영광과 자연적인 것들의 사랑스러움에 만족하게 되었다. 아이스킬로스는 새로운 시대의 시인이었다. 그는 외부세계의 아름다움에 대한 시와, 세상의 고통이지닌 아름다움에 대한 시 사이에 존재하는 엄청난 간극을 이어주었다.

아이스킬로스는 인생의 혼란스러운 낯섦, 즉 "세상의 심장부에 위치한 대립"을 파악한 최초의 시인이었다. 그는 오직 가장위대한 시인만이 그렇게 할 수 있듯이 인생을 이해했다. 아이스킬로스는 고통의 신비를 깨달았다. 그는 재앙을 동반한 낯선모험에 연결되어 있는 알 수 없는 힘의 작용으로 인류가 재앙에 꼼짝없이 묶여 있다고 보았다. 그러나 영웅적인 자에게 절망적인 가능성은 도전을 던져준다. 아이스킬로스가 살고 있던시대의 고양된 정신은 그의 작품 안에서 강하게 나타난다. 그는 대체로 엄청난 적에 대항했다는 사실을 스스로 깨닫는 것에만족하고, 성공을 불필요한 것으로 만드는 타고난 투사였다. 아이스킬로스에게 인생은 실로 위험한 모험이었다. 그러나 사람들은 안전한 안식처를 위해서 창조되지 않았다. 인생의 충만함은 인생의 위험 속에 있다. 그리고 최악의 상황에서 우리 안에 패배를 승리로 바꿀 수 있는 것이 존재한다.

이러한 영웅적인 기질을 지닌 인물 속에서 인간의 고뇌가 지닌 무시무시한 진실을 꿰뚫어보는 통찰력이 최고의 시적 능력과 만났고, 비극이 탄생하게 되었다. 만약 비극 특유의 영역이 인간의 비참함을 가장 암담한 상태에서, 그리고 인간의 위대함을 가장 찬란한 상태에서 보여주는 것이라면, 아이스킬로스는 비극의 창조자일 뿐만 아니라 모든 비극작가 중에서 가장 진실하게 비극적이다. 그 누구도 인생의 불협화음으로부터 그처럼 울려퍼지는 음악을 만들어내지 못했다. 아이스킬로스의 극작품에는 체념이나 수동적으로 받아들이는 태도 같은 것은 존재하지 않는다. 위대한 정신이 위대하게 재앙을 마주 대했다. 「프로메테우스」의 합창단을 구성하는 처녀들은 자신들 앞에 있는 모든 악에 대한 완벽한 이해를 요구한다. "누군가가 아파 누워 있을 때 다가올 모든 고통을 맑은 눈으로 대면하는 것은 달콤하기 때문이다." 확실한 죽음을 의미하는 일을 막 하려는 안티고네는 "용기를 내라! 그 힘은 나의 것, 그리고 행동의 수단일 것이다"라고 외친다. 클리타임네스트라가 일격을 가함으로써 남편이 쓰러져 죽었을 때, 그녀는 성문을 열고 자신이 범한 일을 선언한다.

나는 그를 내리쳤던 이곳에 서 있어요. 내가 그렇게 했지요. 나는 아무것도 부정하지 않아요. 그를 두 번 때렸고, 그는 신음 소리를 두 번 내고 팔다리가 풀려서 쓰러졌어요. 내가 그를 내리친 세 번째 타격은 죽은 자들을 꽉 쥐고 있는 저승의 신에게 바쳐진 제물이 되었어요. 그곳에서 그는 숨을 몰아쉬며 누워 있었고, 그의 피가 뿜어져나와서 죽음의 이슬인 검은 피를 내게 뿌렸어요. 내게는 경작지에 싹이 틀 때 내리는 하늘의 달콤한 빗방울처럼 달콤했어요.[3]

무력하고 저항할 수 없는 힘에 직면한 프로메테우스는 정복당하지 않는다. 프로메테우스 안에는 그를 자유롭게 해줄 한마디 복종의 말을 하게 할 굴복함이란 없다. 전지전능한 힘 앞에서 깊이 뉘우친 후회란 없다. 제우스의 명령에 굴복하라고 명하는 신의 전령에게 프로메테우스는 대답한다.

어떠한 고문도, 어떠한 계략도,

어떠한 강압도, 내게 그것을 말하도록 강요할 수 없소.

제우스 신께서 이 죽음의 사슬들을 풀어주실 때까지.

그러니 제우스 신께서 불타는 천둥번개를 내려치시고,

눈보라의 하얀 날개와

번개와 지진으로

비틀거리는 세계를 혼동에 빠뜨리게 하시오.

이 모든 것 중 어느 것도 나의 의지를 꺾지 못할 것이오.

전령 : 복종하시오, 어리석은 자여. 복종하시오. 고통 속에서 지혜를 배우시오.

프로메테우스 : 파도가 부서지지 않도록 설득하는 데나 노력을 기울이시오. 그대는 나를 그보다 더 쉽게 설득하지 못할 것이오.[4]

---

3) 아이스킬로스, 「아가멤논」, 1379행 이하(요약).
4) 아이스킬로스, 「프로메테우스」, 989행(요약).

우주가 그의 위로 돌진할 때 프로메테우스는 마지막으로 자신의 주장이 옳음을 역설한다. "나를 보시오. 나는 부당한 취급을 받고 있소"라고. 프로메테우스는 그를 짓밟은 우주보다 더 위대하다고 파스칼이 말했다. 이러한 방식으로 아이스킬로스는 재앙에 당당하게 대면하고, 영원히 패배하지 않는 인류를 이해하고 있다. "용기를 내라. 고통은 그 절정으로 올라갈 때, 오직 그 짧은 시간 동안만 지속될 뿐이다." 지금은 없어진 한 희곡에서 발췌된 이 대사는 아이스킬로스가 살던 시대의 정신을 나타내는 것과 같이 짤막하게 그의 정신을 나타낸다.

아이스킬로스는 순전히 거대한 힘으로 나무를 베어가며 길을 만들어나가고, 마무리를 하기 위해서 안주하지 않는 개척자이다. 아이스킬로스의 작품 속에서는 절정에 이르렀으며, 바로 그 너머에 타락이 있다는 암시를 주는 것과 같은 매끈한 형식의 완벽함을 찾아볼 수 없다. 아이스킬로스는 미케네 성문의 거대한 돌을 들어올릴 수 있었을 것이다. 그는 프락시텔레스의 조각상 헤르메스의 사랑스러운 아름다움을 다듬을 수 없었을 것이다. 아이스킬로스의 비평가들 중에서 가장 예리했으며, 그를 진정으로 사랑한 아리스토파네스조차 아이스킬로스를 풍자적으로 묘사할 때 시인의 시금석인 아이스킬로스의 형용사들을 "교전 중인 한 거인이 내쉰 숨결에 느슨해진, 급류에 쓸려내려가는 새로운 목재들"과 같다고 묘사한다.[5] 그리고 그의 단어

---

5) 아리스토파네스, 「개구리들」, Gilbert Murray 교수 번역.

들은 리어 왕의 머리를 내리친 "지옥불과 같고, 생각을 죽이는 화염들과 참나무를 쪼개는 번개의 전령"과 "급박한 위기에 처한 전투"의 폭풍을 연상시킨다. 일종의 당당한 무심함은 압도적인 힘과 어울린다. 퇴고의 노고는 셰익스피어를 위한 것이 아니었듯이 아이스킬로스를 위한 것도 아니었다. 이들이 밤새 번민하며 독특한 표현을 찾느라고 이리저리 방을 오가는 모습은 상상이 되지 않는다.

아이스킬로스와 셰익스피어 사이에는 비슷한 점이 있다. 셰익스피어도 인간이 단순한 인간 삶의 수준을 넘어선 단계에서 성취하고 고난을 겪는다고 보았고, 마라톤과 살라미스의 용사와 같은 영웅들이 지상을 걸어다니고 있던 시대의 높은 희망과 용기에 감동을 받았다. 다른 작가의 작품 속에서는 찾아볼 수 없는 인생의 경이로움에 대한 이해와, 그것이 지닌 아름다움과 공포와 고통, 그리고 인간 안에 있는 행동하고 듣는 힘에 대한 직관력이 아이스킬로스의 작품 속에도, 셰익스피어의 작품 속에도 있다.

그대의 벗은 환희, 고통,
사랑과 인간의 불굴의 정신이다.

19세기 어느 시인으로부터 인용한 이 말은 셰익스피어나 아이스킬로스 중 한 사람이 썼던 글만큼이나 두 작가의 특성을 드러낸다.

실로 셰익스피어의 작품 중 하나인 「맥베스(*Macbeth*)」는 그 착상에서 완벽하게 아이스킬로스 같다. 소포클레스나 에우리피데스의 어느 작품보다도 훨씬 더 그러하다. 맥베스의 성과 아가멤논의 궁전에 감도는 분위기는 동일하다. 그곳은 항상 밤이다. 무거운 우울함이 감돌고 있다. 죽음이 문간을 통해서 떠돌아다니고 있다. 그것은 단지 두 작품 속에서 일어난 사악한 행동의 경우에만 속하지 않는다. 오이디푸스의 궁전은 피로 진하게 물들어 있다. 잔혹함이 그곳에 있고, 피할 수 없는 파멸로 냉혹하게 점점 더 가까이 다가오는 뚜렷하게 들리는 운명의 느린 발자국이 있다. 그러나 「오레스테이아」와 「맥베스」에서 공포는 운명의 발자국 소리가 뚜렷하게 들리지 않는다는 사실에 있다. 그 발자국 소리는 둔탁하게 들린다. 귀 기울여 듣지만 확실히 들리지는 않는다. 계속해서 움직이는 무엇인가는 암흑 속에 가려져 있다. 알려지지 않은 것, 악의 신비가 그곳에 있다.

인용문으로 두 비극작품이 만들어내는 전반적인 분위기의 유사성을 보여주는 것은 불가능하지만, 각각의 작품이 다가올 막연한 공포를 계속해서 지적하는 방식은 많은 구절을 통해서 제시될 수 있다. 두 희곡 속에서 반복적으로 불길한 전조의 분위기가 조성된다. 상당히 무시무시한 행동이 임박한다. 누구도 무엇인지 말할 수 없다. 그러나 어느 때이든 우리는 그것과 마주칠지도 모른다.

맥베스

1막 3장

맥베스: 왜 내가 그 무서운 형상이 나의

머리칼을 떨리게 하고, 나의 고정된 심장이

부자연스럽게 늑골을 두드리게 하는

그런 암시에 굴복하는가? 당면한 두려움은

끔찍한 상상만 못하다.

1막 4장

맥베스: 별들아, 빛을 감추어라!

빛이 나의 사악하고 음험한 욕망들을 보지 못하게 하라.

눈이 손을 보고도 못 본 체하게 하라. 그러나 내버려두어라.

일이 끝났을 때 눈이 보는 것을 두려워할 그 일을.

맥베스 부인: 칠흑 같은 밤아, 오너라.

지옥의 가장 어둠침침한 연기로 너를 덮어버려라.

나의 날카로운 칼이 자기가 낸 상처를 보지 않게,

하늘이 어둠의 장막 사이로 엿보고

"그만, 그만!" 하고 소리치지 않게—.

3막 4장

맥베스: 물러가라! 내 눈앞에서 물러가라! 땅이 너를 감추게 하라!

너의 뼛속에는 뼛골이 없고, 너의 피는 차디차다!

노려보는 네 눈 속에는

아무런 생각도 없다……그래서, 끔찍한 그림자여!

그런 까닭에, 실체 없는 가짜여!

아가멤논

합창단: 그러나 이제 어두운 공포가

밤의 어둠이 감추고 있는

어렴풋하고 무시무시한

형체들을 나에게 보여준다.

사람들의 피를 흘리게 한 자들,

그자들의 행동을 신께서 알고 계신다.

복수하는 망령들을 검게 물들여라……6)

왜 내 주위를 그토록 끈질기게

이 어두운 공포는 아직도 맴도는가.

내 심장의 문 앞에 예언자처럼……

복수의 망령이여, 너의 음악은 라이어 없이도 연주되는구나.7)

고동치는 심장,

부풀어오르는 가슴,

---

6) 아이스킬로스, 「아가멤논」, 459행. (원본의 운율을 살려서.)

7) 아이스킬로스, 「아가멤논」, 976-990행. (원본의 운율을 살려서.)

영혼을 흔들어놓는 고통의 물결,

그대들은 그저 어리석은 자들인가?

아니, 그대들은 무슨 일이 있을지 예감한다…….

카산드라 : 당신께선 저를 어디로 데려오셨나요 —

이 무슨 집으로!

합창단 : 아트레우스의 아들들의 집 —.

카산드라 : 안 돼요 — 신이 증오하는 집.

살인과 교살되어 죽은 자들 —.

친족을……친족을 살해하는. 오, 그들은 여기서 남자들을 죽여요,

악행과 불운을 알고 있는 집 —. 바닥은 붉은 피로 흠뻑 젖어 있

어요.

오, 신이시여, 오, 신이시여. 그들이 무슨 일을 저지를까요?

이 집안이 알지 못하는 비통함이 있을까요?

오, 구제할 수 없고 절망적인 음험한 악행.

— 그리고 구원은 멀리 떨어져 있어요.[8]

카산드라 : 저들을 보세요 — 저기 성벽 옆에 있는 이들을 — 저기에,

저기에!

꿈속에서 맴도는 형상들과 같은 아주 어린 아이들을.

그들은 사랑하는 이들에게 살해된 어린애들처럼 보여요.

---

8) 아이스킬로스, 「아가멤논」, 1087-1101행. (원본의 운율을 살려서.)

그리고 그들의 손에 있는 것은 살덩이―바로 자신들의 것이
에요!

그리고 내장도― 오, 아주 끔찍한 덩어리를!

나는 그들을 보고 있어요…….

내가 맹세하건대, 복수가 이들로부터 여전히 음모되고 있어요.[9]

이러한 인용구절들이 일으키는 효과는 틀림없이 유사하다.
그리고 더 길고 장황하게 그 예를 제시할 수 있다. 한 편의 연극
안에서는 섬뜩한 자매들이 이리저리 오가고, 또다른 연극 속에
서는 범죄를 앙갚음하는 복수의 세 여신이 오가는 것은 우연한
유사함이 아니다. 그중 어느 무리도 오이디푸스의 궁전에서는
자리를 찾을 수 없었을 것이다.

또다른 주목할 만한 비슷한 점은 두 시인이 웃을 수 있다는
사실이다. 그것은 다른 어느 비극작가에 대해서도 할 수 없는
말이다. 온갖 종류의 시인들에게도 웃음은 주어지지 않는다.
그들은 심각한 집단이다. 아이스킬로스와 셰익스피어만이 비
극과 희극을 쓰는 것은 모두 동일한 작가의 활동 범위 안에 있
다는 소크라테스의 견해가 옳다는 것을 대변해준다. 그만한 수
준에 미치지 못하는 자들은 비극 속에 희극적인 것이 밀고 들
어오는 것을 고상한 취향에 반하는 결점이라고 느낄 것이다.
그 점은 「맥베스」에 등장하는 문지기 때문에 고통스러워하는

---

9) 아이스킬로스, 「아가멤논」, 1217행.

모든 비평가들에게서 목격된다. 그러나 위대한 두 작가는 고상한 취향에 아무런 관심이 없었다고 생각될지도 모른다. 두 작가는 자신들이 즐기는 일을 했다. 비할 데 없이 비극적인 긴장의 순간은, 어머니를 살해하려고 와서는 자신의 사망 소식을 전달하러 온 자인 척하며 어머니에게 접근한 아들 앞에서 아가멤논의 궁전 문이 닫힐 때이다. 그 아들이 궁전 안을 통과하고, 그의 마음이 앞으로 행할 무시무시한 행위로 가득 차 있을 때 한 늙은 여인이 등장하고, 합창단은 그녀를 오레스테스의 유모라고 부른다. 그녀는 이렇게 외친다.

오, 나는 불행한 여자요. 나로 말하면 지긋지긋하게 고생을 겪어봤지만 아직까지 이런 것은 겪어본 적이 없어요. 오, 내 소중한 오레스테스! 아이고, 그 애는 내가 일생을 바친 노고였어요. 그의 어머니는 오레스테스를 내게 기르라고 주었지요. 내 밤잠을 설치게 한 날카로운 울음소리, 그가 아무 짝에도 쓸모없이 귀찮게 구는 것. 나는 그것을 꾹 참고 견뎌냈지요. 어린아이들은 판단력이 없고 말 못 하는 짐승과 다름없어요. 그 변덕에 따라야만 하지요. 어린애는 배가 고플 때, 목이 마를 때, 오줌이 마려울 때 말을 할 수가 없어요. 어린애의 배는 모든 걸 혼자 할 수 있지요 —. 그리고 가끔 나는 일어날 일을 알아챘지만, 자주 그러지 못했지요. 그러면 옷을 전부 세탁해야만 했어요. 나는 유모일 뿐만 아니라 세탁부이기도 했지요 —.[10]

---

10) 아이스킬로스, 「코에포로이」, 743행 이하.

그리고 그렇게 줄리엣 유모의 선임은 퇴장하고, 연극은 아들에 의한 어머니의 살해로 진행되어간다.

셰익스피어는 무엇보다도 연극인이었다고 말할 수 있을지 모르지만, 아이스킬로스는 그렇지 않았다는 것이 현재의 중론이다. 아이스킬로스는 대개 어떠한 불운 때문에 무대라는 샛길로 들어선 철학적인 시인으로 인식된다. 이러한 견해는 사실과 매우 다르며, 아이스킬로스는 최초의, 그리고 최고의 타고난 희곡작가였다. 그는 인생을 매우 극적으로 보았으므로, 자신을 표현하기 위해서 극예술을 창작해야만 했던 인물이다. 그것이 그가 했던 일이기 때문이다. 아이스킬로스가 등장하기 전까지는 단장이 있는 합창단만 있었을 뿐이다. 아이스킬로스는 두 번째 배우를 추가하여 극예술의 핵심인 등장인물들 사이에 주고받는 연기를 고안했다. 아이스킬로스는 적어도 셰익스피어만큼 연극인이었다. 극장의 창립자였을 뿐만 아니라 배우였고, 실질적인 제작자이기도 했다. 그는 모든 그리스 배우들이 입었던 의상을 디자인했으며, 무대배경과 무대장치를 발전시켰다. 아이스킬로스가 아티카 식 연극 공연을 위한 진행 방향을 정했다.

이 모든 것을 어깨에 짊어지고 있던 아이스킬로스의 솜씨가 종종 불완전한 것은 그리 놀라운 일이 아니다. 틀림없이 아이스킬로스는 별로 훌륭하지 않은 대사와 장면을 쓸 수 있었다. 그는 세부사항에 무관심한 꼼꼼하지 못한 기술자였다. 가끔은 정말 사소한 관심사들을 무시했다. 아이스킬로스는 종종 그런 사소한 관심사들을 「코에포로이(*Choēphoroi*)」에서처럼 길고 지루하게 오래 끌었다. 그 작품 속에서 엘렉트라가 오레스테스를 알아보는 순간은 짧고 대단치 않게 다루어지는 반면, 무덤에서 머리타래를 발견하는 것은 150행의 시구로 무대를 이어간다. 그러나 아이스킬로스는 자신이 극화하고 있는 이야기의 핵심적인 극적 효과를 늘 실감나게 보여주었다. 그리고 그는 항상 극적 효과로 직행했다. 거기서 그는 조심성이 없지 않았다. 아이스킬로스는 각 희곡작품의 중요한 핵심 주제를 숙련된 연극적 기술과 재능으로 보여주었다. 아이스킬로스의 위대한 두 후계자들의 희곡은 종종 그의 작품보다 상연하기가 더 좋았다. 그의 후계자들은 더 능숙한 기술자들이었고, 훨씬 더 발전된 기술을 가지고 있었다. 그러나 소포클레스나 에우리피데스의 작품 속에 있는 무언가를 넘어서는 극적으로 강렬한 장면들이 아이스킬로스의 작품 속에 존재한다. 아이스킬로스는 극예술을 발명했을 뿐만 아니라 그것을 절정으로 끌어올렸고, 그 고지는 단 한 번 다시 정복되었다. 그리고 그 두 가지 업적을 동시에 이룬 영광 속에 아이스킬로스는 홀로 서 있다.

그 점을 입증하는 데는 하나의 인용구로 충분할 것이다. 꽤 긴 구절만이 극적 효과의 이러한 특별한 힘을 보여줄 수 있기 때문이다. 「코에포로이」에서 클리타임네스트라는 오레스테스가 살아 있으며, 자신의 연인을 살해했다는 사실을 알게 된다. 클리타임네스트라는 그 다음에 무슨 일이 다가올지 알고 있다. 그녀는 한 노예에게 명령한다.

빨리! 살해할 수 있는 도끼를 내게 가져오라. 내가 이길 것인지, 아니면 질 것인지 곧 알게 될 것이다. 나는 여기 비참함의 절정에 서 있다.

(오레스테스는 필라데스와 등장한다.)

오레스테스 : 내가 찾고 있던 이가 바로 당신이오. 다른 자는 이미 자신의 몫을 받았으니까. 당신이 그자를 사랑한다고 — 그자와 같은 무덤 속에 눕게 될 것이오.

클리타임네스트라 : 멈추어라 —. 오, 아들아. 보아라 — 나의 가슴을. 너는 졸음으로 무거운 머리를 이 가슴에 기대고 잠이 들었지. 오, 여러 번 그랬지, 그리고 치아가 하나도 없는 갓난아이의 입으로 젖을 빨아서 그렇게 너는 자랐지 —.

오레스테스 : 오, 필라데스여, 어떻게 해야 하지? 나의 어머니 —. 두려움이 나를 사로잡는구나. 목숨을 살려주어야 할까?

필라데스 : 그러면 아폴로 신의 예언과 무서운 맹약은 어찌 되는가? 만인을 적으로 만들더라도 신을 적으로 만들지는 말게.

오레스테스 : 좋은 충고네. 내 그 말을 따르겠네. 당신은 — 나를 따라오시오. 당신을 그자가 누워 있는 그곳으로 데리고 가서 죽이리니.

클리타임네스트라 : 나의 아들아, 너는 네 어미를 죽이려는 것 같구나.

오레스테스 : 내가 아니오. 당신이 당신 자신을 죽이는 것이오.

클리타임네스트라 : 나는 살아 있다 — 내 무덤 옆에 서 있다. 나는 죽음의 노래를 듣는구나. (오레스테스와 클리타임네스트라는 밖으

로 나가고 합창단은 그녀의 운명이 정당하다고 노래한다.) 오, 집이여, 그대의 머리를 들어보시오. 저 빛, 나는 저 빛을 보고 있소. (궁전의 문이 열린다. 오레스테스는 두 구의 시체 위에 서 있다.)

오레스테스: 나는 죄가 없소. 그자는 간통한 자가 받아야 할 죽음을 맞이했소. 하지만 이 여인은 함께 자식을 낳은 자신의 남편을 향해서 이런 끔찍한 짓을 계획했던 것이오─. 이 여인을 어떻게 생각하시오? 이 여인은 뱀이 아니면 독사였소? 이 여인은 닿기만 해도 사람을 썩게 할 것이오.

합창단: 슬프도다─슬프도다─. 오, 무시무시한 행위들!

오레스테스: 그녀가 그러한 짓을 했을까, 하지 않았을까? 그 증거를 그대들은 알고 있소─그 행동, 그리고 죽음. 나는 승리자요. 그렇지만 비열하고 더럽혀진 승리자요.

합창단: 하나의 고통이 여기 있고─또다른 고통이 다가온다.

오레스테스: 일이 어떻게 끝날지 나도 모르겠으니, 내 말을 듣고 기억하시오. 나는 고삐 풀린 말을 따라 견디고 있소. 내 생각은 걷잡을 수 없소. 내 가슴속에 있는 공포는 격렬하게 뛰고 있소. 내가 이성을 잃기 전에─오, 나의 친구들이여, 내가 어머니를 죽였다고 말하겠소─그러나 이유가 없지 않았소─어머니는 비열했고, 나의 아버지를 살해했고 신은 그녀를 미워했소─보시오─보시오─저쪽에─저쪽에 있는─칠흑같이 검은─그리고 뱀처럼 휘감긴 긴 머리를 가진 여인들을. 오, 나를 가게 내버려두시오.

합창단: 무슨 환상이 그대를 괴롭히는 것이오? 오, 아버지에게 충

실한 자식이여. 두려워하지 마오.

오레스테스 : 환상이 아니오. 나의 어머니가 그들을 보냈소. 그들은 나에게 떼를 지어 몰려오고 있으며, 그들의 눈에서는 증오의 핏 방울이 떨어지고 있소. 당신들은 그들이 보이지 않소? 나는— 나는 그들이 보이오. 그들이 나를 몰아내고 있소. 더 이상 머무를 수 없소.

(오레스테스가 뛰쳐나간다.)

합창단 : 오, 이 살인의 광기는 어디서 끝을 맺을 것인가?[11]

그리고 이러한 어조로 연극은 막을 내린다. 문학작품을 통틀어 이보다 더 극적인 장면은 없다.

새로운 예술형식을 창조한 아이스킬로스는 기질적으로 옛것의 가치가 하락하는 것을 보고 즐겁게 새로운 것을 만들어내는 것을 도운 개혁자였다. 그는 이전에는 세상이 모르고 있던 사상들이 생겨나고 있던 바로 그 순간에 그리스를 위한 사상의 선도자였다. 그러나 아이스킬로스는 곧 자신의 추종자들을 멀리 보이지 않는 곳에 남겨두었다. 그의 날카로운 지성은 앞으로 다가올 수세기 동안 세상을 예속시킬 그릇되고 어리석은 개념들을 꿰뚫어보았다. 아이스킬로스는 최고의 이성론자인 에우리피데스의 선구자였다. 에우리피데스가 「트로이의 여인들 (*Troades*)」에서 전쟁에 반대하는 무시무시한 고발장을 제시하

---

11) 아이스킬로스, 「코에포로이」, 889행 (요약).

기 오래 전에, 아이스킬로스는 마라톤의 용사였지만 전쟁의 영
광을 벗겨버렸다. 그는 병사로서 전쟁에서 싸웠고, 가까이에서
목격한 사람만이 알 수 있는 전쟁의 실체에 대해서 이해하고
있었다. 아이스킬로스가 어떻게 돈과 전쟁이 함께 깊이 관련되
어 있었는지를 파악한 것은 신기한 일이다.

서둘러서

그리스를 떠나서

동지들과 합류한 이들 모두를 위한,

참아낼 만한 힘을 넘어선 그러한 슬픔이

모든 병사들의 집에서

분명히 보인다.

그곳에 가슴을 찢는

수많은 일들이 있고,

여인들은 떠나보낸 이들을 알지만,

살아 있는 자들 대신,

집집마다 돌아오는 것은

다 타버린 갑옷과 유해뿐이다.

그리고 전쟁은

사람을 황금과 맞바꾸고,

살아 있는 자를 죽은 자와 맞바꾸고,

창끝이 만나 부딪히는 곳에서

저울질을 하고 있다.

그들의 소중한 이들에게

트로이로부터

전쟁은 그들에게

불에 탄 유해를 보낸다.

무거운 먼지,

눈물에 젖은 먼지,

유골단지를 점잖게 채우고 있는,

가득 잘 채워져 있는 병사들의 유해.[12]

「아가멤논」이라는 작품 속에는 위와 같은 구절들이 많다.

아이스킬로스는 하나의 짧은 문장 속에서 그리스인이 지닌 중심적인―아마 가장 중심적인―신조인 거대한 부는 하늘이 시샘의 눈초리로 바라보기 때문에 결국 비참하게 끝맺게 된다는 생각을 지워버렸다.[13] 즉 "나는 내 생각을 견지하고 다른 사람들과는 다르게 생각한다. 부유함이 아니라 죄악이 비참함을 가져온다."

급진적인 성향과 종교적인 성향은 서로 용납될 수 없는 상반된 것이라고 일반적으로 이해되고 있다. 그러나 사실 가장 위대한 종교 지도자들은 급진주의자였다. 아이스킬로스는 심오하게 종교적이었고, 동시에 급진주의자였다. 그래서 그는 종교 자체를 탐구하기 위해서 종교의 외적 장식은 제쳐놓았다. 아이

---

12) 아이스킬로스, 「아가멤논」, 429행 이하. (원본의 운율을 살려서.)
13) 아이스킬로스, 「아가멤논」, 757행 이하.

스킬로스에게 신은 단지 환영에 지나지 않았기 때문에, 그의 작품 속에서 신들은 갈피를 못 잡게 왔다가 가버린다. 신의 모순과 부조화는 아이스킬로스의 관심을 끌지 못한다. 아이스킬로스는 신들의 저편, 여러 신을 넘어 유일신을 바라보고 있다. "그 멀고 먼 옛날에 자신의 손으로 우리의 형상을 만드신 그 아버지." 그(Him) 안에, 그 신(God) 안에, 인간의 생, 특히 부당한 고통이라는 이러한 불가사의의 최종적이고 모순되지 않은 진실이 놓여 있다고 아이스킬로스는 믿었다. 죄 없는 자들이 고난을 겪는다. 신이 정의로운데 어떻게 그럴 수 있는가? 그것은 비극작품의 핵심적인 문제일 뿐만 아니라, 인간이 사고하기 시작하던 시기에 모든 곳에서 심대한 문제였다. 그리고 모든 곳에서 사람들은 동일한 사고의 단계에서 동일한 설명을 생각해냈다. 먼저 죄악에서 기인한 저주가 여러 세대를 통해서 스스로 작용한다는 설명이었다. 그리고 신에게서 불의라는 고약한 짐을 덜게 된다. 문학은 귀신 붙은 가문과 저주받은 종족으로 가득 차 있다. "조상의 죄악은 자손들을 엄습할 것이다." 오이디푸스와 아가멤논은 선조들이 저지른 범죄의 죗값을 치러야만 한다. 훔친 금은 볼숭족의 불운을 운명짓는다. 이러한 설명은 각성되고 있던 인간의 도덕적인 감각을 잠시 동안 만족시키는, 이른바 중간 지점에 이른 설명이다. 이것은 아이스킬로스를 만족시키지 못했다.

아이스킬로스가 "영원을 통해서 방랑하는 사상들"을 생각하기 시작했을 때 그는 외로운 사상가였다. 유대인 에스겔은 거의 같은 시기에 신의 정의를 이런 식으로 유지하는 것이 부당함을 깨달았고, 아버지의 죄 때문에 자식들이 당하는 고통이라는 참을 수 없는 부당함에 반기를 들었다. 그러나 그의 해결책은 자식들이 고통을 당했다는 것을 부정하는 것이었다. 전과 다름없이 그 유대인은 세상에 비극을 위한 자리를 남겨두지 않는 태도인 "신께서 그렇게 말씀하셨다"로 만족했다. 에스겔은 비합리적인 것을 수용할 수 있었고, 그 안에서 편안할 수 있었다. 현실은 그리스인들에게 맞섰지만, 에스겔의 앞에 놓인 현실은 그가 모면할 수 없게 맞서지 않았다.

넓리 인정받고 있는 설명의 이면을 보려고 했을 때 아이스킬로스는 자신이 고립되어 있음을 깨달았다. 그는 "나 혼자 그렇게 믿지 않는다"고 썼다. 아이스킬로스는 남편을 살해하도록 몰린 아내, 어머니를 죽이도록 몰린 아들, 그들의 배후에 있는 사악한 행위에 대한 사악한 행위의 대물림이라는 최악의 상황에서 그 문제를 거론했다. 즉 세상의 "상처를 다소나마 치유할" 어떤 손쉬운 길도 그에게는 충분하지 않을 것이었다. 아이스킬로스는 저주의 무정한 활동을 보았다. 그는 조상의 죄악이 자손들에게 돌려질 것이라는 점을 알았다. 그는 신의 정의를 믿었다. 아이스킬로스는 그러한 진실들을 화해시킬 진실을 인간의 경험 속에서 찾았다. 그 점을 아이스킬로스 세대에 속한 사람들은 다른 이들을 훨씬 초월하여 이미 깨닫고 있었던 것이 틀림없다. 즉 고통과 과오는 목적과 소용을 가지고 있다는 것이다. 그들은 지식의 사다리에 속한 단계들이다.

신, 그의 법을 배우는 자는 반드시 고난을 겪어야만 하느니. 심지어 우리의 잠 속에서조차 잊을 수 없는 고통이 심장 위로 방울방울 떨어진다. 그리고 우리의 본심은 아니지만, 우리의 의지에 반하여 지혜가 생기는 것은 신의 무서운 은총 때문이다.

한 위대하고 외로운 사상가. 아이스킬로스가 지녔던 사상의 깊이와 통찰력과 대등한 수준에 도달한 것들은 오직 가장 위대한 작품들 속 여기저기에서만 발견될 뿐이고, 세상의 불가사의를 꿰뚫는 그의 통찰력을 대신할 만한 것은 아직까지 없다.

13

—

소포클레스
그리스인의 전형

비극적 기쁨은 결국 체념의 문제라고 쇼펜하우어가 말했다. 그 위대한 암울함의 철학자는 한 비극작가의 관점에서 비극 전체에 대한 정의를 내린다. 쇼펜하우어의 정의는 소포클레스에게만 적용되지만, 소포클레스의 극예술의 정신을 한 단어로 요약한다. 체념은 어쩔 수 없는 묵인이나 감내가 아니다. 빠져나갈 방법이 없기 때문에 인내하는 것은 비극과 상관없는 태도이다. 체념은 "저는 당신의 뜻을 이루려고 왔습니다"라는 의미에서 "당신의 뜻이 이루어지게 하소서"라고 말하는 이성의 기질이다. 이것은 능동적이며 수동적이지 않다. 그러나 이것은 전혀 공통된 점이 없는 전투가의 기백과 구분된다. 이러한 태도는 인생은 반드시 그래야만 하며, 그렇지 않을 수 없다는 것을 분명하게 이해하면서 인생을 받아들인다. "우리는 견뎌내야 한다. 이 세상을 떠날 때나 이 세상에 태어날 때나." 사건들의 저항할 수 없는 움직임들을 이해하려고 노력하는 것은 착각이다. 행성들이 자신들의 궤도에 거의 아무런 영향도 미치지 못하듯이, 우리가 거의 영향을 미칠 수 없는 것에 우리 자신을 맞서게 하는 것은 더 더군다나 착각이다. 그럴지라도 우리는 단순한 방관자들이 아니다. 세상에는 숭고함이 있고, 선함이 있으며, 평온함이 있다. 인간은 자신의 운명에 관한 한 무력하지만 선한 것과 연합할 수 있으며, 고난을 겪고 죽어갈 때 죽음과 고난을 숭고하게 맞는다. "마음의 준비가 제일 중요하다."

이것이 아이스킬로스의 정신과는 다른 소포클레스의 정신이다. 이 두 정신은 여자와 어린이들로 구명정을 채우기 위해서 한편에 비켜서 있으면서 죽음을 자신의 몫으로 조용히 받아들이는 침몰되어가는 배 위에 있는 한 남성의 정신과, 역사상 가장 영광스러운 싸움에서 스페인의 무적함대에 맞서서 작은 함선 리벤지 호를 항해해 가는 엘리자베스 1세 시대 신사들의 정신이 서로 달랐던 것만큼이나 구별된다. 소포클레스와 아이스킬로스라는 두 비극작가 사이에 존재하는 시간의 간격은 20년도 채 되지 않는다. 그러나 아테네에서 삶의 엄청난 흐름은 너무나 빠르게 흘러가서 소포클레스가 성년이 될 즈음이면 마라톤 전투, 테르모필레 전투, 살라미스 해전을 가능하게 했던 인생관이 사라져버렸다. 바로 그 전투의 이름들은 오늘날에도 우리를 위대한 추억 속으로 데려가는 힘을 가지고 있다. "그 당시에는 신들이 인간들이었고, 지상 위를 걸어다니고 있었다." 심지어 오늘날에도 우리는 그 영웅적인 노력의 몰락과 원대한 희망의 실패를 바라보는 것이 필연적으로 무엇을 의미했는지 언뜻 엿볼 수 있다. 아테네는 세상을 위해서 자유를 탄생시켰고, 자신이 만든 영광스러운 소산을 파괴하는 행위를 향해 곧장 나아갔다. 아테네는 강력하고 제국주의적이며 전제적이 되어갔다. 아테네가 모든 그리스를 자신의 지배 아래에 놓으려고 함으로써, 아테네를 제외한 나머지 그리스가 반기를 들었다. 소포클레스가 사망하기 이전에 스파르타는 아테네의 문전에 와 있었고, 아테네의 해는 지고 있었다. 노인이 되어 죽음의 사자가 가까이 다가왔을 때, 소포클레스는 유명한 대사를 썼다.

> 명이 길면 기쁜 일보다 슬픈 일들이 많이 모이고……
> 마침내 그 구원자, 죽음.
> 태어나지 않는 것이 더할 나위 없는 최선보다 더 낫다.
> 세상의 빛을 본 뒤엔 단연 왔던 곳으로 빨리
> 돌아가는 것이 그 다음으로 좋은 일이다.
> 젊음과 그 가벼운 경망함이 지나가면,
> 어떠한 비애가 외면에 없으며, 어떠한 슬픔이 내면에 없겠는가,
> 질투와 내분, 반목과 갑작스러운 죽음.
> 그리고 모든 것 중에 가장 마지막은
> 경멸되고, 노쇠하고, 의지할 곳 없는 노년이다.[1]

---

1) 소포클레스, 「콜로노스의 오이디푸스」, 1215행 이하(요약).

이러한 말들이 소포클레스의 신조는 아니다. 이것은 소포클 레스가 나이만큼이나 슬픔으로 가득 찼을 때, 그 두 가지 때문에 비참한 상태에서 쓴 것이었다. 이 시는 소포클레스 인생의 기록이다. 즉 아테네의 희망이 원대했던 시기에 속한 젊은 시절, 전쟁과 당쟁이 아테네를 괴롭힐 때인 장년기, 그리고 아름다움, 관용, 공평무사한 삶의 적, 아테네가 대표하고 있던 모든 것의 적이 정복자가 되어버린 시기인 노년기의 기록이다. 위대한 시인이 최종적인 결론을 내리는 것이 아니라, 인생의 경험과 삶을 위한 이유가 전부 사라져버린 뒤에 한 노인이 자신의 인생을 요약하고 있는 것이다. 소포클레스는 그 결론을 분명한 말로 제시했다. 소포클레스가 살았던 시대와 같은 시간들은 인간 마음의 본바탕을 시험한다. 더 나약한 정신들에게 그 시간은 모든 것에 대한 절망을 가져다준다. 별이 빛나는 하늘은 어두워지고, 진리와 정의는 더 이상 존재하지 않는다. 그러나 소포클레스와 같은 자들에게 외부의 변화는 내적 신념의 확고부동함을 잃게 하지 않는다. 강건한 자들은 일시적인 것과 영원한 것을 분리하여 간직할 수 있다. 소포클레스는 자신이 사랑했던 도시를 위해서 절망했다. 자신에게 악이 다가왔고 선은 오지 않았다. 그러나 그가 인생을 보았을 때 외부의 상황은 궁극적인 의미에서 무력했다. 소포클레스는 어떤 인간도 자기 안에서 무력하지 않다고 믿었다. 우리에게는 자신의 정신을 지배할 수 있는 내면의 성채가 존재한다. 자유인으로 살아라. 인간성을 더럽히지 말고 죽어라. 한 인간은 언제나 고결하게 살거나 고결하게 죽을 수 있다고 아이아스는 말한다. 안티고네는 위안이 없지 않은 죽음으로 향한다. 죽음은 그녀의 선택이었고, 그녀는 죽는다. 합창단은 안티고네에게 "그녀 자신의 운명의 주인"이라고 말한다.[2] 소포클레스는 인생을 괴로운 것으로 보았으나, 인생을 열심히 견딜 수 있었다. 데이아네이라는 남편의 배신에 대해서 듣던 중에 밀고자가 마지못해 머뭇거리며 말을 하자, "진실에 관해서 나를 속이려고 하지 말라. 사실을 알지 못하는 것, 그것이야말로 나를 해하는 것일 테니까"라고 명령한다.[3] 「콜로노스의 오이디푸스」의 마지막 대사들은 모든 소포클레스의 작품이 지닌 지배적인 어조를 표현하고 있다. 즉 "탄식을 멈추어라. 모든 일은 다 정해져 있으니까." 소포클레스는 차분한 마음으로 흔들리지 않는 용기를 가지고 받아들인 고통과 죽음을 제외하고는 그러한 현실로부터 아무런 피난처도 제공하지 않는다.

외부세계에서 그것 말고는 확실한 것이 없고, 대부분의 것이 슬프다. 소포클레스는 암울하거나 쓰디쓰게 울적하지는 않지만 침울하다. 밀턴의 "시름에 잠긴 수녀", "우정은 종종 거짓되다", "신념은 오래 지속되지 않는다", "인간의 삶은 그림자이다"와 같은 말들이 장마다 등장한다.

결코 고통이 없는 날들을

---

2) 소포클레스, 「안티고네」, 821행.
3) 소포클레스, 「트라키아의 여인들(*Trachiniai*)」, 458행.

크로노스의 아들은 인간에게 주지 않았으므로.

그러나 기쁨과 슬픔

시간의 바퀴들은

모두에게 돌아간다.

별들이 순회하는 길처럼.

아무것도 인간을 위해서 머무르지 않는다. 별이 밝게 빛나는 밤도,

파멸도, 죽음도.

부귀는 왔다가 간다.

그리고 슬픔도 즐거움도.[4]

이러한 종류의 도덕적 설교의 위험은 그것이 단순하고 일상
으로부터 털끝만큼의 거리밖에 떨어져 있지 않다는 것이다. 소
포클레스는 종종 교훈적이다. "모든 사람들에게 죽음은 정해져
있다", "아무도 그것을 보기 전에는 미래나 자신의 운명을 읽을
수 없다", "인생의 명예는 말이 아니라 행동에 있다." 소포클레
스의 강력한 날갯짓으로도 이러한 종류의 것을 시의 영역으로
향상시킬 수 없다. 그러나 다른 모든 것에서 그렇듯이 여기서
소포클레스는 대조법과 함축성 있는 격언을 사랑하는 그리스
인 중의 그리스인이다. 소포클레스가 교훈을 끌어내어야만 했
다는 것이 놀라운 일이 아니라, 아이스킬로스가 두드러지게 그
렇게 하지 않았다는 것이 놀랍다. 그 점은 소포클레스와 아이

---

4) 소포클레스, 「트라키아의 여인들」, 128행 이하.

스킬로스 사이의 근본적인 차이를 나타내는 많은 점들 중 한 가지일 뿐이다.

소포클레스는 보수적이었고, 기존 질서의 지지자였다. 신학에서 그러한 보수적 성향은 형식주의적인 경향이 있다. 소포클레스는 "정의를 무시하고 처세하는 것"과 "신들의 성상을 숭배하지 않는 것"을 같은 수준에 놓는다.[5] 소포클레스는 기꺼이 올림포스의 위계질서에 관해서 전통적인 관점을 취했다. 그러나 소포클레스가 지닌 이성과 정신 같은 것은 그곳에 머무를 수 없었다. 소포클레스의 행복에 넘친 시각은 유치한 신화적 환상이나 우화와는 아무런 상관이 없다. 소포클레스가 영원히 되풀이하는 단어는 법칙이며, 이해하려고 애쓰면서 하늘을 탐색했을 때 발견한 것은 "어떠한 망각도 결코 잠들게 하지 못할 순수와 경건의 법칙, 그리고 그 법칙을 통해서 신은 위대하며 늙지 않는다"는 점이었다.[6] 소포클레스는 법칙이라는 단어로 아이스킬로스가 그토록 사랑했던 자랑스러운 단어인 자유를 대신했다. 아테네는 소포클레스에게 "정당한 법칙들 속에서 하늘에 대한 온전한 두려움"을 가지는 도시이다. 소포클레스는 "질서", "공정한 조화", 그리고 "절제"를 사랑한다. 자유는 소포클레스에게 일정한 수준의 한계 안에 억제되지 않는 소란스럽고 무질서하고 난폭한 것이라고 여겨졌다. "그리고 이러한 법칙은 언제나 존속할 것이다"라고 「안티고네」에서 합창단은 노

5) 소포클레스, 「오이디푸스 왕」, 883행 이하.
6) 소포클레스, 「오이디푸스 왕」, 864행 이하(요약).

래한다. "거대한 것은 어느 것도 저주를 동반하지 않고 인간의 인생에 들어오지 않는다." 그것이 그 그리스인이 말하는 바이다. 글자 그대로 한없는, 한계가 없는, 무제한을 의미하는 그리스 단어들은 모두 나쁜 함의(含意)를 가지고 있다. 소포클레스는 명확하게 볼 수 있는 것을 좋아했다. 그 그리스인은 막연한 것을 싫어했다.

모든 점에서 소포클레스는 우리가 그리스적이라고 알고 있는 것의 화신이었다. 그래서 그리스 정신과 그리스 예술의 모든 정의는 우선 소포클레스의 정신과 예술의 모든 정의였다. 소포클레스는 세상이 자신을 전형적인 그리스인으로 보게 했으며, 매우 소포클레스적인 특질들은 나머지 그리스인에게도 속하는 것으로 생각된다. 소포클레스는 직설적이고, 명료하고, 간단하고, 합리적이다. 지나침—그 단어는 소포클레스 앞에서 언급되어서는 안 된다. 절제는 어느 작가의 것도 아닌 소포클레스의 것이다. 소포클레스에게 아름다움은 색깔이나 빛과 그늘, 또는 다른 장식방법이 아니라 구조, 선, 비례에 내재되어 있다. 혹은 다른 관점에서 보면 아름다움은 신비가 아니라 명확한 진실성에 근원을 가지고 있다. 이것이 우리가 이해하고 있는 고전의 정신이며, 소포클레스와 대조를 이루는 아이스킬로스는 낭만주의자이다. 심지어 절망 속에서도 소포클레스의 어조는 얼마나 차분한가. 소포클레스의 가장 절망적인 말들은 사리분별이 있는 태도를 가진다.

오직 저급한 자들만이 절대로 악에서 떠나

다른 길로 향하지 않는 인생을 원할 것이다.

때로는 빠르게, 때로는 느리게, 하루가 하루를 뒤따라오고

유일한 목표는 죽음인 그곳에 무슨 기쁨이 있는가.

나는 공허한 희망의 빛을 내면에서

느끼는 자를 보잘것없는 사람으로 생각한다.[7]

그리고 아이스킬로스의 절망은 얼마나 낭만적인가.

나는 신의 구름에 가까이 가는

검은 연기가 되리라.

아무도 보지 못하고 하늘 높이 솟아오르는,

날개 없는 먼지처럼 나는 사라지리라.

오, 높이 공중에 있는 자리를 향해서,

방울져 떨어지는 구름이 눈이 되는 그곳,

시야에서 벗어나 높은 곳에서 홀로 눈에 덮인

가파르고 황량한 절벽,

나는 내 자신을 던져버리리라, 저 아래 깊이,

그리고 독수리들만이 그것을 보리라.[8]

두 안티고네가 말한 마지막 구절들은 두 작가가 지닌 기질의

---

7) 소포클레스, 「아이아스」, 472행 이하.
8) 아이스킬로스, 「탄원하는 여인들」, 779행 이하(요약).

차이점을 뚜렷하게 제시한다. 소포클레스의 안티고네는 탄식한다.

> 애도해주는 이도 없고, 의지할 벗도 없고, 축혼가도 없이
> 나는 내 무덤으로 마지막 여정을 가고 있네.
> 나를 보시오, 내가 무슨 고통을 누구로부터 겪었는지,
> 내가 고귀한 것을 옹호하고 있다는 이유로.[9]

아이스킬로스의 여주인공은 그렇지 않다.

> 아무도 나를 위해서 그렇게 정하지 않을 것이다.
> 나는 여자이지만 나는 무덤을 팔 것이다,
> 그를 위한 무덤을……내 손으로!
> 용기여! 나는 행동할 힘을 찾을 것이다.
> 나를 멈추고자 말하지 말라.[10]

「개구리들」에서 아리스토파네스는 다른 사람들이 비웃는 듯이 그려낸 초상에 완전히 반대되는 소포클레스의 단면을 제시한다. 나머지 등장인물들은 입이 건 여자처럼 말다툼하고 불량스러운 어린 소년들처럼 싸운다. 아이스킬로스와 에우리피데스가 가장 앞장선다. "삶에서도 결백하고 죽음에서도 결백

---

9) 소포클레스, 「안티고네」, 878행 이하.
10) 아이스킬로스, 「테베 공격의 7장군(*Hepta epi Thēbas*)」, 1042행.

한" 소포클레스는 초연하고 점잖고 예의바르고 다른 사람들에게 자리를 내어줄 준비를 하고 서 있다.[11] 아리스토파네스조차 아테네의 청중 앞에서 소포클레스를 비웃을 수 없었다.[12] 지성과 교양이 넘치는 아테네 청중의 이해력의 전반적인 수준에 대해서 소포클레스가 인기 있는 극작가였다는 사실만큼 설득력 있는 증거는 다시없다. 그러나 그 당시 극장 관객의 취향과 지금 관객의 취향 사이에 존재하는 차이가 얼마나 크고 슬퍼할 만한 것이든 간에, 그들은 한 가지 점에서 동일하다. 보편적인 인기는 항상 인간적인 동정의 따스함을 뜻한다. 소포클레스의 희곡 속에서 그를 아테네인들에게 그토록 사랑받게 만들고, 매우 강한 자의 다정함과 친절함만으로 움직일 수 있는 그 정신을 간간이 엿볼 수 있다. 눈이 먼 오이디푸스는 자식들에게 간청한다.

그 애들을 만져보게 해주오—오, 내 손으로 그 애들을 만질 수만 있다면, 내가 그 애들을 볼 수 있었을 때처럼 그 애들이 나와 함께 있다고 생각할 수도 있을 텐데. 내가 흐느껴 우는 소리를 듣고 있소? 내 사랑하는 아이들이 가까이에 있소? 이리 오너라, 얘들아. 이리 와서 내 손을 잡아다오.[13]

---

11) 아리스토파네스의 「평화(Eirēne)」에 나오는 시모니데스와의 비교는 16년 전의 일이며, 16년은 빠르게 변하는 아테네의 삶에서 긴 시간이었다.
12) 물론 「평화」 속에서 시모니데스와 비교하지만 그것은 수년 전의 일이었다.
13) 소포클레스, 「오이디푸스 왕」, 1471행 이하(요약).

그것은 새로운 어조이다. 아이스킬로스 작품에는 이와 비슷한 것이 전혀 없다.

본성의 따뜻함이 열정적인 영혼을 입증하지 않는다. 소포클레스는 따스하지만 그 모든 이면에는 열정이 없다. 그는 위대한 비극작가이자 최고로 위대한 시인이지만, 인생의 초연한 관찰자이다. 또 한 명의 그와 같은 작가에 대해서 "당신의 영혼은 별과 같고 멀리 떨어져 살고 있었다"고 표현되었다. 그리고 밀턴을 사랑하는 자들이 언제나 소포클레스를 가장 잘 이해할 것이다. 아이스킬로스와 셰익스피어의 시대가 비슷했던 것처럼 그 두 작가가 살았던 시대도 유사했다. 밀턴 역시 크롬웰이 영국을 유럽의 지도 위에 올려놓았을 때 승리의 자부심으로 가득 찬 희망의 시대를 경험했다. 그리고 밀턴 역시 자신이 바라던 모든 것이 실패하는 것을 바라보아야만 했고, 그의 표현을 빌리면 조국이 "수치스러워지고 더럽혀지는" 것을 보면서, 마침내 아주 꼬부라진 노인이 되어 죽었다. 밀턴은 또한 인생을 받아들이고 "평정한 마음으로, 모든 열정은 다 써버린 채" 자기 자신으로부터 동떨어진 것으로 인생을 바라보는 법을 배웠다. 고상하고 진지한 밀턴의 시의 세계는 「안티고네」와 「콜로노스의 오이디푸스」의 세계이다.

두 인물의 가장 중요한 탁월함은 동일하다. 고전 그리스어를 구어로서 사용하지 않게 되었을 때, 소포클레스의 작품이 그 흠잡을 데 없는 완벽함을 상실했다는 사실은 우리에게 탄식할 일이다. 위대한 사상은 언어와 언어를 통해 전해지면서 영원히 존속할 수 있다. 그러나 뛰어난 문체는 오직 하나의 언어를 통해서만 존속한다. 영어를 모국어로 쓰지 않는 사람들은 모든 영시 작가들 중에서 밀턴의 작품을 가장 적게 읽는다. 셰익스피어는 영국적일 뿐만 아니라 거의 독일적이라고도 할 수 있을 것이다. 그러나 밀턴은 오직 영국적일 뿐이다. 소포클레스와 밀턴은 견줄 데 없는 두 명의 문장가들이었다. 항상 뛰어난 문체를 구사하는 예술가들이었다. 두 작가는 단어, 구절, 음악적 전개와 중단의 사랑스러움을 계속적인 고르기로 유지한다. 그들과 비교할 때 아이스킬로스와 셰익스피어는 결점이 많은 기술자들이고, 최고 수준의 적절함을 지닌 표현과 함께 기괴하게 왜곡된 표현을 나란히 놓을 수 있었다. 밀턴의 시는 전형적인 영시의 특성을 가지고 있다. 그의 시는 장대한 화려함을 지니고 있으며, 무게감 있는 구절과 화려한 형용사를 지녔다. 그러나 밀턴이 매우 깨끗하고, 단순하고, 명확하고, 직설적일 때도 있었다. 밀턴은 고전적이다. 그러므로 그리스어를 쉽게 읽을 수 없는 사람이 가장 확실하게 소포클레스의 완전무결한 언어를 엿볼 수 있는 가장 분명한 방법은 밀턴을 읽는 것이다.

아름다운 사브리나,

그대가 앉아 있는 곳에서 들어라.

유리같이 매끈하고 차갑고 반투명한 파도 아래서…….

고요한 아침이 회색 가죽신을 신고 나가 있는 동안…….

그것이 소포클레스가 쓸 수 있는 방식이다.

그리고 내용과 문체에서 완전히 소포클레스적이다.

오너라. 오너라. 지금 애도할 시간이 없네.

더 이상의 이유도 없네. 삼손은 삼손답게

생을 마감했네. 그리고 영웅적으로 끝을 맺었네.

영웅적인 삶을……

여기에 눈물을 흘릴 것도 없고, 울부짖을 것도 없고,

가슴을 칠 일도 없네. 약함도 없고, 경멸도 없고,

비난도 나무람도 없네. 만족스러움과 공정함 말고는 아무것도 없네.

그렇게 숭고한 죽음 안에서 우리를 차분하게 할 수 있는 것 말고는.

소포클레스가 이 시를 쓰지 않았다는 것이 믿기 힘들다.

밀턴은 극작가가 아니었다. 그의 주된 관심사는 생각이지 행동이 아니었다. 소포클레스는 당연히 극예술을 향해 나아갔다. 그는 연극이 크게 유행하던 페리클레스 시대의 아테네 사람이었다. 그러나 소포클레스 자신의 적성이 그 길로 그를 이끌어 갔는지는 해답을 찾을 수 없는 문제이다. 소포클레스는 위대한 극작가라기보다 분명 위대한 시인이다. 극적인 능력에서 소포클레스는 아이스킬로스에 미치지 못한다. 한편, 순수한 희곡과는 구별되는 좋은 연극 상연에서 소포클레스는 아이스킬로스보다 뛰어났다. 그러나 그것은 단지 소포클레스가 가장 우수한 수준의 아테네의 기술적인 재능을 지니고 있었다는 점을 말해줄 뿐이다. 즉 소포클레스가 어느 쪽을 향해 나아가든지 그는 숙련된 기술자였다. 만약 소포클레스가 희곡을 썼다면, 연극적인 기술의 모든 측면에서 볼 때 더할 나위 없이 훌륭한 작품을 썼을 것이다. 아이스킬로스의 「코에포로이」의 공연을 보면서 모든 투박한 세부묘사와 긴장의 순간을 위한 기회를 여러 차례 놓치는 것을 알아차리는 그 젊은이를 상상해본다. 즉 그들이 결코 이야기하지 않았을 오레스테스의 머리타래, 엘렉트라가 발견한 발자국들이 자신의 것과 유사하기 때문에 오레스테스가 도착했다는 것을 예측하는 엘렉트라의 뻔한 순진함, 엘렉트라가 그를 알아보는 장면은 가장 훌륭한 극적 가능성을 가지고 있는 순간에 너무나 빠르게 지나간다. 그리고 소포클레스는 정말로 잘 만들어진 연극을 창작하러 떠난다. 그 작품이 「엘렉트라(*Elektra*)」이다. 아주 간략하지만 한마디도 헛된 것이 없다. 여동생과 선명하게 대조를 이룸으로써 한순간에 제시되는 엘렉트라의 성격, 격앙되고 압축된 대화, 거기서 모든 단어는 말하는 자들과 관객들에게 서로 다른 무엇인가를 의미하고, 그 결과 긴장감이 감돈다. 머리타래는 배경의 저 뒤편으로 지위가 떨어졌다. 서로를 알아보는 장면이 최대한으로 사용되었다. 그리고 마침내 오싹하게 하는 순간. 아들은 부인과 그 연인의 손에 죽은 아버지의 죽음을 두 살인자들을 살해함으로써 복수하려고 왔다. 오레스테스는 자신의 사망 소식을 가지고 왔다고 선언함으로써 어머니에게 접근할 허가를 얻은 후에 어머니를 죽였다. 오레스테스의 누이는 궁전 대문에서 기다리고 있다.

어머니의 연인은 두려워하던 오레스테스가 죽었다는 사실에 기뻐하면서 엘렉트라에게 다가온다.

아이기스토스: 오레스테스가 죽었다는 소식을 가져다준 그 이방인들은 어디에 있느냐?

엘렉트라: 안에 있습니다. 그 이방인들은 안주인의 심장으로 가는 길을 찾았습니다.

아이기스토스: 내 눈으로 직접 그 시신을 볼 수 있느냐?

엘렉트라: 물론 그러실 수 있습니다.

(성문이 열린다. 천으로 덮인 클리타임네스트라의 시신이 바로 그 안에 누워 있다. 오레스테스가 그 위에 서 있다.)

아이기스토스: 그의 친척인 내가 조의를 표할 수 있게 얼굴 위에 덮은 덮개를 치우시오.

오레스테스: 그대가 직접 그 덮개를 들어보시오.

아이기스토스: 그렇게 하지 ―. 너 엘렉트라는 클리타임네스트라가 가까이 있으면 내게 모셔오너라.

오레스테스: 그녀는 가까이에 있소. 그녀를 더 멀리서 찾지 마시오.

(아이기스토스는 얼굴 덮개를 걷어올린다.)

아이기스토스: 내가 보고 있는 것은……

오레스테스: 왜 그렇게 놀라시오? 그 얼굴이 당신에게 낯설어 보이오?[14]

---

14) 소포클레스, 「엘렉트라」, 1448행 이하(요약).

천을 들추는 것은 최고의 극적인 기법이다. 이 장면은 연극에서 중요한 순간이다. 그러나 소포클레스가 극화하고 있는 이이야기는 극적 기회를 위한 최고의 상황, 즉 아들에 의한 어머니의 살해라는 상황을 중심으로 하고 있다. 이 연극 속에서는 이러한 사실에 대해서 아무런 관심의 초점도 맞추어져 있지 않다. 아들이 어머니를 죽이고 나왔을 때 오누이는 일이 잘되었다는 데 짧게 동의하고, 즉시 아이기스토스의 살해라는 진정한 절정을 향해 간다. 소포클레스는 일부러 첫 번째 살인의 잔인함을 피해 갔다. 그는 누구의 마음도 동정이나 경외로 움직일 수 없는 죽음인 살인자에 대한 정당한 처벌로 그것을 대신한다. "인간에게 너무 거대한 생각들"은 인간의 입으로 언급되지 말아야 한다고 소포클레스는 언제나 주장했다. 소포클레스는 숙련된 예술가의 확고한 본능을 지녔다. 소포클레스는 너무나 엄청나서 결코 더할 나위 없이 완벽하게 마무리될 수 없는 것은 시도조차 하지 않을 것이었다. 가장 강렬한 극적 효과를 위해서 필요한 격렬한 열정은 소포클레스의 작품 안에 없었다. 소포클레스는 시적 표현을 위한 최고의 재능과 위대한 지성, 그리고 비할 데 없이 확실한 아름다운 기술을 가지고 있었다. 그러나 소포클레스는 아이스킬로스와 셰익스피어만이 걸을 수있는 그 고지에 오르지 못했다.

14

—

에우리피데스

근대적 이성

에우리피데스는 "그가 가진 모든 결점에도 불구하고 시인들 중에서 가장 비극적"이라고 아리스토텔레스가 말했다. 비평가들 중 최고이며, 그가 항상 최종적인 판단을 선언할 자격을 가지고 있는지에 대해서 최근에야 이의가 제기된 아리스토텔레스가 한 말이다. 이러한 아리스토텔레스의 평가는 에우리피데스에 대한 다음 세대의 태도를 가리킨다. 그 위대한 비평가는 옳지 않았다. 그는 슬픔과 비극을 혼동했다. 에우리피데스는 시인들 중에서 가장 슬프고, 바로 그 이유 때문에 가장 비극적이지 않다. 그는 한 명의 위대한 비극작가, 의심할 여지없이 세상에서 가장 위대한 네 명의 비극작가들 가운데 한 명이다. 그네 명 모두는 진정 비극의 절정이라고 부르는 것으로 우리를 고양시키는 고통의 광경을 보여주는 가장 불가사의한 능력을 지니고 있다.

에우리피데스는 진정으로 "고조된 절정 위"를 걸을 수 있다. 그러나 어두운 고통의 나락이야말로 그가 가장 잘 아는 것이다. 에우리피데스는 "세상의 비탄을 노래하는 시인"이다. 에우리피데스는 다른 어떤 작가도 느끼지 못했던 정도로 인간 삶의 처량함을 느낀다. 그 처량함은 알지 못하는 것과 결코 이해할 수 없는 일을 무력하게 겪고 있는 어린아이들의 처량함과 같다. 인간성의 고요하고 슬픈 음악, 그 과거세계에 의해서 거의 주목받지 못하던 시련에 에우리피데스의 귀만큼 그토록 민감하게 조율되어 있는 시인의 귀는 없었다. 이와 더불어 그보다 훨씬 더 주목받지 못하던 것, 즉 인간 개개인의 가치에 대한 이해에 대해서도 그랬다. 고전세계 전체에서 에우리피데스만이 그렇게 느꼈다. 이것은 놀랄 만한 현상이다. 지금으로부터 2,300년 이상을 거슬러올라가는 시대에 창작된 작품에서 현재 우리의 세계 안에서 지배적인 것이라고 생각되는 두 가지 견해, 즉 고통에 대한 동정과 모든 살아 있는 자들의 가치에 대한 신념이 전해진다. 고대세계의 한 시인이 우리에게 말하고, 우리는 우리만의 고유한 것이라고 여기는 것을 듣는다.

영구히 근대적인 이성의 상태가 존재한다. 그것을 소유하고 있는 자들은 그들 사이를 벌려놓은 시간의 간격에 상관없이 모두 같은 부류에 속한다. 머리 교수의 번역으로 에우리피데스가 20세기 초에 인기를 끌었을 때, 사람들에게 감명을 주었던 것은 무엇보다도 에우리피데스의 놀랄 만한 근대성이었다. 에우리피데스는 1900년 특유의 말투로 이야기하고 있는 듯했다. 그 시절의 가장 빛나는 주역들인 조지 메러디스, 헨리 제임스, 후기 빅토리아 시대의 뛰어난 작가들 중 일부 혹은 전부에 대해서 거의 아무런 관심도 가지지 않는 오늘날의 또다른 세대는 에우리피데스가 자신들에게 속한 것처럼 읽는다. 기원전 400년에 젊은 세대가 그렇게 느꼈고, 앞으로 다가올 여러 세기에 속한 젊은 세대가 그렇게 느낄 것이다. 시대의 선구에 선 자들은 자신들의 정신적 표현을 항상 에우리피데스의 작품에서 찾는다. 에우리피데스는 영원히 되풀이되는 근대적인 정신의 위대한 대표자이다.

언제나 세상에 존재하고 있으며, 언제나 동일한 이러한 정신은 창조적이지 않고 비판적이며, 근본적으로 파괴적인 정신이다. "비판이 없는 인생은 살아갈 가치가 없다"고 플라톤은 말한다. 각 세대의 근대적인 이성은 생기를 잃은 세계로부터 우리를 보존하고, 선조들의 방식대로 흔들리지 않고 걸어가도록 내버려두지 않을 비평가들이다. 기존 질서는 그들에게 늘 옳지 않은 것이다. 그러나 비판이라고 해서 모두 다 같지는 않다. 냉소적인 비난은 근대적인 이성의 성향에 정반대된다. 자신의 손으로 이룬 모든 일과 하고자 애썼던 모든 노력을 바라보고, 모두가 허영이고 정신의 번민이었다고 생각한 현명한 왕은 근대적인 이성이 아니었다. 「전도서」를 읽는 것은 "인간이 늘 때때로 생각해왔던 것과 항상 생각하게 될 것이 이것이다"라고 느끼는 것이다. 「전도서」는 "이것, 바로 이것만이 근대적이다. 이것이 오늘날의 새로운 태도이다"라는 확신을 내포하고 있지 않다. 이 점은 강력한 필력으로 당대의 낡고 비참한 상황들을 그 기반이 무너질 때까지 흔들어놓았던 또 한 명의 가장 현명한 인물이며 가장 뛰어난 비평가인 볼테르에게도 적용된다. 볼테르는 근대적인 이성이 아니다. "나는 영원한 삶이 무엇인지 모르지만, 지금의 삶은 기분 나쁜 농담이다"라는 말에 간략하게 표현된 그의 태도는 다른 풍조에 속해 있다. 그의 지성은 비판적 지성이었고, 인간사를 향하고 있지만, "모든 시대가 삶의 지침으로 삼는 인간의 마음"으로부터 꽤 분리되어 있다. 그리고 그 분리는 근대적 이성을 가진 사람들은 알지 못하는 것이었다.

무엇보다도 근대적 이성은 인간의 삶과 인간사에 관심을 가지고 있으며, 결코 그것에서 무심할 수 없었다. 그들은 인류를 위해서 고통받았고, 그들을 열중케 하는 것은 고통의 문제이다. 그들은 특히 "세상의 거대한 고통"에 민감하다. 그들 주위에 있는 불필요한 고통이라고 간주되는 것과, 장차 일어날 불필요한 고통이라고 예상되는 것을 그들은 참고 견딜 수가 없다. 근대적 이성에게 세상은 각자의 고난을 겪어낼 무서운 힘을 지닌 개인들로 구성되어 있고, 그들의 마음속에 있는 통절한 동정심은 이러한 고통의 엄청난 총합에 직면하여 냉정한 태도를 가지지 못하게 하며, 그 고통으로부터 그들을 분리시킬 능력을 방해한다. 그들이 가장 먼저, 지상에서 가장 슬픔을 자아내는 그것, 즉 불의를 보고 그로 인해서 반란의 열정에 사로잡힌다. 그들은 어떠한 희생을 치르더라도, 가증스러운 것을 감추는 덮개를 찢어 없애는 정의를 추구하는 과정에서 종종 불의를 덮는 가면인 인습을 인정하지 않을 것이다. 근대적 이성의 소유자들은 모든 유쾌하고 안락한 것에 의문을 제기한다. 그들은 "인생 전부를 자신들의 영역"으로 삼는 자들이 아니다. 그들은 당대의 좋은 점은 고려하지 않는다. 그들의 시야는 그릇된 것에만 고정되어 있다. 그러나 그들은 결코 절망하지 않는다. 그들은 반역자이며 투쟁자이다. 결코 패배를 받아들이지 않을 것이다. 그릇된 것과 비참함 속을 그토록 깊이 꿰뚫어보고 참을 수 없다고 느끼는 그들은 절대로 인간 이성의 패배로 결론을 내리지 않는다. 바로 그 점이 그들이 지닌 심대한 영향력의 근거이다.

그와 같이 비판적이고, 전복적이고, 파괴적인 정신이 한 시인 안에서 매우 드물게 구체화된다. 문학의 거대한 세속적인 척도에 근거하면, 근대적 이성들은 대체로 보잘것없다. 그렇게 되어야만 하는 것이 바로 사물의 본성 안에 있다. 천재성은 파괴가 아니라 창조를 향해 움직인다. 오직 소수만이 그 두 가지를 결합시켜왔다. 에우리피데스의 시대로부터 300년 전에 그러한 인물이 한 명 있었다. 완벽하게 근대적인 이성이었으며, 누구보다도 강렬하게 인간의 삶에 대한 동정심과 불의에 대해서 참을 수 없는 그릇됨을 느꼈고, 공정해 보이는 표면 아래를 꿰뚫어볼 수 있는 날카로운 눈을 가진 인물인 이스라엘의 가장 탁월한 예언자 이사야였다. 타는 숯이 이사야의 입술에 놓여지고, 그는 악을 행하는 자에 대해서 지금까지의 그 누구보다 더 엄중하게 고발하고, 고난을 겪는 자들에 대해서는 그 누구보다 더 아름답게 진심이 깃든 말로써 동정을 표현했다.

이사야는 에우리피데스와 함께 문학에서 근대적 이성의 탁월한 예로서 자리매김하고 있다. 각 장마다 이사야는 인간의 악행에 반대하며 항변한다. "공평을 고대하나 그것은 사라져가고 구원을 기다리나 멀어져만 간다……정의는 얼씬도 못 했다. 성실은 대중 앞에 짓밟혔고 정직은 통하지 않게 되었다. 성실함이 종적을 감추고……모두들 선물에만 생각이 있어 고아의 인권을 짓밟고 과부의 송사를 외면한다. 뇌물에 눈이 어두워 가난한 자의 얼굴을 짓찧고……나쁜 것을 좋다, 좋은 것을 나쁘다고 한다……이 땅을 보아라. 암흑이 빛을 삼켜버리는구나. 보이는 것은 고통과 암흑, 답답한 어둠뿐."

그의 불타오르는 분노와 함께 동정의 깊이가 드러난다. "찢긴 마음을 싸매주시려고 야훼께서 나를 보내셨다……어미가 자식을 달래듯이 내가 너희를 위로하리니……여인이 자기 젖먹이를 어찌 잊으랴! 자기가 낳은 아이를 어찌 가엾게 여기지 않으랴! 어미는 혹시 잊을지 몰라도 나는 결코 너를 잊지 아니하리라……내가, 내가 너를 위로할 자이다. 소경들의 눈을 열어주고 감옥에 묶여 있는 이들을 풀어주고 캄캄한 영창 속에 갇혀 있는 이들을 놓아주어라……광풍에 시달려 고생하여도……내가 분이 복받쳐 내 얼굴을 잠깐 너에게 숨겼었지만, 이제 영원한 사랑으로 너에게 자비를 베풀리라."

이에 상응하는 구절들은 에우리피데스의 작품 속에서 발견되지 않으며, 심지어 엄밀히 비교할 만한 구절들도 발견되지 않는다. 저술방식이 너무나 다르다. 악에 대한 에우리피데스의 고발은 이런저런 문장에서 발견되는 것이 아니라, 그의 희곡작품 전체에서 발견된다. 그의 장년기는 아테네와 스파르타 사이에 일어난 엄청난 전쟁의 시기였다. 처음에는 에우리피데스의 조국이 승리하고, 그 이후 엄청나게 퍼져나가는 권력도 에우리피데스의 눈을 전혀 압도하지 못했다. 에우리피데스는 전쟁을 보았고, 모든 거짓된 영광을 꿰뚫고 이면에 감추어져 있는 끔찍한 악을 보았으며, 「트로이의 여인들」을 썼다. 여자들에게 노예가 되는 것이 의미하는 그 모든 것에게로 자신들을 데려갈 정복자들을 기다리고 있는 소수의 포로가 된 여성들의 눈에 비친 전쟁의 모습을 쓴 것이다. 여태까지 읊었던 전쟁 시 중에서 가장 고상한 주제인 트로이의 몰락은, 그의 연극에서 땅바닥에 앉아 죽은 아이를 팔에 안고 있는 한 늙고 상심한 여성과 함께 끝을 맺는다.

그러므로 역시 인용문을 통해서 에우리피데스가 가지고 있던 모든 불행한 것에 대한 상냥하고 깊은 동정심과, 인생의 가치에 대한 그의 사려를 충분히 보여줄 수는 없다. 에우리피데스는 왕국의 공주 옆에 가난하고 무식한 농부를 나란히 등장시킨다. 그리고 농부를 공주와 동등한 기품을 가지고 있는 자로 보여준다. 이상주의자인 플라톤은 그렇게 하지 않았을 것이다. 고대의 인간적 가치의 범위 안에서 더 이상 인간이 아니라 가재도구에 불과했던 노예들이 에우리피데스의 책 속에서 인간들 중의 인간으로 정당화되어 등장한다. 에우리피데스는 "두려움이 없는 인간은 노예일 수 없다"라는 다른 판단기준을 가지고 있다. 에우리피데스가 살고 있던 시대에 전혀 가치 없는 존재였던 노인, 노파, 늙은 노예를 그는 완벽한 이해에서 나오는 깊은 동정심을 가지고 묘사한다. 헤카베는 리어 왕과 함께 쓸쓸한 노년에 관한 문학에서 가장 애정이 담긴 등장인물이다.

그러한 자비로운 사랑의 정신은 에우리피데스로 하여금 두 위대한 선행자들 중 누구보다도 훨씬 더 깊이 인간의 마음속을 보게 했다. 따라서 아이스킬로스도, 소포클레스도, 그 누구도 아닌 바로 에우리피데스가 「트로이의 여인들」의 종결 부분에서 매우 철저하게 인간적인 처절한 고통의 장면을 그릴 수 있었다. 승리를 거둔 그리스인들의 전령이 안드로마케에게 와서 그녀의 아들이 트로이의 성벽에서 던져질 것이라고 전한다. 그녀는 아들에게 말한다.

나의 가장 사랑하고, 소중한 아들아,
나를 여기 홀로 두고 가서 사나운 병사들의 손에 죽게 될 것이다.
……너는 울고 있느냐?
아니, 왜 그러느냐, 내 귀여운 아가? 너는 알 수 없겠지.
아버지는 돌아오지 않을 것이다. 그는 오지 않을 것이다.
결코 그 거대한 번쩍이는 창을 가지고 너를 구하려고
무덤을 헤치고 나오지 않을 것이다!
어떻게 그럴 수 있겠느냐? 어느 끔찍한 봄……저 깊고 깊은 곳에.
그리고 너의 목……아아 신이여, 그렇게 당신은 잠들어 있습니까?

너를 동정하는 이가 아무도 없구나! 내 품에 안겨 있는

이 어린것, 얼마나 달콤한 향기가

네 목에서 나는지! 내 사랑하는 아들아, 모든 것이 다

무의미하게 되었느냐? 이 가슴이 너를 품어

기른 것도, 네가 아플 때 내가 쇠약해질 때까지

지새웠던 그 모든 피로한 밤들도,

내 입을 맞추어다오. 이번 한 번만.

다시는 그럴 수 없겠지. 네 팔을 올려 내 목을 껴안으렴.

이제 입을 맞추어다오, 네 입술로 내 입술에…….

자 빨리! 이 아이를 데려가시오. 끌고 가서 성벽에서 아이를 던지
　　시오.

낭신들이 이 아이를 던질 거라면! 이 아이를 찢어버리시오, 이 짐승
　　같은 인간들아, 빨리 서두르시오!

신이 나를 파멸시켰고, 내 아들을 죽음에서 구하기 위해서

나는 손 하나 까닥할 수 없소.[1]

어린 소년이 죽임을 당했을 때, 그의 어머니는 한 척의 배에
실려 그리스를 향해 길을 떠났고, 소년의 시신이 할머니에게
전달된다. 할머니는 시신을 팔에 안고 죽은 소년에게 말한다.

아, 얼마나 참혹한 죽음이 너를 찾아왔는가! 어린것.

---

[1] 에우리피데스의 작품에서 인용된 모든 구절은 Gilbert Murray 교수의 번역을
인용했다.

……불쌍한 어린것!

우리 조상들의 성벽이 그토록 잔혹하게 네 머리털을

뜯어놓았느냐……이곳에서 닳아빠진 뼈의 가장자리가 하얗게

웃고 있구나……오, 신이여, 나는 보지 않겠소!

너의 가냘픈 팔은……어깨에서 이렇게 늘어뜨려져 있구나.

그리고 귀엽고 자랑할 만한, 그토록 희망에 차 있던 그 입술은

영원히 닫혀버렸구나! 너는 내게 거짓말을 했구나.

새벽녘에 그 아이는 내 침대로 살금살금 들어와서

나를 다정하게 부르며 약속했지요. "할머니,

할머니가 돌아가시면 저는 제 머리카락을 짧게 자르고

모든 동료들이 말을 타고 할머니의 무덤가를

지나가게 할 거예요"라고……이제 늙고 집도 없고 자식도 없는 나는

너를 위해서 차디찬 눈물을 흘려야만 하는구나.

이들은 아주 멀리 떨어져 있으며, 도달하기 어려운 비극의 절정으로 고양된 위엄 있는 인물들이 아니다. 에우리피데스가 마음을 썼던 것은 인간의 마음이었고, 아득한 우화 속에 나오는 트로이 신화의 공주와 여왕은 모든 곳의 여성들이 느끼는 것을 함께 공유하는 고통받는 여성이 되었으며, 그들의 유일한 왕좌는 슬픔이 세워놓은 것이었다. 인간 본성에 대한 최고의 전문가는 약간의 필치를 더하여 우리에게 가까운 곳으로 그들을 데려왔다. 어머니가 마지막으로 자신의 얼굴을 묻을 때 아기의 목에서 나는 달콤한 냄새, 자신이 죽었을 때 자기를 위해

서 휘하에 있는 함장들을 어떻게 영광스럽게 이끌지에 대해서 이야기해주려고 어느 날 아침 자신의 침대로 올라오는 작은 소년을 기억하는 늙은 여성……. 여기에는 아무런 비극적인 흥분도 없지만, 지금까지 묘사된 것 중 아마 가장 통절한 고통이 있다. 고통에 관한 모든 문학작품 속에서 아주 적은 수의 구절만이 에우리피데스의 이 구절과 나란히 놓일 수 있다.

근대적인 이성의 사색적인 면, 즉 영원히 관찰하고 의문을 던지는 정신은 인용문을 통해서 정확히 드러내기가 좀더 어렵다. 「이사야」서에서는 그러한 정신이 모든 고발의 밑바탕에 있고, 대충 읽어도 그것을 발견할 수 있다. 그와 같은 정신은 역시 몇 개의 따로 떨어진 날카로운 비판적 심판의 구절 속에 드문드문 표현되어 있다. 그의 예리하고 의문을 던지는 이성은 심지어 아직까지도, 즉 2,600년이 지난 후에도 그처럼 명확하게 눈에 보이지 않는 악행들을 보았다. "전토에 전토를 더하여 이 땅 가운데서 홀로 거주하려고 하는 자들은 화가 있을진저." 여기에 대토지 재산권의 악함이 간략하게 제시되어 있고, 이는 오늘날 영국의 토지 문제이다. 바로 얼마 전의 여성 참정권 운동가들에게 친숙한 인용문인 「메데이아(*Mēdeia*)」에 등장하는 여성들에 관한 에우리피데스의 잘 알려진 대사들은 선견지명이 있는 비판의 완벽한 예이다.

그러나 남자들은 우리가 집에서 걱정 없이 살고 있다고 말하죠.
남자들인 자신들이 무장하고 전쟁터에 나가는 동안.

어리석은 자들! 나는 차라리 아이를 한 번 낳아 기르는 것보다 칼과 방패를 들고 싸움터에 세 번 나갔으면 좋겠어요.

그러나 사실 다른 어떤 시인들에게도 새겨져 있지 않은 비판적인 정신이 에우리피데스에게 새겨져 있다. 에우리피데스는 아테네에서 비평이 사상을 점점 더 지배해가고 있던 시대에 살았다. 그 찬란한 도시에서 삶은 빠른 속도로 지나갔고, 에우리피데스를 아이스킬로스로부터 떨어뜨려놓은 반세기밖에 안 되는 기간 동안 놀랄 만한 변화가 목격되었다. 그 변화의 표시들은 소포클레스의 작품 속에서는 발견되지 않는다. 소포클레스의 긴 생애는 에우리피데스의 죽음 이후 한두 해가 지나서까지 끝나지 않았지만, 소포클레스는 이전 시대에 속했다. 혹은 오히려 소포클레스가 당대의 시대정신으로부터 멀리 떨어져 있었고, 시대와 상관없이 그는 그러했을 것이다. 소포클레스는 대체로 인간을 예술을 위한 주제로서 자신과 동떨어진 것으로 보았고, 자신이 발견한 대로 인생을 이해했던 철저한 예술가였다. 인생의 사실들에 대한 격렬한 저항은 소포클레스에게 어린 아이의 행동처럼 보였을 것이다. "그러한 일들이 아마 우리 조상에게 화가 난 신들에게는 기쁨이었다"라는 대사가 죄를 짓지 않았지만 눈이 멀고 오명이 씌워지고 영락한 오이디푸스의 마지막 말이다. 아무도 대답할 수 없는 질문을 소포클레스는 묻지 않았다.

소포클레스의 반대편에는 그와는 매우 다르지만 같은 부류에 속하는 두 사람이 있었다. 아이스킬로스의 시대에 등장하기 시작한 탐구정신은 아이스킬로스 역시 의심하고 추측하게 만들었다. 아이스킬로스는 발견된 것이 거기에 있다는 이유로 묵인하는 사람이 결코 아니었다. 아이스킬로스 역시 분명한 견해를 가지고 전쟁을 바라보았다. 그리고 "모든 올림포스의 쇠퇴한 위계질서"를 조용히 받아들인 소포클레스의 태도는 아이스킬로스에게 전혀 불가능했다. 아이스킬로스는 완벽한 근대적 이성이 아니었다. 아이스킬로스는 어떤 상황에서도, 어느 시대에도 인간을 주로 가련한 존재라고 생각하지 않았을 것이었다. 실로 동정은 아이스킬로스에게 주된 감정이 아니었다. 아이스킬로스는 다음에 다가올 것에 직면하고, 결코 지나간 것을 한탄하며 뒤돌아보지 않는 군인의 기질을 가지고 있었다. 그러나 이보다 더 확실하게 아이스킬로스의 전 작품에 새겨진 것은 인간에게는 위대해질 능력이 있다는 확신과, 장엄하게 맞서 싸워낸 재난은 정당화된다는 확신이다. 인생의 현실에 대항하는 열정적인 저항은 소포클레스의 작품보다 아이스킬로스의 작품에서 더 많이 발견되지 않는다. 그러나 그것은 전혀 다른 이유 때문이다. 즉 영웅의 죽음은 동정심도, 의분도 일으키지 않는다.

이 점에서 에우리피데스는 아이스킬로스와 전혀 다르지만, 그럼에도 불구하고 그는 아이스킬로스의 정신적 후세사이다. 에우리피데스는 마치 소포클레스가 존재하지 않았던 것처럼 그를 지나쳐서 아이스킬로스를 직접 계승한다. 아이스킬로스는 당시의 종교를 무시했다. 에우리피데스는 그것을 직접적으로 공격했다. 에우리피데스는 반복해서 신들에 대한 대중의 관념에 일치하는 신들을 보여준다. 그들은 음탕하고, 질투심 많고, 심술궂은 동기에 의해서 움직이며, 자신들이 재난을 가져다주는 인간들보다 훨씬 더 열등한 신들이다. 그리고 그는 신들을 인정하지 않을 것이다.

천상에는 간통한 자가 없다고 말하지 말라.
그것이 틀린 말이라는 것을 내 마음이 알게 된 지 오래이다.
만약 그가 신이라면, 신은 부족한 것이 없다.
이 모든 것은 매우 불행한 이야기들이다.

"만약 신이 악을 행한다면 그들은 신이 아니다"라는 에우리피데스의 최종적인 거부는 본질적으로 인간이 신을 인간 자신의 모습으로 창조하는 것에 대한 거부로서, 에우리피데스 이후 몇 세기 동안 세계를 완전히 사로잡을 수 있었고, 오늘날에는 매우 일반적인 관습이다. 한 명의 천재가 그렇게 시대를 초월할 수 있다. 그에게는 확실한 것이 거의 없었다.

우리가 죽음이라고 부르는 그것이 삶일지 누가 알겠는가.
그리고 우리의 삶이 죽어간다—누가 알 수 있는가?
우리 모두가 태양 아래서
병들고 고통받고 있으며, 먼저 죽은 자들은
아프지 않고 악에 물들지도 않는다는 것만을 제외하고는.

「개구리들」에서 아리스토파네스의 에우리피데스에 대한 고발은 에우리피데스가 아테네인들에게 "모든 것을 생각하고, 알아채고, 이해하고, 의심하고, 질문하도록" 가르쳤다는 비난으로 요약된다.

에우리피데스에 관해서 전해내려오는 이야기에 의하면, 그는 불행한 사람이었다. 에우리피데스는 세상에서 물러나 자신의 서재에서 은둔의 삶을 살았다. 그에 대한 한 고대의 묘사에는 "우울하고, 웃지 않으며, 사회에 반대하는" 사람이라고 표현되어 있다. 사람보다 책을 더 좋아하고, 사람을 싫어하는 자라고 전했다. 그보다 더 진실에서 먼 평가는 없었다. 에우리피데스는 너무나 사람들을 염려했기 때문에 인간 세상으로부터 도망쳤다. 에우리피데스는 자신의 마음이 느끼는 통렬한 동정을 견딜 수 없었다. 그의 인생은 불행한 시대와 마주쳤다. 마지막 패배가 점점 더 가까이 다가오면서 아테네는 두려움에 휩싸였으며, 흉포하고 잔인해졌다. 에우리피데스는 위대한 시인의 감수성과 근대적 이성의 마음 아픈 동정심이라는 이중의 짐을 지고 있었다. 그러한 인물이 어떻게 자신의 도시가 묵인하고 찬양하게 된 것과 만나는 상황을 참을 수 있었을까? 에우리피데스가 하기에 적합한 아테네를 도울 수 있는 딱 한 가지 방법이 있었다. 에우리피데스는 잔인함과 인간의 흉포한 열정의 섬뜩함, 고통받고 나약하고 사악한 인간의 측은함을 보여주고, 그렇게 함으로써 그들이 잊어버리게 될 깊은 동정심으로 인간의 마음을 움직이도록 글을 쓸 수 있었다.

이러한 두 가지 이유로 인해서 에우리피데스가 일생 동안 대단히 인기가 없었고, 그가 사망한 직후 유례 없는 인기를 모았다는, 언뜻 보아서는 영문을 알 수 없을 것 같은 사실을 쉽게 설명할 수 있다. 그의 연극 중에서 오직 다섯 작품만이 일등상을 획득했다. 반면에 소포클레스의 작품 중에서는 스무 작품 이상이 일등상을 받았다. 아리스토파네스는 아이스킬로스에 대해서 칭송하고, 소포클레스에 대해서 최고의 찬사를 보낸다. 그러나 에우리피데스에 관해서 말할 때에는 아무리 나쁜 말도 충분하지 않았다. 근대적 이성은 당대에는 전혀 인기가 없다. 사람들은 생각하도록 강요당하는 것을 싫어한다. 무엇보다도 근본적인 문제에 관해서 그렇다. 소포클레스는 빼어난 시의 빛나는 화려함으로 고대 신들의 모습을 그렸고, 아테네인들은 오래된 것이 옳다는 즐거운 확신을 안고 그의 연극 공연을 보고 나와서 집으로 돌아갔다. 그러나 에우리피데스는 최고의 이단자이며, 비참하게 불온하고, 좋아하는 신념과 편견 속에서 편안히 자리잡고 있는 사람을 결코 가만히 내버려두려고 하지 않았다. 우승은 그와 같은 이들을 위한 것이 아니었다. 그러나 그가 사망한 직후, 멀리 정반대쪽으로 옮겨간 그에 대한 평가와 에우리피데스가 어떻게 모든 부류의 사람들에게 사랑을 받았는지에 대한 놀라운 이야기들이 우리에게 전해내려오고 있다.

각 시대의 독단주의는 낡아버린다. 절대적인 진리의 말은 희미해지고, 간극을 보이며, 버려진다. 한 세대의 이단이 다음 세대의 정설이 된다. 순수이성에 대한 본원적인 비판은 그 결론이

지속되지 않는다는 것이다. 에우리피데스가 가한 종교의 상부 구조에 대한 공격은 잊혀졌다. 사람들이 에우리피데스를 기억하고 그에게 다가왔던 이유는 고통의 낯선 세계에서 자신들이 겪는 고통에 대한 동정심 어린 이해와, 오래되고 잘못된 것을 해체하고 틀림없이 선한 새로운 것들을 추구하는 일을 결코 포기하지 않는 용기 때문이다. 그리고 그 이래로 여러 세대가 에우리피데스를 아주 소수의 탁월한 예술가들과 한자리에 놓았다.

세상의 거대한 고통을 느끼는 자,
그리고 그보다 더한 것을, 불쌍한 인간성의 노예처럼,
선한 인간을 위해서 괴로워하는……

15

—

그리스인의 종교

그리스인이 종교를 위해서 한 일은 일반적으로 높이 평가되지 않는다. 종교 분야에서 그리스인이 이룬 업적은 대개 대수롭지 않고, 아무런 실질적인 중요성이 없는 것으로 묘사된다. 그 업적은 심지어 무가치하고 하찮다고 여겨졌다. 사람들이 그리스인의 업적을 이렇게 생각하는 이유는 그리스 종교가 그리스 신화와 혼동되어왔기 때문이다. 그리스 신들은 분명 호메로스의 올림포스 신들이었고, 올림포스 산에서 연회 식탁에 앉아 억누를 수 없는 웃음의 환성으로 하늘을 진동시키는 「일리아스」에 등장하는 유쾌한 회합은 종교적인 모임이 아니다. 심지어 그들의 품행은 대단히 미심쩍고, 위엄 또한 그렇다. 신들은 서로를 속이고, 인간들을 다룰 때도 속임수를 잘 쓰고 교활하며, 때로는 반란을 일으키는 피지배자처럼, 때로는 버릇없는 아이들처럼 행동하고, 아버지 제우스 신의 위협에 의해서만 질서가 유

지된다. 호메로스의 작품에서 그리스 신들은 즐거운 읽을거리
이지만 조금도 교훈을 주지 않는다.

만약 호메로스가 진정으로 그리스의 성서이며 그의 이야기
들이 영적인 진리에 대한 그리스의 사상으로 받아들여진다면,
유일하게 내릴 수 있는 결론은 종교라는 대단히 중요한 영역에
서 그리스인들은 순진했고, 유치했던 것은 말할 필요도 없으며,
윤리적인 행동에 매우 무관심했다는 것이다. 호메로스가 그리
스인들 중에서 단연 가장 잘 알려져 있기 때문에 이러한 결론
은 그리스의 업적에 비추어볼 때 틀림없이 터무니없어 보이지
만, 실로 널리 보급되어 있는 생각이다. 그 속에는 아무런 진실
도 없다. 그리스에서 종교는 쇼펜하우어가 인간 정신의 역사에
서 "숭고함을 향한 특유의 도약"이라고 부른 것들 중에서 가장
탁월한 것 가운데 하나를 보여준다. 그리스의 종교는 미개한
상태와 무의미하고 끔찍한 의례들로부터 여전히 매우 희미하
고 멀리 떨어져 있어서 그 윤곽을 거의 볼 수 없는 세상, 어느
누구도 하나의 목적을 위해서 희생되지 않는 세상, 그러나 그
안에서 각 개인은 사랑인 신과 함께 사랑의 정신 안에서 다른
사람들의 이익을 위해서 봉사한다는 목적에 자신을 기꺼이 희
생할 세상으로 인도하는 기나긴 행로에 있는 중요한 하나의 단
계를 표시한다.

그리스의 종교를 한 장(章)으로 요약하는 것은 거의 불가능
하겠지만, 그리스의 종교를 다른 종교들과 구분하는 독특한 그
리스적 특성에 대해서 의견을 제시하는 것은 가능할지도 모른

다. 그리스의 종교는 사제들이나 예언자들, 또는 성자들이나 신성의 정도가 우월하기 때문에 일상적인 삶의 행로에서 벗어 난다고 생각되었던 일련의 인물들에 의해서 발전되지 않았다. 그리스의 종교는 시인과 예술가와 철학자에 의해서 발전되었는데, 그들은 모두 본능적으로 사고와 상상을 자유롭게 하는 사람들이었으며, 그리스에서 공무를 담당하는 자들이었다. 그리스인들은 어떠한 권위 있는 성전, 교의, 십계명, 교리도 가지고 있지 않았다. 정설(定說)이라는 개념은 그리스인들에게 알려져 있지 않았다. 그리스인에게는 영원하고 무한한 것에 대한 신성불가침의 정의를 내려주는 신학자들이 없었다. 그리스인들은 그것을 정의하려고 전혀 노력하지 않았다. 단지 그것을 표현하거나 넌지시 암시했을 뿐이다. 사도 바울이 눈에 보이지 않는 것은 보이는 것을 통해서 이해되어야만 한다고 말했을 때, 그는 그리스인으로서 말하고 있었다. 그것이 모든 위대한 예술의 기반이며, 그리스에서 위대한 예술가들은 눈에 보이는 것으로 보이지 않는 것을 표현하고자 노력했다. 신학자들이 아니라 예술가들이 그리스인들을 위해서 보이지 않는 것에 대한 정의를 내렸다. 올림피아에 있는 페이디아스의 제우스 신상은 제우스에 대한 페이디아스의 정의였고, 아름다움이라는 점에서 지금까지 성취된 것들 가운데 가장 탁월했다. 순수한 사상과 정신은 묘사될 수 없지만, 예술가는 인간의 몸속에 사상과 정신의 진정한 그릇을 가지고 있다고 페이디아스가 말했다고 디오크리소스톰은 전한다. 그렇게 페이디아스는 자신의 제우스 상을 만들었다. 즉 보는 사람을 자기 자신에게서 벗어나 신성한 것에 대한 명상으로 끌어들이는 광경을 만들었다. 디오 크리소스톰은 "만약 불행과 슬픔의 잔을 자주 마셔서 마음이 무거운 사람이 그 앞에 서 있게 된다면, 그는 더 이상 자기 인생의 쓰디쓴 고난을 기억하지 못할 것이라고 나는 생각한다. 오, 페이디아스, 당신의 작품은 모든 근심을 잊게 해주는 슬픔의 치료제이다"라고 썼다. "페이디아스의 제우스가 종교에 대한 우리의 개념에 더해졌다"고 로마인 퀸틸리아누스는 말했다.

그것이 그리스인들이 신학을 성취해낸 한 가지 방법이었다. 또다른 방법은 아이스킬로스가 단정적인 진술을 넘어서는 것을 제안하고자 자신의 능력을 사용했을 때와 같은 시인의 방법이었다.

신—그의 목적의 경로들은
발견하기가 어렵다.
그러나 그것은 암흑을 뚫고 밝게 빛난다.
인간 삶의 어두운 운명 속에서.
힘들이지 않고 침착하게
신은 그의 완전한 의지를 행사하신다.[1]

신을 정의하는 말들은 이성 앞에 장벽을 세우지만, 이러한

---

1) 아이스킬로스, 「탄원하는 여인들」, 95행.

말들은 전망을 열어준다. 그 문이 잠시 동안 활짝 열린다.

소크라테스의 방식도 그와 같았다. 소크라테스에게 진리를 찾는 것을 제외하고는 아무것도 중요하지 않았고, 진리는 존재하는 모든 것 안에 있는 실재이며, 다른 견지에서는 신이다. 소크라테스는 진리를 찾는 데 일생을 바쳤으나, 결코 깨달은 것을 고정된 문장으로 표현하려고 노력하지 않았다. "만물의 아버지와 창조자를 찾는 것은 어렵고, 그를 찾고 나서 말로 표현하는 것은 불가능하다"고 소크라테스는 말했다.[2]

그리스 종교의 방식은 예술가나 시인이 진리를 추구해야 하듯이 각자 스스로 진리를 추구하는 것에 의존하는 것이 아니라, 각 개인이 복종해야만 하는 절대적인 권위에 의존하는 종교들의 방식과는 다를 수밖에 없었다. 그리스에는 지배적인 교회나 교리가 없었지만, 만약 발견한다면 모든 사람이 추구하기를 원할 지배적인 이상이 있었다. 사람들마다 그것을 각각 다르게 이해했다. 예술가가 이해하는 것과 전사가 이해하는 것은 별개였다. "탁월함"은 우리가 가지고 있는 단어 중에서 그리스인들이 지배적인 이상에 대해서 일반적으로 사용했던 단어에 가장 가깝다. 그러나 그것은 그보다 더 많은 것을 의미했다. 그 이상은 이룰 수 있는 한 최고의 완벽함으로 인간이 도달할 수 있는 최선이자 최고이며, 인식되었을 때 항상 강력한 권위를 가지는 완벽함이었다. 인간은 그것에 도달하기 위해서 분투해야만 한

---

[2] 플라톤, 「티마이오스」, IX.

다. 우리는 그 최고의 것을 깨달으면 그것을 사랑하지 않을 수 없었다. "누구도 좋은 것을 자발적으로 **빼앗기지** 않는다"고 소크라테스는 말했다. 그것을 얻으려면 인간이 제공할 수 있는 모든 것이 요구되었다. 시모니데스는 이렇게 썼다.

탁월함은 인간들의 눈에 뚜렷하게 보이지 않는다.
인간다움의 절정에서 극한의 노고 속에
심장을 쥐어짜는 땀방울을 흘리는 자의 눈을 제외하고는.

헤시오도스도 이미 그와 같은 말을 했다.

탁월함의 문 앞에 고귀한 신들은 힘든 노고의 땀방울을 두었다.
거기에 이르는 길은 멀고 처음에는 가파르고 험난하다.
그러나 정상에 도달하면, 그때는 편안함이 있다.
그 정상에 도달하려면 가혹할 정도로 힘들지만.[3]

아리스토텔레스는 그 탐구와 분투를 "인류가 매우 애써 노력을 기울인 탁월함"이라고 요약했다. 탁월함으로 가는 멀고 가파르고 험난한 길이 그리스의 종교가 택한 길이었다.

(그리스의 종교는) 우리가 가지고 있는 최초의 그리스 기록에서 이미 높은 단계에 도달했다. 우리에게 그리스적인 것은

---

3) 헤시오도스,「노동과 나날(*Erga kai Hemerai*)」, 289행.

모두 호메로스에서 시작한다. 「일리아스」와 「오디세이아」에서 그리스인들은 원시적인 숭배의 잔인한 행위들뿐만 아니라 공포에 휩싸인 주변세계가 신봉하는 소름끼치고 품위를 떨어뜨리는 예배의식들을 저 멀리 두고 가버렸다. 호메로스의 작품 속에서 주술은 완전히 폐지되었다. 주술은 「일리아스」와 「오디세이아」에 사실상 존재하지 않는다. 이것이 보여주는 엄청난 정신적인— 그리고 지적인— 진보를 우리는 실감하기 어렵다. 그리스 이전에 모든 종교는 주술적이었다. 주술이 가장 중요했다. 주술은 인류를 적대하여 동맹을 맺은 무시무시한 힘에 맞서는 인간의 유일한 방어였다. 악의에 찬 무수한 혼령들이 온갖 종류의 악을 인류에게 가져오는 데 열중하고 있었다. 그들은 어디에나 있었다. 한 칼데아의 비문에는 다음과 같이 쓰여 있다.

그들은 숨어서 기다린다. 그들은 집의 서까래를 칭칭 감는다. 이 집에서 저 집으로 옮겨가고 대문은 그들을 막을 수 없다. 그들은 신부를 신랑의 포옹에서 떼어놓고, 아버지의 무릎에서 아이를 낚아챈다.

생활이 가능했던 유일한 이유는 악의 혼령들이 무섭기는 했지만 주술적인 방법으로 달래거나 약화시킬 수 있었기 때문이다. 이러한 방법들은 종종 어리석을 뿐만 아니라 무서웠다. 인간의 이성은 그 일 전반에서 전혀 아무런 역할도 하지 않았다. 이성은 공포의 노예가 되어 있었다. 주술적인 세상은 대단히 비이성적이므로 전혀 헤아릴 수 없었고, 그런 이유로 커다란 공포감을 불러일으켰다. 어디에도 원인과 결과 사이에 신뢰할 만한 관계가 없었다. 이런 세상이 그러한 분위기 속에서 살고 있는 인간의 지성에 어떠한 작용을 했는지, 그리고 인간의 품성에 어떠한 작용을 했는지 쉽게 이해할 수 있을 것이다. 공포는 모든 감정 중에서 가장 잔인하다.

이와 같은 공포에 사로잡힌 세계에서 낯선 일이 일어났다. 한 작은 나라에서 그 공포가 추방당했다. 무수한 세월 동안 공포가 인류를 지배해왔고, 인류의 성장을 방해했다. 그리스인들은 공포를 염두에서 지워버렸다. 그리스인들은 공포로 가득 찼던 세상을 아름다움으로 가득 찬 세상으로 변화시켰다. 우리는 이러한 엄청난 변화가 언제, 어떻게 일어났는지 전혀 짐작할 수 없다. 우리는 호메로스의 작품에서 인간들은 자유롭고 두려움이 없다는 것만을 알고 있다. 무시무시한 방법으로 달래야 할 두려운 힘은 없다. 인간과 아주 흡사한 신들이 매우 쾌적한 하늘에 살고 있다. 이상하고 무시무시한 비현실적인 것—비인간적인 것만이 신성할 수 있다고 생각했던 예술가들에 의해서 결합된 새, 야수, 그리고 인간으로 구성된 형상들—은 그리스에 존재하지 않는다. 세상은 이성적이 되었다. 한 초기 그리스 철학자는 "모든 사물들은 이성이 와서 질서를 잡아줄 때까지 혼돈 속에 있었다"고 썼다.[4] 그 이성은 그리스적이었으며, 우

---

4) 아낙사고라스.

리가 알고 있는 최초의 대표적 인물이 호메로스였다. 「일리아스」와 「오디세이아」에서 인류는 극도로 비인간적인 것의 공포로부터 인간적인 것으로 인도되었다.

호메로스의 세계는 매우 이성적이고 질서정연하며 환하게 밝혀져 있다. 밤이 오면 신들은 잠자리에 든다. 하늘에서나 지상에서나 밝은 낮의 눈을 피해야만 하는 이상한 소행은 없다. 만약 암흑의 힘에 대한 숭배가 여전히 계속되었다면 ─ 그리고 그것을 시사하는 관습들에 대한 암시들이 있다 ─ 적어도 문학은 그것을 무시한다. 호메로스는 그중 어느 것도 인정하지 않았으며, 호메로스 이후의 어떤 작가도 결코 그러한 숭배를 되돌려놓지 않았다. 분명히 잔인한 의식들을 암시하는 이피게니아의 희생과 같은 이야기는 늘 악으로 행해진 것을 뜻한다.

호메로스는 자신이 다루는 모든 것에 대해서 어떻게든지 경의를 표하고 찬송했다고 한 고대 작가는 말한다. 호메로스는 그리스의 성서가 아니었다. 호메로스는 그리스인의 대표이며 대변인이었다. 호메로스는 전형적인 그리스인이었다. 그리스 천재성의 특징은 그의 두 편의 서사시 도처에 존재한다. 즉 추하고, 무섭고, 무의미한 것들이 추방된 그 속에, 신이 인간과 같고 인간이 신과 같을 수 있다는 믿음 속에, 영웅들이 인간적인 혹은 신적인 상대, 심지어 운명의 여신에게 맞서서 발휘했던 용기와 두려워하지 않는 기백 속에, 이성과 분별의 지배적인 분위기 속에 존재한다. 그리스적 합리성의 본질은 헥토르가 전투에 나가기 전에 새가 날아가는 모습을 예언으로 참고하라는 조언을 받고 "새들이 오른쪽으로 가든 왼쪽으로 가든, 긴 날개를 가진 새들에게 복종하지 않는다. 우리 조국을 위해서 싸우는 것이 최선의 전조이다"라고 외치는 바로 그 부분에 있다. 호메로스는 그리스의 위대한 원형을 만드는 힘이었는데, 그 이유는 호메로스 자신이 매우 그리스적이었기 때문이다. 플라톤은 "나는 유년기부터 늘 호메로스에 대한 경외와, 심지어 지금도[플라톤이 호메로스를 막 비판하려고 할 때] 나의 입술에서 말을 더듬거리게 만드는 그에 대한 애정을 가지고 있다. 그는 위대한 지도자이며 스승이다"라고 말한다.

그리스인들은 호메로스와 함께 도달한 정상에서 전혀 후퇴하지 않았다. 그리스인들은 앞으로 더 나아갔다. 그러나 호메로스가 금지했던 방향으로 나아가지 않았다. 즉 이성에서 분리되어 주술로 향하고, 자유에서 멀리 떨어져 교의와 사제들에게로 향하지 않았다. 그러나 호메로스의 신들은 최고를 위한 열망으로 불타오르는 사람들에게 오랫동안 충분한 것으로 지속될 수 없었다. 옳고 그름에 대해서 심각하게 생각하고, 세상에 대해서 사고하는 데 비판적인 능력을 사용하고, 무엇보다도 의심스러운 올림포스의 신들이 아니라, 인생의 신비에 대한 실마리와 그 목적과 결말에 대한 신념으로서의 종교를 찾으려고 노력하는 사람들이 호메로스의 신들로 만족할 수 없었다. 인간들은 좀더 고상한 제우스와 「일리아스」에서와 같이 지위가 높고 권력이 있는 자들뿐만 아니라 모든 사람에게 관심을 가지는 신을 요구하기 시작했다. 그래서 「오디세이아」의 한 구절에서 제우스는 가난하고 무력한 자들의 보호자가 되었다. 그리고 곧 경험에 의해서 나약하고 강한 자들에게 맞설 만한 방어력이 없다는 것이 무엇을 뜻하는지 알고 있던 농부-시인 헤시오도스는 정의를 제우스 신의 동료로 올림포스에 위치시켰다. "물고기와 들짐승과 날짐승은 서로 잡아먹는다. 그러나 인간에게 제우스 신은 정의를 주었다. 왕좌에 앉은 제우스 신 옆에 정의의 여신이 자리를 차지하고 있다."[5]

신탁들 중에서 으뜸인 델포이의 신탁은 호메로스에 대한 이러한 암묵적인 비판을 지지하고, 이를 분명하게 표현했다. 호메로스의 천상에서 일어나고 있는 일들에 도덕 기준이 적용되었다. 델포이의 가장 훌륭한 대변자인 핀다로스는 호메로스가 신들에 관해서 거짓말을 한다고 공공연히 비난했다. 핀다로스는 신들에 관해서 교훈적이지 못한 이야기를 전하는 것은 사악하고 이성에 반하는 짓이라고 이의를 제기했다. "신들에 반대하여 비방하는 그 시인의 시는 증오받아 마땅하다."[6] 이러한 종류의 비판이 사방에서 가해졌다. 호메로스 자신이 지녔던 합리화하는 정신이 그에게 반발을 일으켰다. 진리라는 개념이 시작되었고, 이에 개인의 기호에 따른 선택은 길을 내주어야만 했다. 그리고 기원전 6세기에 과학적인 사고의 출발점에 서 있던 선구자들 중 한 사람이 이렇게 서술했다.

---

5) 헤시오도스, 「노동과 나날」. 276행.
6) 핀다로스, 「올림피아 송시」, 9편, 28행.

몸이나 마음이 인간과 같지 않으신,

신들과 인간들 가운데 가장 위대하신 유일한 신이 계신다.

그의 모든 것이 보고 듣고 생각한다.

우리 인간들은 우리 자신의 형상대로 신을 만들었다.

말과 사자와 소도 그랬을 것이라고 나는 생각한다.

그들에게 손이 있었더라면 자신들과 비슷한 신을 만들었을 것이다.

말들에게는 말의 신, 소들에게는 소의 신.[7]

　

호메로스의 올림포스 신들은 광포하고 주술적인 세계에서 그들을 탄생시켰던 것과 동일한, 합리적인 것에 대한 애정에 의해서 공격당했다. 새로운 사상뿐만 아니라 새로운 필요성이 깨어나고 있었다. 그리스는 호메로스의 종교가 전혀 그렇지 못했고, 델포이의 냉정한 도덕성이 채워줄 수 없었던 인간 영혼들 속에 있는 허기를 만족시켜줄 마음을 위한 종교가 필요했다.

그러한 필요는 늘 머지않아 채워진다. 잠시 동안 그리스의 정신에 매우 낯선 영향을 미쳤던 새로운 신이 그리스에 나타났다. 그 신은 디오니소스로서 술의 신이며 신들 중에서 가장 늦게 등장했다. 호메로스는 디오니소스를 결코 올림포스에 들이지 않았다. 디오니소스는 그곳의 밝은 동료들과 어울리지 않았으며, 천상이 아니라 지상의 신이었다. 인간을 의기양양하게 하고, 승리의 환희를 느끼게 하며, 인간이 자신을 벗어나게 하

---

7) 콜로폰의 크세노파네스.

는 술의 힘이 마침내 인간을 자신으로부터 해방시키고, 인간에게 그들도 신과 같이 될 수 있다는 것을 드러내는 술의 신이라는 개념으로 전환되었다. 이것은 인간적인 신, 그리고 신 같은 인간이라는 호메로스의 표현 안에 진정으로 암시되어 있는 개념이지만, 디오니소스가 등장할 때까지 전혀 발전되지 않았다.

디오니소스의 숭배는 아마도 델포이라는 강력한 숭배의 중심지에 맞서서 일어난 반란인 거대한 종교적 부활에서 시작되었음이 틀림없다. 어쨌든 이것은 델포이, 즉 신들 중에서 가장 그리스적이고, 예술의 신이며, 시인이자 음악가이며, 혼돈 밖으로 공정한 질서와 조화를 가져오고, 절제와 침착함을 대표하며, "너무 지나치지 말라"는 유명한 델포이의 격언이 신전에 새겨져 있는 아폴로 신의 성지에 대립하는 것이었다. 그 새로운 종교를 특징짓는 것은 모든 것의 지나침이었다. 술에 흠뻑 취함, 피의 축제, 미친 동물들처럼 행동하는 사람들, 난폭하게 비명을 지르고 소리치고 춤추며, 격심한 황홀경 속에서 땅으로 달려드는 것이었다. 다른 곳에서는 해방되고자 하는 열망이 일어나면, 이것은 흔히 인간들을 금욕주의와 그 과잉, 즉 영혼을 타락시키는 신체를 벌하는 데 열중하는 과장된 숭배의식으로 이끌어갔다. 이러한 현상은 그리스에서 일어나지 않았다. 자유는 자제에 달려 있다는 것을 누구보다 더 잘 이해하고 있었고, 자유는 통제되고 제한될 때만 자유라는 것을 알고 있던 민족에게 이러한 현상이 일어날 리 없었다. 그리스인은 아폴로의 정신에서 아주 멀리 벗어날 수 없었다. 결국 우리는 언제, 혹은 어떻게 아폴로 숭배와 디오니소스 숭배가 합쳐지게 되었는지 알지 못한다. 이 중대한 만남에 관해서 우리에게 전해지고 있는 것은 뛰어난 음악가이며 아폴로 신의 제자인 오르페우스가 폭력적인 디오니소스 축제의 의례들을 개혁하고 질서를 부여했다는 것이 전부이다.

디오니소스가 그리스의 중요한 의식인 엘레우시스 비의(秘儀) 속에 받아들여지고, 데메테르 여신을 숭배하기 위해서 설립된 비의들에서 바로 여신의 옆자리에 위치하게 된 것은 이러한 변화가 일어난 뒤였음이 틀림없다. 곡물의 여신과 포도의 신이며, 둘 다 대지의 신으로 생명을 지탱하는 빵과 술을 가져다주어 인류에게 은혜를 베푸는 신인 두 신을 연관짓는 것은 당연했다. 그 두 신의 비의들, 즉 주로 데메테르 여신에게 바쳐진 엘레우시스 비의와, 디오니소스 신을 중심으로 한 오르페우스 비의는 그리스와 로마 세계를 통틀어 종교에 막대하고도 중요한 영향을 끼쳤다. 분명히 비의의 입문자였던 키케로는 "이 비의들보다 더 숭고한 것은 없다……그 비의들은 기쁘게 사는 법을 우리에게 보여줄 뿐만 아니라, 더 나은 희망을 가지고 죽는 법을 가르쳐주었다"고 말했다.8) 비의들이 큰 중요성을 가지고 있었다는 점에서 볼 때 우리가 이 비의들에 관해서 거의 아무것도 모른다는 사실은 놀랍다. 비의에 입문한 자들은 모두 그것을 누설하지 않는다는 맹세를 해야만 했고, 그 영향력은

---

8) 키케로, 「법에 관하여(*De Legibus*)」, 2권, 4절, 36행.

매우 강해서 분명 아무도 누설하는 자가 없었다. 우리가 확신하는 점은 그 비의들이 깊은 숭배와 경외감을 일깨웠다는 것과 죄로부터의 정화를 제공했다는 것, 불사를 약속했다는 것이 전부이다. 플루타르코스는 자신이 집을 떠나 있는 동안 어린 딸의 죽음에 관해서 아내에게 보내는 편지에서, 일단 육체를 떠난 영혼은 사라지고 아무것도 느끼지 않는다는 주장을 그녀가 전혀 믿지 않는 것을 알고 있다고 쓴다.[9] "왜냐하면 디오니소스 신의 비의에서 주어진 신성하고 신뢰할 수 있는 약속들 때문에⋯⋯우리는 영혼이 타락하지 않고 죽지 않는다는 틀림없는 진리를 확고하게 믿고 있습니다⋯⋯그에 따라 행동하도록 합시다. 밖으로는 우리의 삶을 정돈하면서, 내면에서는 모든 것이 더 순수하고 더 지혜롭고 타락하지 않아야 합니다."

플루타르코스의 한 짧은 글은 분명히 입문의식을 묘사하고 있다.[10] "사람이 죽으면 그는 비의에 입문하는 사람들과 같다. 우리의 전 생애는 출구가 없는 구불구불한 길들을 따라가는 여정이다. 그것을 떠나는 순간 공포, 몸서리치는 공포와 혼란이 온다. 그 다음에 우리를 만나기 위해서 움직이는 빛, 우리를 맞아주는 순수한 평원들, 노래와 춤, 그리고 신성한 유령들이 온다." 플루타르코스는 기원후 1세기 후반의 사람이다. 감정에 호소하도록 주의 깊게 준비된 그 모든 것들 중에서 얼마만큼이 페리클레스 시대의 비의에 속하는지 알 수 없다. 그러나 아리

---

9) 플루타르코스, 「아내에게 보내는 위로(*Paramythētikos pros tēn gynaika*)」.
10) 플루타르코스, frg. 「영혼에 관하여(*De Anima*)」.

스토파네스가 「개구리들」에서 틀림없이 보여주듯이 커다란 호소력이 있었다.

> 헤라클레스: 그러고 나면 그대는 음악의 숨결이 귓가를 맴돌고 있고,
> 이처럼 가장 아름다운 빛이 그대의 눈을 비추고 도금양 숲과
> 기쁨에 넘치는 남녀의 무리를 만나게 될 것이오—
> 비의의 입문자들.[11]

비의에 둘러싸여 있고 매우 감정적인 무아경의 구원 종교라는 문제 전체는, 언뜻 보기에 그리스적인 것에 대해서 우리가 지니고 있는 생각과 잘 어울리지 않는다. 실질적인 도덕성을 가르치고 절제를 끊임없이 강조하는 델포이와 핀다로스가 그리스의 진정한 대표자라고 생각된다. 그러나 그들만으로는 그리스 정신의 가장 고결하고 가장 심오한 표현에 결코 이르지 못했을 것이었다. 고상한 자기 절제는 절제할 것을 가지고 있어야만 한다. 아폴로는 디오니소스를 필요로 했고, 그리스인들도 그 점을 인식하고 있었으리라고 믿는다. "영감에 고취되지 않고 영혼 속에 광기도 없는 사람이 그 문 앞에 와서 예술의 도움으로 신전 안에 들어갈 수 있을 것이라고 생각한다. 그 사람과 그의 시는 받아들여지지 않을 것이라고 나는 단언한다"고 플라톤은 말한다.

---

11) 아리스토파네스, 「개구리들」, 154행 이하.

델포이의 방식과 디오니소스의 방식은 기원전 5세기의 극장에서 완전하게 결합되었다. 그곳에서 인간의 삶이라는 엄청난 신비가 위대한 예술의 힘을 통해서 표현되었다. 시인과 배우와 청중은 더 숭고한 존재를 의식하고 있었다. 그들은 일종의 숭배 행위로서 그곳에 모여 모두 동일한 경험을 나누었다. 시인과 배우들은 청중을 향해서 말하는 것이 아니라, 청중을 대변했다. 그들의 임무와 능력은 위대한 공동의 감정을 해석하고 표현하는 것이었다. 그것이 비극은 동정과 경외를 통해서 죄를 씻어 맑게 한다고 한 아리스토텔레스의 말이 의미했던 바이다. 인간은 모두 인생의 보편적인 고통을 함께 실감할 때 자신으로부터 자유로워졌다. 잠시 동안 인간은 개개인의 슬픔과 염려를 초월하여 고양되었다. 분리하지 않고 이례적으로 하나가 된 감정의 거대한 급류에 휩쓸릴 때 인간들은 격리되고 외로운 개개인이기를 멈추었다. 플라톤은 완벽한 국가는 시민들이 같은 것에 울고 기뻐하는 국가라고 말했다. 그 깊은 감정의 공동체가 디오니소스의 극장에서 일어났다. 사람들은 고립감을 잃어버렸다.

비의들은 개인의 정화와 구원을 추구하는 개인적인 종교였다. 이것은 인간으로 하여금 신과의 일치를 추구하게 만들었다. 극예술의 종교는 인간이 서로 연합하도록 했다. 개인의 관심사들은 무대에서 펼쳐지는 영혼을 흔드는 고통의 광경 앞에서 사라졌고, 청중이 오이디푸스와 헤카베 때문에 자신들의 마음을 열고 울 때 내면에 억눌려 있던 홍수가 쏟아져나왔다.

그러나 펠로폰네소스 전쟁이라는 길고도 무시무시한 분쟁

속에서 이상들은 희미해져갔다. 사람들은 구원이 아니라 안전을 염두에 두었다. 아무것도 확실하지 않은 세계에서 그럴 수 있을 때, 얻을 수 있는 것을 얻어야 한다는 생각에 차 있었다. 실로 신들을 위한 것은 아무것도 없었고, 옛 도덕은 약해져갔다. 에우리피데스가 아이스킬로스를 계승했고, 모든 것에 대한 새로운 비판이 공기 중에 감돌고 있었다. 페리클레스 시대의 아테네에서 한 유명한 선생이 "신이 있는지 없는지 우리는 알 수 없고, 그것을 찾아내기에는 인생이 너무 짧다"고 단언했다.[12] 국가는 놀라서 경계했고 박해가 이어졌다. 그 박해는 중세와 그 이후 시대에 비하면 너무 대수롭지 않아서, 만약 그 마지막 희생자가 소크라테스가 아니었다면 주목받을 만한 가치조차 없었을 것이다.

종교의 한 형식이 또다른 형식에게 영원히 길을 내어주었다. 만약 종교가 변하지 않는다면 사라질 것이다. 신과 올바른 삶을 위한 기반을 향한 인간 추구의 긴 역사 속에서 변화들은 거의 항상 더 나은 것으로서 다가온다. 매번 새로운 사상은 처음에는 종교를 지상에서 사라지게 할 위협적이고 치명적인 적으로 인식되며 등장한다. 그러나 결국 고대의 어리석은 생각과 편견이 사라지면서 더 심오한 통찰과 더 나은 삶이 존재하게 된다. 그리고 나면 다른 어리석음과 편견이 등장하고, 그 모든 과정이 반복되어야 한다. 모든 신념을 뒷받침하고 있는 것들이

---

12) 프로타고라스.

자리를 내어주는 것처럼 보이던 이 시기에 그리스에서도 그러했다. 소크라테스는 가르침을 전했고, 그 가르침 때문에 죽었다. 끝없는 전쟁으로 오랫동안 계속되는 고통에 기인하며, 혹독하고 편협하며 불관용적인 스파르타의 정신 앞에서 아테네의 정신이 패배한 것에 그보다 더 큰 원인이 있는 쓰디쓴 환멸 속에 빠진 아테네는 무엇보다도 세 명의 비극작가들이 매우 장엄하게 보여주었던 예전의 이상으로 되돌아가 새로이 실감할 필요가 있었다. 아테네는 탁월함을 재주장할 필요가 있었고, 그것이 소크라테스가 아테네를 위해서, 그리고 앞으로 올 모든 세계를 위해서 했던 일이다.

소크라테스는 결코 플라톤으로부터 분리될 수 없다. 플라톤이 쓴 거의 모든 작품은 소크라테스가 말한 것의 보고서라고 주장한다. 즉 스승의 말씀에 대한 충실한 제자의 기록이며, 꼭 어느 부분이 둘 중 누구에게 속하는지를 결정하는 것은 불가능하다. 수백 년 동안 고전세계가 그에 따라 삶을 영위했고, 현대세계가 잊은 적이 없는 그 훌륭한 것에 관한 개념을 그들이 함께 구체화했다.

소크라테스는 선함과 진리가 근원적인 실재들이며, 그것들은 획득될 수 있다고 믿었다. 모든 사람에게 선함과 진리가 제시된다면 사람들은 그것을 얻으려고 노력할 것이다. 무지함 때문이 아니라면 아무도 악을 추구하지 않을 것이다. 일단 그에게 무엇이 악인지 깨닫게 한다면, 그는 악으로부터 도망칠 것이다. 소크라테스는 사람들로 하여금 자신들의 무지에 눈을 뜨게 하는 것과, 사람들이 인생의 더 충만한 미래를 필연적으로, 그리고 저항할 수 없이 추구하게 될 때, 인생의 혼란과 하찮은 것들 밑에 있는 영원한 진리와 선함을 볼 수 있는 곳으로 그들을 인도하는 것이 자신의 임무라고 믿었다.

소크라테스는 인간의 마음속에 주입할 교리나 일련의 신념을 가지고 있지 않았다. 그는 사람들이 무엇이 선한지를 알지 못한다는 사실을 스스로 깨닫도록 일깨워주고, 선함을 발견하고 싶어하는 열망을 그들 안에 일으키고자 했다. 소크라테스는 그것을 각자 스스로 구하고 찾아야 한다고 확신했다. 그는 자신을 안내자라고 내세우지 않았다. "나의 이성은 전혀 현명하지 않지만, 나에게 오는 사람들 중 일부는 놀랄 만큼 진전하고 있다. 그들은 나로부터가 아니라 스스로 발견한다. 그러나 나는 신의 수중에 있는 도구이다"라고 소크라테스는 말했다.

소크라테스는 가르치는 것이 아니라 늘 질문을 하는 탐구자였다. 그러나 그의 질문들은 사람들이 가지고 있는 자신들에 대한, 그리고 자신들이 살아온 모든 편안한 관습들에 대한 확신을 뒤엎었다. 그 결과는 처음에는 당혹함뿐이었고, 때때로 극도의 비탄이었다. 알키비아데스가 아가톤의 저녁 만찬에서 참석자들에게 말했다.

저는 페리클레스나 다른 뛰어난 웅변가들의 연설을 들어보았습니다. 그러나 그들은 저의 영혼을 흔들어놓거나 제 삶의 방식이 노예보다 낫지 않다는 것에 대해서 분노하게 하지 않았습니다. 그러나 여기 이분은 종종 저의 영혼이 필요로 하는 것을 방치하고 있는 생활을 제 자신이 도저히 견딜 수 없다고 느끼게 하는 지경에 이르게 하셨습니다. 저는 가끔 이분이 세상을 떠났으면 하고 바라곤 합니다!

아리스토텔레스는 행복이 영혼의 활동이라고 말한다.13) 그 말은 인간을 행복하게 만드는 소크라테스의 방식에 대해서 정확하게 정의를 내린다. 소크라테스는 검토되지 않은 삶, 자기 자신에 대해서, 또는 자신의 진정한 요구와 열망에 대해서 아무것도 모르는 사람의 삶은 살아갈 가치가 없다고 믿었다. 그래서 인간의 영혼은 삶이 매우 불만족스럽다는 것을 깨달았을 때 삶을 만족시켜줄 것을 추구하게 될 것이라고 확신한 소크라테스는, 인간들의 삶을 시험하고자 그들의 영혼을 자극하여 행동하게 하려고 했다.

소크라테스의 인생은 그의 말들이 그랬던 것만큼이나 신의 불만을 불러일으켰다. 소크라테스는 자신의 모든 행동에서 자신을 안내하고 항상 완벽한 정신의 평정을 유지하게 해주는 내면에 있는 의논 상대를 의식하고 있었다. 소크라테스가 젊은이들을 타락시킨다는 사활이 걸려 있는 죄목으로 법정에 소환되었을 때—소크라테스의 제자들 중 누구도 여전히 국가의 종교인 호메로스의 신들을 심각하게 받아들일 수 없었다—그는 철

---

13) 아리스토텔레스, 「니코마코스 윤리학」, 1권, 13절, 6행.

저하게 선한 의지의 정신에서 자신을 고발한 자들을 조롱했고, 가르침을 그만두겠다고 약속하면 생명을 구할 수 있게 해주겠다는 특별대우를 거절했다. 그리고 그에게 사형을 선고한 것에 대해서 재판관들을 위로함으로써 삶을 마쳤다! "기운내시오" 라고 소크라테스는 재판관들에게 말했다.14) "그리고 사는 동안이나 죽은 후에나 선한 자에게는 어떠한 악도 일어날 수 없다는 것을 분명히 알아두시오. 나는 내가 죽는 것이 더 나을 때가 왔고, 나를 고발한 자들은 나에게 아무런 해도 가하지 않았다는 것을 명확히 알고 있소. 그러나 그 재판관들은 나를 이롭게 하려고도 하지 않았으니 그 점에서 나는 그들을 점잖게 꾸짖을 수 있소. 그리고 이제 우리는 우리의 길을 가오. 여러분은 살기 위해서, 나는 죽기 위해서. 어느 것이 나은지는 신만이 알고 계시오."

감옥에서 독약을 마셔야 할 시간이 왔을 때, 소크라테스는 독배를 가지고 온 교도관을 위해서 친절한 말을 건넸다. 그리고 소크라테스는 친구들에게 아름다움과 선함이 가장 현실적이고 실제적인 존재라는 것보다 더 확실한 것은 없다고 말하다가, "그런데 나는 목욕하러 가는 편이 낫겠소. 내가 죽었을 때 여인네들이 나의 시신을 닦는 수고를 하지 않도록 말이오"라고 외치면서 친구들과의 대화를 중단했다.15) 소크라테스의 매력적인 대화로부터 갑자기 삭막한 현실로 되돌아온 함께 있던 자

14) 플라톤, 「소크라테스의 변명」, 41 D.
15) 플라톤, 「파이드로스」, 115 A.

들 중 한 사람이 외쳤다. "우리가 당신을 어떻게 매장하는 것이 좋겠습니까?" "당신 마음대로 하시오"라는 흥미로운 대답이 돌아왔다. "나를 잘 잡아서 도망가지 않게 살펴보는 것만 확실히 하시오." 그리고 나머지 참석자들을 돌아보면서 "나는 이 친구로 하여금 그 시신은 내가 아닐 것이라는 점을 믿게 할 수 없소. 그가 소크라테스를 매장하는 것에 관해서 이야기하게 하지 마시오. 왜냐하면 그릇된 말들은 영혼을 오염시키니까. 친애하는 크리토, 그대는 나의 시신을 매장하고 있다고만 말하시오."

소크라테스에 대해서 알고 있는 사람이라면 누구도 "선함이 가장 현실적이고 실제적인 존재를 가지고 있다"는 것을 믿지 않을 수 없었다. 소크라테스는 그리스가 처음부터 마음에 그리고 있던 탁월함을 자신 안에서 체현했다. 기원전 400년에 세상은 소크라테스로부터, 그리고 그가 말했던 것과 행했던 모든 것의 밑바탕에 깔려 있는 신념, 즉 혼돈과 어두움과 겉으로 보이는 인생의 무익함 속에 선한 목적이 있으며, 인간은 그 목적을 발견할 수 있고, 실현하는 것을 도울 수 있다는 신념에서 용기를 얻었다. 플라톤을 통해서 소크라테스의 제자이기도 한 아리스토텔레스는 소크라테스가 죽은 후 50년쯤 지나서 다음과 같이 썼다.

인간다움의 한계보다 훨씬 더 높은 인생이 있다. 인간은 인간다움이 아니라 그들 안에 있는 신성한 그 무엇의 덕택으로 그러한 삶을 살아갈 것이다. 우리는 인간의 생각들을 고수해야 한다고 권고하는 자들의 말에 귀 기울이지 말고, 인간 내면에 있는 가장 높은 것에 따라 삶을 살아가야만 한다. 그것은 작지만 힘과 가치에서는 그 나머지를 훨씬 능가하기 때문이다.[16)]

---

16) 아리스토텔레스, 「니코마코스 윤리학」, 10권, 7절, 7행.

16

그리스인의 방식

Character는 그리스 단어(그리스어로 charaktēr/역주)이지만, 그리스인들에게는 그 단어가 우리에게 의미하는 바를 뜻하지 않았다. 우선 그리스인들에게 character는 동전에 찍힌 자국을 뜻했다. 그리고 후에는 사람에게 부여된 이러저러한 기질의 인상을 의미했다. 에우리피데스가 헤라클레스의 용맹의 표지—character—에 대해서 말하고 있을 때, 사람은 동전이고 용맹은 그 사람 위에 찍힌 표시이다. 우리에게 한 사람의 성격은 그 사람만의 고유한 것이다. 그것은 각 개인을 나머지 사람들과 구분짓는다. 그리스인들에게 성격은 모든 사람들이 함께하는 특성들 속에 있는 한 인간의 몫이었다. 그것이 각 개인을 나머지 사람들과 결합시켰다. 우리는 이 사람 혹은 저 사람 안에 있는 보편적인 것과는 다른 것들, 즉 사람들의 고유한 특성에 관심을 가진다. 반대로 그리스인들은 한 사람 안에서 중요한 것은 그 사람이 모든 인류와 공유하는 바로 그 특성들이라고 생각했다.

그 차이는 매우 중요하다. 각 개체를 그 자체로만 고려하는 것이 우리의 방식이다. 그리스인들은 사물을 항상 전체의 일부분으로서 이해했고, 이러한 이성의 습관은 그리스인들이 행한 모든 활동에 깊이 새겨져 있다. 이것이 그리스인의 예술과 우리 예술 간의 차이의 근본적인 원인이다. 건축이 아마 가장 확실한 예일 것이다. 그리스 시대 이래로 가장 뛰어난 건축물인 중세시대의 성당들은 장소를 고려하지 않고 편리한 곳이라면 어디든지 무계획적으로 세워진 것처럼 보인다. 거의 일정불변하게 성당은 흔히 오래되거나 더 낡은 작은 집들이 밀집해 있는 곳에 낮게 서 있고, 그곳에서 주변과 부조화를 이룬다는 특징을 가지고 있다. 건물의 위치는 건축가들의 설계도에 포함되지 않았다. 건축가들은 성당 자체만을 고려했다. 그들에게 주변에 있는 것과의 관련성을 고려해야 한다는 생각은 전혀 일어나지 않았다. 그들에게 성당은 전체의 일부가 아니었다. 그것이 전체였다. 그러나 그리스의 건축가에게는 신전의 주위 환경이 가장 중요했다. 그리스의 건축가는 신전을 바다나 하늘을 배경으로 한 뚜렷한 윤곽 안에서 살펴보고, 신전의 크기를 평평한 언덕 꼭대기나 아크로폴리스의 넓은 평지 위에 있는 신전의 위치에 따라 결정하면서 신전 건축을 설계했다. 신전이 경관을 사실상 지배했다. 신전은 건축가의 비상한 능력을 통해서 그곳에서 가장 중요한 특징이 되었으나, 항상 경치의 일부분이었다. 건축가는 신전을 단순히 자신이 짓고 있는 건물로서, 그 자체로만, 그리고 그것만을 위해서 생각하지 않았다. 건축가는 언덕과 바다와 하늘의 아치 모양과 연관해서 신전을 고안했다.

무언가를 다른 것들과 관련하여 살펴보는 것은 그것을 단순화시켜보는 것이다. 건물은 설계, 장식, 비품, 많은 물건들로 이루어진 각 방 등 그 건물만 고려하기에도 매우 복잡한 문제이다. 그러나 만약 한 구획이나 도시의 일부로서 생각한다면, 세부사항은 시야 밖으로 사라진다. 이는 마치 하나의 도시가 그 자체로는 복잡한 집합체이지만, 한 나라에 속한 것으로 생각하면 몇 가지 핵심적인 요소들로 단순화되는 것과 같다. 지구는 무한한 다양성을 보여준다. 그러나 우주와 연관지어보면 그저 공간에 매달려 있는 하나의 구체(球體)에 불과하다.

그러므로 배경의 일부로 인식된 그리스의 신전은 단순화되었고, 세상의 모든 위대한 건물들 중에서 가장 단순했다. 건물 이외의 다른 어떤 것과도 관계가 없고, 그 자체가 완전한 전체로 인식되는 고딕 성당은 모든 건축물들 중에서 세부적으로 가장 정교했다.

이와 같이 모든 것을 전체와 관련시켜 살펴보는 그리스 이성의 필연성이 그리스 신전을 만든 바로 그대로 그리스 극예술을 현재의 모습으로 만들었다. 그리스 연극에 등장하는 인물들은 다른 연극의 등장인물들과 비슷하지 않다. 그리스의 비극작가들이 인간을 묘사하는 방식은 모든 극작가들 중에서 그들에게만 속해 있다. 그리스의 비극작가들은 사람들을 단순화시켜서 보았다. 그리스 신전의 경우처럼 등장인물을 전체의 일부로서 생각했기 때문이다. 비극작가들이 인간의 삶을 바라보았을 때, 주인공은 인간이 아니었다. 세상의 불가사의한 것의 밑바탕에 있는 것, 즉 우리를 이곳으로 데려오고 이곳으로부터 데려가며, 한 사람에게는 행복을 주고 다른 사람에게는 불행을 주며, 조상들의 죄과를 자손들에게 물려주고, 순결한 자와 죄지은 자를 화염 속으로, 역병으로, 지진의 충격으로 휩쓸어버리는 그 필연성이 주인공을 맡았다. "지음을 받은 물건이 지은 자에게 어찌 나를 이같이 만들었느냐고 말하겠느냐? 도공이 진흙으로 하나는 귀히 쓸 그릇을, 하나는 천히 쓸 그릇을 만들 권한이 없느냐?" 사도 바울에게 그 수수께끼는 풀기 쉬웠다. 그리스의 비극작가들에게 그것은 결코 해답이 주어질 수 없는 불가해한 문제였고, 그들은 인간을 우선, 그리고 제일 먼저 그 불가사의와 관련하여 생각했다. 그러므로 측량할 수 없는 전체의 일부로서 "무한함이라는 배경" 앞에 놓인 인간의 복잡성은 단순화되었다. 전체라는 관점에서 보면 우발적인 것과 하찮은 것은 시야에서 떨어져나간다. 이는 마치 넓은 풍경 속에서 형상들은 단지 개략적으로만 보여질 수 있거나, 렘브란트가 그린 늙은 여인들의 얼굴들 가운데 하나에 그려진 셀 수 없이 많은 선들은 만약 그 여인이 넓은 배경 안에 놓이면 사라져버리는 것과 마찬가지이다.

우리에게는 그 반대이다. 인간 개개인이 화폭 전체를 채운다. 우리는 사물들에 대한 설계에서 그 실의 가닥을 만들어내고 끊어버리는 운명을 없앴다. 인간의 본성은 우리에게 심대한 수수께끼이다. 인생의 신비는 한 인간 자신의 신비이며, 우리가 관심을 가지는 갈등은 내면에서 진행된다. 한 인간의 삶은 그에게 어떤 것이 행해졌는지가 아니라, 그가 자신에게 무엇을 행하는지를 통해서 이해된다. 잘못은 우리의 운명에 있는 것이 아니라 우리 자신 속에 있고, 우리 각자가 유일한 배우인 무대가 존재한다. 우리가 고립된 개인을 그 자신 안에서, 그리고 그 자신을 위해서 바라보는 방식만큼 그리스인들과 다른 것이 없다. 우리의 극예술, 그리고 우리의 모든 예술은 단순화됨의 정반대이다. 그것은 가장 미묘한 개별화의 작업이다.

그러나 그리스인들에게 인간은 서로 크게 다르지 않고 아주 비슷했다. 등장인물들을 인간과, "불완전하게 창조되어 완전할 것이 강요되는"그 인간을 만드는 힘 사이의 갈등을 이야기하는 무시무시한 무대 위에서 그리스의 극예술가들은 지배적인 특성인 모든 인간과 모든 세대에 속해 있으며 인생의 변하지 않는 형식을 만드는 공포와 열망, 슬픔, 증오와 같은 격심한 감정들만을 등장인물들 안에서 중요하다고 보았다. 그리스의 비극작품에 나오는 한 등장인물을 셰익스피어 작품의 등장인물 옆에 나란히 놓아보면 상이한 관점들의 결과로 나온 차이점이 분명하게 보일 것이다. 하나는 단순하고 복잡하지 않으며, 다른 하나는 복잡하고 또한 모순적이다.

뚜렷한 비교는 한 여성 안에 구체화된 장엄한 불운에 관한 두 가지 주목할 만한 실례인 아이스킬로스의 클리타임네스트라와 맥베스 부인 사이의 비교이다. 고전시대의 가장 위대한 시인이 전자를 그렸으며, 근대의 가장 위대한 시인이 후자를 묘사했다. 그 두 인물은 그들을 창조한 작가들이 인간 세상을 바라보는 방식을 보여준다.

그리스 희곡에서 클리타임네스트라는 처음부터 끝까지 장엄하다. 클리타임네스트라가 등장할 때 우리는 남편에 대한 증오와 남편이 트로이로부터 돌아오자마자 그를 살해하고자 하는 그녀의 결심에 대해서 예상하고 있다. 우리는 10년 전에 신들이 트로이로 향하는 선단이 빠르게 항해할 수 있도록 인간의 생명을 요구했을 때, 그녀의 어린 딸이 아버지에 의해서 어떻게 살해되었는지에 관한 매우 처량한 이야기를 듣는다. 다음은 그녀가 느꼈던 것을 암시하는 그녀의 첫 번째 대사에 나오는 첫 문장이다.

승리자들은 안전하게 집으로 천천히 돌아가지만
죽은 자들이 겪었던 것이 머지않아 그들에게 불행을 가져올지도 모른다―.
결코 잠들지 않는 그 고통.[1]

그 고통, 죽은 한 소녀가 겪었던 그 고통은 긴 세월 동안 그녀 안에서 결코 잠들지 않았다. 시인이 우리의 동정을 얻기 위

---

[1] 아이스킬로스, 「아가멤논」, 346행.

해서 허락한 것은 그 정도뿐이다. 그러나 뒤이어 나오는 부분에서 시인은 한 치의 약점도 없는 강한 여성의 모습을 명확하고 뚜렷한 윤곽으로 대담하게 그린다. 침착하고 거만하고 자신감에 차 있으며, 반대하는 자를 꾸짖고, 자신이 결정한 것을 결코 의심하지 않으면서 그 결정을 누구의 도움도 받지 않고 홀로 실행할 수 있는 여성이다. 그녀는 그렇게 행동한다. 그녀는 남편을 살해하고 궁전 문을 나와서 자신의 행동을 선언한다.

나는 내 목적에 맞게 거짓말, 끝없는 거짓말들을 했지요.
지금 나는 그 말들을 모두 부정하지만 전혀 부끄럽지 않아요.
오래 전부터 나는 계획했지요. 이제 그 일을 끝냈어요.
오래된 증오를 종식시켰어요. 이 순간은 천천히 다가왔어요.
그러나 그 순간이 왔어요—.
나는 그를 내리쳤던 이곳에 서 있어요. 내가 그랬지요.
나는 아무것도 부정하지 않아요. 나는 외투를, 치명적인
이 옷을 그에게 던졌어요. 나는 그물에 잡힌
물고기처럼 그를 잡았어요. 도망치거나 싸울 방법도 없는.
나는 그를 두 번 때렸고, 그는 두 번 울부짖고는 팔다리가
풀려서 쓰러졌지요. 그 다음에—그 다음에
나는 세 번째 타격을 가했어요—.
그렇게 그는 그곳에 누워 있었고, 그가 숨을 몰아쉬자 그의 피가
뿜어져나와서 검은 피를 내게 뿌렸지요—죽음의 이슬,
나에게는 경작지에 싹이 틀 때 내리는 하늘의 달콤한

빗방울처럼 달콤했지요⋯⋯오, 죽은 자들에게 감사의

제주(祭酒)를 바치는 그러한 일이 있을 수 있다면,

죽은 이 사람에게 그것은 과분한 대접일 거예요.

마치 폭신폭신한 털을 가진 양들이 충분할 때

한 마리가 죽는 것처럼 개의치 않고 자기 딸을 죽인 사람.

— 내가 산고로 낳은 가장 소중한— 그녀를 죽였어요.

트라케의 바람에 대항하는 주문으로.

합창단 : 큰 소리로 오만한 말을 하는군— 그리고 그자는 당신의 남

편이오.

클리타임네스트라 : 나를 재판에 부치세요. 여느 어리석은 여자처

럼? 나를 저주하시든 축복하시든— 나에겐 매한가지죠.

보세요. 이 사람이 아가멤논이에요.

공정한 일꾼인 나의 오른손에 맞아서

죽어 있는 내 남편. 일이 이렇게 되어 있지요.

여기 나를, 자신의 아내인 나를 모욕했던 그 사람이 누워 있어요.

트로이의 성벽 아래서 모든 수치심 모르는 여자들을 희롱하던.[2]

   사람들의 고함에 화가 난 연인에게 클리타임네스트라가 하
는 마지막 말이며, 그 연극[3]의 마지막 대사이다.

---

2) 아이스킬로스, 「아가멤논」, 1372행 이하(요약).

3) 즉 아가멤논의 귀향 후부터 오레스테스가 어머니를 죽인 것에 대해서 최종적으
　로 방면될 때까지 일어나는 모든 사건들을 다룬 3부작 중 첫 번째인 「아가멤논」.

개들이 짖을 거예요. 누가 그걸 귀담아듣겠어요? 이렇게 공허한 이
　야기가 무슨 소용이 있어요?
당신과 내가 이곳의 주인이지요. 우리 둘이 이제 모든 사태를 잘
　정리할 거예요.

　맥베스 부인은 작품 전반부에서는 자신의 목표를 확신하고,
결의가 굳고, 의구심으로 마음을 어지럽히지 않는 제2의 클리
타임네스트라이다. 맥베스가 망설일 때 그녀는 그를 강하게 하
기에 충분한 힘을 가지고 있다. 맥베스 부인은 맥베스에게 결
심을 실행하는 것에 실패하여 자기 자신의 평가에서 겁쟁이로
살 것이냐고 묻는다. 그 대사들은 바로 클리타임네스트라의 대
사처럼 들린다. 그녀의 유명한 연설에서도 맥베스 부인은 남편
의 피로 물들어 크게 기뻐하는 그리스 여왕과 하나가 된다.

　나는 젖을 먹여보아서 나의 젖을 빠는
　아기를 사랑하는 것이 얼마나 소중한지 알고 있지요.
　아기가 내 얼굴을 보고 웃고 있는 동안,
　아기의 이가 없는 잇몸에서 나의 젖꼭지를 잡아 빼서
　그 머리를 박살낼 수 있었을 거예요. 당신이 이 일에 맹세했듯이
　나도 그렇게 맹세했었더라면.

　던컨이 죽고 맥베스가 수행원들이 범행을 저질렀다는 증거
로 그들 곁에 남겨두었어야만 하는 단도들을 가지고 그녀에게

오자, 맥베스 부인은 그에게 단도들을 도로 가져다놓고 수행원
들을 피로 물들여놓으라고 이르고, 맥베스는 공포에 휩싸여 거
부한다.

내가 저지른 일을 생각하는 게 두렵소.
나는 감히 다시 볼 엄두가 나지 않소.

맥베스 부인은 꾸짖으며 대답한다.

의지가 그렇게 약해서야!
그 단검들을 내게 주세요. 자는 사람과 죽은 사람은
그림이나 마찬가지예요…….

클리타임네스트라도 이렇게 말하고 행동했을 것이다. 맥베
스 부인의 초상은 아이스킬로스가 할 수 있었던 것만큼이나 간
결하고 명확하게 마지막 장면까지 묘사되고 있다. 그러나 한
가지 작지만 중요한 예외가 있다. 맥베스 부인이 맥베스가 왕
을 죽이기를 기다리고 있을 때, 그가 목적을 이루지 못할 것을
두려워하면서 혼잣말을 한다.

자고 있는 그가[왕이] 나의 아버지를
닮지만 않았어도 내가 했을 텐데.

그 문장은 뚜렷한 윤곽을 희미하게 한다. 남편이 욕조에서 일어나고 겉옷을 그의 주위에 던질 때 그녀를 찌르는 날카로운 기억, 괴로움의 순간이 클리타임네스트라에게 있었던가? 분명히 그녀에게 그런 순간이 있었다면, 아이스킬로스는 자신의 묘사에 그 순간을 결코 넣지 않았을 것이었다. 클리타임네스트라의 마음속 깊은 곳의 개인적 삶은 아이스킬로스의 관심사가 아니었다. 아이스킬로스에게 클리타임네스트라가 지닌 의미와 중요성은 이목을 집중시키고, 복잡하지 않은 모든 사람들이 명확하게 이해할 수 있는 것에 있었다. 즉 운명의 도구였기 때문에 그녀가 저항할 수 없었던 내면의 증오로 인해서 파멸로 이끈 위대하고, 강력한 본성에 있었다. 아들 손에 의한 죽음의 순간이 다가왔을 때, 그녀는 자신이 살인을 저질렀을 때 그랬듯이 주춤거리지 않고 죽음을 맞았다. 맥베스 부인은 결국 비탄에 잠겨 처량하게 모든 아라비아의 향료로도 결코 향기롭게 하지 못할 손을 영원히 씻으면서 그리스 무대에서는 매우 낯선 모순을 보여준다. 맥베스 부인은 자신이 계획했고, 무엇보다도 열망했던 살인에 대한 그녀 자신의 가장 개인적인 반응의 희생양이다. 그녀의 비극은 내면에 있다. 셰익스피어는 맥베스 부인 내면의 가장 깊은 곳에 있는 것, 가장 외로운 것을 보고 있었다.

클리타임네스트라의 비극은 외부에 있었다. 그녀의 적은 운명이었다. 신전을 건설하는 그리스의 건축가처럼 아이스킬로스는 그녀만을 보고 있지 않았다. 셰익스피어가 맥베스 부인을 보았던 것처럼 아이스킬로스는 클리타임네스트라를 자신의 운명과 함께 자신의 손안에 있는, 혹은 그녀 자신 안에 고립되어 있는 인물로 보지 않았다. 아이스킬로스는 그 밖에 다른 많은 것을 고려하고 있었다. 그는 클리타임네스트라를 과거, 그리고 그녀와 그녀의 가족을 위해서 재앙으로 해결될 수밖에 없는 과거의 무시무시한 행동들이라는 배경에 대비시켜보았다. 그녀 인생의 거미줄의 실타래는 예전의 희미한 세월로 멀리 거슬러 올라간다. 자신이 지닌 모든 위대한 정신에도 불구하고, 클리타임네스트라는 시작도 하기 전에 불행한 운명을 선고받았다. 그녀 이전의 여러 세대에 걸쳐서 범죄 위에 범죄가 있었다. 트로이 전쟁은 그녀의 여동생 때문에 일어났고, 그 때문에 딸을 죽게 만들었으며, 남편을 죽인 자신은 아들에 의해서 죽임을 당했다. 그것이 인생이라고 그 그리스의 비극작가는 말했다. 인간 각자가 슬픔, 죄악, 고통의 거미줄 조각을 만들어가고, 그 앞에서 심장이 멈추는 어떠한 힘에 의해서 만들어진 패턴이 인생이라고 말했다. 그러한 배경 앞에 놓고 볼 때 한 개인의 일시적인 기분이나 모순은 두드러지지 않는다. 단지 뚜렷한 테두리만이 구별될 수 있다. 그 윤곽은 모든 의문을 넘어서서 한 사람의 본질을 그에게 각인시켜주는 지배적이고 본질적인 것으로 단순화된다.

에우리피데스의 「트로이의 여인들」에서 헤카베는 모든 외적인 상황에서 리어 왕과 비교될 만하다. 헤카베 역시 늙고, 왕족이며, 대단히 비참하다. 그녀는 트로이의 여왕이었다. 이제 트로이는 몰락했고, 남편과 아들들은 죽었다. 그녀와 딸들은 그리스

왕자들이 그들을 차지하려고 제비를 뽑는 동안 몰락한 성벽 옆에서 기다리고 있다. 시작을 여는 헤카베의 대사는 그녀를 온전하게 보여준다. 극의 나머지 부분은 비탄 속에서 무력한 노년에 끊이지 않는 극한의 고통을 견뎌낼 수 있는 한 여성에 대한 그 첫인상을 확인시켜줄 뿐이다. 연극이 시작될 때 헤카베는 바닥에 있는 침대에서 일어나 이야기한다.

아, 지친 머리를 땅에서 들어라!

이것은 트로이가 아니다. 주위를 보아도, 위를 보아도—

트로이가 아니다. 그러므로 우리도 트로이의 군주가 아니다.

힘껏 노력해서 힘을 내라!

견뎌라, 그리고 화내지 말라.

그리스 왕의 막사 앞, 이곳에

앉아 있는 나는 누구인가,

게다가 그 막사 앞 먼지 속에……

집도 없는 한 여인이 되어.

죽은 이들을 위해서 홀로 울고 있는—

우리는 모두 왕이었소.

그리고 나는 왕과 혼인하여 아들들을 낳았소.

나의 주인이신 왕과 많은 아들들……모두, 모두 가버렸소.

그리고 내가 다시 그 애들의 얼굴을 볼 희망이 없고

그 애들도 나의 얼굴을 다시 보지 못할 것이오.

그리고 이제 나는 최후의 길로 발걸음을 옮기고 있소.

한 명의 늙은 노예로……

그리스 전령이 그녀에게 딸들 중에서 한 명이 아킬레스의 무덤에서 희생되었다고 말한다. 그리스 병사들이 그녀의 다른 딸들을 한 명씩 데려간다. 그들은 헤카베에게 외친다.

어머니, 여기에 무슨 일이 있는지 아세요?

헤카베는 대답한다.

나는 하찮은 것을 위해서 거대한 왕관을 지으시고
위대한 것을 내던지신 신의 손을 보고 있다.

가장 마지막에 떠나는 그녀의 아들 헥토르의 아내인 안드로마케에게 헤카베가 충고한다.

저편에 있는 배들을 보아라. 나는 배를 타본 적이 없지만,
이야기나 그림이 말을 해준다. 엄청난 파도가
너무나 세차게 배 위로 부서질 때, 보아라. 그러면
모두들 멈추고 낙담한 자들처럼 운명과 거친 파도에
자신들을 맡겨버린다. 그렇더라도
나는 수많은 슬픔 속에서 나를 낮추고,
저주를 하거나 다른 것들을 하려고 노력하지 않는다.

신들이 보내신 거대한 파도가 나를 압도하였다.

애야— 애야— 헥토르와 헥토르에게 닥쳤던 그 운명이

잠자게 내버려두어라. 아무리 그를 위해서 울더라도

너의 눈물은 그를 깨우지 못할 것이다.

너는 이제 네 위에 있는 주인을 존경하고,

너의 유순한 충성심으로

그의 마음을 사로잡아라.

그녀 자신의 잘못은 하나도 없는데 신비스러운 운명의 영향 때문에 비참함의 절정에 놓이고, 그곳에서 살아남는 모습이 처음부터 끝까지 헤카베이다. 외적으로는 한 명의 비참한 늙은 여자이지만 내적으로는 쉽게 변하지 않고 굴곡의 그림자가 없다. 또한 고난을 겪어내는 그녀의 능력은 철저하게 인간적이지만 인간의 유약함을 초월한다.

리어 왕이 보여주는 대조는 리어 왕 자신과 격렬한 노기, 그를 그 같은 난관으로 데려간 이성적으로 생각하지 않는 어리석음을 떠올리는 순간 확실해진다. 트로이 전쟁과 그 이후에 일어난 모든 일들은 헤카베에게 더 이상의 해를 가할 수 없었다. 고넬리와 리건이 경솔하게 서로에게 의견을 말한다.

망령이 나신 거지 뭐예요. 하지만 아직도 아버지는 당신 자신을 잘
    모르시지요.

한창 건강하고 사려분별이 있으실 때도 성급하기만 하셨지요.

그러나 아주 사랑스러웠고, 고매하고 꾸밈없는 기질을 가지고 있어서 냉대를 알아채는 데 느렸다.

기사 : 제가 판단하기에는 이전에 전하를 영접하던 예를 갖춘 호의로 환대하지 않는다고 보입니다……제 임무상 전하께서 소홀한 대접을 받고 계신다고 생각하니 조용히 있을 수 없습니다.

리어 왕 : 요즘 아주 약간의 소홀함을 나도 느꼈는데, 나는 그것을 불친절하기 위한 핑계나 의도라기보다는 나 자신이 심하게 까다로운 탓이라고 생각했다. 앞으로 내가 잘 지켜봐야겠다―. 그런데 내 광대는 어디 있느냐?

그 모든 소소한 언급들이 리어 왕을 친근하게 느끼도록 만든다. 마음속에 공포를 느낄 때, 그는 자신의 분노를 통제하려고 분투한다.

리어왕 : 나와 면담하기를 사절했다고? 병이 났다고?

피곤하다고? ……더 나은 대답을 내게 가지고 오너라.

글로스터 : 친애하는 전하,

전하도 공작의 격한 성격을 아시지요…….

리어왕 : 왕이 콘월과 이야기하려는 것이다. 아버지가 딸하고 이야기하려는 거다. 아버지가 딸의 복종을 요구한다.

그들이 이것을 전해들었느냐? 내 숨과 피!

격하다고? 불같은 공작이라고?―불같은 공작에게 전하라―.

아냐, 아직 아니다. 혹시 몸이 불편한지도 모르지ㅡ.

그리고 모든 것들 중 가장 사랑스럽고 애처로운 것은 그의
허약함이다.

아니, 이 사악한 마녀들아!
너희 둘에게 온 세상이ㅡ내가 그리 하겠다ㅡ.
너희들의 본색을 알게 할 그러한 복수를 내 반드시
하리라, 나는 아직 모르지만, 그 복수는
세상의 공포가 될 것이다. 너희들은 내가 울 거라고 생각하지.
아니, 나는 울지 않을 것이다ㅡ.
내게 울 이유는 충분하지ㅡ.

종말로 치달아갈 때, 리어 왕을 적나라하게 드러내는 가장
측은한 말들이다.

나는 매우 어리석고 분별없는 늙은이이다.
한 시간도 더 하지도 덜 하지도 않고 팔십 고개를 넘은.
그리고 솔직히 말해서
나는 내 정신이 성한 것 같지 않아서 두렵다.

그렇게, 클리타임네스트라와 맥베스 부인처럼 나이 든 여왕
과 나이 든 왕은 서로에게 대비된다. 여왕은 운명의 희생물이

고, 리어 왕은 자기 자신의 희생물이다. 그녀의 성격은 세부묘사 없이 주요 성격들로 단순화되어 폭넓게 표현되었고, 그의 개인적 성질은 다른 누구의 성격과도 다르게 우리에게 그대로 표현되었다. 리어 왕은 전 무대를 자기 자신이 차지한다. 헤카베는 일부만을 차지한다. 우리는 그녀가 상징하는 것에 대해서 질문할 필요가 없다. 우리는 그녀 너머를 본다. 그녀의 고통과 파멸은 우리에게 아무도 결코 이해하지 못할 그것, 아이아스가 죄 없이 죽음으로 몰려갈 때 보았던 그것을 제시해준다.

> 수많은 세월이 가져온 그리고 우리가 알고 있는
> 모든 것을 우리에게서 가려버리는 모든 미지의 것들.
> 중요한 맹세와 굳은 결심과 똑같이 비틀거리고
> 아무도 무엇인지 말하지 않는다. 이것이 그것일 리가.[4]

그리스 신전은 만약 하얀 돌로 세워진 빛나는 경이로운 것(신전)이 그곳에 바다, 하늘, 산맥을 배경으로 아주 뚜렷하게 서 있지 않았다면, 그렇게 깨달을 수 없었을 바다와 하늘과 산맥의 광활함과 경이를 보는 이로 하여금 깨닫게 해준다. 그리고 같은 방식으로 그리스 비극작품은 우리를 둘러싸고 있는 그 낯섦, 우리의 삶이 묶여 있는 미지의 어두움을 그처럼 단순하고 강렬하게 표현된 한 위대한 영혼의 고통을 통해서 우리 앞

---

4) 소포클레스, 「아이아스」, 644행 이하. Calverley 번역.

에 가져다준다. 우리는 그 안에서 모든 인간의 괴로움과 고통의 신비를 알게 된다.

그러나 성격묘사의 단순함은 성격묘사의 부재와 동일한 것이 아니다. 사실 단순하게 그려진 등장인물들은 대부분 전혀 뚜렷하게 개별화되지 않는다. 그러나 그리스 비극은 그것이 어떻게 성취될 수 있는지를 보여주는 뛰어난 예이다. 그리스 연극의 인물들의 성격은 뚜렷하게 묘사된다. 헤카베는 어떤 점에서도 클리타임네스트라와 동일하지 않다. 그들은 각자 운명의 결정된 사항에 대처하는 고유의 방식을 가지고 있다. 그들에게 해당되는 장면을 바꾸어보라. 그러면 헤카베는 딸의 죽음에 대해서 남편에게 결코 복수할 수 없었을 것이다. 헤카베의 자리에 있는 클리타임네스트라와 함께하는 그리스의 병사들은 자신들의 임무가 생각만큼 쉽지 않다는 것을 알게 되었을 것이다. 그들의 초상은 단순화되었다. 많은 부분이 그들에게서 생략되었다. 그러나 각자는 다른 사람의 모방이 아니라 그녀 자신으로 살게 하는 데 필요한 모든 것을 지니고 있다. 화가는 자세히 묘사된 초상화 못지않게 한 인물을 틀림없이 보여주는 얼굴의 윤곽을 그릴 수 있다. 그리고 그와 같은 방식으로 그리스의 비극작가는 단순화하면서 동시에 개별화시킬 수 있었다.

핵심이 강조되어야만 한다. 왜냐하면 그리스 극예술의 인물들은 사람들이 아니라 인간성의 추상, 즉 유형일 뿐이라고 일반적으로 생각되고 있기 때문이다. 이것은 사실 옳지 않으며, 이론적으로도 참일 수 없다. 그 점에 관해서는 엘렉트라가 헤카베나 클리타임네스트라보다 더 쉽게 이해될 수 있는 개벌화의 예인데, 세 명의 비극작가들 모두가 엘렉트라를 살펴보았기 때문이다. 그들은 모두 엘렉트라가 주인공인 극작품들을 남겼고, 그녀를 완전히 다른 방식으로 인식했다. 엘렉트라는 클리타임네스트라의 딸로, 아버지의 죽음 후에도 동생 오레스테스가 망명에서 돌아와 그 살인에 복수하리라는 한 가지 희망만을 가지고 계속 궁전에서 살고 있다. 세 작품 모두 오레스테스가 돌아와서 엘렉트라가 아버지의 살해자들과 타협하기를 거부하고, 그들로부터 모욕당하고 고약한 대우를 받으면서 지독히 비참하게 살아가는 것을 발견하는 내용으로 시작한다.

아이스킬로스의 연극에서 엘렉트라가 등장할 때, 꿈 때문에 공포에 사로잡힌 어머니가 보낸 아버지의 무덤에 바칠 제물들을 운반하고 있는 중이다. 엘렉트라의 첫 대사는 집안의 여자 노예들이며, 그녀에게 헌신적인 합창단에게 하는 말로 그녀가 불안해하고 있으며 확신이 없다는 것을 보여준다.

우리 집안을 깨끗하게 정돈하는 여인들이여,

나의 조언자가 되어주세요.

이 애도의 제주(祭酒)를— 내가 무덤에

바치면서 뭐라고 말씀드려야 할지 말해주세요.

어떤 좋은 말씀을 드릴 수 있을까요? 어떻게 내 기도를 표현해야

할까요?

내가 가져온 이 제주가 사랑하는 아내로부터

사랑하는 남편에게 보내진 것이라고 말할까요?―나의 어머니가
　　보내신?

그 말은 못 하겠어요―. 내겐 그럴 용기가 없어요. 그렇다면 뭐라
　　고 할까요? 말해주세요.

내가 수치와 침묵 속에서, 아버지가 돌아가셨을 때 그랬듯이,

대지가 마시게 될 이 제주를 바쳐야 할까요?

　　합창단은 그녀에게 "생명을 위해서 생명을 앗아갈 그자가 오
기를" 기도하라고 명령한다. 그러나 그녀는 주춤한다.

신들께 그런 선물을 달라고 기도드리는 것이

올바른 일일까요?

　　그것이 엘렉트라의 참된 의무라는 그들의 설득에 확신을 가
지게 된 그녀는 기도하지만, 그 말들은 분명치 않다. 엘렉트라
는 동생 오레스테스가 와서 어머니에게 복수하게 해달라고 요
청할 수 없다.

나의 아버지시여, 나를 가엾게 여기소서. 그리고 저는 기원합니다.

사랑하는 오레스테스가 행운을 가지고 고향으로 돌아오게 해주
　　소서.

그리고 제가―오, 어머니보다 훨씬 순결한

마음씨와 깨끗한 손을 가지도록 해주소서.

나의 아버지시여, 당신의 원수들을

살해자들이 살해하게 하시어 원수를 갚아주소서.

그것이 그녀가 말할 수 있는 전부이다. 어머니에 대한 격렬한 비난도, 복수를 위한 외침도 없다. 엘렉트라는 열정적이지 않으며, 모든 슬픔 속에서 매우 조용하고 말이 없다. 그러나 오레스테스가 등장하고 그녀가 그를 알아볼 때, 엘렉트라는 강렬하고 따뜻하게 사랑을 품고 있다. 그녀는 오레스테스를 부른다.

나의 기쁨이여, 내게는 네 명의 사랑이여, 아버지, 어머니,

그토록 무자비하게 살해된 언니— 나의 동생, 믿음직하고 존경받는

그대는 나에게 그 모든 이들이오.

그리고 뒤따라오는 대화에서 살인자들이 죽임을 당했을 때, 승리 속에 그들이 외칠 것이라고 합창단이 기쁨에 넘쳐 소리치는 동안 오레스테스는 말한다.

나로 하여금 그녀의 목숨을 빼앗게 해주시오. 그 다음에 내가 죽게 해주시오.

엘렉트라는 오직 아버지를 살해한 자들이 어느 멀리 떨어진 땅에서 살해되기만을 바란다. 그녀의 마지막 기도는 사람의 손이 아니라 제우스 신께서 손수 살인자들에게 정의를 내려주십사 하는 것이다. 그렇게 엘렉트라는 그 장면으로부터 지나간다.

처음부터 끝까지 엘렉트라는 동생이 어머니를 살해하는 것에 대해서 전혀 언급하지 않고, 그 일에서 아무런 몫도 담당하지 않는다. 아이스킬로스가 그녀를 그렸으므로 엘렉트라는 그럴 수 없었다.

소포클레스의 엘렉트라는 전혀 다르다. 그녀는 자신이 그때까지 겪어야 했던 모든 부당한 대우에 대한 분노로 타오르고 있다. 엘렉트라는 합창단에게 자신이 아버지의 궁전에서 하녀처럼 살고 있다고 말한다.

남루한 옷을 입고, 노예의 음식을 먹고 있소.

"그 여자", 즉 어머니와 "그 야비한 비겁자", 즉 어머니의 연인 아이기스토스에 의해서 힐책당하고 모욕당하면서. 아이기스토스가 외출에서 돌아오자마자 그녀를 지하 감옥에 가두기로 결정했다고 여동생이 이야기하자, 엘렉트라는 외친다.

그게 전부라면, 그렇다면 그자가 제발 빨리 돌아오기를 바라네. 그래서 내가 너로부터, 모든 이들로부터 사라져버리게.

끊임없이 어머니를 모욕하고 아버지만을 생각하며, 아버지가 죽인 언니는 전혀 생각하지 않는다고 그녀를 꾸짖는 어머니에게 엘렉트라는 반박한다.

제가 불충하고, 무례하고, 난폭하다고 비난하세요.
만약 제가 그렇게 완벽하다면, 그렇다면
제가 당신의 자식이라는 게 확실하네요.

그러나 이따금씩 그녀 안에 가여운 구석이 있다. 극의 시작
부분에서 엘렉트라는 기도한다.

저에게 제 동생을 보내주소서. 저는 더 이상
통탄의 짐을 홀로 짊어질 힘이 없으니 ─.

"갈등을 영원히 낳을 것"이 틀림없는 그녀의 "음울한 영혼"
에 대해서 점잖게 꾸짖는 합창단에게 엘렉트라는 대답한다.

나도 나의 격노를 알고 있소 ─. 나도 그 점을 모르지 않소 ─.
그대들의 비난 앞에서 나는 부끄러움을 느끼오.

그리고 오레스테스가 도착해서 그들이 서로를 알아보기 전
에 엘렉트라에게 친절하게 말을 건넬 때, 엘렉트라가 말한다.

이 점을 알아두세요. 그대가 나를 처음으로 동정해준 사람이라는 걸.

그러나 오레스테스가 어머니를 죽이기 위해서 안으로 들어
가고 비명이 들린다.

오, 나는 죽임을 당하는구나 ─ 세게 맞아서.

엘렉트라는 그에게 외친다.

세게 내려쳐. 한 번 더 그럴 수 있다면!

오레스테스가 살인을 하고 나오자, 엘렉트라는 그를 기쁘게
맞이한다.

죄를 진 자가 이제 죽었다 ─ 죽었구나……

마지막에 어머니의 연인이 살려달라고 간청할 때, 엘렉트라
가 동생에게 명령한다.

아니 ─ 그를 즉시 살해해서 그 사체를 던져버려.
우리가 볼 수 없는 먼 곳으로, 개 떼와 ─ 새들의 먹이로.

그것이 그녀의 마지막 대사들이다.

에우리피데스의 엘렉트라는 다른 두 엘렉트라들과는 다르
다. 그의 작품에서 엘렉트라는 그녀의 자식들이 클리타임네스
트라와 아이기스토스에게 해를 끼칠 힘을 전혀 가지지 못하도
록 농부와 결혼했다. 그녀의 첫 대사는 그들의 허름한 집에서
나오면서 농부에게 하는 말이다. 상냥함과 감사하는 마음이 담

겨 있다.

오, 친구여, 신께서 나의 친구이듯, 그대는 나의 친구요.
그대만이 나의 불행을 짓밟지 않았지요.
궁핍한 삶은 무척이나 고될 수 있지요. 수많은 공포와
모욕감 가운데. 인간의 마음이 어딘가에서 치유의 손길을
찾을 수 있을 때, 마치 나의 아픈 마음이 그대를 찾았듯이.

농부는 엘렉트라에게 그를 위해서 너무 열심히 일하지 말라
고 청한다.

그대는 아주 곱게 자랐소―.

그러나 엘렉트라는 관대한 성품의 인물들이 그렇듯이 대답
한다.

그대의 수고를 함께 하는데
제 힘을 모두 아껴야 하나요?
그대에게는 돌보아야 할 밭일과 가축이 많으니,
집 안을 깨끗이 정돈하는 일은 제가 할 일이지요.

그러나 그가 떠나자 엘렉트라는 혼잣말로 진심을 드러낸다.

나아가라. 오, 고통스러운 발걸음이여,

흘러가는 세월들처럼.

나아가라, 눈물을 흘리며,

오, 죽는 것이 더 행복할 것을!

기억하게 해주시오. 내가

아가멤논의 딸이며, 나의 어머니는

사악한 여왕인 클리타임네스트라요……나의 이름은

엘렉트라……신이 나를 모욕으로부터 보호해주시길.

오, 고생, 지긋지긋한 고생.

그리고 인생은 고되오.

엘렉트라는 불결한 농부의 삶과 끝없는 노동을 견딜 수 없다. 한때 공주였던 그녀이다. 오레스테스가 엘렉트라에게 와서 처음으로 사정이 어떠한지 알아보기 위해서 그녀의 동생이 그를 보냈다고 말했을 때, 그녀는 만약 오레스테스가 돌아오기만 한다면 그의 곁에 서서 어머니를 살해할 것이라고 매우 열정적으로 말한다.

그래요─나의 아버지를 살해한 바로 그 도끼로.

어머니의 피를 흘리게 한다면 나는 행복하게 죽을 거예요─.

그리고 나서 그녀는 자신의 모든 비참함과 굴욕과 증오감을 쏟아낸다.

나의 숨이 막히게 하는 이 노고의 먼지와 악취에 대해서
그에게 전해주세요. 궁전을 떠나 나의 머리를 굽히게 하는
이 낮은 지붕에 대해서. 이 옷도—한올 한올
내가 짜야만 하지요. 그렇지 않으면 벌거벗어야 하니……
그런데 그녀는—그녀는! 트로이의
전리품들이 그녀의 왕좌 주위를 빛나게 에워싸고 있고
나의 아버지의 포로인 아시아의 왕비들이 각자의 손으로
동방의 천을 덮고 황금을 얽어매며 서 있지요.
그리고 그곳 바닥에는 피가, 오래된
검은 피가 아직도 얼룩져 부패해 있소. 돌 위에
붙은 부패물처럼.

오레스테스가 엘렉트라에게 자신의 정체를 밝혔을 때, 그녀
는 그와 함께 어머니를 죽일 것이며 결코 살려두지 않겠다는
열의에 차 있다. 오레스테스는 클리타임네스트라가 멀리서 다
가오는 것을 보자 기억이 되살아난다.

나의 어머니가 오신다. 나의 어머니, 나를 낳아준
내 어머니.

그러나 엘렉트라는 몹시 기뻐한다.

올가미 속으로 제대로 걸려드는군!

402

아무렴, 저기 그녀가 오는군—.

그리고 그때 그녀가 싫어하는 남루한 옷이 지닌 끝없는 부당함과, 어머니의 부드러운 동방의 금실로 수놓아진 옷이 그녀를 다시 자극한다. 엘렉트라는 말한다.

화려하게 차려입고서—.

오레스테스는 오직 한 가지만을 생각하고 있다.

어머니를 어떻게 할 거죠? 그대는 어머니를 죽이라고 말했나요?
엘렉트라: 뭐지? 동정? 동정이야?
오레스테스: 그녀는 나를 길러주었어요.
내가 어떻게 그녀를 죽일 수 있나요?
엘렉트라: 그녀가 우리 아버지를 죽였듯이 너도 그녀를 죽여야 해!

어머니가 도착하면 엘렉트라는 살인을 도울 수 있게 전혀 주저하지 않고, 전혀 어머니를 말릴 생각 없이 그녀와 함께 집 안으로 들어간다. 그러나 살인이 저질러진 후에 오누이는 다시 등장하고, 그녀의 모든 열정은 사라져버렸다. 엘렉트라는 공포에 사로잡힌다. 그러나 그녀는 자신이 아니라 오레스테스를 염려한다. 엘렉트라는 자신이 모든 죄를 감수하고 그가 죄를 면하게 되기를 원한다. 농부와 함께 나오는 첫 장면에서처럼 그녀는 따뜻하고 관대하다.

　동생이여, 비난은 내 몫이다 ―.
　나도 그녀 슬하의 자식이었다 ―.
　"어머니", 내가 그녀를 불렀던 이름이지.
　어떤 나라가 나의 악행을 품어줄 것인가,
　혹은 그것을 지붕으로 가려줄까?
　나는 사랑을 구하며 마음속으로 울었다 ―.
　어떤 사랑이 나의 이마에 입맞춤을 할까?
　그곳에 새겨진 낙인을 보고 뒷걸음치지 않을까?

　오레스테스가 그 행위는 자신이 저지른 것이라고 외친다.

　나는 외투를 눈 위로 올려
　눈을 가린 채 내려쳤지요.
　마치 희생제물을 내려치듯이.
　그리고 그 칼이 어머니의 목을 찔렀지요.

　그러나 엘렉트라는 살인을 계획하고 오레스테스를 부추긴
자신에게 죄과를 돌리려고 한다.

　내가 너에게 신호와 명령을 주었지.
　나도 내 손으로 그 칼을 잡았지 ―.

그러고 나서 엘렉트라는 시신을 가리기 위해서 무릎을 꿇는다.

예전에 내가 사랑했던 그녀
내가 몹시도 미워했던 그녀 ―.

마지막에 오레스테스에게 작별을 고하는 것을 제외하고는 그것이 그녀의 마지막 대사이다.

그 세 명의 여인에게 상황을 제외하고는 공통된 점이 전혀 없다. 아이스킬로스의 엘렉트라는 온순하고 따뜻하고 책임감이 있으며, 고대에 매우 중요했던 의무에 의해서 자신의 성격에 반대되는, 즉 아버지의 죽음에 대한 복수를 구하는 상황으로 몰려갔다. 그러나 그녀는 직접 복수를 감행할 능력이 전혀 없을 뿐만 아니라, 심지어 오레스테스가 복수하는 상황에 직면하는 것도 감당하지 못한다.

소포클레스에게 엘렉트라는 적의에 차 있고 단호하고 강하며 한 가지만을 위해서, 즉 복수하기 위해서 사는 여성이다. 매우 용감하며 자신에게 절대적인 권력을 가진 자들에게 결코 몸을 낮추어 복종하지 않고, 만약 오레스테스가 돌아오지 않으면 자신이 아버지의 살해자들을 죽이려고 시도하거나, 아니면 죽을 각오를 하고 있다. 어머니를 죽이기 전에 일말의 주저함도, 어머니가 죽었을 때 털끝만큼의 후회도 느끼지 않는다. 그러나 이따금 연민의 정을 자아내는 무언가와 함께 그려진 인물이다.

에우리피데스의 초상이 단연 가장 주의 깊게 연구되고 있다. 에우리피데스 역시 적의에 차 있는 여성을 그리고 있지만, 그녀에게 가해진 엄청나게 부당한 대우들만큼이나 사소한 모욕들이 끊임없이 마음을 괴롭히는 인물로 그려진다. 엘렉트라는 아버지를 죽인 살인자들 외에도 가난, 더러운 오두막, 남루한 옷차림을 싫어한다. 그녀는 소포클레스의 여주인공만큼이나 어머니가 살해되어야 한다고 확신하고, 소포클레스의 엘렉트라는 그렇게 하지 않지만, 실제로 그녀는 살인을 돕는다. 그러나 일이 행해진 순간, 엘렉트라는 혐오와 양심의 가책으로 인한 화를 자신에게 돌린다. 그리고 마지막에 어머니의 시신을 덮으면서 자신이 어머니를 사랑했다는 것을 기억한다.

세 인물들은 각자 서로 다른 개별적인 여성이지만, 모두 아주 명확하게 묘사되어 있다. 그들 안에는 복잡한 것이 없으며, 애매하게 분석된 것도 없다. 각자 크게 고통받고 있으며, 그 고통의 격렬함으로 우리를 자극할 수 있는 인물로 그들의 윤곽이 분명하게 그려져 있다. 그러나 그들은 단순하고 직설적이고 이해하기 쉽고 "중요한 것에 대한 매우 명료한 보고"의 실례이다. 우리의 주의는 다른 곳으로, 즉 복잡한 본성의 내적 갈등들보다 더 넓은 범위의 문제들로 돌려질 것이다.

만약 유형이 그리스의 극예술이 집중하고 있던 것이고, 인간성의 냉혹한 대표자들과 세 명의 엘렉트라들 모두 본질적─여성, 복수의 정신으로 사로잡힌 모든 여성─으로 동일했다면, 그런 방식으로 서술된 희곡은 비극이 아니었을 것이다. 유형이라는 개념은 실제로 오류인 것만큼 이론적으로도 변호될 여지가 없다. 비극은 유형 주위에서 일어날 수 없다. 마음속을 제외하고는 전형적인 고통 같은 것은 존재하지 않는다. 그것은 예술가의 것이 아니라 철학자가 수련하는 과정의 활기 없는 이미지이다. 고통은 지구상에서 가장 개별화하는 것이다. 고통은 또한 매우 공통된 유대이지만, 오직 그것이 끝날 때에만 실현되는 것 역시 사실이다. 고통을 겪는 것은 혼자가 되는 것이다. 다른 사람이 고통을 겪는 것을 보는 것은 우리 각자를 홀로 가두어두는 장벽을 깨닫는 것이다. 오직 개인만이 고통을 겪을 수 있고, 오직 개인만이 비극에 존재한다. 그리스 극예술의 인물들은 우선 무슨 고통이 위대한 영혼 안에 존재하는지를 보여주고, 그런 까닭에 그들은 동정과 경외로 우리의 마음을 움직인다. 이성의 추상 작용은 감정을 불러일으키지 않는다. 그러나 헤카베는 우리에게 언제나 감정을 흔들어놓고 정신을 소생시키는 무엇인가이다. 비극은 유형과는 아무런 관계가 없는 시의 영역에 속한다.

유형은 희극, 지적 희극, 기지와 풍자의 희극에 속한다. 예술이 매우 지적인지 아닌지에 따라 균형은 유형 쪽으로 또는 개별적인 것 쪽으로 기울어진다. 현대에는 유형 쪽으로 기우는 경향이 있으며, 이성과 눈이 인지할 수 있는 것을 중심으로 하는 예술은 프랑스인들에 의해서 가장 잘 예시된다. 개별화시키는 경향인 각 인간의 심오하고 외로운 삶에 몰두하는 것은 영국인들의 특징이다. 프랑스인은 사물의 실체에 관심이 있다.

영국인은 사물이 의미하는 바에 관심이 있다. 프랑스인이 위대한 지식인들이듯이, 영국인은 현대의 위대한 시인들이다.

몰리에르의 희극에서 주인공은 아주 조금밖에 개별화되지 않은 하나의 전형이다. 타르튀프(Tartuffe)는 한 명의 위선자가 아니다. 그는 위선자의 전형이다. 그의 창조자는 그의 위선을 그 악덕이 언제까지나 영원히 확실하게 각인될 만큼 아주 원형 그대로 묘사할 뿐만 아니라, 작가는 동시에 그것을 매우 과장해서—프랑스어로 적절한 과장(l'exagération juste)— 위선을 타르튀프 안에서 체현시킨다. 타르튀프는 위대한 예술적 창조이다. 그는 살아 있는 인간이 아니다. 모든 몰리에르의 등장인물들처럼 타르튀프는 실제 삶이 아니라 무대에서 움직인다. 몰리에르는 만장일치로 위대한 희극시인이라고 불린다. 그러나 시인이라는 말이 모든 창조적인 천재성을 포함하는 것으로 사용되지 않는다면 몰리에르 안에 시인은 없다. 그의 기지, 반어, 풍자의 희극은 아주 명료한 지성의 창조이다. 미치광이, 연인, 그리고 시인을 결합시킨 것으로부터 아주 멀리 떨어져 있다. 그러나 시인인 셰익스피어에게 유형은 전혀 무의미했다. 그의 작품 속의 인물들은 실생활의 사람들로 전혀 무대 위의 인물들이라고 여겨지지 않았다. 폴스타프는 선술집에 편안하게 앉아 있다. 그는 런던 거리를 걷는다. 그는 늘 인생을 배경으로 하여 움직인다. 폴스타프가 극장무대 위에 영원히 놓여 있어야 한다는 것은 생각조차 할 수 없다. 무대장치인 숲과 전기로 된 달빛이 보틈과 그의 동료들(셰익스피어의 「한여름밤의 꿈[A Midsummer

Night's Dream]」에 등장하는 인물들/역주)과 함께 머릿속에 떠오르는가? 푸른 풀밭이 그들의 무대이며, 산사나무 덤불이 그들의 분장실이며, 희미한 달빛이 그들의 조명이다. 베아트리스와 베네딕트(셰익스피어의 「헛소동[*Much ado about nothing*]」에 등장하는 인물들/역주)를 연상하면 과수원으로 옮겨가게 되는 것은 알세스트와 셀리멘(몰리에르의 「인간 혐오자[*Le Misanthrope*]」에 등장하는 인물들/역주)을 연상하면 관객석에 앉아서 상상하고 있는 것만큼이나 필연적이다.

인생은 정신이 관심을 가지는 것, 즉 개별적인 것이다. 인생에서 나온 추상 개념들은 이성이 관심을 가지는 것, 즉 분류된 것인 유형이다. 그리스인들은 두 가지 모두에 관심을 가지고 있었다. 그리스인들은 사물이 무엇인지와, 사물이 무엇을 의미하는지를 알고 싶어했다. 그리스인들은 개별적인 것을 유형 속에서 잃지 않았으며, 유형을 개별적인 것 속에서 잃지도 않았다. 즉 타르튀프의 보편적인 진실도, 폴스타프의 살아 있는 현실도 잃지 않았다. 고전시대로부터 우리에게 전해져온 모든 말들 가운데 가장 친숙한 것은 사실 한 로마인에 의해서 언급되었다. 그러나 그것은 순수하게 그리스적 개념이며, 그리스 철학들의 가장 위대한 것 가운데 하나의 기본 개념이다. 즉 "나는 한 명의 인간이며 인류에 속한 것 가운데 나에게 낯선 것은 아무것도 없다."

그리스 비극에서 등장인물들은 멀리서 매우 단순하게 시작도 끝도 없는 전체의 일부로 보인다. 그러나 어떤 신비한 방법으로 그들이 멀리 떨어져 있다는 사실이 그들의 심대하게 비극적이고 개인적인 호소력을 감소시키지 않는다. 그들은 위대하고 격렬하게 고통을 겪고, 그 결과 위대하고 열정적으로 살아 있다.

이러한 방식을 이해하는 데 우리를 도울 수 있는 오직 다른 하나의 걸작이 있다. 즉 예수의 일생이다. 이것은 최고의 비극이지만 그리스적 본보기를 따르는 비극이다. 예수라는 인물은 매우 단순하게 윤곽이 잡혀 있지만, 그는 도저히 전형이라고 생각될 수 없었다. 셰익스피어의 비극에서 우리를 감동시키는 힘은 등장인물들이 인간 영혼의 신비, 그 깊은 내면을 볼 수 있도록 우리에게 제시된다는 것이다. 우리가 우리의 가장 가깝고 가장 사랑하는 영혼과도 그렇게 할 수 없을 정도로. 그리고 그 결과는 우리가 그들과 우리 자신을 동일시하는 것이다. 우리 자신이 우리의 수준 안에서 햄릿이나 리어 왕이 된다. 그것은 그리스 극예술의 감동시키는 힘이 아니며, 복음서 안에서 우리를 감동시키는 것과도 아무런 관계가 없다. 복음사가들은 그들이 기록하는 말들이 이야기되고, 그들이 말하는 행위들이 행해졌을 때, 그 안에서 무엇이 진행되는지 우리가 전혀 인식하지 못하게 한다. "그리고 베드로는, 이보시오, 나는 당신이 무슨 말을 하는지 모르겠소, 하고 말했다. 그리고 그가 말하고 있던 바로 그때, 수탉이 울었다. 그리고 주께서 나타나 베드로를 바라보셨다."

복음서의 비극적 요소에 대한 우리의 이해는 우리를 예수와 동일시하는 것에서 비롯되지 않으며, 깊은 개인적 지식의 판단으로부터 기인하지 않는다. 예수는 우리에게 세상 어느 곳의 그 어떤 인물보다 더 단순하게 그려져 제시되고 있으며, 그의 개별성은 다른 누구보다 더 의심할 여지가 없다. 예수는 인류를 위한 선과 악의 갈등이라는 엄청난 무대에 서 있고, 우리는 멀리 떨어져 있다. 우리는 오직 바라볼 수 있을 뿐이다. 그 싸움는 우리들의 것과는 다른 종류의 것이다. 그러나 결코 다른 어떤 광경에 의해서도 인간의 마음이 그토록 동정과 경외로 감동받은 적이 없었다. 그리고 그러한 방식에 따라 그리스의 극작가는 작품을 썼다.

오직 이성과 정신이 균형을 이루었을 때 가능한 업적이다. 예수가 복음서 이야기에서 신과 인간 사이의 중재자인 것처럼, 이성은 모든 것을 서로 관련된 것으로 간주하기 때문에 모든 것을 전체의 일부로 단순화시킨다. 정신은 개별화한다. 수세기 동안 셀 수 없이 엄청나게 많은 국가, 혈족, 민족과 언어가 예수와 함께 고난을 겪었고, 그를 통해서 이해하도록 그렇게 묘사된 인간의 아들의 초상은 정신의 창조물이다.

그러므로 역시 그리스 극예술의 등장인물들은 그리스적 균형의 결과였고, 모든 인간 안에 있는 인간성, 한 인간 안에 있는 인류에 관한 진실을 보여주는 개인들이었다. 하나의 사물을 그 자체로, 그리고 그 자체를 위해서만 이해하는 것이 아니라, 늘 더 큰 것과 연관시켜야만 하는 그리스 이성과 개별적인 사물 속에서 아름다움과 의미를 보는 그리스 정신은 그리스 조각과 건축을 창조했듯이 그리스 비극을 만들었다. 그 창조물들은 각각 철저하게 개별적이고 동시에 단순화되며 항상 보편적인 것과 연결되어 이해됨으로써 중요성이 부여되는 것의 본보기였으며, 그리스 이상의 표현, 즉 "절대적이고 단순하고 영원히 지속되는 아름다움······보편적인 것을 통한 특수한 것의 발현"이었다.[5]

5) 플로티누스.

17

—

근대세계의 방식

결국 특수한 것과 보편적인 것 사이의 균형은 정신과 이성 사이의 균형이다. 그리스인들이 성취한 것은 모두 그 균형에 의해서 특징지어졌다. 어떤 의미에서 정신과 이성 간의 균형이 그리스인들이 했던 모든 행위의 근원이었다. 그리스에서 천재성의 개화는 사고의 명확성과 힘이 거대한 정신적인 힘에 더해졌을 때 주어지는 무한한 자극에서 기인했다. 그 결합이 그리스의 신전, 조각상, 문학, 중요한 것에 대한 모든 명료한 표현을 만들어냈다. 꾸밈없이 간결한 신전, 현실과 이상을 결합한 조각상, 관념에 의존하는 시, 탐구의 정신과 시의 정신이 결합된 비극작품을 창조했다. 그 결합이 아테네인을 사실과 아름다움을 사랑하는 사람으로 만들었다. 그것이 아테네인들이 우리를 위해서 남긴 모든 것들, 즉 과학, 철학, 종교, 예술 안에서 눈에 보이는 것과 보이지 않는 것 둘 다 확고히 소유할 능력을 그들에게 주었다.

그러나 그리스 시대 이래로 균형 잡힌 시각은 가장 드문 업적이 되었다. 서구세계는 정신의 방식이나 이성의 방식 중 어느 것도 철저하게 택하지 않았고, 이번에는 전자에 집착하고 다음번에는 후자에 집착하면서 어느 한쪽도 궁극적으로 버릴 수 없고, 그 두 요구들을 조화시킬 능력도 없이 그 둘 사이에서 흔들렸다.

그 그리스 도시국가가 멸망했을 때, 그에 뒤따르는 혼란과 불안 속에서 사람들은 이성의 눈에 보이는 세계를 떠나서 금욕주의자들과 그들의 정신적 왕국이 지닌 요지부동의 안전함으로 옮겨갔다. 비슷한 방식으로 기원후 첫 몇 세기 동안 가난하고 나약하며 박해당한 교회는 눈에 보이는 것에서 철저하게 멀어져가는 경향이 있었다. 그 기간 동안 사막의 은둔자들과 기둥 위에 사는 성인들이 나타났다. 그들은 고행과 자기 훼손을 찬미했다. 눈에 보이는 것은 사람들을 보이지 않는 것에 대한 순수한 명상으로부터 멀어지게 하는, 무가치할 뿐만 아니라 악한 것으로서 간주되기 시작했다. 거대한 수도회들이 도래하면서 그러한 극단적인 경향은 억제되었다. 학문과 예술이 존재했고, 엄격함은 완화되었다. 그러나 중세시대의 아름다운 상부구조의 밑에 있는 비참함은 항상 그래 왔듯이, 인간을 쓰디쓴 삶의 현실로부터 등을 돌리게 했고, 사고의 자유는 마치 그리스가 존재하지 않았던 것처럼 미지의 것이 되었다. 르네상스와 그리스의 재발견으로 진자의 추가 반대쪽으로 멀리 흔들리게 되었다. 모진 비참함은 이탈리아의 도시에서 당연시되지 않았다. 사람들이 즐기기 시작했고, 이성을 사용했다. 사람들은 삶과 지상의 아름다움을 생각하고 사랑할 자유를 요구했다. 그러나 이번에는 그들이 보이지 않는 것을 하찮게 여김으로써 종말을 고하고, 결국 도덕성과 윤리를 희생하여 자신들의 진보를 이루었다. 종교개혁은 도덕성과 인간이 스스로 생각할 권리를 모두 역설했으나, 아름다움과 즐거움을 누릴 권리를 부정했다. 진자의 추의 거대한 마지막 흔들림이 19세기에 있었다. 이 시대에는 과학적 진리를 위한 투쟁이 일어났고, 그것이 승리를 거두면서 종교와 예술과 정신의 요구들은 모두 경시되거나 버려졌다.

그리스 시대 이래로 정신과 이성의 균형이 시종일관 유지된 적이 없었다. 어느 한 분야에서 그러한 균형이 달성되는 것조차 아주 드물었다. 그러나 여기저기에서 여러 시대를 통해서 그 균형은 이 문제 혹은 저 문제 안에서 실현되었고, 매우 한정된 상황 속에서도 위대하고 영구적인 효용이 있는 것을 항상 성취해왔다. 로마 입법자들 중에서 가장 지혜로운 인물이 개별적인 차이점들을 고려하지 않고 어떠한 예외도 없이 절대적으로 공정한 법은 절대적인 불공평을 초래한다고 말했을 때, 그는 사실 로마가 이 한 가지 문제에서 개별적인 것과 일반적인 것 사이에서, 한 개인과 다수의 요구들 사이에서, 그리고 인간의 동정심과 이성 사이에서 균형을 인지할 수 있었다는 점을 선언한 것이었다. 이 한 분야에서 로마는 그리스가 다루었던 모든 분야에서 그리스가 도달했던 균형에 이르렀고, 로마는 세계의 입법자가 되었다.

우리가 오늘날 애써 그 균형을 향해 노력하고 있다는 점을 어느 정도 분명하게 이해할 수 있는 유일한 균형은 로마가 성취한 것과 다소 유사하다. 우리가 주로 지각하고 있는 정신과 이성 간의 대립은 개인과 공동체 사이의 대립이다. 특히 우리 시대가 상징하게 될 우리의 위대한 업적은 과학이다. 그러나 현대 과학은 그리스 과학과 달리 이성만을 고수해왔고, 법칙과 예외, 그리고 특수한 것과 보편적인 것 사이의 균형은 단순히 지적인 것에 불과하다. 정신적인 것은 포함되지 않는다. 우리의 예술과 문학에서 확실한 것은 전혀 파악될 수 없다. 개별적인 것을 향한 추세는 셰익스피어와 르네상스 화가들에서 절정에 이르렀다. 그때 이후로 아무것도 그 시대에 이루어진 업적의 위대함에 근접하지 못했지만, 개별적인 것들은 계속해서 우리 예술 전반의 초점이 되어왔다.

현재 이러한 극단적인 개별화에 대한 거부를 식별할 수 있을 것 같아 보이지만, 그러한 움직임은 너무 생소해서 우리는 그것이 미래를 위해서 어떠한 실질적인 중요성이나 희망을 가지고 있는지 파악하기 어렵다. 우리가 점점 더 뚜렷하게 눈앞에 보고 있는 그 균형은, 만약 성취된다면, 새로운 균형일 것이다. 왜냐하면 우리는 우리의 주요한 능력들을 사회적이고 경제적인 힘들의 새로운 영역 쪽으로 유도하고 있고, 무엇보다도 우리는 과거에 존재하지 않았던 개별적인 것에 관한 지식과 관점을 가지고 있기 때문이다.

1,900년 동안 서양은 특수한 것 대 일반적인 것에 관한 학습의 과정을 경험하고 있는 중이다. 우리는 각 인간의 머리카락에는 번호가 매겨져 있다고 단언하는 최고의 개인주의자에 대해서 배웠다. 그런 극도의 개별화가 우리의 정신을 형성했고, 그것은 한때 안락과 합의가 있던 곳에 이성의 고민과 심한 의견의 불일치와 함께 우리에게 인류 역사상 새로운 문제들을 가져다주었다. 우리의 현 세계를 혼란과 불화로 채우고 있는 것은 인간의 과욕도, 야망도, 기계도 아니며, 고대의 획기적인 업적들의 제거도 아니다. 그것은 바로 다수의 요구에 맞선 개인의 요구에 대한 우리의 새로운 시각이다.

공동의 이익이 충돌할 경우 개인에게 아무런 권리가 없었고, 공공의 복지에 이바지하는 어떤 목적을 위해서 개인의 생명이 희생되고, 그의 피가 풍성한 수확을 이루도록 들판에 뿌려지던 과거에는 상황들이 단순했다. 곧이어 새로운 개념, 즉 여태까지 인식된 것 중에서 가장 불온한 개념, 다시 말해서 모든 인간이 권리를 가지고 있다는 개념이 출현했다. 아버지의 권위, 왕의 권위, 노예주인의 권위같이 세상이 시작된 이래로 의문시되지 않았던 것에 사람들이 질문을 던지기 시작했다. 모든 것이 분명하고 단순했던 곳에 혼란과 분열이 생기게 되었다. 개별적인 것이 모습을 나타냈고, 다시는 아무것도 분명하고 단순하지 않을 것이었다. 공정한 것과 불공평한 것 사이에 더 이상 어떤 확실한 구분도 지을 수 없었다. 오늘날 우리는 일정치 않고 희미하게, 그렇지만 보다 지속적이고 명백하게 대다수의 가장 큰 이익을 위해서 희생된 개인, 즉 광부, 사형수 감방에 있는 범죄자를 본다. 도처에서 우리는 공공복지에 반하는 개인의 요구로 혼란스럽다.

다수에 속하는 각 구성원에 대한 이러한 자각과 함께 우리 자신에 대한 지나친 자각이 일어났다. 우리는 지나친 자각으로 부담을 안고 있다. 이것은 우리가 모든 인간의 옳음과 오류를 필요 이상으로 분명하게 인지할 수 있다는 것이 아니라, 우리가 우리 자신을 지나치게 깊이 느끼고 있다는 것이다. 결국, 각 개인을 위해서만 의미 있는 것은 실질적으로 무의미하다는 것을 깨닫는다.

그리스의 과학자들은 자신들이 살고 있던 한두 세기 동안 전 세계를 다시 만들었다. 그들은 직관력에 의해서 진리로 도약했고, 관련된 부분들로 이루어진 전체를 보았고, 그들의 통찰력의 발달로 혼돈과 마법의 구세계는 사라졌고, 질서의 세계가 자리를 잡았다. 그리스의 과학자들은 부분들에 대한 상세한 연구를 겨우 시작할 수 있었지만, 그때 이래로 과학은 끝없는 노력에 의해서 전체에 대한 그들의 통찰력을 확인했다. 그리스 예술가들은 관계가 없고 무질서한 개개인으로 이루어진 복잡한 집단인 무질서한 인간의 세계를 발견했고, 그들 역시 전체에 속한 부분들 모두에 대한 통찰력을 가지고 있었다. 그리스의 과학자들은 한 인간 안에서 영구적으로 중요한 것과, 그 인간을 나머지 인간들과 결합시키는 것을 이해했다.

우리는 그리스적 관점을 되찾을 수 없다. 그들의 통찰력이 지닌 단순성과 직접적임은 우리에게 어울리지 않는다. 다행스럽게도 시간의 바퀴는 결코 뒤로 가지 않는다. 그리스 이래 수 세기에 걸쳐 얻은 개별적인 것에 대한 개념의 중대한 완성은 절대로 상실될 리가 없다. 그러나 현대 과학은 개별 사실들에 대한 더 광범위한 지식을 통해서 그리스인들이 도달할 수 있었던 것보다 더 중요한 진리의 일반화를 이끌어냈다. 만약 우리가 그 방법을 따르고, 우리 안에서 중요한 것은 모두와 공유하는 것이라는 점을 고대의 위대한 비극시인들이 그랬던 것만큼 깊이 이해하면서 우리 자신에 대한 강한 자각을 통해서 모든 사람들과의 화합에 이른다면, 그 뒤에 곧 새로운 계급 구분이 있을 것이며, 그리스의 위대한 시대에 매우 균일하게 유지된 균형 또한 우리의 것이 될지도 모른다. 우리 자신이 방법도 없고 어떤 확실한 희망도 없이 그 목표를 향한 투쟁에 헌신하고 있다고 생각하는 자신의 의지에 반하여 아무도 희생되지 않는 세상, 인류의 이성인 보편적인 편의와 인류의 정신과 마음인 각 인간을 위한 감정이 조화를 이루는 세상은 다른 방식으로는 획득될 수 없다.

"우리는 혈육에 맞서서가 아니라 지배공국들과 권력에 맞서서 싸우고 있으므로……"라고 사도 바울은 썼다. 사람들의 이성을 분열시키고, 가족을 가족에, 형제를 형제에 맞서 싸우게 했던 가장 치열한 갈등들은 황제나 왕을 위해서가 아니라, 진리의 한편은 옹호하고 다른 편은 억압하기 위해서 일어났다. 그러나 오늘날 우리의 투쟁이 다시 증명하듯이, 분열된 진리에 우리가 안주하지 않도록 하는 무엇인가가 우리 내면에 있다. 그리스 이래로 서양의 방식은 항상 이성을 정신의 반대편에 놓고, 모든 인간의 두 가지 면을 결코 붙잡으려고 하지 않는 것이었지만, 우리는 한쪽에만 우리 자신을 전적으로 맡길 수도 없고 다른 한쪽을 우리의 의식으로부터 버릴 수도 없다. 각 세대는 내면세계를 외부세계의 부단히 변화하는 틀 속에 맞추어넣기 위해서 정신이 이해하는 진리와, 이성이 이해하는 진리를 조화시키려고 노력하도록 차례로 강요당한다. 각 세대에게 그것은 불가능해 보인다. 그림이 제거되거나 틀이 제거되어야만 한다. 그러나 조정해보려는 노력은 결코 끝나지 않는데, 그 이유는 우리 본성에 그것을 성취해야 할 필요가 내재하고 있기 때문이다.

동양은 그 틀을 버리고 그 노력을 포기할 수 있다. 서양에 있는 우리는 이성의 노예로서 그럴 수가 없다. 짧은 기간 동안 우리는 그림을 버릴 수 있다고 생각해왔으나, 개개인이 가장 확실하게 스스로 알고 있는 사실들을 부정하는 것은 늘 불완전하고 기간도 짧았다. 우리가 훨씬 더 많은 것을 자각하고 있기 때문에 이전보다 어렵게 보일 뿐만 아니라, 실제로 훨씬 더 어려운 그 둘 사이의 조절을 위한 현재 우리의 노력에서 과거에 성취된 조절장치들을 고려해볼 필요가 있다. 그 모든 장치들 중에서 그리스의 것이 가장 완벽했다. 그리스인들은 내면세계의 요구를 선호하기 위해서 외부세계를 제거해버리지 않았고,

정신의 구체화를 위해서 정신을 부정하지도 않았다. 그들에게 틀과 그림은 꼭 들어맞았다. 보이는 것과 보이지 않는 것이 조화를 이루었다.

100년 동안 아테네는 인간의 마음속에서 다투고 있는 위대한 정신적 힘들이 평화 속에 함께 흘러가고 있던 도시였다.[1] 법과 자유, 진리와 종교, 아름다움과 선함, 객관적인 것과 주관적인 것—그들의 영원한 전쟁에 휴전이 있었다. 그리고 그 결과는 균형과 명확성, 조화와 완벽함이며, 그리스적(Greek)이라는 단어가 상징하게 된 것이었다. 그들은 진리의 역설적 양면을 어느 쪽도 우위에 두지 않으면서 이해했고, 모든 그리스 예술에는 투쟁의 부재, 화해의 힘, 고요한 무언가와 평온이 있다. 세상은 그것을 머지않아 다시 한 번 깨달아야만 한다.

---

1) 이러한 생각에 대하여 Gilbert Murray 교수의 *Euripides*의 머리말, XXIII과 비교하시오.

역자 후기

어린 나이에 이미 고전 라틴어와 그리스어를 배웠고, 프랑스어와 독일어에도 능통했던 저자 이디스 해밀턴은 일찍부터 고전학에 대한 열의와 조예가 깊었다. 1894년에 브린 모어 대학에서 석사학위를 취득한 해밀턴은 이듬해인 1895년부터 1년간 독일의 라이프치히 대학과 뮌헨 대학에서 개교 이래 최초의 여학생으로 주목을 받으면서 수학했다. 1896년부터 1922년까지 그녀는 메릴랜드 주 볼티모어에 있는 브린 모어 여학교의 교장직을 역임하면서 교육자로서 활동했다. 은퇴한 해밀턴은 1963년 95세로 사망할 때까지 고대 그리스 신화와 문학 등을 주제로 하여 왕성한 저술활동을 펼쳤다. 해밀턴이 63세가 되던 해인 1930년에 출간된 「고대 그리스인의 생각과 힘」(원제 : *The Greek Way*)은 그녀의 첫 저작이었다. 1942년 판부터 다섯 개의 장이 새로 추가되어 지금까지 출판되고 있는 「고대 그리스인의 생각과 힘」은 해밀턴의 고대 그리스 문화에 대한 깊은 열정과 애정이 느껴지는 작품이다.

해밀턴은 기원전 5세기 그리스 작가들의 작품을 이해하는 데 당시의 사상, 정치적 상황, 사회적 분위기를 함께 고려하는 것이 중요함을 강조하면서, 그 당시 그리스인들과 사회의 정신과 힘이 인류의 역사 속에서 차지하고 있는 위치와 역할에 대한 심도 있는 해석을 제시한다. 예를 들면, 해밀턴은 헤로도토스, 투키디데스, 크세노폰의 작품을 통해서 페르시아 전쟁과 펠로폰네소스 전쟁을 겪은 아테네, 더 나아가 그리스 사회가 어떠한 사회적인 변화를 겪게 되었고, 그러한 외적 변화가 그리스인들의 이성과 정신에 어떠한 영향을 끼쳤는지를 읽어내려고 시도한다. 이러한 정치적, 사회적 변화가 일으킨 사상과 정신의 변화를 세 명의 비극시인 아이스킬로스, 소포클레스, 에우리피데스의 작품을 해석하는 데도 적용시켜서 세 비극작가들에 대한 매우 흥미 있는 평가와 비교를 제공한다. 그리고 이와 같은 비교분석을 통해서 해밀턴은 자신이 생각하고 있는 그리스 문명과 현대 문명의 차이점, 그리고 현대인들이 고대 그리스인들로부터 배워야 할 점을 우리에게 제시하고 있다.

이 작품의 또 한 가지 두드러지는 특징은 작품 곳곳에 녹아들어 있는 해밀턴의 고전문학, 성서, 영문학에 대한 해박한 지식과 이를 바탕으로 하여 고대 그리스 문학과 근현대 영문학, 그리고 그 안에 녹아 있는 시대정신의 유사성과 차이점을 꿰뚫어보는 통찰력이다. 특히 아리스토파네스의 고희극(古喜劇)과 우리에게 길버트와 설리반의 오페라로 잘 알려진 영국 빅토리아 시대의 극작가 윌리엄 길버트의 희가극(喜歌劇)을 비교한

제7장과, 아이스킬로스와 셰익스피어의 비극을 비교한 제12장에서 그러한 면이 분명하게 드러난다. 이들 작품의 비교문학적인 면 때문에 해밀턴이 다루고 있는 모든 분야와 작품에 대한 전반적인 이해와 소양 없이는 해밀턴의 해석을 충분히 이해하기 어렵지만, 또 바로 그러한 작품의 특성 때문에 더 폭넓은 독자층을 매료시키는 것일지도 모른다. 물론 해밀턴의 번역과 해석에 대한 비판과 문제 제기가 없지 않지만, 일반 독자들에게는 고대 그리스 문학과 역사에 대한 입문서로서 오랫동안 큰 몫을 담당해왔다.

한편, 이 작품은 기원전 5세기 그리스인과 문명에 대한 세심한 탐구 일 뿐만 아니라 해밀턴이 활동하던 시대인 19세기 말에서 20세기 초 서양의 고대 그리스 문명에 대한 시각을 비춰주는 거울이기도 하다. 해밀턴은 이성과 정신, 서양과 동양, 서양이 상징하는 자유와 동양이 상징하는 전제정치, 그리고 노예제도, 개체를 전체의 일부로 파악하는 그리스적 사고와 개체에 집중하는 현대적인 사고 등 이분법적 분석을 통해서 그리스의 위대함과 독자성을 부각시키는 해석방법을 사용했다. 이와 더불어 그렇게 부각된 그리스 문명의 업적과 우월함을 현대 서양문명의 기원으로서 암시하고 있다. 해밀턴의 이러한 시각은 물론 저자 자신의 고전문학에 대한 이해와 분석에 바탕을 둔 것이지만, 한편으로는 당시의 고대 그리스 문명을 바라보는 지배적인 시각에서 크게 벗어나지 않는 것이라고 볼 수 있다. 그 당시의 서양학계가 고대 그리스 문화를 바라보는 유럽 중심적이고 이

분법적인 시각은 20세기 중반 이후부터 비판을 받아왔고, 지금도 논의되고 있는 문제이다.

인간은 자신이 살고 있는 시대의 산물이다. 위대한 그리스인 역시 위대한 그리스의 산물이다. 해밀턴 역시 그녀가 살았던 시대의 자식이며, 그녀의 텍스트 역시 그렇다. 우리는 이 저작을 21세기의 상황이 아니라 20세기 전반기라는 시대 안에서 읽을 필요가 있다. 그러나 무엇보다도 해밀턴이 우리에게 생생하게 보여주려고 노력한, 시대를 초월한 인간 삶의 기쁨과 비극의 감동이 독자들에게도 전해졌으면 하는 바람이다.

지난해 늦은 봄이었다. 갑작스레 걸려온 한 통의 전화로 이디스 해밀턴의 「고대 그리스인의 생각과 힘」과의 우연한 만남이 이루어졌다. 어디서 그런 용기가 났는지 고대 그리스 문학작품과 영문학에 관해서는 미천한 지식밖에 없는 내가, 수세기 동안 많은 이들의 사랑을 받아왔고 지금도 우리를 감동시키는 극작품과 시로 가득한 이 책의 번역을 맡고 말았다. 번역 초보인 나에게 무척이나 어렵고 벅찬 작업이었다. 개인적인 사정으로 갑자기 지구를 거의 반 바퀴 돌아서 오스트리아의 알프스 밑 작은 마을에 정착하게 된 나와 긴 시간을 함께 해주었던 해밀턴의 저작이 이제 세상 밖으로 나올 준비를 하고 있다. 홀가분함이나 벅찬 기쁨보다는 시험을 앞둔 수험생같이 떨리는 마음뿐이다. 역자에게 이 책을 맡겨주시고 긴 시간 동안 재촉하지 않고 기다려주신 까치글방의 박종만 사장님께 진심에서 우러

나오는 깊은 감사를 드린다. 그리고 꼼꼼하게 교정을 봐주신 주지현 편집장님께도 감사의 마음을 표한다. 다듬어지지 않은 일부 초역 인용문들을 꼼꼼하게 읽어준 오랜 친구 정승지에게 다시 한 번 고맙다는 말을 전한다. 그리고 이 역서를 준비하면서 이미 우리말로 번역되어 있는 고전작품의 도움을 많이 받았다. 끊임없이 서양 고전문학의 소개와 좋은 번역에 힘쓰시는 모든 분들께 존경과 감사의 마음을 전한다. 번역의 진통을 겪을 때마다 한 문장 한 문장 읽어주며 함께 고비를 넘겨주고 물심양면으로 전폭적인 지원을 해준 남편에게 말로 다 표현할 수 없는 감사와 사랑을 보낸다.

2009년 1월
오스트리아 인스부르크에서
이지은

인명 색인